講座 憲法の規範力
〈第4巻〉

憲法の規範力とメディア法

Projekt: Die normative Kraft der Verfassung

Herausgegeben von der Forschungsgesellschaft für deutsches Verfassungsrecht

Band 4: Die normative Kraft der Verfassung und Medienrecht

Herausgegeben von Hidemi Suzuki

講座 憲法の規範力
〈第4巻〉

憲法の規範力とメディア法

ドイツ憲法判例研究会 編

編集代表
鈴 木 秀 美

信 山 社

Projekt: Die normative Kraft der Verfassung
Herausgegeben von der Forschungsgesellschaft für deutsches Verfassungsrecht
Band 4: Die normative Kraft der Verfassung und Medienrecht
© Forschungsgesellschaft für deutsches Verfassungsrecht (FdV), Japan
Herausgegeben von Hidemi Suzuki
Shinzansha Verlag, Tokyo, 2015
6-2-9-102 Hongo, Bunkyo-Ku, Tokyo-To, ZIP 113-0033 JAPAN
Printed in Japan
ISBN 978-4-7972-1234-1

「講座 憲法の規範力」発刊にあたって

　1946年に制定され、1947年5月3日から施行された日本国憲法は、戦後日本の政治・社会の基礎となり、その発展を支えてきた。この間、日本国憲法は一度も改正されず、日本の基礎であり続けてきた。しかし、日本国憲法の歩みはこの間平坦であったわけではない。日本国憲法制定の当初から、保守的政治勢力は日本国憲法の改正を唱えてきており、とりわけ戦後一貫して政権を担った政権政党が憲法改正を党是とし、日本国憲法に対して批判的な態度をとってきた。

　憲法改正の論議は、1990年代に入って大きく展開した。1994年に読売新聞改憲提言が発表され、「日本国憲法は疲弊した」という視点から、全面的な憲法改正が提唱された。2000年には衆参両院に憲法調査会が設置され、5年間にわたる憲法の現状についての調査ののち、2005年に改憲提言を含む報告書が提出された。それを契機に、各党から憲法改正草案が公表され、改憲ムードの高まりのなかで、第1次安倍内閣は、「戦後レジームからの脱却」のスローガンの下で憲法改正を志向し、教育基本法改正と憲法改正国民投票法制定をなした。そして、その後の民主党政権を経て、2012年に第2次安倍自民党政権が誕生し、憲法改正が再び正面から論議されるに至っている。

　しかし、この間の改憲論には重大な欠陥がある。それは、日本国憲法が戦後日本の基本文書として、政治・社会の土台となってきたことを検証し確認するという作業を怠っていることである。改憲論者は、日本国憲法に対する批判と改憲に固執するあまり、日本国憲法の優れた思想と原理について根本的な理解を欠いている。戦後日本政治が日本国憲法を土台として発展してきたことを看過しているといわざるをえない。

　日本国憲法が戦後政治のなかで現実に発揮してきた規範力を検証することは、憲法改正の評価にあたって不可欠なことであるが、それと同時に、日本国憲法の他の法分野に対する影響を検証することも不可欠となっている。憲

法の規範力は、さまざまな政治・社会・法の分野で検証されるべきである。国の立法・行政の過程での憲法の規範的意味の参照はいうに及ばず、憲法とは離れて独自の法体系を形成してきた刑事法学の分野でも、従来は憲法とは別の法体系とされてきた民事法の分野でも、さらには、近年めざましく発展している国際人権保障の分野でも、憲法・人権が重要な指標とされてきている。憲法の規範力の検証作業においては、憲法と政治・行政にとどまらず、他の法分野との関係の分析も不可欠である。

　本書は、「憲法の規範力」の総合的研究に基づく研究成果である。「憲法の規範力の研究」は、2008年4月から2012年3月までの4年間、科研費基盤研究Ａ「憲法の規範力の研究」（研究代表者：戸波江二）によって、ドイツ憲法判例研究会の会員が研究分担者および連携研究者となり、実施された。規範力の研究の基本的なテーマとして、①憲法の規範力の根拠および他の法分野への影響力について研究する規範力部会、②憲法の政治への影響力を考察する政治部会、③憲法学と行政法学ないし行政学との関係について考察する行政部会、④憲法の市民法秩序に対する影響力を分析する市民法部会、⑤メディア法ないしメディア倫理における憲法の規範力について考察するメディア部会、⑥憲法と刑法・刑事訴訟法との関係について分析する刑事部会、⑦憲法の裁判過程を通じての規範力を分析する裁判部会、⑧国際人権の保障と憲法との関係について考察する国際部会、の8本の柱を立て、各部会での研究を中心に進めてきた。それぞれのテーマの下での研究内容・方法はさまざまである。テーマに関する学説的・理論的分析を行うもの、解釈論的アプローチによって日本の憲法判例を分析するもの、また、外国、とくにアジア諸国の憲法学との比較、あるいは、とくにドイツおよびヨーロッパの学説・実務との比較を試みるものなどがある。しかし、各論稿の基礎には、日本国憲法が日本の政治・社会・法および法学において有する規範力の意味を論証するという意図がある。

　共同研究の成果として、まず始めは『規範力の観念と条件』、『憲法の規範力と憲法裁判』が刊行される。それに続いて、『憲法の規範力と市民法』、『憲法の規範力とメディア法』、『憲法の規範力と行政』が刊行される予定で

あり、本共同研究は全5巻で完結となる。今回の刊行に間に合わなかった
テーマをまとめ、ないしは、今後の事態の進展に対してさらに研究を深める
ことが、今後の課題として残されることになった。

　「憲法の規範力」に関する本総合的研究が、どの程度日本国憲法の規範力
の論証に成功しているかは、読者の評価に待つほかはない。そして、本研究
書が日本国憲法の規範力を実証的に論じているという評価をえられることが
できれば、これに勝る喜びはない。古いかたちの憲法改正論に対して、本総
合研究が、少しでも日本国憲法の規範的意味を補強するものとなることを望
んでやまない。

　　2013年6月

　　　　　　　　　　　　　　　　　　　　　戸 波 江 二

目　　次

「講座 憲法の規範力」発刊にあたって …… 戸 波 江 二（ⅴ）

◇序　章◇ ……………………………………………… 鈴 木 秀 美 …3

■第１部　メディアの自律と法的規制■

◆第１章◆ ──────────────────────

BPO 放送人権委員会
　──任期を終えて ………………………… 小 山　　剛 …17

　　Ⅰ　BPO の組織と性格（*17*）
　　Ⅱ　放送人権委員会の目的と構成（*18*）
　　Ⅲ　申立て・審理・公表（*19*）
　　Ⅳ　委員としての経験から──むすびにかえて（*26*）

◆第２章◆ ──────────────────────

NHK 国際放送の概要とその諸課題
　………………………………………… 丸 山 敦 裕 …33

　　Ⅰ　はじめに（*33*）
　　Ⅱ　NHK 国際放送の概要（*36*）
　　Ⅲ　放送の自由論からみた国際放送制度の理論的諸課題（*44*）
　　Ⅳ　むすびにかえて（*59*）

ix

目　次

◆ **第3章** ◆ ─────────────────────

インターネットの自主規制・共同規制

　──米国・EU におけるプライバシー政策の展開を題材として

　　………………………………………………… 生 貝 直 人 …*63*

　Ⅰ　は じ め に（*63*）

　Ⅱ　米国における状況（*70*）

　Ⅲ　EU における状況（*76*）

　Ⅳ　我が国の法政策のあり方に関する若干の検討（*82*）

　Ⅴ　結びにかえて（*85*）

◆ **第4章** ◆ ─────────────────────

共 同 規 制

　──携帯電話におけるフィルタリングの事例

　　………………………………………………… 曽我部真裕 …*87*

　Ⅰ　は じ め に（*87*）

　Ⅱ　青少年インターネット環境整備法制定までの状況（*87*）

　Ⅲ　携帯電話フィルタリングに関する現在の仕組み（*93*）

　Ⅳ　若干の分析と課題（*102*）

■ **第2部　取材源秘匿のための証言拒絶権** ■

◆ **第5章** ◆ ─────────────────────

取材源に関する証言拒絶権

　　………………… カール＝フリードリッヒ・レンツ …*109*

　Ⅰ　は じ め に（*109*）

　Ⅱ　WikiLeaks の概要（*111*）

x

Ⅲ　ドイツの刑事訴訟法の関連規定（*114*）

Ⅳ　政　策　論（*122*）

Ⅴ　2007 年キケロ判例の立場（*126*）

Ⅵ　記者の取材源に関する証言拒絶権を憲法上認めるべきか（*127*）

Ⅶ　お わ り に（*129*）

◆ 第 6 章 ◆

刑事裁判における取材源の秘匿

……………………………………… 池 田 公 博 …*135*

Ⅰ　は じ め に（*135*）

Ⅱ　報道の自由と取材源の秘匿（*136*）

Ⅲ　法的規律をめぐる議論（*140*）

Ⅳ　検　討（*145*）

Ⅴ　お わ り に（*153*）

◆ 第 7 章 ◆

取材の自由の今日的意味

──国家情報とプレスの関係を改めて考える

……………………………………… 山 田 健 太 …*155*

Ⅰ　政治家とメディアの関係（*156*）

Ⅱ　オフレコという名の情報操作（*168*）

Ⅲ　取材源の保護と情報源の明示（*177*）

目　次

■ 第3部　メディア法・情報法 ■

◆ 第8章 ◆

劇場公開映画におけるプロダクトプレースメント
──ドイツ連邦通常裁判所 1995 年 7 月 6 日判決を
中心として── …………………………………… 杉原周治 …*193*

Ⅰ　は じ め に（*193*）
Ⅱ　連邦通常裁判所判決 ── I ZR 2/94（„Feuer, Eis & Dynamit II")
　　（*196*）
Ⅲ　連邦通常裁判所判決 ── I ZR 58/93（„Feuer, Eis & Dynamit I")
　　（*206*）
Ⅳ　むすびにかえて（*220*）

◆ 第9章 ◆

デジタル基本権の位相
　　…………………………………………… 西土彰一郎 …*225*

Ⅰ　は じ め に（*225*）
Ⅱ　ドイツ連邦憲法裁判所における「デジタル基本権」の意義（*226*）
Ⅲ　人間とコンピュータの間の新たなコミュニケーション形式
　　（*234*）
Ⅳ　基本権理論における社会的認知とデジタル認知（*239*）
Ⅴ　お わ り に（*245*）

◆ 第10章 ◆

行政・警察機関が情報を収集する場合の法律的根拠

.... 實 原 隆 志 …*247*

    I   は じ め に（*247*）

    II 刑事捜査に関する日本の議論の特徴（*248*）

    III 刑事捜査に関するドイツの議論の特徴（*253*）

    IV 検　討（*258*）

    V おわりに（*265*）

◆ 第11章 ◆

放送法における表現の自由と知る権利

.... 鈴 木 秀 美 …*267*

    I   は じ め に（*267*）

    II ドイツ —— 法律による内容形成（*270*）

    III 日本 —— 規律された自主規制（*282*）

    IV おわりに（*295*）

◆ 第12章 ◆

表現の自由の意味をめぐる省察

.... 棟 居 快 行 …*297*

    I   問題の所在（*297*）

    II 制度の変化と表現の自由の機能（*300*）

    III 表現の自由の制約法理（*308*）

    IV ネット社会におけるパブリックフォーラム（*311*）

    V 政 府 言 論（*313*）

    VI 表現の自由と立憲主義の将来（*315*）

講座 憲法の規範力 第4巻『憲法の規範力とメディア法』

〈執筆者一覧〉 (掲載順)
＊は編集代表

小 山 　剛 (Go Koyama) 　　慶應義塾大学法学部教授

丸 山 敦 裕 (Atsuhiro Maruyama) 　　甲南大学法科大学院教授

生 貝 直 人 (Naoto Ikegai) 　　東京大学大学院情報学環特任講師

曽我部真裕 (Masahiro Sogabe) 　　京都大学大学院法学研究科教授

カール＝フリードリッヒ・レンツ 　　青山学院大学大学院法務研究科教授
(Karl-Friedrich Lenz)

池 田 公 博 (Kimihiro Ikeda) 　　神戸大学大学院法学研究科教授

山 田 健 太 (Kenta Yamada) 　　専修大学文学部教授

杉 原 周 治 (Shuji Sugihara) 　　愛知県立大学外国語学部准教授

西土彰一郎 (Shoichiro Nishido) 　　成城大学法学部教授

實 原 隆 志 (Takashi Jitsuhara) 　　長崎県立大学国際情報学部准教授

＊鈴 木 秀 美 (Hidemi Suzuki) 　　大阪大学大学院高等司法研究科教授

棟 居 快 行 (Toshiyuki Munesue) 　　大阪大学名誉教授

講座 憲法の規範力
〈第4巻〉

憲法の規範力とメディア法

◆ 序　章 ◆

鈴　木　秀　美

1. メディアの自由の現在

　近年、日本の表現の自由は大きな岐路を迎えている。例えば、ヘイトスピーチが社会問題化し、規制の必要性が声高に主張されるようになっている。また、2013 年に成立し、2014 年 12 月に施行された特定秘密の保護に関する法律によって、政府の活動についての国民の知る権利が脅かされ、報道機関の取材・報道の自由も厳しい制約を受けるのではないかという懸念も生じている。このような状況の出現は数年前にはとても考えられないことだった。

　2015 年に入ると、パリの週刊紙襲撃事件に続いてイスラム過激派組織「イスラム国」による日本人人質事件が発生し、フランスだけでなく日本もテロの脅威に直面することになった。ただし、週刊紙シャルリ・エブドの風刺画の問題は、フランス独特の風刺の役割を抜きにして考えるべきではない。フランスでは、革命以来、いかなる宗教にも縛られず、笑いの対象にすらすることで初めて本当の自由が得られるという共通認識が社会の土台になっているという。多くの国で表現の自由は「民主主義の根幹」とされていても、その公共的な役割は国の歴史に応じて異なる。「私はシャルリ」が日本にもそのまま妥当するかは慎重に検討すべきであろう。これに対し、シリアにおける日本メディアに対する取材規制、とりわけジャーナリストに対するパスポート返納命令については、移動の自由だけでなく、メディアの自由（取材・報道の自由）の観点から考察を加える必要がある。日本人人質が殺害されたことを理由に、日本政府が過剰にメディアの取材活動に干渉すべきではないからだ。

　メディアは、国民の知る権利に奉仕する公共的役割を負っており、それに応じて特別扱いされることがある。日本でも、国家秘密との関係で、正当な取材活動の範囲内である限り、公務員に対して秘密の漏洩をそそのかしても違法性の推定は働かず、報道機関としての正当な業務行為となることが判例（最決昭和 53 年 5 月 31 日刑集 32 巻 3 号 457 頁）によって認められている。報道関係者が取材源を秘匿するための証言拒絶についても、最高裁は NHK 記者事件決定（最

『〈講座 憲法の規範力〉第 4 巻 憲法の規範力とメディア法』ドイツ憲法判例研究会編　　*3*

序　章［鈴木秀美］

決平成 18 年 10 月 3 日民集 60 巻 8 号 2647 頁）で民事事件についてはこれを認め
た。個人情報保護法（50 条 1 項）は、報道機関の報道について適用除外を明文
化している。ただし、インターネットの普及によって、公共的役割を果たすメ
ディアによる報道と一般利用者による情報発信の区別がつきにくくなってい
る。また、放送に課されてきた法的規制や放送事業者によって行われてきた自
主規制の手法を、インターネットによる情報流通にそのまま採用することがで
きないこともすでによく知られている。伝統的なメディア法の議論をインター
ネットの時代にも維持することができるのか、インターネット上の情報流通の
特性に即した規制の手法はどのようなものか、検討の必要が生じている。

2. メディア部会の活動

　本書に収められた論文の多くは、ドイツ憲法判例研究会（以下では、「本研究
会」）の「憲法の規範力」をテーマとする総合的研究（2008 年度〜2011 年度）にお
ける「メディア部会」の研究成果である。この部会は、メディア法ないしメデ
ィア倫理における憲法の規範力について考察するために設けられ、筆者がその
責任者となった。ただし、筆者は、当時、表現の自由に関する別の論文集の出
版企画をすでに進めていたため、メディア部会の活動は、初年度から 2010 年度
までは部会メンバーの個人研究を中心に進められ、同部会の共同研究は主とし
て 2011 年度に行われた。2011 年 12 月 4 日、本研究会の会員 2 名の報告に加
え、非会員 4 名を報告者として招いてメディア部会研究会が開催された。筆者
は、この研究会のために「メディアの自主規制・共同規制」と「プレスの自由
と取材源秘匿」という 2 つのテーマを設定した。

　このうち「メディアの自主規制・共同規制」については、①「放送の自主規
制」、②「インターネットの共同規制」、③「メディアの自主規制・共同規制−
表現の自由の観点から」という 3 つの個別テーマについて報告がなされた。報
告①の報告者は、本研究会の小山剛会員である。小山会員は、憲法研究者であ
るが、当時、放送倫理・番組向上機構（BPO）の「放送と人権等権利に関する委
員会」（以下では、「放送人権委員会」）の委員を務めていたことから、その経験に
基づいて放送の自主規制の現状と課題について検討した。報告②の報告者は、
非会員で、『情報社会と共同規制──インターネット政策の国際比較制度研究』
（勁草書房、2011 年）の著者、生貝直人氏である。同氏には、インターネットの
共同規制のための制度設計について、具体例を示しながら報告していただいた。

4

報告③の報告者の曽我部真裕氏も非会員である。同氏には、外国との比較も含めて、メディアの自主規制・共同規制について憲法学、とりわけ表現の自由の観点から報告していただいた。

　日本の放送法は、放送事業者の自律を重視しており、法的規律によって自主規制を促してきたが、BPOはそのような放送法の規律とは無関係に、表現の自由の確保と視聴者の基本的人権の擁護を目的として2003年に設立された放送業界の自主規制機関である。研究会では、前記三つの報告に基づき、放送法の規律による自主規制とBPOのような放送事業者による自主規制との比較や、インターネット上で発生する諸問題への対応策として注目を集めている共同規制のあり方などについて意見交換が行われた。

　もうひとつのテーマである「プレスの自由と取材源秘匿」については、④「ドイツの憲法判例について」、⑤「刑事事件における取材源秘匿について」、⑥「民事事件における取材源秘匿について」という三つの個別報告がなされた。報告④の報告者は、本研究会のカール=フリードリッヒ・レンツ会員である。レンツ会員は、報道関係者が取材源を秘匿するための証言拒絶権について、ドイツの憲法判例だけでなく、匿名で政府や企業の秘密情報をインターネットで公開するウィキリークスの問題にも検討を加えた。報告⑤の報告者は、非会員で、『報道の自由と刑事手続』（有斐閣、2008）の著者、池田公博氏である。同氏には、ドイツやアメリカの議論を踏まえて、刑事訴訟法の観点から報道関係者の証言拒絶権について報告していただいた。報告⑥の報告者は、非会員で弁護士の山川洋一郎氏である。同氏は、民事訴訟法の「職業の秘密」として取材源についての証言を拒んだNHK記者の弁護をされた経験（最決平成18年10月3日民集60巻8号2647頁）や、取材源の特定につながる情報が含まれている可能性が高い取材テープについて、裁判所が民事裁判の証拠として提出を命じることが許されるかについて争われた事件でジャーナリストの弁護をされた経験（大阪高決平成23年1月21日判時2113号107頁）について報告してくださった。

　ドイツでは刑事訴訟法も民事訴訟法も報道関係者に取材源を秘匿するための証言拒絶権を明文で認めている。アメリカでも報道関係者に証言拒絶権を認めるシールド法を制定している州は多い。日本の最高裁は、朝日新聞記者事件（最大判昭和27年8月6日刑集6巻8号974頁）で刑事事件における新聞関係者の証言拒絶権を否定したが、前述したNHK記者事件では民事事件における証言拒絶権を認めた。研究会では、前記三つの報告に基づき、日本でも刑事事件にお

序　章［鈴木秀美］

いて報道関係者の証言拒絶権は認められるか、判例によって認められた民事事件における報道関係者の証言拒絶権を民事訴訟法に明文化すべきではないかなどといった論点について意見交換がなされた。

　なお、このメディア部会研究会における報告は、報告⑥を除いて本書に論文として収められている（報告⑥については、山川洋一郎「今、報道の自由を語る意味」同『報道の自由』（信山社、2010 年）297 頁以下参照）。

3．本書の構成

　本書に収められた論文は、公共的役割を果たすメディアによる報道を、その公共的役割に照らして法制度においてどのように扱うべきかという問題や、インターネットによる情報流通について、放送との異同をどのように考えたらよいかという問題を、表現の自由の観点から検討している。そして、その考察にあたっては、憲法の規範力、とりわけ表現の自由またはプライバシーの権利の規範力がメディア法の分野にどこまで及んでいるか、もし及んでいないとしたらそれはなぜか、どのようにしたら及ぶようになるかということが意識されている。

（1）　メディアの自律と法的規制

　メディアの自律と法的規制について検討する第 1 部は、前述したメディア部会研究会における報告①、報告②、報告③と丸山敦裕論文からなる。

　同じマス・メディアでありながら新聞が特別な法的規制を受けていないのに、放送はさまざまな法的規制を受けている。ただし、日本の放送法は放送事業者の自律や表現の自由を尊重しており、とりわけ番組内容の適正確保の観点から国家の放送に対する介入の余地は相当に限定されている。それもあって日本では、BPO の下に、放送人権委員会、「放送と青少年に関する委員会」、「放送倫理検証委員会」が設置され、これらの委員会が放送への苦情や放送倫理上の問題に独立した第三者の立場から対応している。小山剛論文（第 1 章「BPO 放送人権委員会──任期を終えて」）は、著者が、放送人権委員会の委員としての経験に基づいて行った報告①を発展させ、同委員会の非裁判的人権救済活動について考察したものである。そこでは、放送人権委員会の仕組みだけでなく、申立てから審理を経て決定に至る流れが詳述されたうえで、2011 年に運営上の課題について議論した成果も示されている。それによると、放送人権委員会が申立てに対して下した「放送倫理上問題あり」との判断を放送事業者が軽く受け止める

傾向があったため、判断に「人権侵害」、「放送倫理上重大な問題あり」、「放送倫理上問題あり」、「要望」、「問題なし」という5段階のグラデーションを設け、前二者には「勧告」、後三者には「見解」を示すという整理がなされたという。表現行為による名誉毀損やプライバシー侵害でさえ不法行為として違法になるか否かは微妙な場合もある。だとすれば、ある報道が放送倫理に違反したか否かについての判断はさらに困難を極めるだろう。自主規制の実効性確保にとって、放送人権委員会が申立てに対していかなる判断を下したか、その意味するところを放送事業者にもわかるよう工夫することは何よりも重要なことである。同論文は、非裁判的人権救済機関としてのBPOを放送事業者にとって「辛口の友人」であるとする評価を紹介したうえで、人権擁護法案（2002年）が企図した人権委員会のように、法律による包括的な人権委員会が人権侵害の加害者の友人になることはないであろうと指摘しており興味深い。

　ところで、放送法によって1950年に設立された日本放送協会（NHK）は、1952年から国際放送も行っている。従来は、国内向け番組を英語化したものが多かったが、2008年に施行された放送法改正によって在外邦人向け番組と外国人向け番組が区別されるようになり、外国人向けの国際衛星放送については全部または一部をテレビ放送する義務も課された。政府はその後も映像による国際放送の強化・充実を政策課題としている。丸山敦裕論文（第2章「NHK国際放送の概要とその諸課題」）が、そのような状況を意識しつつ、これまで憲法の観点からあまり検討されることがなかったNHKによる国際放送制度について、放送の自由の観点から検討を加えたものである。放送法は、NHKが本来業務として行う自主放送としての国際放送とは別に、総務大臣が実施を要請する「要請放送」を制度化している。要請放送は2008年施行放送法改正で導入された。要請放送の前身は「命令放送」である。命令放送については、2006年11月、当時の菅義偉総務大臣が「北朝鮮による拉致被害問題に特に留意すること」を追加的に命じて批判を浴び、裁判でも争われた。要請放送となって、応諾が義務から努力義務に変わったとはいえ、同論文は「放送の自由に対して十分な配慮がなされているかといえば、疑問がないではない」という。なぜなら、放送の要請に対する応諾が努力義務だといっても、事実上の強制力が働くおそれがあるうえ、要請放送は国費で賄われているのに、NHKは国際放送において自主放送と要請放送を一体的に実施しているからである。NHK国際放送において自主放送と要請放送が一体的に実施されることで、NHKが政府宣伝を行って

序　章［鈴木秀美］

いると国際社会から認識され、信頼を失ってしまうおそれがあると同論文は指摘し、対外的情報発信力を保持するためには、NHK の独立性が確保され、自主的な編集が保障されていることが重要だとして、自主放送と要請放送の一体的実施を再考すべきだと主張する。

　既に述べたように、放送に課されてきた法的規制や放送事業者によって行われてきた自主規制の手法を、インターネットによる情報流通にそのまま採用することができないことはすでによく知られている。では、インターネット上の情報流通の特性に即した規制の手法はどのようなものか。この問題に取り組んだのが、生貝直人論文（第3章「インターネットの自主規制・共同規制──米国・EU におけるプライバシー政策の展開を題材として」）と曽我部真裕論文（第4章「共同規制──携帯電話におけるフィルタリングの事例」）である。前者はメディア部会の報告②を、後者は報告③を発展させたものである。

　このうち生貝論文は、インターネットがもたらす予見不可能かつ断続的なイノベーションに法制度はいかに対応すべきか、という問題意識の下、法的規制でも、自主規制でもない、その中間的な政策手段としての「共同規制」という手法によるインターネット上のプライバシー保護について検討する。例えば、いわゆる行動ターゲティング広告において用いられる契約者や端末の ID やクッキー等は、それ自体は個人識別性を有するとは限らないが、他の情報との組み合わせにより個人識別性をもつようになる可能性がある。近年、ビッグ・データと呼ばれる大量な消費者行動履歴データの利用に注目が集まっているが、それをどの程度に匿名化すべきと考えるかは技術的条件や社会的条件によって異なる結果になる可能性がある。同論文は、産業界の自主規制ルールに対し政府が適切性の評価と承認を行い、一定の法的有効性を与える「セーフハーバー」型の共同規制について、アメリカと EU の動向を概観したうえで、日本の法政策についても検討を加える。日本では、インターネット上の個人情報保護のためのガイドラインは、行政よりも事業者による自主的な策定促進が重視されてきた。しかし、同論文は、インターネット関連産業の成長と消費者保護の適切な両立を図る重要性、そしてアメリカや EU の共同規制を軸とする動向との国際的制度調和の必要性を考えるなら、日本でも共同規制の枠組みの実現を目指していくべきだと主張する。

　これに対し、曽我部論文は、2008 年に成立し、2009 年 4 月 1 に施行されたいわゆる青少年インターネット環境整備法を手がかりに、携帯電話における青少

年保護のために採用されたフィルタリングに対する共同規制を検討の対象とする。ただし、同論文によれば、現行法が採用した規制の仕組みは「共同規制としてはミニマムなもの」である。なぜなら、青少年インターネット環境整備法は、青少年有害情報の定義や、携帯電話で伝えられる情報が青少年有害情報に当たるかについての判断に国が関与しないことを前提としているからである。この法律によって携帯電話会社は、フィルタリング機能の提供を義務づけられた。また、その前提として、フィルタリングのためにウェブサイトの内容や運用体制を審査し、認定するモバイルコンテンツ審査・運用監視機構（EMA）が事業者によって設立された。同論文は、この法律では、内容の適正確保についてフィルタリング事業者には努力義務のみが課されており、実効性確保の観点からは負の要因だと指摘する。ただし、青少年の発達段階に応じてフィルタリングを行うという従来の仕組みは、親の教育権に基づく選択を支援することを重視しており、そのことからすると、フィルタリングが万能だと考えるのではなく、青少年がEMAによって認定されていないサイト・アプリを利用することも想定して、情報提供などを通じて青少年保護を考えていくべきだと同論文は指摘する。

（2）取材源秘匿のための証言拒絶権

報道関係者が取材源を秘匿するための証言拒絶権について取材の自由の観点から検討する第2部は、前述した研究会における報告④、報告⑤と山田健太論文からなる。山田健太氏は非会員であるが、メディア法だけでなくメディアの実務にも詳しいことから、2011年12月4日に開催したメディア部会研究会にお招きし、本書にも寄稿していただいた。

カール＝フリードリッヒ・レンツ論文（第5章「取材源に関する証言拒絶権」）は、報告④に基づき、報道関係者の取材源に関する証言拒絶権の問題を、WikiLeaksとの関係において、さらに2007年の憲法判例（キケロ事件判決）や2012年のドイツにおける法改正を手がかりに検討し、報道関係者の証言拒絶権が必要であると主張する。WikiLeaksは、国家や民間組織の不正な秘密をインターネット経由で漏洩するために設計されたもので、情報提供者の身元を特定できないように設計されている。同論文は、報道関係者の証言拒絶権を議論する際に、インターネットによって可能となったWikiLeaksという技術的保護手段の存在に配慮する必要があるという。とはいえ、同論文は、報道機関の行政権に対する監視機能を保護するためには、政策論として、行政権の違法行動の

序　章［鈴木秀美］

内部告発を可能にする報道関係者の証言拒絶権を認めるべきだと主張する。な
ぜなら、WikiLeaks の仕組みでは情報源に直接にインタビューできないなど、
取材活動に制限が生じるからである。そして、報道関係者の証言拒絶権の根拠
を疑いの余地のないものとするためには、刑事訴訟法の改正による明文化を考
慮すべきだと主張する。

　とはいえ、日本の刑事訴訟法には取材源を秘匿するための報道関係者の証言
拒絶権は明文化されていない。そこで、池田公博論文（第6章「刑事裁判におけ
る取材源の秘匿」）は、報告⑤を発展させて、「証言強制、報道用資料の押収それ
ぞれの場面において、報道の自由の価値にかんがみて、処分を拒むことが正当
とされ、あるいは処分を行うことが違法となる余地は、現行法の解釈論からも
導かれうる」と主張する。なぜなら、最高裁が前述した朝日新聞記者事件で記
者の証言拒絶権を否定した際、その理由づけにおいて示された取材の自由の理
解は、博多駅事件大法廷決定（最大決昭和44年11月26日刑集23巻11号1490頁）
において示された理解とは異なるからである。同論文は、このような立場から
さらに「報道機関」の意義、保護の及ぶ取材資料の範囲、手続的な保障のあり
方についても検討することで、現行法の解釈による問題解決の可能性を示すと
ともに、将来の立法において参照されるべき論点を明らかにすることに成功し
ている。

　ところで、最高裁判例は、取材の自由の保護を報道の自由の保護に比べて一
段低いものとみている。そのことが、実際の「現場」において、報道機関の取
材行為が軽視される結果につながっているのではないか。山田健太論文（第7
章「取材の自由の今日的意味——国家情報とプレスの関係を改めて考える」）は、その
ような問題意識の下、取材拒否、オフレコ、取材源秘匿の事例を手がかりに、
取材現場の実態とその法的側面を考察する。なぜなら、具体的な運用において
尊重されることで、憲法による取材の自由の保障を実効的なものとすることが
できるからである。2013年の参議院選挙の際、自民党はTBSの番組内容が公
正さに欠けるとして党幹部の番組出演や取材を拒否した。同論文は、取材拒否
と特定秘密保護法制定の意味するところは、「政府の都合の悪い情報は、現在進
行形の事案については『取材拒否』で、過去の事案については『秘密保護』と
いう名目で、市民の目からは隠し通そうとしているということ」だと指摘する。
だからこそ、公人の取材応諾義務は、説明責任そのものであり、法的義務であ
ることを制度化する必要があるという。そして、かりに取材応諾義務が法的義

務であるとまでいえないとしても、国民に対する説明責任の観点から、報道関係者がオフレコの約束に縛られて、職務上知りえた情報を意図的に秘匿する行為は許されないとする。なお、前述の通り、最高裁はNHK記者事件決定により民事事件における報道関係者の取材源秘匿権を認めたが、同論文は、なお残された問題があるとし、アメリカやドイツにみられるような特別法の制定が検討されてもよいのではないかと指摘する。そして、同論文は、東日本大震災以降、官邸前で行われてきた抗議行動の報道を既存のメディアよりもネット系メディアが積極的に行ってきたことにふれ、記者クラブのあり方なども含めて、現在の状況において取材の自由の意味づけを改めて見直し、報道倫理の内実を整理し直すことが急務であると主張する。

(3) メディア法・情報法の諸問題

第3部では、ドイツ憲法判例研究会の会員がそれぞれの関心に基づいてメディア法・情報法の諸問題を検討する。第3部を構成する5つの論文のうち、鈴木秀美論文と棟居快行論文は、「憲法の規範力」をテーマとする総合的研究が2012年3月末に終了した後に行われた個人研究の成果である。

まず、杉原周治論文（第8章「劇場映画におけるプロダクトプレースメント──ドイツ連邦通常裁判所1995年7月6日判決を中心として」）は、コンテンツの中に企業の商品等を用いることで宣伝効果を狙う手法であるプロダクトプレースメントの手法を劇場映画で用いることが競争法違反ではないかと争われたドイツの事例を検討する。ドイツ連邦通常裁判所は、芸術の自由によって保護される映画であれば、原則としてプロダクトプレースメントは許されるが、それに相当の対価が支払われた場合、カムフラージュされた広告から保護される観客の人格発展の権利のため、映画の上映前に広告的性格があることを表示する義務があるとした。番組と広告の区別は映画だけでなく放送においても重要な論点であるが、同論文は、それを制作者の芸術の自由と観客の人格発展の権利の調整という憲法上の次元から検討したところにこの判決の意義があると指摘する。

次に、西土彰一郎論文（第9章「デジタル基本権の位相」）は、いわゆる「オンライン捜索」を違憲とした2008年のドイツの憲法判例（BVerfGE 120, 274）で示されたデジタル基本権の意義を明らかにする。オンライン捜索とは、過激派やテロリスト集団のインターネットによるコミュニケーションの内容を突き止めるため、そこに技術的に侵入し、情報技術システムの利用を監視し、記憶メディアを捜索し、あるいはターゲットであるシステムを遠隔操作することをい

序　章［鈴木秀美］

う。連邦憲法裁判所は、このような技術的侵入によって市民のコミュニケーションの輪郭が浮き彫りにされてしまう危険性があるとし、これに対処するためには通信の秘密や住居の不可侵という従来の基本権や判例によって確立された情報自己決定権では不十分であるとする。そこで、一般的人格権に基づいて新たに認められたのが「情報技術システムの機密性および完結性の保障に対する権利」であり、通常、「デジタル基本権」と呼ばれている。ただし、学説には、はたして情報自己決定権とは別にデジタル基本権を新たに構想する必要はあるのか、との批判もみられる。同論文は、「メディアの自由の規範目的は、多様な情報の自由な流れの保障」にあるとの理解を前提として、「マス・メディア」対「国民の知る権利」というこれまでの問題意識を共有しながらも、インターネットによって可能となった人間とコンピュータの間の新たなコミュニケーションに伴う不確実、とりわけ行為者が規制を意識しないという意識不存在を最小化するための、新たなメディアの自由論の可能性を、基本理論一般に立ち返り、「社会的認知論」と「デジタル認知論」を基礎にした基本権理論に焦点をあてて探求する意欲的なものである。

　實原隆志論文（第10章「行政・警察機関が情報を収集する場合の法律的根拠」）は、物理的な実力を行使することなく、監視カメラやNシステムなどの情報技術を用いて行われる刑事捜査のための情報収集に、個別具体的な法律による授権は必要かという問題について日独の議論を比較する。同論文によれば、日本の場合、刑事訴訟法197条1項但書で「強制処分」には法律の定めが必要であるとされているが、判例・通説は、多くの非権力的な行為を任意処分に分類し、具体的な法律上の根拠の必要性を否定している。これに対しドイツの判例・学説は、公の場所で収集された場合でも、その情報が結合されることの危険性を指摘し、本人の同意がない情報収集を基本権の侵害と捉え、法律上の根拠を要求している。同論文は、ドイツの議論を手がかりとして、日本でも、情報技術による情報の収集だけでなく収集された情報がどのように利用されるかというところまで視点を広げる必要があり、強制処分法定主義の背後には憲法上の原理があると考えて、法律上の根拠を厳格に求めるべきだと主張する。

　これに続く鈴木秀美論文（第11章「放送法における表現の自由と知る権利」）も、放送事業者の表現の自由と視聴者の知る権利が放送法にどのように反映されているかという問題について、日独の議論を比較する。それによるとドイツでも日本でも、放送によって提供される意見や情報は多様であるべきだと考えられ

ている。ただし、ドイツでは憲法の規範力（放送の国家からの自由と意見多様性の確保）が放送法とそれを支える現実に深く浸透しているが、日本では、放送事業者の自律や表現の自由に配慮して、放送における情報多様性の確保を、放送事業者の自主規制の力に委ねるという手法が採用されている。日本の場合、放送事業者の表現の自由については憲法の観点からの議論があるが、通説は、放送における情報多様性の確保を政策上の課題とみている。これに対し、ドイツでは憲法判例が放送の自由から、放送の国家からの自由だけでなく、放送における意見多様性の確保という立法者の憲法上の義務を導き出し、放送立法のための憲法上の要請や具体的な基準を示してきた。同論文はそこに日独の大きな違いがあると指摘する。

棟居快行論文（第12章「表現の自由の意味をめぐる省察」）は、表現の自由、近代立憲主義および国家は相互準拠の関係にあり、三位一体の存在であるとし、「近代立憲主義は、表現の自由さえ保障しておけば、立法や政策に国民からの変革のエネルギーをただで取り込み、空中浮遊を続けることが出来る」と説いて、大きな視点から、インターネットも視野に入れて表現の自由論を展開する。同論文では、前述した三位一体の関係性が、「制度の変化と表現の自由の機能」、「表現の自由の制約法理」、「ネット社会におけるパブリックフォーラム」、「政府言論」という具体的なテーマについての検討を通じて描き出される。同論文の締め括りでは、「表現の自由と立憲主義の将来」というテーマの下、インターネットの公共空間としての可能性と、無数の私的親密圏の拡大というSNSが生み出している現実に対する評価や問題点が明らかにされる。また、代表民主制の仕組みをネット民主主義に早急に代置することは不可能であるため、インターネットの活力を代表民主制に注入する回路構築が現実的であるとして、新聞や放送といった既存メディアの生き残りのために、「議会とネットという民意の古い回路と新しい回路とを媒介する、中間項として」の再定位という処方箋も示される。

＊　　　　　＊　　　　　＊

なお、末尾ながら、『講座 憲法の規範力』第4巻の刊行が遅れたことについて、本巻のために早めにご脱稿くださった執筆者の方々にお詫びしておかなければならない。『講座 憲法の規範力』については、2008年度からの4年間の共同研究が終了した後、その成果の編集作業が進められている中、2013年4月に本研究会の代表となった筆者は、メディア部会の研究成果である第4巻の編集

序　章［鈴木秀美］

に加えて、本講座全体の編集作業もサポートしてきた。その他にも、本研究会
のさまざまな活動の企画・運営を行う必要があり、第 1 巻と第 2 巻の刊行の後、
2013 年度中に第 4 巻の編集作業を終わらせることができなかった。この度、遅
ればせながら第 4 巻を刊行できたことは筆者にとって大きな喜びである。メ
ディア法ないしメディア倫理における憲法の規範力について、多彩な観点から、
興味深い論文をご寄稿くださった執筆者の皆様に編集代表として心より感謝申
し上げるとともに、『講座　憲法の規範力』（全 5 巻）の刊行をお引き受けくださ
り、種々にご配慮くださった信山社の袖山貴氏、今井守氏に厚くお礼申し上げ
たい。

第1部

メディアの自律と法的規制

===== 第1章 =====

BPO 放送人権委員会

──任期を終えて──

小 山　剛

Ⅰ　BPO の組織と性格　　　　Ⅳ　委員としての経験から
Ⅱ　放送人権委員会の目的と構成　　　──むすびにかえて
Ⅲ　申立て・審理・公表

Ⅰ　BPOの組織と性格

　BPO とは，「放送倫理・番組向上機構（Broadcasting Ethics & Program Im-provement Organization）」の略称であり，日本放送協会（NHK），日本民間放送連盟（民放連）と民放連加盟各社によって出資，組織された任意団体である。法的には権利能力なき社団の一つであり，自己理解としては，非営利・非政府の第三者機関である。BPO は，理事会，評議員会と，「放送倫理検証委員会」，「放送と人権等権利に関する委員会」，「放送と青少年に関する委員会」，の 3 委員会から構成される[1]。

　BPO それ自体および各委員会の任務，構成，手続等は BPO 規約および各委員会の運営規則に定められているが，煩を避けるため，ここでは BPO のホームページ[2]

---

[1]　筆者は，2009 年 4 月より 2 期 6 年「放送と人権等権利に関する委員会」委員をつとめ，2015 年 3 月をもって退任した。同委員会は，1998 年以降，52 件の決定を出しているが，そのうちの 13 件に関与したことになる。これらの決定は，次注の BPO ホームページで読むことができる。
　　本稿は，同委員会の非裁判的人権救済活動について，内部にいた経験から若干の考察を行うものであるが，個々の事案の詳細には立ち入らない。

[2]　http://www.bpo.gr.jp

『〈講座 憲法の規範力〉第 4 巻 憲法の規範力とメディア法』ドイツ憲法判例研究会編　　*17*

◇ 第1部 ◇　メディアの自律と法的規制

から，市民・視聴者向けの説明を引用しておくことにしたい。

　「放送倫理・番組向上機構（BPO）は，放送事業の公共性と社会的影響の重大性を踏まえて，正確な放送と放送倫理の高揚に寄与することを目的とした非営利・非政府の団体です。言論・表現の自由を確保しつつ，視聴者の基本的人権を擁護するため，放送への苦情や放送倫理上の問題に対し，独立した第三者の立場から対応しています」。「この目的を達成するためにBPOには，いずれも第三者（放送事業者の役職員以外）によって構成される3つの委員会があります。放送番組向上のための審議と虚偽放送についての検証を行う「放送倫理検証委員会」，放送による人権侵害を救済するための「放送と人権等権利に関する委員会」（放送人権委員会），青少年が視聴する番組の向上に向けた意見交換や調査研究を行う「放送と青少年に関する委員会」（青少年委員会）の3つです」。「BPOは，日本民間放送連盟（民放連）および日本放送協会（NHK）によって設置されましたが，第三者性を担保するために，各委員会委員の人選を第三者で構成する評議員会が行っています。また，理事会メンバー10名のうち，理事長および理事3名が第三者から選任されています。機構の運営を維持するために，NHK，民放連，民放各社が会費を毎年拠出しています（下線小山。以下同じ）」。

　BPO自体は，2003年7月に設置された。ただし，各委員会の発足はそれより古い。放送倫理検証委員会の源流は（実体は大きく異なるが）1969年の「放送番組向上協議会」であり，放送人権委員会の前身は1997年のBRO/BRCである。青少年委員会は2000年に設置された。

　各委員会の名称・略称には変遷がある。放送人権委員会についていうと，1997年5月1日，NHKおよび民放連により，BRO（「放送と人権等権利に関する委員会機構」）が任意団体として設置される。6月9日，BROによって設置されたBRC（「放送と人権等権利に関する委員会」）が，第1回の会合を持つ。2003年7月1日，NHKおよび民放連は，「放送番組向上協議会」と「放送と人権等権利に関する委員会機構」（BRO）を統合し，「放送倫理・番組向上機構」（BPO）を設置する。「放送と人権等権利に関する委員会」は，発足当初からBRCが略称として用いられてきたが，BPOとBRCが紛らわしいとの理由から，2008年7月に略称が「放送人権委員会」へと変更された。

Ⅱ　放送人権委員会の目的と構成

　放送人権委員会（以下，単に「委員会」と呼ぶ場合がある）は，「放送によって名誉やプライバシーなどの人格権を侵害された人を，迅速・無料・公正に救済す

るための委員会」である（HP）。BPO 規約 3 条は，BPO 自体の目的について，「放送事業の公共性と社会的影響の重大性に鑑み，言論と表現の自由を確保しつつ，視聴者の基本的人権を擁護するため，放送への苦情や放送倫理上の問題に対し，自主的に，独立した第三者の立場から迅速・的確に対応し，正確な放送と放送倫理の高揚に寄与することを目的とする」と定めているが，放送人権委員会は，主にそのうちの人権擁護の部分を担うことになる。

　放送人権委員会の構成について，BPO 規約 29 条は「放送人権委員会は，評議員会が有識者（放送事業者の役職員を除く）の中から選任する 7 名以上 9 名以内の委員で構成する」と定めている。近年は，9 名で定着している。現在の構成は，法律家 5 名，非法律家 4 名であり，法律家のうち 3 名が弁護士（うち 1 名が委員長，1 名が委員長代行），他の 2 名が大学教員である。非法律家 4 名は，1 名が元新聞記者で大学教授（委員長代行），1 名が写真家，1 名が広告・宣伝紙誌取締役（兼大学院大学教授），1 名がメディア論研究者の大学教授である。任期は 3 年で，慣行として委員長となる者は 3 期，その他の委員は 2 期で交代する。法曹実務家が 3 名いるのは，委員を 1 期，委員長代行を 1 期，委員長を 1 期，という順に進むためである。

　委員会には，調査役が置かれる。一部の例外を除き，テレビ局・ラジオ局の出身者である（うち 1 名が統括調査役）。案件ごとに担当調査役が決められ，申立人・被申立人（局）の主張の整理や，資料の収集，委員会における議論の整理などを行う。これとは別に，1 名の法務担当調査役（弁護士）がいる。

　以上のほか，委員会には，BPO 本体から専務理事と事務局長が出席し，広報担当調査役が陪席する。

Ⅲ　申立て・審理・公表

　放送人権委員会は，放送により具体的被害を受けた者の申立てを受けて活動を開始する。委員会の手続の詳細は，「内規」で規定されている。その大まかな流れは，①事前に申立書，同録を見たうえで審理入りするか否かを決定　→②申立書（申立人），答弁書（局側），反論書（申立人），再答弁書（局側）等をもとに，論点の抽出，全般的審議　→③審議と並行して起草委員（2 名または 3 名）を決定　→④ヒアリング，審議　→⑤委員長および起草委員による起草委員会の開催と原案の作成　→⑥委員会における原案の修正等　→⑦通知・公表，というものである。決定には，少数意見が付される場合がある[3]。

◇ 第 1 部 ◇　メディアの自律と法的規制

1. 審理入り

　申立てがあった場合にまず行われるのが，審理入りするかどうかの判断である。審理入りの要件として，放送人権委員会運営規則 5 条 1 項は次のように定める。

　　5 条 1 項：委員会に申立てられた苦情の取り扱い基準は，次による。
　　(1) 名誉，信用，プライバシー・肖像等の権利侵害，およびこれらに係る放送倫理違反に関するものを原則とする。
　　(2) 公平・公正を欠いた放送により著しい不利益を被った者からの書面による申立てがあった場合は，委員会の判断で取り扱うことができる。
　　(3)〔略〕 (4) 審理の対象となる苦情は，放送された番組に関して，苦情申立人と放送事業者との間の話し合いが相容れない状況になっているもので，原則として，放送のあった日から 3 か月以内に放送事業者に対し申立てられ，かつ，1 年以内に委員会に申立てられたものとする。
　　(5) 裁判で係争中の事案および委員会に対する申立てにおいて放送事業者に対し損害賠償を請求する事案は取り扱わない。また，苦情申立人，放送事業者のいずれかが司法の場に解決を委ねた場合は，その段階で審理を中止する。
　　(6) 苦情を申立てることができる者は，その放送により権利の侵害を受けた個人またはその直接の利害関係人を原則とする。ただし，団体からの申立てについては，委員会において，団体の規模，組織，社会的性格等に鑑み，救済の必要性が高いなど相当と認めるときは，取り扱うことができる。
　　(7) (8)〔略〕

　(a)　まず，申立ては，放送により権利の侵害を受けた者（および直接の利害関係人）によるものでなければならない (6 号)。①いわゆる「ごみ屋敷」番組に対し，精神科医が「取材対象の屋敷の住人は精神障害の可能性があるが，そういう人達を了解を得ずに取り上げると，人権侵害につながったり，障害者差別を助長する恐れがある」等と抗議した案件[4]，②コメンテーターの一人が「静岡空港を推進する知事を連続当選させる静岡県民はバカだ」と発言したことに対し，

---

(3)　委員長が反対意見に回ったものに，「徳島・土地改良区横領事件報道」事案（決定第 39 号）がある。また，私が反対意見に加わったものに，「国家試験の元試験委員からの申立て」事案（決定第 49 号），補足意見を執筆したものに，「無許可スナック摘発報道への申立て」事案（決定第 47 号）がある。
(4)　2003 年 9 月（第 80 回委員会）。なお，審理対象外と判断されたものについては，ホームページの「決定一覧」には掲載されないが，ホームページ・放送人権委員会の議事概要にその都度掲載される。

20

◆ 第1章 ◆ BPO 放送人権委員会［小山　剛］

静岡県の広報室長が個人名で「静岡県民を公然と侮辱するものであり，県民の一人である自分の名誉が毀損された」と訴えた案件[5]などについて，委員会は審理対象外としてきた。

　比較的最近では，「拉致被害者家族からの訴え」事案（決定第43号，後掲注(9)）において，家族会の申立てについて審理入りをしたが，支援団体である救う会については「直接の利害関係人」とは見なされないとした。また，児童養護施設を舞台にしたドラマに対する申立てについては，審理対象外と判断している。

　(b)　審理入りの判断に際して時に議論となるのが，団体による申立てについてである。放送人権委員会は2007年7月，運営規則を改正し，「公平・公正の苦情」についても訴えることができることとし，「団体からの申立て」も受理しうることとした。現行の6号は，個人による申立てを原則とするとともに，団体からの申立ては，「団体の規模，組織，社会的性格等に鑑み，救済の必要性が高いなど相当と認めるときは，取り扱うことができる」としている。要件から見ても，「できる」規定であることから見ても，委員会に裁量の余地を残した規定である。

　　団体からの申立てについての最初の判断は，「宗教団体からの審理要請案件」である。本案件は，在京の民間放送局が宗教団体への潜入取材レポートを行い，隠しカメラ・隠しマイクを用いたことに対し，宗教団体および団体幹部から，名誉毀損等の権利侵害ならびに公平・公正に関する放送倫理違反とする二つの申立てがなされた。放送人権委員会は，宗教団体からの申立てにつき，「申立てを受理するかどうかについては，団体としての，規模，組織，社会的性格などを考慮する必要がある。潜入取材に関して申立人が放送中止を求める仮処分申請を東京地方裁判所に出し，却下の決定を受けており，申立人は，本件放送による名誉・信用の侵害については，司法による権利救済を求めることが可能な団体であると解され，司法による救済とは別に，放送人権委員会における救済の必要性が高いなど，審理対象とすることが相当であるとは認められない」との理由で，審理の対象外とした[6]。

　　他方，大阪市交通労組からの申立てについては，団体の性格，救済を検討する必要性等から，例外的に審理入りした[7]。

────────────

(5)　2007年3月（第121回委員会）。

(6)　放送人権委員会第135回議事概要（2008年5月）。個人（団体幹部）からの申立てについても，別の理由から審理対象外としている。

(7)　審理入りの理由は，次のものである（決定第51号より引用）。「労働組合は，『労働者が主体となって自主的に労働条件の維持改善その他経済的地位の向上を図ることを主たる目的として組織する団体』（労働組合法2条）と定義され，個々の労働者の権利・利益

21

◇第1部◇　メディアの自律と法的規制

(c)　そのほか，「原則として，放送のあった日から3か月以内」(4号) は，「特段の事情がない限り」という趣旨であり，例えば，放送局の動画サイトで当該放送が視聴可能な状態で置かれており，動画サイトを通じて放送内容を知った場合には，放送から3か月を超えても審理対象としている(8)。また，「裁判で係争中の事案」は扱わない (5号) が，裁判が局ではなく，番組中の出演者個人を被告としたものである場合には，局を被申立人とした BPO への申立てを妨げるものではない(9)。

2. 審　理

(a)　放送人権委員会は，「個別の放送番組に関する放送法令または番組基準に係わる重大な苦情，<u>特に人権等の権利侵害に関する苦情</u>」(規約4条2項ア) について審理・解決するものであるため，その判断基準として，まず，憲法，民法，放送法等の国の法令が，判例・裁判例とともに参照される。

名誉毀損，プライバシー侵害等が問題になる限り，法解釈の次元で悩むことは少ない。しかし，①安否が確認されていない拉致被害者について根拠を示すことなく「生きていない」と断定した発言によって受けた精神的な苦痛を法的にどのように評価するのか (決定第43号)，②私生活上の事実の秘匿性の程度をどのような観点から判断するのか(決定第52号)，③通常のテレビ視聴形態では，

の確保を主眼とする，各労働者の集合としての性格が強い団体である。また，本件放送は，本組合による重大な不正行為の告発の趣旨を含み，本組合及び組合員個人らの信用や名誉・名誉感情等の権利利益に対して深刻な影響を及ぼすおそれがある内容を含むものであった。委員会の過去の判断をふまえ，以上の事実関係を総合的に考慮したとき，本件申立てについては，救済を検討する必要性が高く，本組合の団体の規模，組織，社会的性格等をあわせ考えてもなお，委員会において権利侵害や放送倫理上の問題の有無について審理することが相当である」。

(8)　「広島県知事選裏金疑惑報道」事案 (決定第38号)，「上田・隣人トラブル殺人事件報道」(決定第44号)。

(9)　この規定の趣旨については，2001年9月18日放送と人権等権利に関する委員会 (BRC)「BRC の審理と裁判との関連についての考え方」で示されている (http://www.bpo.gr.jp/?p=2020)。

　　具体例：「拉致被害者家族からの訴え」事案 (決定第43号) は，2009年4月放送のテレビ朝日『朝まで生テレビ！』において拉致問題に触れた番組司会者・田原総一朗氏の発言をめぐって，「北朝鮮による拉致被害者家族連絡会」がテレビ朝日を相手取り，申し立てた事案である。この発言をめぐっては，並行して，田原氏を被告とした裁判が起こされた (神戸地判平成23年11月4日判時2136号95頁で確定)。

氏名は判読できないが，テレビ映像を録画した静止画像では少年の氏名を判読
できる場合に，プライバシー侵害に当たるのか（決定第50号）など，判断に悩む
事案があった。

事実認定の次元では，おのずと限界に直面する。一般的な困難さに加えて，
局には取材源秘匿，取材内容秘匿が認められるため，委員会としてもそれを尊
重することになる。裁判例では，取材源秘匿と引き換えに真実性または真実相
当性に関する事実の主張，立証責任が緩和されるものではないとの判断が定着
しているものと思われるが[10]，放送人権委員会においても，「委員会に提出され
た資料等においては」という限定を付したうえで，名誉毀損の成立を認めた事
例がある（「大阪市長選関連報道への申立て」事案。決定第51号）。

（b）　多くの場合，放送人権委員会は，人権侵害の有無の審理に加えて放送
倫理上の問題についての審理を行う。この場合の判断基準となるのが，「放送
倫理基本綱領」，「日本民間放送連盟報道指針」等であるが，法的規準と異なり
蓄積に乏しく，放送倫理の概念自体が不明確であることは否めない[11]。単なる
社会通念＋業界ベースラインとならないために，放送人権委員会は，放送倫理
上の問題についての類型化を，後述の「判断ガイド」において試みている。

ところで，放送人権委員会の決定一覧を見ると，ほとんどの事案は放送倫理
の問題として処理されている。その中には，裁判であれば名誉毀損，プライバ
シー侵害，名誉感情の侵害が認められそうな事案が含まれている。「サンディ
エゴ事件報道」事案，「大学ラグビー部員暴行容疑事件報道」事案など，委員会
決定の最初期から認められる傾向である。おそらくは，民事裁判とは異なり，
放送倫理上の問題点を指摘することによって，同時に被害者に対する一定の救
済を図ることができ，そのため，あえて不法行為法の枠組みによる救済に縛ら
れる必要はないと考えたためであろうと想像される。

放送倫理に関連して，放送倫理検証委員会との関係について，2点触れておきた
い。

---

(10)　大阪地判平成22年10月19日判時2117号37頁など。

(11)　これは，「放送倫理違反」「放送倫理上問題あり」という用語の混在，放送倫理と人権
　　との関係の理解にも現れている。詳しくは，2012年11月27日放送と人権等権利に関す
　　る委員会委員長談話「新しい判断のグラデーションの適用にあたって」http://www.bpo.
　　gr.jp/wordpress/wp-content/themes/codex/pdf/brc/determination/2012/47/dec/danwa.pdf
　　を参照。

◇ 第1部 ◇　メディアの自律と法的規制

　まず第一は，管轄の重複である。BPO には，放送倫理検証委員会が設置されているが，同委員会は，「放送倫理を高め，放送番組の質を向上させるため，放送番組の取材・制作のあり方や番組内容などに関する問題の審議」，「虚偽の疑いがある番組が放送されたことにより，視聴者に著しい誤解を与えた疑いがあると判断した場合に，放送倫理上の問題があったか否かの調査および審理」を任務としている。放送倫理検証委員会と放送人権委員会の相違として，前者が被害者なき放送倫理問題を扱い，また，審議すべき番組を能動的に決定するのに対して，後者は被害者の申立てを受けて審理入りを決定する，受動的委員会である。このため，両委員会が対象とする事案の重複は基本的には生じないが，一部のドラマや番組については，両委員会の管轄が重複し，あるいは，広い意味で同一の事案であるために論点が重複することがある。そのような場合の管轄の調整について，具体的なルールは存在しない。

　第二は，「審理入り」および「放送倫理上問題あり」の意味合いが，両委員会において異なることである。放送人権委員会にとって，審理入りは，申立てが放送人権委員会運営規則5条1項の要件を満たしていることを確認しただけであり，本案の判断を先取りするものではない。これに対し，能動的・裁量的に事案を取り上げる放送倫理検証委員会の審理入りは，当該放送に問題があることをすでに含意している。また，放送倫理検証委員会の「放送倫理上問題あり」は，かなり重い判断であるが，放送人権委員会のそれは，「勧告」ではなく「見解」として通知・公表される（後述）ことからわかるように，中間的な非難である。両委員会のこれらの相違は，時に放送関係者の間にも戸惑いを引き起こす。

3. 決定と通知

　放送人権委員会運営規則11条は，「①委員会は，審理の結果を「勧告」または「見解」としてとりまとめ，審理の経過を含め，苦情申立人および当該放送事業者に書面により通知する。……⑤委員会は，委員会の審理の結果を放送することを当該放送局に求めることができる。」と規定する。

　（a）　決定の種類には，「勧告」と「見解」の2種類があり，内容的には，「人権侵害」，「放送倫理上重大な問題あり」（以上，勧告），「放送倫理上問題あり」，「要望」，「問題なし」（以上，見解）がある。

　民事訴訟でいうところの「請求の趣旨」は，申立人が自分の要望を記載することが多く，放送人権委員会の職務の範囲を大きく超えた要望も少なくない。委員会は，「請求の原因」について審理したうえで，その職務の範囲内で「結論」を出すが，典型的には次のような記述である。

　「被申立人に対しては，本件において侵害されたプライバシーそのものに具体的

に触れることのないように配慮しつつ，本決定の趣旨をできるかぎり正確に放送し，かつ今後このようなことのないよう，企画，編集の体制を整えるよう勧告する。」（人権侵害）

「したがって当委員会は被申立人に対し，本決定の趣旨を放送するとともに，今後は，報道，論評においてより正確性，公平性を確保するよう留意するとともに，制作関係者における十分な事前準備と出演者らとの十分な打ち合わせと情報の共有化を図るよう勧告する。」（放送倫理上重要な問題あり）

「以上のような検討を経て，委員会は，本件放送内容については名誉，著作権，肖像権等の権利侵害はなく，また，放送倫理違反にあたる点も認められないと判断する。」（問題なし）

(b)　「委員会決定」は，申立人と放送局に通知するほか，記者会見をして広く公表するとともに，BPO のホームページに掲載される。

NHK および民放連加盟各社は，BPO に対する一般的な協力義務を負うほか，BPO により指摘を受けた民放連加盟社は，具体的改善策を含めた取り組みの報告など，特別な義務を負う。当該局による取り組みの報告は，決定と合わせて BPO ホームページで公表されている。報告に対して委員会が意見を述べる場合もある。

　一般的協力義務として，NHK と日本民間放送連盟の「放送倫理・番組向上機構の設置等に関する基本合意書」3 項は，「NHK と民放連加盟各社は，上記 3 委員会の独立性を妨げることなく円滑な委員会運営に協力し，その活動内容を視聴者に広く周知するとともに，3 委員会から指摘された放送倫理上の問題点については，当該放送局が改善策を含めた取り組み状況を委員会に報告し，放送倫理の向上を図る。」と規定し，BPO 規約 6 条は，「構成員は，本機構および本機構の設置する委員会の審議，審理等に協力するとともに，その見解，要望等を尊重し，勧告を遵守する。」と規定する。

　また，当該局の特別な義務として，日本民間放送連盟の「『放送倫理・番組向上機構』への対応に関する申し合わせ」2 項は，「加盟各社は，機構の各委員会からの『勧告』『見解』『提言』『声明』その他決定により指摘された放送倫理上の問題点について真摯に受け止め改善に努める。また，指摘を受けた当該加盟社は，決定内容をニュース等で速やかに視聴者に伝えるとともに，具体的な改善策を含めた取り組み状況を 3 ヵ月以内に委員会に報告する。なお，加盟各社は委員会が報告に対し意見を述べ，機構が報告と意見を公表することを了解する。」と規定する。

(c)　放送人権委員会は，決定の趣旨を現場に浸透させるため，定期的に，『放

◇第1部◇　メディアの自律と法的規制

送人権委員会　判断ガイド』を作成・配布している。また，当該局との勉強会のほか，県単位，地区単位の各局との意見交換会を行っている[12]。

　もとより，現場への浸透のために重要なのは，読んでわかる決定文の作成である。このための工夫は，特に放送倫理検証委員会に一日の長があるが[13]，放送人権委員会でも相応の苦心をしている。もっとも，放送人権委員会が扱う事案は民事訴訟類似の構造をとること，また，申立に代理人（弁護士）がつく場合が少なくないことから，堅苦しい法律的な文書になりがちである。

Ⅳ　委員としての経験から──むすびにかえて

　放送人権委員会は，BPO に設置された3委員会の中で唯一，非裁判的な人権救済を目的とした委員会である。また，BPO の各委員会が扱う事案は様々であるが，放送人権委員会の事案は，通常の時事的報道であったり，力の入った調査報道であったり，それ自体は高く評価できるものも少なくない。放送人権委員会は，NHK および民放連加盟各局の協力義務という恵まれた条件の下，表現の自由と人格権保護を調整するという重要な責務を担っているが，それだけに課題も少なくない。

1. 運営上の課題についての改善

　委員として審理・決定に参与したことは，研究室と教壇では得られない，きわめて貴重な経験であったが，2011 年2月以降，約1年をかけて委員会運営上の課題について議論したことは，それに劣らず得難い経験となった[14]。一連の議論を通じ，①事務局による資料収集と委員会の判断に基づく当事者への開示，②委員会審理におけるヒアリングの改善，③苦情申立ての簡便化等が固まった。さらに，④BPO 事務局は 2011 年秋に在京・在阪放送局への聞き取り調査を行い，その指摘を受けて，「放送倫理上問題あり」等の判断のグラデーションを整

---

[12]　2014 年には，中部地区各局（10 月），札幌地区各局（9 月）との意見交換会が行われた。2013 年には，鹿児島県各局（1 月），近畿地区各局（10 月），首都圏各局（4 月）との意見交換会が行われた（http://www.bpo.gr.jp/?page_id=1139）。

[13]　その代表的な例として，放送倫理検証委員会決定第7号（2009 年 11 月 17 日）「最近のテレビ・バラエティー番組に関する意見」（http://www.bpo.gr.jp/wordpress/wp-content/themes/codex/pdf/kensyo/determination/2009/07/dec/0.pdf）を参照。

[14]　要旨は，2011 年2月の第 170 回委員会議事概要から「委員会運営上の検討課題」で見ることができる。

理した。

①事務局による資料の収集・調査。委員会は，申立人，被申立人から提出された書面，資料等に基づく審理を原則としているが，加えて，審理の参考とするために委員会の指示に基づき事務局が関連資料を収集する。こうした事務局の資料収集や調査のあり方，委員会審理における用い方等について検討した。事務局による調査・資料収集が現行の運営規則で認められていることを確認した上で，その取扱いおよび両当事者への開示のあり方等を明確化した。

次に述べるヒアリングの改善とも共通するが，申立人は種々様々である。弁護士が代理人として付いている場合には，申立書の請求原因の範囲内で審理すればすむことも多いが，個人による本人申立ての場合，一読の限りでは何を訴えたいのかがよくわからないことがある。このような場合，申立てにあたって事務局による助言が行われることもあるが，委員会による合理的再解釈が必要となったり，ヒアリングにおいて新たな論点が浮上することが少なくない。これらの場合，被申立人（放送局）にとっては，予期せぬ論点の「不意打ち」になりかねないという問題がある。資料の開示とヒアリングの改善は，不意打ち防止を目的の一つとしたものである。

②ヒアリングのあり方は，委員会の課題の一つであった。ヒアリングは，書面と資料による審理を踏まえ，申立人と被申立人（放送局）の双方から，直接，事実関係や主張の内容をきくものであり，同一日に申立人，被申立人の順に行っている。従来のヒアリングでは，特に局側には，不意打ちとなる質問も含まれていた。議論の結果，書面審理の際に明らかになった論点や申立人が明確に主張していない点を含め，委員会が問題意識を持つに至った放送倫理上の問題点について，ヒアリング前に書面で送付すること，また，ヒアリング終了後に書面で回答の追加，補足ができること等の改善を講じた。

③苦情申立てを簡便化する一環として，BPOホームページから申立書をダウンロードできるようにした。具体的には，ホームページに「放送による人権侵害の申立てをしたい方へ」の欄を設け，Yes, Noをたどれば申立要件を充足するかどうかがわかるようにし，また，申立用紙のほか記入例をダウンロードできるように改善した。

背景の一つとして，申立（人）の属性の変化について言及しておく。放送人権委員会がもともと想定していたのは，たこ焼き屋台の店主や温泉旅館の館主のような一般人が，放送により侮辱されたと感じ，あるいは放送内容に納得できなくて申立てを行うといった事案であろう。しかし，ここ数年の顕著な傾向は，元有力政治家，元事務次官，現職の政治家，大学教授，大規模労働組合など，有力者の申立てが増えたことである。もう一つの傾向は，一般人からの申立てについても，弁護士が代理人として付いている場合が少なくないことである。その多くは，事件報道の場合に元の事件の代理人がそのままBPOへの申立ての代理人になる場合である。いず

◇ 第 1 部 ◇　メディアの自律と法的規制

れにせよ，一般人にとって申立てが高いハードルとならないように工夫したものである。

　④ BPO 事務局は，2011 年 9 月から 10 月にかけて在京・在阪の民放テレビ局および NHK 計 12 局と在京の AM 民放ラジオ 3 局を対象に，BPO の活動についての聞き取り調査を実施した。調査は BPO 広報担当が各局に出向き，BPO との連絡担当者等に直接面談する形式で行われた。

　調査では，直接には名誉やプライバシー等人格権の侵害を扱う放送人権委員会が放送倫理上の問題についても判断することに，「疑問だ」とする意見もあった。また，「放送倫理違反」と「放送倫理上問題あり」という判断の違いが分かりにくいという意見も少なからずあった。議論の結果，放送人権委員会は今後も人権侵害のほか，人権問題に係る放送倫理上の問題について判断するが，放送倫理の判断については，グラデーションを簡素化することとした。

　当初，放送人権委員会は，「放送倫理上問題あり」という表現のみを用いていたが，局側が指摘を軽く受け止める傾向にあったため，「重大な放送倫理違反」，「放送倫理違反」，「放送倫理上問題あり」というキメの細かなグラデーションを設けてきた経緯がある。しかし，両当事者にとって分かりにくいこと，そもそも「違反」と「問題あり」の差異も明確ではないことから，判断のグラデーションをよりシンプルにした。その結果，委員会決定における判断は下表のように整理された[15]。

「勧　告」	人権侵害
	放送倫理上重大な問題あり
「見　解」	放送倫理上問題あり
	要　望
	問題なし

2．非裁判的人権救済機関として

　BPO はそれなりに認知され，放送人権委員会の運営上の課題についてもその都度議論を深めてきたが，その一方で，非裁判的な人権救済のあり方について，考えさせられることもあった。

　まず，インターネットの掲示板では，放送人権委員会の決定が取り上げられ

────────────────

[15]　前掲注(11)も参照。

◆ 第 1 章 ◆ BPO 放送人権委員会 ［小山　剛］

ることがあるが，大体は批判的である。あえて書き込みをするのは不満がある
からであろうし，その中には，決定文を全く読んでいないと思われるものや，
委員会の職務に対する誤解か放送の自由に対する無理解によるものも多い。

　さらに，批判や不満は，申立人や被申立人（放送局）からも寄せられる。両当
事者を満足させる決定などあり得ないことからして，個々の決定に対して不満
が述べられるのは仕方ないことであるが，局からの批判は，時として委員会が
「一審制」であることに対する不満に及ぶ。また，放送人権委員会を「お白洲」
と呼ぶ局関係者も少なくないとは聞いていたが，上述の在京・在阪放送局への
聞き取り調査では，「裁判ごっこ」という指摘もあった。

　これらの批判とは別の傾向として，「BPO に申立てる」が局に対する一種の
脅し文句として使われている場合があると聞く。委員会運営規則 5 条 1 項 4 号
は，「審理の対象となる苦情は，放送された番組に関して，<u>苦情申立人と放送事
業者との間の話し合いが相容れない状況になっているもの</u>」であるとしている
が，実質的な話し合いを拒否したうえでの申立てもないわけではない。また，
局側が，毅然と対応すればよいと思われる場合にまで謝罪するということも聞
く。

　非裁判的な人権救済が機能するかどうかは，両当事者の意識にも大きく依存
する。上述の現象は，放送人権委員会の意義について，局側も積極的な理由を
見出していないためであるかもしれない。局の番審では説得力がないが，総務
省や一般的・包括的人権擁護機関よりはましという程度の消極的理由では，中・
長期的にはその存在意義が問われるし，BPO が煩わしいからとりあえず頭を
下げて和解しようということになれば，BPO はむしろ有害となりかねない。

　2002 年の人権擁護法案が企図した，いわゆる三条委員会としての人権委員会
の設置は，多くの問題点が指摘されて現在も実現していない[16]。放送人権委員
会は，限られた事案のみを審理対象とし，限られた主体を被申立人とする点で
特殊であるとともに，包括的人権委員会よりもはるかに恵まれている。放送人
権委員会の前委員長である堀野紀氏は，BPO は局にとっての「辛口の友人」で
あると言い続けてきた。また，委員会の（辛口の）決定に対して当該局はしばし
ば「現場が萎縮する」と口にするが，これに対しても，放送人としての矜持を
求めていた。一方，包括的人権委員会は，いかなる意味においても「加害者」

---

[16]　当時の人権擁護法案に対する私見については，小山剛「人権擁護立法の意義と課題」
憲法問題 14 号（2003 年）51 頁以下を参照。

◇ 第1部 ◇　メディアの自律と法的規制

の友人とはなりえないであろう。非裁判的な人権救済制度には，職場や大学の
ハラスメント委員会から日弁連および単位弁護士会の人権擁護活動[17]に至るま
で多数があるが，法律により設置する人権委員会のために BPO 放送人権委員
会から得られる示唆も，決して少なくはないであろう。

〈資料〉

1　放送倫理・番組向上機構の設置等に関する基本合意書

日本放送協会　日本民間放送連盟　2003（平成 15）年 2 月 17 日

日本放送協会（NHK）と社団法人日本民間放送連盟（民放連）は，放送倫理のさら
なる向上に努め，視聴者により信頼される関係を築くため，まず放送局自らが視聴
者の意見を真摯に受け止め，苦情等に迅速に対応できる体制を整備するなど，自律
的取り組みを一層推進することを確認した。
その上にたち，第三者機関の機能の強化と第三者機関に対する各放送局の対応の改
善を図り，放送界全体として自主自律体制の確立を目指すことで合意した。

1. NHK と民放連は，平成 15 年 7 月 1 日を期して「放送倫理・番組向上機構」（以下
「新機構」）を設置し，「放送番組向上協議会」および「放送と人権等権利に関する
委員会機構」の業務を移管する。
2. これにより視聴者からの意見や苦情等の受け付け窓口を一本化し，各放送局と
連携して効率的，効果的に対応することができる体制を整備する。また，新たに
理事長を置くとともに，「放送と人権等権利に関する委員会」「放送と青少年に関
する委員会」ならびに「放送番組委員会」の審理の充実，事案処理の迅速化に資
するよう事務局機能を強化する。
3. NHK と民放連加盟各社は，上記 3 委員会の独立性を妨げることなく円滑な委員
会運営に協力し，その活動内容を視聴者に広く周知するとともに，3 委員会から
指摘された放送倫理上の問題点については，当該放送局が改善策を含めた取り組
み状況を委員会に報告し，放送倫理の向上を図る。
4.「新機構」の運営に必要な経費は，NHK と民放連ならびに民放連加盟各社の分担
拠出による。
5. なお，上記 3 委員会が取り扱うテーマ，運営方法，委員会相互の関係など，委員
会のあり方については，「新機構」の活動を検証したうえ改めて検討し，必要な措
置を講じる。

---

[17]　日弁連人権擁護委員会の活動については，日弁連ホームページに掲載されているほか，
『法学セミナー』誌上で，2013 年 4 月号から 2 年間，「人権擁護の最前線」のタイトルの
もと連載・紹介されてきた。

2 「放送倫理・番組向上機構」への対応に関する申し合わせ
日本民間放送連盟　2003(平成15)年6月19日

日本民間放送連盟加盟各社は，「放送倫理・番組向上機構」（機構）の発足にあたり次のとおり申し合わせる。

1. 円滑な運営への協力

加盟各社は，機構ならびに機構がおく委員会の活動に対し，その独立性を妨げることなく円滑な運営に協力する。

2. 委員会決定の尊重と改善等の報告

加盟各社は，機構の各委員会からの「勧告」「見解」「提言」「声明」その他決定により指摘された放送倫理上の問題点について真摯に受け止め改善に努める。また，指摘を受けた当該加盟社は，決定内容をニュース等で速やかに視聴者に伝えるとともに，具体的な改善策を含めた取り組み状況を3ヶ月以内に委員会に報告する。なお，加盟各社は委員会が報告に対し意見を述べ，機構が報告と意見を公表することを了解する。

3. 周知活動への協力

加盟各社は，機構ならびに委員会の活動内容を番組内で積極的に取り上げ視聴者に広く周知するとともに，「告知スポット」についてはデイタイム，プライムタイムでの放送に努める。

4. 責任体制の明確化等

加盟各社は，機構の活動への協力，委員会決定への対応にあたっての責任を明確にするため，役員1名を責任者に定めこれを機構に登録する。

第 2 章

NHK 国際放送の概要とその諸課題

丸 山 敦 裕

Ⅰ	は じ め に		送制度の理論的諸課題
Ⅱ	NHK 国際放送の概要	Ⅳ	むすびにかえて
Ⅲ	放送の自由論からみた国際放		

Ⅰ　は じ め に

　放送法制に関しては、これまで憲法学の立場から様々なかたちで検討が行われてきた。特に放送法は「日本で唯一の言論規制法[1]」ともいわれ、なかでも、放送法の定める番組編集準則[2]については、新聞ではおよそ許されない表現内容規制であるとして、その合憲性をめぐり憲法研究者の間で激しい議論が展開されてきた[3]。

　従来、日本の放送制度の下では、放送番組の内容に対し、間接的な形ではあるが、放送用無線局の免許付与手続を通じて、実効的な規律が及ぼされてきた。

　例えば、放送のために無線局（放送局）を開設する場合、電波法により総務大臣の免許が要求されてきた。この免許申請の審査では、一定の技術基準や十分な財政的基礎など様々なものが求められるが、総務省令で定める「放送局の開設の根本的基準」に合致することも、その要求の一つとされてきた。

---

(1)　西土彰一郎『放送の自由の基層』（信山社、2011 年）34 頁。

(2)　本稿にいう「番組編集準則」とは、放送法 4 条が放送番組の編集に当たって遵守すべきことを要求している 4 点（①公安及び善良な風俗を害しないこと、②政治的に公平であること、③報道は事実をまげないですること、④意見が対立している問題については、できるだけ多くの角度から論点を明らかにすること）、あるいは、これと同内容のものを指す。

(3)　鈴木秀美ほか編著『放送法を読みとく』（商事法務、2009 年）94 頁〔鈴木秀美執筆〕。

◇　第 1 部　◇　メディアの自律と法的規制

　「放送局の開設の根本的基準」には、事業計画の確実性などとともに、番組編集準則との適合性も含まれ、そのため、行政は、免許付与の際に、番組編集準則との整合性を審査することができた。つまり、ここでは免許の交付を通じて放送番組の内容に干渉できる仕組みとなっていたのである。また、この免許は 5 年を超えない範囲でのみ有効であり、継続するには再免許を受けなければならなかった（電波法 13 条）。それゆえ、「放送局の開設の根本的基準」を通じた番組内容への干渉は、特に再免許の際に問題とされてきた[4]。

　もっとも、2010 年の法改正により、こうした仕組みは大幅に変わった。放送について、「基幹放送」と「一般放送」が区別されることとなり[5]、基幹放送については、放送局（ハード面）の「免許」（電波法 4 条）と放送業務（ソフト面）の「認定」（放送法 93 条）という「ハード・ソフト分離」の事業形態を採ることが、制度上の原則となった[6]。これに伴い、番組編集準則と放送局免許とは一応切り離されることとなった。

　とはいえ、現在においても、放送業務の認定の局面において、認定にかかわる審査基準の一つとして、番組編集準則が訓令（放送法関係審査基準）の別紙で定められている。この点、訓令には法的拘束力がないとして、その問題性が取り除かれたと評価できるかもしれない。ただ、法形式いかんに関わらず、番組内容に他律を及ぼしているという意味では、なお問題が残されているとみることもできるだろう[7]。

---

(4)　再免許にあたり、「放送局の開設の根本的基準」との適合性は、過去の実績をもって証明されなければならないとされていた。市川正人『ケースメソッド憲法（第 2 版）』（日本評論社、2009 年）157 頁参照。

(5)　「基幹放送」とは、電波法の規定により「放送をする無線局に専ら又は優先的に割り当てられるものとされた周波数の電波を使用する放送」であり（放送法 2 条 2 号）、「一般放送」とは「基幹放送以外の放送」である（放送法 2 条 3 号）。基幹放送には、地上基幹放送、衛星基幹放送、移動受信用地上基幹放送があり、例えば、地上テレビ、BS、110 度CS、AM、FM、短波による放送、コミュニティ放送などがこれに当たる。他方、一般放送は、110 度 CS 以外の CS 放送やケーブルテレビがこれに当たる。

(6)　なお、一般放送については、衛星放送と有線放送に区分され、衛星放送は登録制、有線放送は 501 端子以上を登録制、その他は届出制とされている（放送法施行規則 133 条）。

(7)　塩野宏『放送法制の課題』（有斐閣、1989 年）72 頁は、「表現の自由と直接関連をする放送目的の利用に関しては、基本的な基準は、法律の形式によって与えられるのが、現行憲法の建前ではないかと考えられる」と述べている。この考え方に依拠すれば、訓令だから問題性が除去されたと断ずるのは、早急であるように思われる。

34

◆ 第 2 章 ◆ NHK 国際放送の概要とその諸課題［丸山敦裕］

　さらに、電波法 76 条 1 項は、電波法や放送法等に違反した場合に、期限付き
で無線局の運用停止や運用許容時間等の制限を命ずることができる旨を規定し
ている[8]。そして、この命令に従わない場合は免許を取り消すことができると
している（同条 4 項 3 号）。この法的建て付けの下では、番組編集準則違反の放
送がなされた場合、電波法 76 条 1 項が適用されると解釈される可能性もなく
はない[9]。

　こうした問題状況を受け、これまで学説は、放送の自由の観点から、放送制
度あるいは放送の規制根拠について詳細な検討を行ってきた。ここでは、「放
送制度を基礎づけているのは、日本国憲法 21 条によって保障されている表現
の自由[10]」であるとの前提の下、放送というメディアによる表現の自由ないし
報道の自由については、とくに「放送の自由」という概念を用いて[11]、これを憲
法 21 条論の文脈で論じてきた[12]。

---

[8]　電波法 76 条 1 項は、「総務大臣は、免許人等がこの法律、放送法若しくはこれらの法
律に基づく命令又はこれらに基づく処分に違反したときは、3 箇月以内の期間を定めて
無線局の運用の停止を命じ、…又は期間を定めて運用許容時間、周波数若しくは空中線
電力を制限することができる」と定めている。

[9]　市川・前掲注（4）157 頁参照。ちなみに、このような法状況は、2010 年放送法改正後
の現在もなお継続している。この点、曽我部真裕「検討課題として残された独立規制機
関」放送メディア研究 10 号（2013 年）159 頁以下、171 頁は、「放送法の基本的な考え方
は、番組規律については、番組基準による放送事業者の番組の自己規律を、放送番組審
査機関や視聴者からの批判によって担保するということであって、行政処分や刑罰は副
次的なもの」と理解したうえで、「仮に行政処分事由として番組編集準則違反を含めるの
であれば、少なくとも限定解釈が必要」と指摘している。なお、多くの憲法学説は、従
来、番組編集準則を「放送事業者の自律のための倫理的規定」と理解してきており（鈴
木ほか・前掲注（3）95 頁〔西土彰一郎執筆〕）、「番組編集準則に違反したことを理由に、電
波法 76 条による運用停止や免許取消は行いえないとするのが通説」と考えられている
（長谷部恭男『テレビの憲法理論』（弘文堂、1992 年）168 頁）。

[10]　鈴木秀美『放送の自由』（信山社、2000 年）1 頁。

[11]　憲法 21 条は、「放送の自由」を明文で保障してはいない。しかし同条は、「一切の表現
の自由」を保障しており、あらゆる媒体の表現活動にも憲法上の保護が及ぶと考えられ
ることから、「当然に表現の自由に含まれる」と一般に解されている。芦部信喜『憲法学Ⅲ
人権各論（3）（増補版）』（有斐閣、2000 年）301 頁参照。

[12]　もっとも、「放送の自由」を個人の表現の自由・個人の人権として理解するか、あるい
は、国民の知る権利という社会全体の利益に応えるマス・メディアの表現の自由として
理解するか、といった法的性質に関する見解の相違は、なお存在する。この相違につい
て当事者間で討論したものとして、田島泰彦ほか「放送制度の将来と放送法」法律時報
67 巻 8 号（1995 年）28 頁以下、特に 32-34 頁参照。また、放送の自由を個人の表現の自

35

◇ 第1部 ◇　メディアの自律と法的規制

　もっとも、放送の自由の観点から行われてきた日本の放送法制に対する検討は、国内放送に関するものが圧倒的多数である。放送法は、その2条4号に「国内放送」の定義規定を置くほか、同5号に「国際放送」、同12号に「内外放送」の定義規定を置いている。国内放送の文脈で展開されている放送の自由論が、国際放送や内外放送にまでその射程を及ぼすものかは定かでない。

　放送法81条4項と5項は国際放送に関する番組編集準則を定めている。放送の自由という観点からは、国内放送と同様の問題状況がここにも存在するように思われるが、従来の放送の自由論をこれらにそのまま当てはめてよいかは、改めて検証が必要であろう。加えて、国際放送には、国内放送には見られないものとして「要請放送」あり、これについても検討が必要かと思われる。

　そこで以下では、まず、わが国の国際放送制度を概観し、次いで、従来から積み重ねられてきた放送の自由論を参考に、国際放送制度にどのような理論的諸課題があるのかを考えていくこととする。そして、これまでの放送の自由論ではややその射程から外されてきたきらいのあった国際放送制度というフィルターを通して放送の自由論を見つめ直すことにより、放送の自由論においてあまり自覚的に議論がなされてこなかった点を若干でも浮かび上がらせることができれば、と考えている。

Ⅱ　NHK国際放送の概要

　国際放送は、国内放送と異なり、日本国内で生活している限りあまり馴染みがないものと思われる。したがって、以下では、まず国際放送の概要について説明することにしたい。

1. 国際放送とは

(1) 国境を越える放送の分類

　電波を用いて放送を行う場合、その技術特性上、放送が国境を越えるということは当然に起こり得る。実際、1925年に社団法人東京放送局がラジオ放送を開始すると、同年中にはアラスカやオーストラリア、アメリカ西海岸からも聴取報告が届いた[13]。もっとも、これは国内に向けた放送が意図せざる形で電波

　　由と区別するだけではなく、マス・メディアの自由一般と区別して論ずる立場も存在する。宍戸常寿「放送の自由」大石眞=石川健治編『憲法の争点』（有斐閣、2008年）120頁以下、120頁参照。

[13]　日本放送協会編『20世紀放送史 上』（日本放送出版協会、2001年）90頁参照。

越境したものであり、「スピル・オーバー（spill over）」と呼ばれるものである。しかし、国内向けではなく、外国に向けてあえて放送を行う場合、そこには一定の意図や目的が存在する。この点において、両者は区別されるべきものである。

　外国に向けた放送が初めて行われたのは1935年である。これは当時「海外放送」と呼ばれた。海外放送は、当初より「在外同胞並諸外国人ヲ対象トシテ本邦ノ正確ナル情報及各般文化ノ実情ヲ伝達スル」ことを目的とし、「国威と文化の宣揚」を謳うものであった[14]。そして、これは間もなく、国際連盟脱退後の日本の立場を世界に認識させる道具として用いられるようになった。日中戦争から太平洋戦争へと戦局が進むと、自国の対外政策の正当化手段としての面が強調されるようになった。敗戦後、海外放送はGHQにより一旦全面禁止されたが、GHQ主導の戦後民主化が軌道に乗ると、海外放送から「国際放送」への名称変更を経て、1952年に再開された。

　新たに開始された国際放送でも、以下の2点、すなわち、①日本の国情や文化の紹介を通して諸外国の日本に対する認識・理解を深めることで国際親善を図り、②在外同胞に対しては、故国の実情を伝達し、音楽・演芸による慰安を提供することが目指された[15]。この大枠自体は今日でも変わってはいない。

　このように、国際放送は、国内放送が電波越境して海外に達するのとは異なり、一定の目的を有する、あるいは、国内に向けて放送を行うのとは異なる目的を有するという点に、その特徴が認められる[16]。それゆえ、1950年に放送法が制定された当初より、国内放送と国際放送は区別されていた。これは現行法でも同様である。現行法の定義によれば、国内放送は、「国内において受信されることを目的とする放送」（放送法2条4号）である。これに対し、国際放送は、「外国において受信されることを目的とする放送であって、中継国際放送及び協会国際衛星放送以外のもの」（同5号）である。後者につきいま一度整理すると、放送法上、「外国において受信されることを目的とする放送」には、国際放送、中継国際放送[17]、協会国際衛星放送[18]の3種類があるということになる[19]（本

---

⑭　日本放送協会・前掲注(13)92頁参照。

⑮　山崎勇「国際放送の現状」電波時報7巻7号（1952年）40頁以下、40頁参照。

⑯　金澤薫『放送法逐条解説（改訂版）』（情報通信振興会、2012年）38頁も、「国際放送は、その果たす役割、対象となる受信者が国内放送と異なる」と指摘している。

⑰　中継国際放送とは、外国の放送事業者にNHKの放送を中継してもらう見返りに、

◇第1部◇　メディアの自律と法的規制

稿では便宜上、「外国において受信されることを目的とする放送」を一括りに語る場合、これを「広義の国際放送」と呼び、国際放送と協会国際衛星放送の二つを合わせて「国際放送等」と呼ぶことにする）。なお、放送法に明文の規定はないが、民間放送事業者が広義の国際放送を行うことはここでは想定されていないと、一般に解されている[20]。

　放送法は、広義の国際放送のほかに、国境を越える放送として「内外放送」を予定している。内外放送とは、「国内及び外国において受信されることを目的として行う放送」（同12号）である。広義の国際放送はもっぱら外国での受信を目的とするのに対して、内外放送は国内・外国双方での受信を目的とするものである。内外放送では、民間放送事業者が国内放送と同じ番組を衛星を用いて外国でも受信させることが想定されている[21]。しかし実際には、内外放送はその実現をみていない。

(2)　NHK の行う国際放送等

　放送法が制定された当初、NHK の設立目的は、「公共の福祉のために、あまねく日本全国において受信できるように放送を行うこと」にとどまっていた。ここには、国際放送の実施は含まれていなかった。しかし、国際親善の増進や外国との経済交流の発展、海外同胞への適切な報道番組および娯楽番組の提供

　　NHK が外国の放送事業者の放送を中継するものである。中継国際放送の場合、放送番組の編集責任は、当初の送出元である外国放送事業者が負うことになる。

(18)　協会国際衛星放送とは、協会により、外国において受信されることを目的として基幹放送局（基幹放送をする無線局）または外国の放送局を用いて行われる放送であり、かつ、人工衛星の放送局を用いて行われるものである（放送法2条9号）。協会国際衛星放送も、外国での受信を目的とする点では国際放送と同様であるが、人工衛星の放送局を用いて行われる点で、国際放送とは異なる。

(19)　中継国際放送と協会国際衛星放送との相違点を踏まえれば、放送法上の国際放送は、要するに、外国での受信を目的とする放送のうち、当初の送出元が国内の放送事業者であり、それが地上波によって行われるもの、ということができる。

(20)　金澤・前掲注(16)213頁参照。なお、このことは、日本民間放送連盟が「放送法改正に関する意見」（昭和39年）において、民間放送による国際放送の必要性を訴えていたことからも伺える。

(21)　従来、民間放送事業者に対しては、人工衛星に搭載した無線局を利用しての放送は国内でしか認められていなかった。これを国内外を問わず認めることにしたために、内外放送が放送法で規定されるに至った（当初は「受託内外放送」とされていたが、2010年の放送法改正により受託放送という概念がなくなったことに伴い、内外放送となった）。鈴木・前掲注(3)180頁〔砂川浩慶執筆〕参照。

◈ 第 2 章 ◈ NHK 国際放送の概要とその諸課題［丸山敦裕］

といった側面において、国際放送が重要な役割を果たしうることに鑑み、1988年の法改正により、国際放送の実施も NHK の設立目的に追加された[22]。そして現在、放送法は、国際放送と協会国際衛星放送を NHK の必須業務とし、中継国際放送を NHK の任意業務として規定している。

　放送法上の国際放送は、現在「NHK ワールド ラジオ日本」の名称にて実施されている。これは衛星を用いないラジオ短波放送にて行われており、全 18言語、1 日のべ 58 時間 40 分にわたって実施されている[23]。放送法 20 条は、NHK に対して、「邦人向け国際放送」と「外国人向け国際放送」をそれぞれ実施することを命じており、日本語放送が邦人向け、外国語放送が外国人向けという位置づけである。邦人向けと外国人向けとの区別が国際放送に要求されるようになったのは、2008 年施行の放送法改正からである。その理由は、当時の番組が国内向け番組を英語化して再利用したものが多かったためであり、この法改正には、外国人の関心を意識した番組を製作することで国際放送等を強化するという狙いがあった。

　協会国際衛星放送も、国際放送同様、邦人向けと外国人向けとに区別することが放送法上要求されている。NHK の必須業務としての「邦人向け協会国際衛星放送」（放送法 20 条 1 項 5 号）は、基本的には、「NHK ワールド プレミアム」のノンスクランブル放送の時間帯（1 日合計約 5 時間）がこれに該当し、日本語にて行われている。ノンスクランブルの時間帯は、海外安全情報やニュース番組が大半を占めるが、教養番組や娯楽番組も放送されている。「外国人向け協会国際衛星放送」は、「NHK ワールド TV」として実施されている。こちらは英語放送であり、主に日本やアジアに関する情報発信や世界の最新事情等を 1 日 24 時間放送している。毎正時から 30 分間は英語ニュース、残りの 30分間をほかの番組に当てるという形態をとっている。

　放送法は、2008 年施行の法改正の際、映像による国際放送の強化が諸外国で進められていたことを踏まえ、外国人向けの協会国際衛星放送については、新

---

[22]　金澤・前掲注(16)88 頁参照。なお、1998 年の放送法改正では、短波による国際放送と同等以上の社会的効用が期待される人口衛星を通じての委託協会国際放送（現在は、協会国際衛星放送）が、NHK の必須業務に追加された。

[23]　この短波ラジオによる国際放送は、茨城県の KDDI 八俣送信所からの直接送信に加え、海外 21 箇所の送信施設を借り受け、これらを利用した中継送信によって実施されており、在外邦人の居留地域をほぼ 100% カバーしているといわれる。

◇ 第1部 ◇　メディアの自律と法的規制

たにその全部または一部をテレビ放送で実施することを義務づけた（放送法20条7項）。現在、実施されている協会国際衛星放送はすべてテレビ放送にて実施されている。さらに、2014年1月には、国際放送等強化の方針が打ち出され、NHK ワールド TV では4時間単位の基本編成を6時間単位に拡大し、それを1日4回繰り返すこととなった。これに伴い、歌舞伎や日本映画の紹介番組のほか、海外での認知度が低いと言われる日本の国際貢献を伝える番組も新たに制作することとなった[24]。このように、国際放送等は時代の流れに合わせ、その都度強化・充実が図られている。

なお、2011年以降、NHK は、任意業務の一つとして、NHK ワールド TV の放送番組を国内の CATV 事業者に対し放送と同時に提供する業務を、総務大臣の認可（放送法20条2項8号および同条10項）を受けて、期限付きで実施してきたが[25]、2014年6月の放送法改正法により、これは NHK の恒常的な任意業務となり、国内 CATV 事業者に限らず、国内の放送事業者全体に番組提供できることとなった[26]。

2. 国際放送等に向けられた放送法上の諸規律

国際放送等に対しては、国内放送同様、放送法により様々な規律がなされている。紙幅の関係上、そのすべてに触れることはできないので、以下では代表的なもののみを概観することにしたい[27]。

(1) 協会国際衛星放送の実施に係る特別の義務

国際放送等に関する規律の多くは、国際放送と協会国際衛星放送の特性に応

---

[24]　読売新聞2014年1月23日東京夕刊11頁参照。

[25]　放送政策に関する調査研究会「第一次取りまとめ」（2013年8月9日）10頁参照。

[26]　総務省情報流通行政局放送政策課「経営基盤強化計画認定制度の創設、認定放送持株会社の認定要件の緩和、NHK の国際放送及びインターネット活用業務に関する規定の見直し」時の法令1970号（2015年）41頁以下、45-46頁参照。

[27]　例えば、本稿で触れないもののうち、国際放送制度に特徴的なものとして、株式会社日本国際放送（JIB）への業務委託がある。放送法21条2項は、テレビによる外国人向け協会国際衛星放送の業務の一部を子会社（1社に限る）に委託すべき旨を定めており、JIB は NHK ワールド TV の番組製作や受信環境整備を行っている。また、JIB は独自番組を製作することもでき、その財源は広告料で賄われる。しかし、NHK ワールド TV は世界一波での放送であるため、グローバル広告がメインとならざるを得ず、広告スポンサーの獲得が課題となっている（放送政策に関する調査委員会・前掲注(25)12頁参照）。

じ、別々に定められている。そして、特に協会国際衛星放送に関しては、国際放送にはない義務が存在する。一つは、上述した外国人向けの協会国際衛星放送におけるテレビ放送の実施義務である。もう一つは、新しい人工衛星の使用契約を締結した際の放送区域・放送事項等に関する総務大臣への届出義務である（放送法25条前段）。ここでは後者について言及する。

　本来、外国の無線局に委託して番組を放送するのであれば、日本の管轄の及ばない外国の電波を使用するのだから、総務省が事前にその適格性を判断する必要はない。実際、外国にある地上放送の放送局を用いて国際放送をするのであれば、総務省への届出は不要である。では、なぜ外国の人工衛星を利用する協会国際衛星放送に限って届出が必要とされるのか。近年まで放送行政に携わってきた者が著した解説によれば、それは、「協会国際衛星放送の中には、地上放送による国際放送とは異なり、一つの衛星を用いて多数の国に同時に放送を行うことが可能であるものもあり、その影響力の相対的な大きさにかんがみて届出を必要としている[28]」、とのことである。このような規制理由は、放送の自由に対する規制根拠としてしばしば語られる社会的影響力論を彷彿させるものがあるといえよう[29]。

(2) 番組編集準則

　放送法は、国内放送同様、国際放送と協会国際衛星放送のいずれについても番組編集準則を定め、番組内容に関して一定の規律を及ぼしている。もっとも、国際放送と協会国際衛星放送との間で、番組規律の内容に特に区別があるわけではない。放送法が意識しているのは、むしろ邦人向け番組と外国人向け番組との区別である。つまり、国際放送等の番組編集準則は、送信技術の違いではなく、誰を対象とした番組であるかの違いによって、その内容を異にしているのである。

　邦人向け番組について、放送法は、「邦人向け国際放送若しくは邦人向け協会国際衛星放送の放送番組の編集及び放送又は外国放送事業者に提供する邦人向けの放送番組の編集に当たつては、海外同胞向けの適切な報道番組及び娯楽番組を有するようにしなければならない」（放送法81条4項）と規定する。これに

---

[28]　金澤・前掲注(16)117頁。

[29]　西土・前掲注(1)35頁は、電波法と放送法の制定趣旨を詳細に分析したうえで、「放送法の趣旨は放送の強い社会的影響力に着目して放送事業を規律することにある」と指摘している。なお、社会的影響力論に関しては、後述Ⅲ1(1)を参照のこと。

◇ 第1部 ◇ メディアの自律と法的規制

対して、外国人向け番組については、「協会は、外国人向け国際放送若しくは外国人向け協会国際衛星放送の放送番組の編集及び放送又は外国放送事業者に提供する外国人向けの放送番組の編集に当たつては、我が国の文化、産業その他の事情を紹介して我が国に対する正しい認識を培い、及び普及すること等によつて国際親善の増進及び外国との経済交流の発展に資するようにしなければならない」（同5項）と規定する[30]。ここでは、邦人向けの番組に関しては、カテゴリーを示すのみで、内容については一般的に「適切」性を求めているに過ぎない。これ対して、外国人向けの番組については、より具体的に内容を方向づける規定ぶりとなっている。また、外国人向け番組については、国際親善の妨げになるような内容を禁ずるにとどまらず、国際親善を積極的に促すことまでもが要求されている。このような番組編集準則のあり方は、国際放送等の有する目的性を改めて意識させるものといえよう。

（3）要 請 放 送

放送法は、NHK が本来業務として行う自主放送としての国際放送等（放送法20条）とは別に、総務大臣が NHK に対して国際放送等の実施を要請する「要請放送」を制度化している（同65条）。要請放送の歴史は浅く、これは2008年施行の放送法改正で新たに規定されたものである。しかし実際には、要請放送はそれ以前から制度化されていた「命令放送」を、その前身としている[31]。それゆえ、ここではまず、命令放送制度について見ておく必要がある。

命令放送制度の下、総務大臣は、NHK に対して、放送区域、放送事項その他必要な事項を指定して、国際放送等を命じることができた。このような制度が設けられた趣旨は、国が特定の目的をもって海外に対し放送を行うことが必要である場合に、放送のような文化的事業を国が直接行うことは予算、人事その

---

[30] これらの番組編集準則は、外国放送事業者に放送番組を提供する場合にも適用される。放送法20条2項4号は、協会の任意業務として、「放送番組及びその他編集上必要な資料を外国放送事業者に提供すること」を認めており、この規定に基づいて放送番組を提供する場合には、邦人向け、外国人向けそれぞれの番組編集準則に従って、番組を編集しなければならない。

[31] 命令放送は1952年の国際放送再開時より実施されており、その歴史は古い。命令放送については、山本博史「命令放送制度のあり方をめぐって」AURA180号（2006年）17-20頁、服部孝章「命令国際放送問題と NHK の自立性放棄」世界759号（2006年）20-24頁、清水直樹「国際放送における命令放送制度」調査と情報574号（2007年）1-10頁、喜多村俊樹「命令放送」部落解放582号（2007年）150-153頁等が詳しい。

◆ 第2章 ◆ NHK 国際放送の概要とその諸課題［丸山敦裕］

他種々の制約があって適切ではなく、NHK のような放送事業を経営している特殊の事業体に必要な事項を指定して行わせることにより所期の目的が達成できる、と考えられたためである[32]。裁判所も、命令国際放送について、「専ら日本の国策的要請に基づき実施される、日本の国家としての対外情報発信のみちを確保するための制度[33]」という位置づけを与えている。その限りで、命令放送は、国の目的を実現するための一手段として実施されるものということができる。

命令放送を実施するにあたり、政府は、長きにわたり、放送事項として具体的な項目を指定することはなかった。例えば、2006 年 4 月の命令書でも、放送事項の指定は、「時事、国の重要な政策、国際問題に関する政府の見解、について報道、解説すること」といった具合で、一般的な指定にとどまっていた。しかし、同年 11 月、第一次安倍内閣の菅義偉総務大臣は変更命令を発し、この一般的な放送事項の指定に加え、「上記事項の放送に当たっては、北朝鮮による拉致被害問題に特に留意すること」を追加的に命じた[34]。このような個別具体的な放送事項の指定に対しては、放送の自由に抵触するとの批判が各界より噴出した[35]。また、現場からも、すでに自主的に拉致問題を十分放送しているのに

---

[32] 荘宏ほか『電波法・放送法及電波監理委員会設置法詳解』（日信出版、1950 年）316 頁参照。

[33] 大阪地判平成 21 年 3 月 31 日判時 2054 号 19 頁。この判決に関しては、上脇博之「総務大臣の NHK への放送命令及び放送要請の違憲性—— NHK 国際放送実施要請違法無効確認等請求事件訴訟における陳述書」神戸学院法学 38 巻 3・4 号（2009 年）247-269 頁のほか、評釈として、稲葉一将「国際放送実施要請等の違法無効確認請求が却下され、精神的損害に対する国家賠償請求が棄却された事例」判時 2072 号（2010 年）169-173 頁、山田健吾「放送法に基づく国際放送実施要請と訴えの利益」速報判例解説 6 号（2010 年）49-52 頁、控訴審判決と合わせて評釈したものとして、小倉一志「ラジオ国際放送に対する『放送命令』『放送要請』の違憲性が主張された事例」商学討究 62 巻 4 号（2012 年）165-186 頁参照。

[34] この変更命令に先立ち、菅総務大臣は閣議後の記者会見において次のように発言していた。「NHK には命令放送を行わせることができる。内閣が代わって、拉致問題が国の最重要事項になっていることは間違いない。そういうことを含めて検討したい」。隅元信一「NHK は国の宣伝機関なのか」新聞研究 666 号（2007 年）29 頁以下、29 頁参照。

[35] 梓澤和幸ほか「NHK に対する国際放送命令に反対する緊急アピール」放送レポート 205 号（2007 年）12 頁は、追加命令の企図段階においてすでに、「憲法が保障する表現・報道の自由（21 条）の根本原則に反し、これを具体化した放送法の放送の自由……番組編集の自由……などの基本原則を侵害することは明白である」と反対していた。また、

◇第1部◇　メディアの自律と法的規制

なぜ、との戸惑いの声も上がった[36]。

　こうした異論を受け、2008年施行の放送法改正により、命令放送制度は要請放送制度へと刷新された。法改正による主たる変更点は、以下のとおりである。第一は、命令放送は応諾が義務であったのに対し、要請放送では応諾が努力義務にとどめられることとなった。第二は、放送事項の指定につき、「邦人の生命、身体及び財産の保護に係る事項、国の重要な政策に係る事項、国の文化、伝統及び社会経済に係る重要事項その他の国の重要事項に係るもの限る」（放送法65条1項）との限定が新たに付されることとなった。これらはいずれも放送の自由に配慮する趣旨のものと理解されている。この趣旨は、「総務大臣は、国際放送等の要請をする場合には、協会の放送番組の編集の自由に配慮しなければならない」との規定が放送法65条2項に挿入されたことからも窺われる。しかし、後述するように、要請放送の実態として、放送の自由に対して十分な配慮がなされているかといえば、疑問がないではない。

Ⅲ　放送の自由論からみた国際放送制度の理論的諸課題

　以上、簡単にではあるが国際放送制度の概要を見てきた。国際放送等には一定の意図や目的があり、中には、その目指されるべき方向性が具体的に番組編集準則の形で法定されているものもあった。また、要請放送では、総務大臣が個別具体的に放送事項を指定することもあった。放送の自由という観点から見て、こうした国際放送制度にはいかなる問題があるだろうか。以下では、番組編集準則と要請放送制度の二つを取り上げ、従来の放送の自由論を参照しつつ国際放送制度が有する理論的諸課題を明らかにしていきたい。

　山本博史「図説『放送』法④」放送文化2007年春号（2007年）94頁以下、96頁は、命令放送制度そのものに、「表現の自由、報道の自由に対する政府の介入の危険性」が存在しうる旨を指摘している。鈴木秀美「命令反対、NHKも意見表明を」毎日新聞2006年11月6日朝刊27頁は、命令放送の規定について、「本来あってはならない規定」との考えを示し、この菅大臣の個別具体的な事項指定に対しては、「命令を出す必要性、緊急性があるとは言え」ず、「単に拉致問題への政府としての取り組みをポーズとして示すという目的ならば、憲法が保障する表現の自由の観点からは、違法な権限行使に当たる疑いがある」と批判している。

[36]　当時、NHK内部では、「拉致報道についても、しっかりやってきたと自負している」と考えられていた。服部・前掲注(31)23頁参照。

◆ 第 2 章 ◆ NHK 国際放送の概要とその諸課題［丸山敦裕］

1. 国際放送等の番組編集準則の正当化

(1) 番組編集準則の正当化論

番組編集準則のような表現内容規制は、従来の表現の自由論からすれば、基本的には許されないはずである[37]。実際、新聞等の印刷メディアには、こういった内容規制は存在しない。にもかかわらず、番組内容規制をはじめとする「放送固有の規制は、その合憲性が広く支持されてきた[38]」。その根拠として、伝統的には、①周波数帯の有限性・希少性、②特殊な社会的影響力、③番組画一化といったものが挙げられてきた。

①は、「放送用電波は有限であり、したがって放送に利用できるチャンネル数には限度があるので、混信を防止しつつ希少な電波を有効適切に利用するためには、それにふさわしい放送事業者を選別したり、放送内容に対して一定の規律を課す必要がある[39]」として、放送への規制を正当化する。これに対して、②は、放送は「直接かつ即時に全国の視聴者に到達して強い影響力を有して[40]」いるとし、しかもテレビ放送では、「視聴者は、音声及び映像により次々と提供される情報を瞬時に理解することを余儀なくされ[41]」るなど、他の媒体には見られない強い影響力があると考え、放送に特別の規制を課すこと正当化する[42]。③は、「商業放送（民放）では、時間を単位として広告主（スポンサー）に番組が売られる……ので、自由競争に放任すると、放送事業者は各時間帯の視聴率を極大化しようとする強い営利主義に動かされ、その結果番組編成が大衆受けのする通俗的なものに画一化する傾向が見られる……。そこで放送においては、思想・情報の多様性を確保するため、番組準則……を定めることを要求することも許される」として、その規制を正当化する[43]。

ただ、支配的学説[44]は、少なくともテレビについては、②が単独で番組規制の

---

[37] 島崎哲彦ほか『放送論』（学文社、2009 年）70 頁〔西土彰一郎執筆〕参照。

[38] 長谷部恭男『憲法学のフロンティア』（岩波書店、1999 年）168 頁。

[39] 芦部・前掲注(11)304 頁。

[40] 最判平成 2 年 4 月 17 日民集 44 巻 3 号 547 頁。

[41] 最判平成 15 年 10 月 16 日民集 57 巻 9 号 1075 頁。

[42] 伊藤正己「放送の公共性」日本民間放送連盟放送研究所編『放送の公共性』（岩崎放送出版社、1966 年）42 頁以下、48 頁参照、芦部・前掲注(11)306 頁参照。

[43] 芦部・前掲注(11)307 頁参照。

[44] ここでは、芦部・前掲注(11)301-314 頁、同『人権と議会政』（有斐閣、1996 年）61-92頁等の立場を念頭に置いている。

◇第1部◇　メディアの自律と法的規制

正当性を根拠づけることはできないと考えている[45]。そして、①②③は相互に結び合うことで放送規制の正当化理由になりうるとする。また、①と③については、「情報の多様性を確保し国民の知る権利に応えることを志向する」点で趣旨を同じくするものであると理解し[46]、結局のところ、国民の知る権利こそが番組内容規制の「憲法適合性を主張できる究極の根拠[47]」であると指摘する。

こうした考え方の背後には、国民の「知る権利に応える情報の多様性は、所有の多元性を確保し、その多元的な報道機関の間に自由競争の原則を支配させるだけでは、十分に確保できない」との問題意識がある[48]。とはいえ、この支配的学説は、放送は国民の知る権利に応えるべきものであるとの考えは抱きつつも、番組規制の直接的な正当化根拠としては、周波数帯の希少性や特別の社会的影響力といった放送の技術的特性を挙げて、これを論ずるものであった[49]。その意味では、以下の諸学説とは主張の力点がやや異なるものだったのかもしれない。

近年は、国民の知る権利をより前面に押し出すことを通じて、放送の自由の規範的な精緻化を行い、それにより番組編集準則を正当化する立場が、有力となっている。

第一は、自由な意見形成に「奉仕する自由」として放送の自由を理解するドイツの考え方[50]を踏まえつつ、放送の自由を「未成熟な基本権」と性格づける見解である。これによれば、放送の自由には、社会に流通する意見や情報の幅広い多様性を保障するという客観的側面があるが、「未成熟な基本権」である放送の自由の場合、印刷媒体と異なり、その自由な表現活動によるだけではこの客観的側面の実現に至るとは限らない。その限りで、放送の自由は一定の国家的規制を許容ないし要請する余地を残すものだと説明される[51]。

---

(45)　長谷部・前掲注（9）82-83 頁も、「放送がほかのメディアと比べて特殊な影響力を持つという議論は、厳密には証明されていない」とし、例えば「独占的地位にある地方新聞の影響力も放送に劣らない」と指摘している。

(46)　芦部・前掲注(11)307-308 頁参照。

(47)　芦部・前掲注(44)65 頁。

(48)　芦部・前掲注(44)65 頁参照。

(49)　宍戸・前掲注(12)120 頁参照。

(50)　ドイツの放送の自由論については、鈴木・前掲注(10)63-103 頁を参照。また「奉仕する自由」という考え方については、特に 69-70 頁を参照。

(51)　浜田純一『メディアの法理』（日本評論社、1990 年）151-157 頁参照。もっとも、この論者は番組編集準則を自主規制の文脈で論じていることに、注意が必要である。浜田純一

第二は、個人の表現の自由とマス・メディアのそれとを異質なものと理解したうえで、「基本的情報」の公平な提供のための放送規律は、憲法上許容されるとする見解である。ここでは、憲法上の権利には、「切り札」としての人権と、公共財としての性格ゆえに保障される権利があるとの理解が、まず前提とされる[52]。そして、マス・メディアに表現の自由が保障されるのは、個人の自律のためではなく、「それが社会公共の利益に適うからである」とされる。言い換えれば、「日々生み出される大量の情報の中から社会生活を送るうえで誰もが必要とする基本的情報、つまり個人の自律的な生き方を実質化するために社会のすべてのメンバーに公平に行き渡るべき情報を選びだしてそれを社会全体に提供し、民主的な政治過程を支えるとともに、寛容な社会を再生産する機能を果たす」がゆえに、マス・メディアには表現の自由が保障される、ということである。そのうえで、この立場は、「つまるところ、放送を含めたマスメディアの自由は、何よりも豊かな情報を公平に享受すべき市民の『知る権利』に奉仕するために存在する」との性格づけを行っている[53]。

これらは、いずれも伝統的な番組編集基準の正当化論よりも、直接的に、放送の自由ないしマス・メディアの表現の自由と国民の知る権利とを結びつけ、その権利の性質から番組編集準則の正当化根拠を導き出すものとなっている。とはいえ、究極的には国民の知る権利がその正当化根拠たりうる点、あるいは「放送の自由は国民の知る権利に応えるためのものである」との命題[54]を維持していると思われる点では、伝統的な立場との連続性を認めることができるだろう。

（2）国際放送制度における番組編集準則

以上の番組編集準則の正当化論は、いずれも国内放送を念頭に置いたものである。国際放送等における番組編集準則を直接の検討対象としたものではない。番組内容規制の究極の正当化根拠とされた国民の知る権利についても、これとどう国際放送等が結びつけられるのかは、明らかでない。知る権利とは、「第一義的には、広く公共的事項についての情報を受け、かつ求めることによっ

「放送と法」『岩波講座 現代の法 10 情報と法』（岩波書店、1997 年）83-104 頁、98-100 頁参照。

[52]　長谷部恭男『憲法（第 5 版）』（新世社、2011 年）111 頁参照。

[53]　長谷部・前掲注(38)168-171 頁参照。

[54]　宍戸・前掲注(12)121 頁参照。

◇　第1部　◇　メディアの自律と法的規制

て、政治的な意見を形成し、民主的な政治過程への参加を確保する、という自
己統治の価値を実現する参政権的な性格」のものと理解されるものである[55]。
だとすれば、従来の番組編集準則の正当化論が、外国での受信を目的とする国
際放送等にストレートに当てはまるかは、改めて検討される必要があろう。

　放送法は、国際放送等に関し、邦人向け放送と外国人向け放送とを区別する
よう求め、番組編集準則についても、邦人向け番組と外国人向け番組とで異な
る規定を置いている。このうち、邦人向け番組の方については、民主的政治過
程への参加との関連性を肯定しやすい。在外日本人選挙権制限規定違憲訴訟最
高裁判決[56]は、選挙権を「議会制民主主義の根幹を成すもの」と性格づけ、国に
は選挙権の「行使を現実的に可能とするための所要の措置を執るべき責務があ
る」とし、この理を在外邦人にも当てはめている。そうであれば、外国の地で
も日本人としての政治参加は確保されるべきであり、そのための知る権利の保
障は不可欠である。この点、放送法81条4項は、邦人向け国際放送の番組編集
につき、「海外同胞向けの適切な報道番組及び娯楽番組を有する」ことを要求し
ている。市民がさまざまの共有体験を持つことが民主主義の機能条件であるこ
とに鑑みれば[57]、報道番組のみならず娯楽番組についても、その放映を国際放
送等で要求することは、国民の知る権利保障のためといえるだろう。また、こ
れは基本的情報の供給のためということもできる。

　しかし、外国人向け番組については事情が全く異なる。マクリーン事件最高
裁判決は、「わが国の政治的意思決定又はその実施に影響を及ぼす活動」につい
ては「外国人の地位にかんがみこれを認めることは相当でない[58]」と述べてい
る。ここからも明らかなように、外国人による政治的意思決定過程への参加は
そもそも憲法上想定されてない。また、放送法81条5項は、「我が国の文化、
産業その他の事情を紹介して我が国に対する正しい認識を培い、及び普及する
こと等によつて国際親善の増進及び外国との経済交流の発展に資する」ことを、
外国人向け番組に要求している。この内容から、国民の知る権利や国内におけ
る民主主義過程の機能条件整備との直接の関連を説明することは難しそうであ

---

(55)　芦部・前掲注(11)265-266頁参照。

(56)　最大判平成17年9月14日民集59巻7号2087頁。

(57)　キャス・サンスティーン（石川幸憲訳）『インターネットは民主主義の敵か』（毎日新
　　　聞社、2003年）29頁参照。

(58)　最大判昭和53年10月4日民集32巻7号1223頁。

る。さらに歴史的経緯に照らしても、国際放送は、「本来的性格として国策的性格をもつ」ものであり[59]、それ自体強い目的性を帯びたものである。そして、現に国際放送については、「外国及び外国人に、日本の政治・経済・産業・文化等の真実の姿及び日本の意見を的確に伝えることは、今日の世界情勢の下において、政治面に、外交面に、また貿易その他の面に、日本国として極めて必要」との考えに基づき、「国際親善の増進と経済交流の発展による日本と諸外国の平和的繁栄」を目的としてなされるものだと、理解されてきたのである[60]。こうしてみると、外国人に向けられた国際放送等において、国内の情報多様性を創出し国民の知る権利を充足するという放送の機能は、後景に退いている。ここでは、むしろ国際協調ないし国際協和を追求[61]するための利器として、その機能が果たされているということができよう[62]。

　だとすれば、外国人向け番組の編集準則については、国内放送や邦人向け番組とは別途、正当化根拠が示される必要があると思われる。そして、外国や外国人との関わりが多分野に及ぶことに鑑みれば、それは、「幅広い分野での国民の利益の増進[63]」といえるのかもしれないが、さしあたり私見としては、憲法65 条から導きうる政府の外交権[64]、より究極的には、憲法前文および 98 条にみる国際協調主義[65]を、その正当化根拠として挙げておきたい。いずれにせよ、

---

[59]　荘宏『放送制度論のために』（日本放送出版協会、1963 年）281 頁参照。

[60]　荘・前掲注(59)278 頁参照。

[61]　佐藤幸治『日本国憲法論』（成文堂、2011 年）78 頁は、国際共和について、「日本国が自国のことのみに専念することなく、他の諸国と協力しながら、人権と民主主義の原理が政治道徳の普遍的な法則として尊重される平和な国際社会の将来に向けて努力することを意味する」と説明している。

[62]　*Fauke Pieper*, Der deutsche Auslandsrundfunk, München 2000, S. 75 は、国際放送の憲法上の正当化根拠について、「民主的な基本的合意形成にあるのではなく、憲法に定められた国際協調を支援することにある」と論じている。

[63]　「外国人向けテレビ国際放送」の強化に関する諮問委員会が 2013 年 5 月 28 日に公表した「これからの外国人向けテレビ国際放送の在り方について」3 頁では、「外国人向けテレビ国際放送は、放送法第 1 条に定める放送法の目的を踏まえ、独立性・公正性・客観性を堅持した報道姿勢により信頼される、アジアを代表するメディアとなることを目指し、全世界に向けた情報発信に努めることが肝要であり、わが国の政治・経済・社会・文化・芸能・科学・観光などを放送対象として、幅広い分野での国民の利益の増進を図ることが究極の目的であると認識している」と述べられている。

[64]　外交権の憲法上の基礎づけに関しては、石村修「『外交権』の立憲主義的統制」専修ロージャーナル 10 号（2014 年）21 頁以下参照。

◇ 第 1 部 ◇　メディアの自律と法的規制

国民の知る権利論を中核に据える従来の番組内容規制正当化論をそのままの形でここに輸入するのは、なかなか困難であるように思われる。

(3) 外国人向け番組の編集準則と NHK の特殊性・公共放送としての使命

　もっとも、上記のような主張に対しては、放送法 81 条 5 項の番組編集準則が NHK における番組編集の特則として規定されている点に着目し、これと放送法 4 条の番組編集準則とを同列に論じるべきではない、との指摘がなされるかもしれない。この立場からすれば、国際放送等の番組編集準則は、公共放送としての使命を課せられた NHK が必須業務として行う国際放送等をどのように制度設計するかに関する問題ということになるだろう。その場合、これは放送の自由全体の問題というより NHK 固有の問題だと説明されることになると思われる[66]。

　しかし、NHK は「公的機関であるが、その独立性ゆえに、憲法 21 条の表現の自由を享有」している[67]。したがって、仮に放送法 81 条 5 項の番組編集準則を NHK 固有の問題と理解しても、なぜ「国際親善」や「外国との経済交流」の観点から番組内容を規律することが許されるのかについては、改めて正当化が必要である。歴史的に見ても、国際放送が再開された 1952 年当時でさえ、国際放送の「編成方針の決定をはじめとする番組の編集については、すべて NHK の自主性に任されていた[68]」のであり、さらに、1959 年の放送法改正では、国際放送を NHK の本来業務と明記することで、命令放送とは別に自主的な放送が

---

[65]　佐藤・前掲注(61)78 頁は、「『国際共和（international cooperation）』は、9 条と 98 条 2 項の両者を含めて前文と一体的に広く解し、政治的色彩の強い側面が 9 条に、法的色彩の強い側面が 98 条 2 項にそれぞれ具体的に表現されているとみるのが適切かと思われる」と述べている。この説示に従うならば、国際協調の趣旨を、単に条約の遵守に限定して狭く解すべきではないと思われる。むしろ、国際協調は、平和主義と相まって、「国内の自由の確保と密接な関係を有する」（毛利透ほか『憲法Ｉ　統治』（有斐閣、2011 年）123-124 頁）ものと考えるべきであろう。そうだとすれば、国際協調主義の下、憲法上要請される国家活動も多岐にわたると理解することができるのではなかろうか。

[66]　ここでは、そもそもなぜ国際放送等が NHK に限定されなければならないのかという、より根源的問題が存在することも、忘れられてはならない。この点、荘・前掲注(59)282 頁は、国際放送の主体を NHK に限定する根拠として周波数帯の希少性を挙げている。また同氏は、「およそ国際放送というものは、一国を代表する最も権威ある発言として外国及び外国人に受けとられる」と指摘したうえで、「国を代表する発言となる場合、それをいう口は 1 つでなければならない」とも述べている。

[67]　松井茂記『マス・メディア法入門（第 5 版）』（日本評論社、2013 年）296 頁参照。

[68]　日本放送協会・前掲注(13)313 頁参照。

◆ 第 2 章 ◆ NHK 国際放送の概要とその諸課題［丸山敦裕］

可能である旨をあえて明確化したという[69]経緯もある。こうしたことからも、国際放送の制度設計に当たっては、NHK の放送の自由ないし編集の自由との調和を十分に考慮することが不可欠である。加えて、国際放送等の外国人向け番組の編集準則と内外放送の番組編集準則との間に類似性・共通性が認められる点にも、注意が必要である。「国際親善」や「外国との交流」といった観点からの番組内容規律は、内外放送の編集準則にも存在している。そうすると、国際放送等と内外放送に共通する観点から内容規制している部分については、NHK と民間放送事業者の双方に共通する正当化理由があると考えるのが自然であろう。だとすれば、放送法 81 条 5 項が「国際親善」や「外国との交流」といった観点から番組内容規律をしていることに関し、NHK の公共放送としての特殊性を持ち出すだけでその合憲性を説明することには、やや無理があるように思われる。

　ただ、国際放送等における外国人向け番組の編集準則と内外放送の番組編集準則とでは、その規定ぶりが異なる。国際放送等では、「国際親善の増進及び外国との経済交流の発展に資する」ことが積極的に要請されている。これに対し、内外放送では、「国際親善及び外国との交流が損なわれることのないように」といった具合に、消極的な要請にとどまっている。たしかに、このような違いには、NHK の特殊性、公共放送としての使命が関係しているといえる。放送を通じた「国際親善」と「外国との交流」が国際協調や国益の確保・増進の見地から求められるとしても、放送を民間放送事業者の自由に委ね、これらの阻害を禁ずるだけでは、その実現が図れない場合がありうる。放送法 81 条 5 項は、そのときの保証として、NHK に対して「増進」や「発展に資する」ことまでを積極的に求めたと考えられるのである。

　しかし、この説明により、「国際親善」や「外国との交流」といった特定の観点から番組内容を規律すること自体が正当化できるわけではない。内外放送との対比で考える限り、公共放送としての NHK の特殊性は、番組内容規律が消極的要請にとどまらず積極的要請にまで及んでいる点を説明できるに過ぎないというべきではないだろうか。

---

[69]　日本放送協会・前掲注(13)314 頁参照。

◇ 第1部 ◇　メディアの自律と法的規制

2. 要 請 放 送

(1) 総務大臣による放送事項の指定

　要請放送制度の下、総務大臣は放送事項等を指定して、国際放送等の実施を要請することができる。ここでは、その都度、総務大臣が放送事項等を指定しうる分、法定された番組編集準則以上に、放送の自由やNHKの自律性との関係が問題となる。

　要請放送制度は、上述したとおり、NHKの放送の自由に配慮するため、命令放送制度を改めたものである。この制度変更の核心は、放送の要請に対する応諾が努力義務となった点にある。努力義務になったのであれば、NHKの放送の自由は十分に確保されそうであるが、裁判所は必ずしもそのようには考えていない。裁判所は、NHKが要請放送に応じなかった場合について、次のように論じている。すなわち、NHKが「真しな努力の結果として要請に応じられないという事態も制度上一応想定されてはいるものの、特段の事情がない限り要請に応じることが前提とされているものということができ、NHKが合理的な理由もなく要請に応じないときは、放送法違反として、電波法76条1項の規定による無線局の停止命令その他の処分事由等になり得る[70]」。要するに、NHKの公共放送機関としての性格に鑑み、要請に応じることが命令放送制度同様引き続き期待されているというのが、現実である[71]。そうだとすれば、要請放送制度でも、要請に対する諾否次第では非常に強い制裁が科される可能性があるということになる。これは、NHKの国際放送等の放送内容に対して高度の強制力が働いているということである。こうした強制力を前提とした場合、総務大臣による放送要請それ自体がNHKの放送の自由に対する介入と評価すべき場合もあるように思われる[72]。

　放送の自由への介入の強度は、放送事項の指定のされ方により異なる。放送事項の指定が具体的になればなるほど、NHKの編集の自由の余地は狭くなり、それだけ介入の強度も増すことになる。一般に、介入の強度が高まれば、それ

---

[70]　大阪地判平成21年3月31日判時2054号19頁。

[71]　鈴木・前掲注(3)262-263頁〔山本博史執筆〕参照。なお、このような裁判所の見解に対しては、放送法の仕組みと改正経緯からして、協会は任意で要請の諾否を決定できるはずである、といった批判がなされている。稲葉・前掲注(33)169頁参照。

[72]　上脇・前掲注(33)264頁は、命令放送から要請放送への改正について、「形式的な言葉だけが変わるのであって、実質は命令放送と変わらない」と批判している。

に応じて合憲性判断のハードルも高くなる。その意味では、放送の要請に際して生じうる総務大臣の恣意を、NHK が編集段階で排除できないほどに放送事項の指定が具体的である場合には、NHK は政府の宣伝機関に堕しているというに等しく、これは憲法上許容されない介入に至っているというべきである。ここでは、放送事業者としての、放送の自由の主体としての NHK の自律性は、もはや失われているといわざるを得ない[73]。

　ただ、現在の放送法では、2008 年施行の放送法改正により、放送事項の指定に関し、「邦人の生命、身体及び財産の保護に係る事項、国の重要な政策に係る事項、国の文化、伝統及び社会経済に係る重要事項その他の国の重要事項に係るものに限る」(放送法 65 条 1 項)との限定が付されている。総務大臣の恣意の排除という点では、以前より一歩前進したといいうる[74]。加えて、ここで列挙されている内容も、その正当性を主張しやすいものが並んでいるように思われる。「生命、身体及び財産の保護に係る事項」は、まさに在外邦人の知る権利の充足に資するものであろう。「国の文化、伝統及び社会経済に係る重要事項」は、「国際親善」や「外国との交流」に通ずるものであり、国際協調や幅広い分野での国民の利益の増進という面から、その正当性を説明できるのではなかろうか。さらに、これらの事項指定は、形式面でも、抽象的で概括的なものにとどまっている。このような法規定の限りでは、NHK の編集の自由の余地は十分に残されているといえるだろう。

---

(73)　同様の構造は、普通教育における教員の教授の自由にも看取されよう。旭川学力テスト訴訟最高裁判決(最大判昭和 51 年 5 月 21 日刑集 30 巻 5 号 615 頁)は、「教師の教授の自由も，それぞれ限られた一定の範囲においてこれを肯定するのが相当である」とする一方で、国の教育内容規律権限に関し、「憲法上は、あるいは子ども自身の利益の擁護のため、あるいは子どもの成長に対する社会公共の利益と関心にこたえるため、必要かつ相当と認められる範囲において、教育内容についてもこれを決定する権能を有する」と述べる。しかし同時に、「教育内容及び教育方法等への(教育行政機関の)関与の程度は、教育機関の種類等に応じた大綱的基準の定立のほかは、法的拘束力を伴わない指導、助言、援助を与えることにとどまると解すべきである」と判示する高裁判決を受け入れており、教育内容への干渉がその大枠にとどまらず、個別具体的な内容に及ぶことには、否定的な態度を示している。

(74)　法改正以前は、命令放送に際して事項指定の法律上の制限はないとするのが総務省の解釈であった。第 165 回国会衆議院総務委員会議録第 2 号平成 18 年 10 月 26 日 6 頁参照。このような総務省の解釈に対しては、「放送法 33 条のように指定の限界が明示されていない規定では、指定事項に制限はないとする総務省の解釈とは逆に、一定の限界があると考えるべき」との批判がなされていた。山本・前掲注(31)18 頁参照。

◇ 第 1 部 ◇　メディアの自律と法的規制

しかし、要請放送の実際の運用は別である。2006 年以来、一貫して、ラジオ国際放送に対しては、上述した個別具体的な放送事項の指定が継続的に行われている。すなわち、「日本放送協会に対する平成 26 年度国際放送等実施要請[75]」でも、「（1）放送事項は、次の事項に係る報道及び解説とする」として、「ア　邦人の生命、身体及び財産の保護に係る事項」、「イ　国の重要な政策に係る事項」、「ウ　国の文化、伝統及び社会経済に係る重要事項」、「エ　その他国の重要事項」を掲げた上で、「（2）上記事項の放送に当たっては、北朝鮮による日本人拉致問題に特に留意すること」の文言を付加している。このうち、（1）ア〜エは放送法 65 条 1 項の法文そのままである。要請されている放送事項がこの四つにとどまるのであれば、指定事項に該当する素材のうち何を取り上げて放送するかは、NHK がある程度自由に決定できる。しかし、（2）があるために、NHK には、拉致問題を取り上げないという選択の余地は存在しない。

ここでは、たしかに拉致被害問題に対する特定の見解を報ずることまでは、要請されていない。しかし、番組素材の選択は放送の自由ないし編集の自由の根幹をなすものである。それゆえ、放送事項の指定は放送の自由への極めて強度の介入だと評価しうる。放送の要請に事実上の強制力が働いているという前提に立つならば、このような個別具体的な事項指定は、原則として許されないと考えるべきであろう。これが例外的に許されるのは、当該個別具体的な放送事項を報ずることに、高度の必要性や緊急性が認められる場合に限られるというべきである[76]。そして、このように解することこそが、放送法 65 条 2 項が「総務大臣は、前項の要請をする場合には、協会の放送番組の編集の自由に配慮しなければならない」と規定した趣旨に合致すると考えられる。

（2）NHK の自主放送との一体的実施

要請放送は、常に自主放送との一体的実施が求められている。平成 26 年度国際放送等実施要請でも、上述した放送事項の指定や放送区域の指定のほか、「その他必要な事項」として、「放送効果の向上を図るため、放送法第 20 条第 1 項第 4 号の規定に基づき実施する業務と一体として行うこと」が要請されている[77]。国際放送等の視聴者および聴取者は、このような一体的実施の結果、放

---

[75]　http://www.soumu.go.jp/menu_news/s-news/01ryutsu11_02000032.html 参照。

[76]　鈴木・前掲注（3）262 頁〔山本博史執筆〕は、放送事項を個別具体的に指定しうる場合として、「海外での災害、暴動等で非常事態が発生し、在外邦人の生命・身体・財産の保護の観点から必要の場合」を挙げている。

◈ 第 2 章 ◈ NHK 国際放送の概要とその諸課題［丸山敦裕］

送内容が NHK の自主放送によるものか、総務大臣の要請によるものかを区別することができなくなっている。

この区別ができなくなることに、どのような問題があるのか。ここでは政府言論の法理が参考になる[77]。以下、本稿に必要な限りで、この法理を簡単に概観しておく。

政府言論の法理によれば、政府が自ら発言者として現れる場合には、表現内容中立性の厳格な要請は免除される[79]。民主主義の下、政府が国民の同意を得て行動することは不可欠であり、その同意を得るべく、政府は説明責任を果たさなければならない。そのため、政府は、時として、必要な政策課題を国民に提起し、政府としての目標を掲げ、国民の支持を引き寄せ世論を牽引するべく、特定の見解や観点に基づく発言を行う必要がある。その意味で、「発言者としての政府」の存在は、民主主義の成立条件ともいえ、それゆえ政府の言論は表現内容中立性の厳格な要請から解放されると考えられる。

しかしながら他方で、政府言論の法理は、言論市場に圧倒的な潜在力を持つ政府によって情報伝達過程が歪められることを、強く危惧している。すなわち、不適切な仕方で政府が言論市場を歪曲する場合には、言論の自由市場を正常に機能させる前提を確保する見地から、憲法上の統制を及ぼす必要が生ずるとい

---

(77) 自主放送との一体的実施の要請は、ラジオ国際放送にもテレビ国際放送にも要請されている。http://www.soumu.go.jp/menu_news/s-news/01ryutsu11_02000032.html 参照。

(78) 本稿では、紙幅の関係上、政府言論に関する議論の詳細には言及できない。詳しくは、以下の諸文献を参考にされたい。横大道聡『現代国家における表現の自由』（弘文堂、2013 年）、蟻川恒正「政府言論の法理」駒村圭吾＝鈴木秀美編著『表現の自由Ⅰ状況へ』（尚学社、2011 年）417-453 頁、同「政府と言論」ジュリスト 1244 号（2003 年）91-100 頁、同「思想の自由」樋口陽一編『講座・憲法学（3）』（日本評論社、1994 年）105-136 頁、駒村圭吾「国家と文化」ジュリスト 1405 号（2010 年）134-146 頁、金澤誠「政府の言論と人権理論（1）〜（4）」北大法学論集 60 巻 5 号（2010 年）248-195 頁、同 61 巻 2 号（2010 年）236-192 頁、同 61 巻 5 号（2011 年）144-81 頁、同 64 巻 3 号（2013 年）442-387 頁、中林暁生「『表現の自由』の可能性（1）・（2）」法学 67 巻 2 号（2003 年）90-152 頁、同 67 巻 3 号（2003 年）40-104 頁、森脇敦史「言論活動への政府の資金助成に対する憲法上の規律」阪大法学 53 巻 1 号（2003 年）113-142 頁、阪口正二郎「芸術に対する国家の財政援助と表現の自由」法律時報 74 巻 1 号（2002 年）30-36 頁、築山欣央「表現に対する政府の補助をめぐる憲法問題」法学政治学論究 53 号（2002 年）105-135 頁等。

(79) 蟻川恒正「論点解説『政府の言論』」法学セミナー 674 号（2011 年）62 頁以下、65 頁。

◇第1部◇　メディアの自律と法的規制

う。政府の言論が「囚われの聴衆」に向けられる場合や、政府自らの存在を伏して「腹話術師」として発せられる場合等がこれに該当する[80]。これらの場合には政府の言論は正当化し得ないとする。

　以上の考え方を参考にした場合、要請放送制度の運用上の問題性がよくわかるであろう。要請放送においては、NHK の自主放送との一体的実施が求められることで、放送段階では政府の存在が背後に隠れてしまっている。つまり、要請放送では「腹話術師」的に政府の言論が発せられているのである。

　民主主義において不可欠の国民の同意を得るためには、政府は説明責任を果たす必要がある。しかし、発言主体が政府であることを隠蔽したのでは、もはや説明責任を果たしているとはいえない[81]。したがって、一体的実施の要請は、発言主体を不明確にしてしまう点で、やはり憲法上の疑義が向けられるべきである[82]。とりわけ、放送事項の指定が個別具体的である場合には、その疑義は特に強いものとなるであろう[83]。

(3) 国際放送等の財源

　国際放送等の財源は、NHK の自主放送分は受信料で賄われ、要請放送分は国費で賄われることになっている（放送法67条）。しかし、これはあくまで制度上の建前である。NHK の自主放送と要請放送が一体的に実施されていることもあり、国際放送等の必要経費の一部を国が交付金という形で負担しているとみるのが、実情に即している。「外国人向けテレビ国際放送」の強化に関する諮問委員会が2013年5月28日に公表した「これからの外国人向けテレビ国際放送の在り方について」においても、次のように記載されている。「NHK の国際放送関係費は、2012年度予算でおよそ196億円であり、……196億円の約8割にあたる162億円が受信料からの支出で、残りの34億円が政府からの交付金

(80)　蟻川・前掲注(78)「政府と言論」94頁。

(81)　横大道・前掲注(78)273頁参照。

(82)　ここでは、要請放送が外国で受信されることを目的としている点に着目し、民主主義と関連づけた問題設定の仕方は適切ではない、との反論があるかもしれない。しかし、要請放送の受信対象者には多数の在外邦人も当然に含まれる。少なくともその限りでは、上記の指摘が妥当すると思われる。

(83)　政府言論と異なり、要請放送の場合、これまでのところ、政府は必ずしも特定の見解や観点自体を報ずることまでは要請していないとの指摘はありうる。しかし、報道に際してどのテーマを選択するかが極めて主体的な営みであることに鑑みれば、指定される放送事項が個別具体的になればなるほど、それは特定の見解や観点へと接近していくと思われる。

◆ 第2章 ◆ NHK 国際放送の概要とその諸課題［丸山敦裕］

となっている」。

　この交付金は、「番組製作」、「送信」、「衛星の借用と運用」を対象として拠出
されているが、「番組製作」に関して、個別の番組が特定されることはない。し
たがって、国費だけ製作される番組というものは観念しえない。自主放送と要
請放送は、放送番組の外見上だけではなく、財源上も明確には区分されていな
い。両者はあらゆる面で渾然一体となっているのである。

　そうなると、少なくとも理屈のうえでは、「国策的要請に基づいてなされる要
請放送に対して受信料が利用されている」という側面が存在することは否定で
きない[84]。だが、このような事態は、受信料制度の合理性に関する従来の考え
方からいくと、いささか説明しづらい部分があると思われる。

　これまで、受信料の法的性質については、「NHK の国家（特に行政府）、経済
界等からの独立性を確保するためもの[85]」であり、「NHK という公共事業体の
運営を支えるための特殊な負担金[86]」と理解されてきた。そして、有力な学説
によれば、受信料制度の根拠は、広告を財源とした場合の番組画一化傾向、そ
して、安定・独立財源とすることで可能となる「基本的情報」の公平な提供の
確保であるとされる[87]。また、NHK が「基本的情報」を含む多様で良質な番組
を放送し模範を示すことで、他の放送事業者が良質な番組を製作するインセン
ティブが生み出されることも、ここでは期待されている[88]。

　こうした理解に基づいた場合、在外邦人に緊急の安全情報を報ずることを要
請するのであれば格別、諸外国に政府見解をアピールする目的で放送要請がな
された場合に、このような放送が「基本的情報」の提供の名に値するのかが問
題となる。また、外国人向り放送の存在を念頭に置けば、国際放送等の自主放
送が受信料で賄われていること自体、そもそも問題となろう。

　「基本的情報」とは、先に見たように、個人の自律的な生き方を実質化するた
めに社会のすべてのメンバーに公平に行き渡るべき情報だとされる。そして、

---

(84)　この点について服部・前掲注(31)22 頁は、命令放送に関してではあるが、「報道機関で
　　ある NHK が国策宣伝機関の役割を担わされることになり、その役割を実施するために
　　受信料が利用されることになる」と批判している。

(85)　塩野・前掲注(7)266 頁。

(86)　長谷部恭男『Interactive 憲法』（有斐閣、2006 年）166 頁。

(87)　長谷部恭男「公共放送の役割と財源」舟田正之＝長谷部恭男編『放送制度の現代的展
　　開』（有斐閣、2001 年）185-213 頁参照。

(88)　長谷部・前掲注(86)169-170 頁参照。

◇ 第 1 部 ◇　メディアの自律と法的規制

ここにいう個人は、現代の民主社会における個人が想定されていると思われる[89]。そうだとすれば、民主主義を国内政体を指すものと考える限り、この「基本的情報」を提供すべき相手方としては、外国人は念頭に置かれていないといえるだろう。このように、「基本的情報」が国内的なものとの結びつきでのみ観念されるのであれば、受信料制度の合理性は、国際放送等との関連で改めて説明される必要があるように思われる。

　ただ逆に、「基本的情報」をもう少し射程の広いものと考えたり、公共放送の意義をより広範に理解するのであれば、外国に向けられた番組についても、それを公共放送の受信料で賄うことの合理性を説明できるのかもしれない。しかしその場合は、「公共」の意味や放送の社会的役割について、これまでとは異なる理解を持ち込むことになるだろう。そして、これは放送の自由自体の射程を問い直す作業となるように思われる[90]。

　財源に関しては、「国際放送等に国からの交付金が支出されている」という側面からも、憲法上の問題を指摘しうる。ここでは、公共放送に国費が投入されること自体より、国費が投入されることでスポンサーたる政府の顔色を伺った番組製作となることが問題となる。この点、政府言論の法理によれば、たしかに政府は、公的資源を投入して、一定の価値を振興・奨励することが許されている。ただ一方で、そのためのプログラムの具体化が、「当該価値についての専門職の関与を俟って実現されるものである場合には、右専門職は、その職責を全うするために、当該『基本方針』を『解釈』する自律的権能を付与されるべきである[91]」とされる。NHK に在籍するジャーナリストをここにいう専門職[92]

---

[89]　長谷部・前掲注（9）94 頁は、「現代の民主社会が人生の意味や価値についてさまざまな考え方を持つ人々によって構成されていることを考えると、このように社会全体に共有されるにふさわしいメタ・レベルの情報（報告書は、このような情報を「基本的情報」と呼ぶ）が社会全体に公平にしかも可能な限り低廉に提供される体制を整えることは、個人の自律を実質的に保障するうえで極めて重要である」と論じている。

[90]　西土彰一郎「通信・放送融合時代の公共放送のあり方」放送メディア研究 10 号（2013年）209-240 頁は、「公共放送の『目的・使命』は、『放送の自由』の規範目的から導出される」としたうえで、「NHK の財源論は、放送の自由論である」との立場を明確にしている。

[91]　蟻川恒正「国家と文化」『岩波講座 現代の法 1 現代国家と法』（1997 年）191 頁以下、196 頁。

[92]　ここにいう専門職とは、「特殊な規律・訓練（discipline）を受けて修得した高度な専門知識・経験（expertise）に基づく意見を基礎にして任務を遂行する職業のなかでも、特

とし[93]、番組編集準則を「基本方針」と理解するならば、国際放送等の自主放送がこの観点から特段の疑義を生じさせることはないだろう。しかし、要請放送は、その運用次第では、この観点からも問題となりうる。とりわけ放送事項の指定が抽象的・概括的なものにとどまらず、専門職としての解釈余地を奪うほどに具体的なものとなる場合には、専門職としての自律的権能が奪われているといえる。このような場合、憲法上の疑義は免れ得ないであろう。

Ⅳ　むすびにかえて

　本稿では、国際放送等について、放送の自由の観点から改めてその諸課題を浮かび上がらせることを試みた。従来の放送の自由論は、「放送の自由は国民の知る権利に応えるためのものである」との命題を出発点としていることもあり、国内放送にはスマートな説明を提供するものだとしても、国際放送等にとっては使い勝手のよいものではなかった。国際放送等は、本来的に国策的性格を有し、対外情報発信の役割を担うものであるので、国民の知る権利、国内の民主的政治過程といった観点からは説明し尽くせないものを含む。放送の自由論が、「国民の知る権利に応える」という準拠点のみから、放送の自由の根拠づけと限界づけを一元的に行うものであるならば、それは国内放送の自由論というべきものなのかもしれない。国際放送等に対する番組規律には、「国民の知る権利に応える」ためとは言い切れない内容が含まれていた。国際放送制度では、放送の自由に対する制約が、放送の自由論のいわば外側からも求められていたといえる。外国人向け番組の編集準則や要請放送における拉致被害問題の事項指定がその例である。ここでは「国民の知る権利に応える」という準拠点とは異なる点からの正当化を必要とせざるを得なかった。これを国際放送の自由論として別立てで論じることが適切であるか、それとも、従来の放送の自由論の射程に取り込む努力をするべきであるかについては、さらなる検討が必要であろう。

に、《語る》ことをその職責の重要な構成要素とする職業共同体に属する者を指す」。蟻川・前掲注(78)「政府と言論」95 頁参照。

[93]　曽我部真裕「表現の自由論の変容」法学教室 324 号（2007 年）15-22 頁は、近年のジャーナリズム論における、ジャーナリストの専門職能性の強調傾向に触れたうえで、インターネット空間にアマチュアが大量参入した結果、「知る権利」の観点からジャーナリストの役割がますます重要になることは間違いない、と指摘している。

◇ 第1部 ◇　メディアの自律と法的規制

　この問題を考える上で、マス・メディアの表現の自由を個人の切り札としての人権とは区別し、社会全体の利益のために政策的に憲法上保障されていると考える立場[94]は、一つの可能性を提供する。社会公共の利益には、国民の知る権利や民主的政治過程の維持が含まれるのは当然のこととして、これに加えて、国際協調、ひいては国民の利益の増進を目的とした実効的な外交といったものも含まれると考えられなくはないからである。

　また、「放送の自由は国民の知る権利に応えるためのものである」との命題からいかなる憲法上の帰結を導くかは「その背後に控える憲法上の究極の関心事である、民主主義社会の維持と形成の捉え方によって大きく左右される[95]」という指摘も、ここでは参考になるかもしれない。

　対外情報発信は、自国の立場や存在を諸外国に正確に理解させるためのものである。この情報の正確性・信頼性は、自国に対する諸外国の正しき意思決定を基礎づける。もし、諸外国の自国に対する対応それ自体が、自国における政治的意思決定の基礎情報だといえるのであれば、歪曲された自国に関する情報は、諸外国の自国への対応を歪め、究極的には自国の政治的意思決定をも歪めうると理解できるかもしれない。もっとも、このような動態的な把握は、かなり極端なものである。ただ、民主主義における意思形成過程をここまで射程を拡げて理解するのであれば、外国に向けた放送についても、従来の放送の自由論の枠内で論ずることもできなくはない。こうした理解の是非はともかく、いずれにせよ放送の自由論には、まだその射程を拡大する余地が残されているように思われる。より一層の議論の深化が求められるところである。

　本稿では、国際放送等に固有の問題として、要請放送制度についても扱った。要請放送制度は、その制度自体は正当化されうるとしても、運用面に多くの課題をもつものであった。放送法上も NHK の放送の自由への配慮が要求されていることに鑑みれば、放送事項の個別具体的な指定は、原則として許されず、それは高度の必要性と緊急性がある場合に限られるというべきであろう。また、自主放送との一体的実施が様々な問題の根源となりうることは、先にも述べたとおりである。

　加えて、ここでは、要請放送における自主放送との一体的実施が国際放送制度の自己破壊の危険を孕むという点も、指摘されるべきである。一体的実施に

────────────

[94]　長谷部・前掲注(52)95 頁参照。

[95]　宍戸・前掲注(12)121 頁。

◆ 第2章 ◆ NHK 国際放送の概要とその諸課題［丸山敦裕］

より NHK の国際放送等が政府宣伝を行っていると国際社会から認識されると、NHK の国際放送等自体が信頼を失い、その結果、対外情報発信の実効性が損なわれてしまう。つまり、「放送効果の向上を図るため」の一体的実施が、かえって放送効果を減殺させてしまうのである。国際放送等が対外情報発信力を保持し続けるためには、むしろ国家からの独立性が確保され、自主的な編集が保障されていることこそが重要である。これは戦時中にマス・メディアが政府の宣伝機関に堕してしまったことからの教訓でもある。それゆえ、特に個別具体的な放送事項の指定を伴う要請放送については、自主放送との一体的実施は再考されるべきであろう。

2014 年 1 月 6 日、NHK 会長は年頭挨拶において、「国際発信力の強化」を方針として打ち出した。グローバル化が一層の進展を見せるなか、国際放送等のもつ役割も今後ますます高まっていくものと思われる。また、放送政策に関する調査研究会[96]は、NHK ワールド TV の海外における認知度の向上を今後の課題として挙げており、これを受け、NHK ワールド TV をまず国内在住・滞在の外国人に視聴してもらうことが認知度向上のためには有効であるとの考えの下、2014 年 6 月には、NHK ワールド TV の国内放送事業者全体への番組提供を可能とする法改正がなされた[97]。こうした状況は、放送の自由論の今後の展開において、国際放送等の存在がもはや無視し得ないものとなったことを意味しよう。本稿では、国際放送制度の概説とそれにまつわる諸課題が提示されるにとどまった。詳細な検討については他日に期すこととしたい。

---

[96] 2008 年施行の改正放送法の附則で施行 5 年後の検討を求められていた事項（外国人向けテレビ国際放送、認定放送持株会社制度等）について議論するため、2012 年 11 月に発足した。ここでは NHK 側から要望のあったインターネット活用業務に係る制度のあり方についての検討も行われた。

[97] 総務省情報流通行政局放送政策課・前掲注(26)45-46 頁参照。

61

―――――― 第3章 ――――――

インターネットの自主規制・共同規制

――米国・EU におけるプライバシー政策の展開を題材として――[1]

生 貝 直 人

I　は じ め に　　　　　IV　我が国の法政策のあり方に
II　米国における状況　　　　　関する若干の検討
III　EU における状況　　　V　結びにかえて

I　は じ め に

1. 情報社会における自主規制の位置付け

　インターネットが、我々の社会が有する法制度にもたらす最も大きな影響とは何であろうか。インターネットの有する越境性・グローバル性、個人による広範な情報の発信を可能とする双方向性、そしてそれが故に拡大する知的財産権やプライバシーの侵害をはじめとする諸要素は、現代社会の法制度の枠組み、特に情報通信に関わる法領域に対して変革を迫っている。このようなインターネットの有する多様な性質の中でも、本稿が主として検討の対象とするのは、インターネットに関わる断続的な技術革新とサービスの進化、そしてそこで生じ続ける予測不可能なイノベーションへの対応のあり方である。通常の法制度は、議会や行政府における合意形成過程を含めればその制定や変更には数年以上の歳月を要するが、情報社会における技術的・社会的諸条件は、数年あるいは数カ月単位で根本的な変化を生じることも少なくない。現在インターネット

---

(1)　本稿は、「ドイツ憲法判例研究会　メディア部会研究会（2011 年 12 月）」「情報法・政策研究会（2013 年 3 月）」「総務省　パーソナルデータの利用・流通に関する研究会　第 6 回会合（2013 年 3 月）」における報告内容を元にしている。それぞれの機会において、有益な助言と指導を頂いた皆様に感謝を申し上げる。なお本稿の記述内容は、脱稿時の 2013 年 3 月時点に入手可能な情報を前提としたものである。

『〈講座 憲法の規範力〉第 4 巻 憲法の規範力とメディア法』ドイツ憲法判例研究会編　　*63*

◇ 第 1 部 ◇　メディアの自律と法的規制

に関わる法規制の問題に関して常に主題となるグーグルが設立されたのは
1998 年、フェイスブックが設立されたのは 2004 年にすぎず、そしてそれらの
提供する具体的なサービスの姿は、競争と淘汰の中で常に変貌を遂げ続けると
共に、人々の権利意識そのものをも変化させ続けている。

　情報社会における諸問題を抑止・解決するために近年重視されているのが、
「自主規制（self-regulation）」という政策手段である。近年の情報社会における
諸問題に関わる法制度や政策文書等において、「民間における自主的かつ主体
的な取組[2]」を促す、あるいは「関連事業者が自主的に実施する[3]」などの表現
が用いられる例は枚挙に暇がない。情報社会において自主規制が重視される理
由は、大きく分けて次の 2 つを挙げることができるだろう。第一に、インター
ネットをはじめとする情報技術は、それ自体が情報・表現を伝達する媒体とし
ての性質を有しているため、表現の自由への配慮という観点から政府による規
制は不用意に行い得ず、また行うべきでもない。それが故に、企業に対して自
主規制を公式・非公式に求めることこそが、そこで生じる問題を抑止・解決す
るための主要な手段とならざるを得ない。これは先進国のマスメディア規制に
おいて自主規制が重視されてきたのと同様の理由であり、しかしそのような「実
際には行政機関の強い影響力の下に[4]」行われる自主規制が、政府による公法
的制約の潜脱[5]をもたらす、あるいは「代理人による検閲（censorship by pro-
xy）[6]」として機能し得るのではないかという問題意識は、我が国における公法
学者によっても広く論じられてきたところである。

　しかし本稿では、この表現の自由や関連する憲法学上の論点とは異なる問題

⑵　「青少年が安全に安心してインターネットを利用できる環境の整備等に関する法律（平
　　成 20 年 6 月 18 日法律第 79 号）」3 条を参照。
⑶　内閣府犯罪対策閣僚会議「児童ポルノ排除総合対策」（平成 22 年 7 月）6 頁を参照。
⑷　曽我部真裕「メディア法における共同規制について――ヨーロッパ法を中心に」大石眞
　　＝毛利透＝土井真一編『初宿正典先生還暦記念論文集　各国憲法の差異と接点』（成文堂、
　　2010 年）637-661 頁、658 頁を参照。
⑸　原田大樹『自主規制の公法学的研究』（有斐閣、2007 年）239 頁を参照。
⑹　情報流通経路の媒介者を通じた間接的な表現規制に関わる憲法的問題を、現代の情報
　　技術の文脈を前提に論じたものとしては、例えば Seth F. Kreimer, *Censorship by Proxy:*
　　The First Amendment, Internet Intermediaries, and the Problem of the Weakest Link,
　　University of Pennsylvania Law Review, Vol. 155, No.11, pp. 11-101.（2006）、および成原
　　慧「代理人を介した表現規制とその変容」マス・コミュニケーション研究 80 号、249-267
　　頁（2012 年）を参照。

に焦点を当てる。本稿が主題とする、情報社会において自主規制が重視される第二の理由は、インターネットが有する技術進化の速度と予測不可能性、そして断続的なイノベーションがもたらす法制度上の諸問題を、政府による伝統的な命令と統制（Command and Control）に基づく直接的な法規制という政策手段が、適切に取り扱うことができないという問題である。インターネットがもたらす諸問題は、本稿で主に取り扱うプライバシー保護の問題をひとつ取ったとしても、果たして個人情報の利用にあたって求められる「同意」や「利用目的の通知」とはいかなる形で行われるべきか、適切な「匿名化」とはどのような技術的手段で行われるものを指すのかといった法規制の中心的要素となる概念をはじめ、その時々の技術的前提や進化し続けるサービスによっても大きく変容し得る。さらに言えば、保護の対象となるべき「プライバシー」の概念自体すら、対象となる無数の流動的な事業分野によって、あるいは利用者個々人の変化し続ける主観的権利意識によっても異なり得る。そしてその時々の技術的前提やサービスの特性に関わる専門的知識は、それを開発・提供する事業者自身によってしか把握し得ないことが多い。情報社会における法規制の設計は、表現の自由という論点を一度捨象したとしても、このような技術進化の速度と予見不可能性によって、やはり企業や産業界の自主規制によらざるを得ない側面を大きく有しているのである[7]。

2. 自主規制の限界と共同規制

しかしインターネット関連産業のような、変化の激しい領域において自主規制という政策手段が必然的に重視される一方で、むしろその技術革新のもたらす断続的な変化こそが、自主規制のリスクや不完全性を深刻に生じさせることも事実である。産業界による自主規制は、いわば関係者の紳士協定としての性質を有するが故に、その産業分野において活動する企業同士が、当該ルールを形成・維持しうる動機を有するほどに長期的な関係性を有しているという水平

[7] 付言する間でもなく、これはインターネット上におけるプライバシー保護の問題を論じるにあたり、表現の自由との緊張関係、あるいはプライバシー概念そのものの射程といった憲法学上の論点に関わる検討の重要性が低いことをいささかも意味しない。本稿では紙幅の都合上、それら論点についての言及は最小限に留めるが、新たな情報技術が有するプライバシー概念自体にもたらす影響についての検討としては、例えば安岡寛道編『ビッグデータ時代のライフログ──ICT 社会の"人の記憶"』（東洋経済新報社、2012年）等を参照。

◇ 第 1 部 ◇ メディアの自律と法的規制

的な成熟性と、そしてそれを公式・非公式に監視・監督する立場にある政府と産業界の関係性という垂直的な成熟性の、双方を成立要件としている側面がある。この点において、自主規制に参加すべき企業の流動性が高く、そして自主規制の単位となるべき産業界の単位・境界すらも明確に定まらないインターネット関連産業においては、自主規制のルール形成・実効性の確保（エンフォースメント）を第一義的に担う固定的な業界団体[8]の成立・維持すらもままならないことが多い。そのような条件の下においては、（1）そもそも必要とされる自主規制のルール自体が形成されない、（2）形成されたとしても利用者にとっての不公正性や新規参入企業にとっての競争阻害性を有する、（3）適切なルールであったとしても実効性を持たない、といった自主規制のリスクや不完全性が強く顕在化することになる。特に参入障壁の低さのために中小の企業や個人までもが広くサービスを提供することができるインターネット関連産業においては、集団的な自主規制に参加するインセンティブを持たない主体への対応の必要性が必然的に生じることとなる。すなわち、インターネットに関わる法規制の設計と運用は、その多くを自主規制によらざるを得ない一方で、自主規制に過度な期待をすることもできないという、望ましいルール形成主体の選択における二律背反性を有しているのである。

　共同規制（co-regulation）という概念は、端的に言えば、柔軟性や当事者の知識の活用、そして不確実性の高い問題への対処といった自主規制の利点を活かしつつ、その不完全性やリスクを政府が補完することにより、このような二律背反の状況を解消しようとする中間的な政策手段であると位置付けることができる。情報社会で生じる幅広い問題に対して共同規制の方法論を適用しようとする英国の独立行政機関 Ofcom（Office of Communication、情報通信庁）は、2008 年に発行した「適切な規制の解を特定する：自主規制と共同規制を分析する上での原則[9]」という文書において、下記のように共同規制を、自主規制と法

---

(8) 原田・前掲注(5)14-15 頁は、自主規制を「ある私的法主体に対して外部からインパクトが与えられたことを契機に、当該法主体の任意により、公的利益の実現に適合的な行動がとられるようになること」と広く定義した上で、必ずしも業界団体の介在を前提としない自主規制の促進手法が存在することに言及しつつも、「……しかし、公的利益適合行為の決定の幅が広いのは団体の介在する場面であり、また日本法における業界団体をはじめとする中間団体の現実に果たす役割を念頭に置けば、狭義の自主規制を分析する学問的・実践的必要性は極めて高い」として、業界団体等を介在した自主規制の重要性を強調する。

的規制（statutory regulation）の中間的手法として位置付ける。そして（1）産業界が当該問題を解決する意思を有しているか否か、（2）産業界による解決策は市民や消費者の利益に適合しているか、（3）合意された産業界のスキームに参加するインセンティブを持たない企業は存在しうるか、（4）産業界の解決策に「ただ乗り」しようとする企業は存在しうるか、（5）産業界は明確な目的を設定しうるか、という評価基準[10]を元に当該産業の性質と問題の状況を精査した上で、望ましい手法を選択していくものとしている。

Ofcom の規定する規制類型[11]

アプローチ	概　要
規制なし	市場自身が求められる成果を出すことができている。市民と消費者は財やサービスの利点を完全に享受し、危険や害悪に晒されることがないようエンパワーされている。
自主規制	政府や規制機関による正式な監督なしに、産業界が集合的に市民・消費者問題およびその他の規制方針に対応する解決策を管理している。合意されたルールに関する事前の明確な法的補強措置は存在しない（ただし当該分野の事業者に対する一般的な義務規定は適用されうる）。
共同規制	自主規制と法的規制の両方により構成されるスキームであり、公的機関と産業界が、特定の問題に対する解決策を共同で管理している。責任分担の方法は多様だが、典型的には政府や規制機関は求められた目的を達成するために必要な補強力を保持している。
法的規制	関係者が従うべき目的とルール（プロセスや企業に対する特定の要求を含む）が法律や政府、規制者によって定義されており、公的機関によるエンフォースメントが担保されている。

　上記の定義においても示されるように、共同規制における政府と産業界の責任分担は多様な姿を持ち得る。産業界の自主規制を重視するという部分では共通しつつも、その共同規制の全体的な枠組を政府の側が提示することもあり得るし（initial approach）、あるいは産業界によって構築されてきた自主規制の枠組に対して、政府の側が事後的に補強や承認を行うこともあり得るだろう（bottom to top approach）[12]。いずれの形式を採るにせよ、当該産業の性質や対処

---

(9)　Ofcom, *Identifying appropriate regulatory solutions: principles for analysing self- and co-regulation.*（2008）

(10)　Ofcom, *id.* at p. 16-17.

(11)　Ofcom, *id* at p. 7 を元に作成。

◇ 第1部 ◇　メディアの自律と法的規制

すべき問題に応じて、多様な介入手段を組み合わせることにより自主規制の適正性と実効性を確保することが、共同規制における政府の役割となる[13]。そしてこのような自主規制に対する政府の介入の強度は、インターネットに関わる技術革新やサービスの柔軟な展開と必ずしも相反するものではない。既存の大企業を中心として行われる私的な自主規制は、潜在的な競合を排除するように構築・運用されることにより、直接的に競争法が適用されない場合を含め、新規参入やそれがもたらす技術革新そのものを阻害する形で機能する恐れをも有する[14]。さらに変化し続ける技術的・社会的環境は、典型的にはいかなるサービスが個人情報保護法の違反やプライバシーの侵害に該当するかなどの判断をはじめとして、産業界にとっての法的不確実性をもたらすことになる。公的な裏付けを持たない、純粋に私的な自主規制のみに基づく対応は、むしろ新しい技術やサービスの円滑な実現を萎縮させる可能性を有する。共同規制における政府の役割は、技術革新がもたらす消費者へのリスクや不完全性を最小限に押し留めると同時に、産業界、そして技術革新それ自体にとっての障壁を除去することが求められるのである。

3. オンライン・プライバシーと共同規制

このような、情報社会における自主規制の不可避的な拡大と、その不完全性やリスクへの対応を両立させる共同規制の必要性が最も象徴的に現れているのが、インターネットに関わるプライバシー保護の問題である。情報社会におけるプライバシー保護に対する関心は近年急速に高まりを見せており、EU においては 1995 年のデータ保護指令（Data Protection Directive、95/46/EC）、そして我が国においても 2005 年に全面施行された個人情報保護法[15]等個人情報保護関連 5 法を中心としたプライバシー関連法制度の整備が進められてきたところである。後述するように包括的な個人情報保護法制を持たない米国を若干の例

---

[12]　Mandelkern Group, *Mandelkern Group on Better Regulation Final Report.*（2011）

[13]　プライバシーや著作権の保護、表現の自由等に関わる多様な領域における共同規制の実践と、政府介入のあり方については、拙著『情報社会と共同規制：インターネット政策の国際比較制度研究』（勁草書房、2011 年）を参照。

[14]　この点、予測不可能なイノベーションを生み出し続けるインターネットの「生成力（generativity）」への脅威が、政府よりもむしろ大規模なプラットフォーム企業による私的な規制によってもたらされているという指摘につき、Jonathan Zittrain, *The Generative Internet*, Harvard Law Review, Vol. 119, p. 1974-2040.（2006）を参照。

[15]　個人情報の保護に関する法律（平成 15 年 5 月 30 日法律第 57 号）

外として、保護の対象とする情報等に関わる詳細な規定の差異はあるにせよ、我が国の個人情報保護法2条に見えるような個人識別性のある情報、および他の情報と組み合わせることにより容易に特定の個人を識別可能である情報については、取得時の利用目的通知や第三者提供時の事前同意が必要であるという点は、先進諸国において概ね共有されてきたと言ってよい状況にある。

しかしインターネット上の技術革新と関連産業の進化は、このような法の前提に必ずしも当てはまらない領域を生み出し続ける。例えばいわゆる行動ターゲティング広告において用いられる契約者・端末のIDやクッキー（Cookie）等は、それ自体が必ずしも個人識別性を有するわけではないが、他の情報と組み合わせられることなどにより事後的に個人識別性を有するようになる可能性がある[16]。さらに個人情報を取り扱うにあたって求められる適切な利用目的の通知や同意のあり方、あるいは消費者行動履歴のデータ等を適法に利用するにあたり必要となる匿名化[17]などの要素は、その時々の技術的・社会的諸条件によっても大きく異なり得る[18]。このようなインターネット上のプライバシー保護が有する不確実性は、消費者にとってのリスクをもたらすと同時に、産業界にとっても適法な技術開発やサービス提供を進める上での萎縮効果をももたらし得るのである。

このような不確実性を有する諸概念の意味内容や手続を、現時点での技術的・社会的環境を前提として一義的に確定することは、不可能であると同時に、またインターネット関連産業の成長に不可欠な柔軟性、そして消費者保護の実現にとって望ましいことでもない。こうした技術革新がもたらす問題に対処するために、近年の米国やEUにおいては、多くの試行錯誤を経つつも、自主規制とそれに対する政府介入・補強を中心とした、産業界と政府の共同規制によ

---

[16] ここでは用語や技術的側面についての詳細は避けるが、個人情報保護法およびプライバシー権等人格的利益に関わる検討を含め、総務省「利用者視点を踏まえたICTサービスに係る諸問題に関する研究会 第二次提言」（2010年）39-46頁における記述が有益である。

[17] 例えばデータ保護指令前文26においては、適切な匿名化のあり方については、後述する同指令27条に基づく産業界の行動規定等の手段によって検討されることが有益であるとしている。

[18] ある一時点の技術的環境によって適切であるとされた匿名化技術が、データ解析技術の進展によりその有効性を持たなくなることの問題については、Paul Ohm, *Broken Promises of Privacy: Responding to the Surprising Failure of Anonymization*, UCLA Law Review, Vol. 57, p. 1701-1777.（2010）を参照。

◇ 第1部 ◇　メディアの自律と法的規制

る対応が進められている。以下ではそのような試みの中でも、米国・EU の双方において近年の取り組みの中で重視されつつある、産業界の自主規制ルールに対し政府が適切性の評価と承認を行い、一定の法的有効性を付与する「セーフハーバー」型の共同規制を概観し、最後に我が国の法政策のあり方に関する若干の検討を行う。

Ⅱ　米国における状況

1. 米国におけるプライバシー自主規制の構造

　米国においては、EU のデータ保護指令や我が国の個人情報保護法に相当する包括的な個人情報保護法制は現時点において存在しておらず、金融や医療をはじめとする特に機微な情報に関して分野毎の個別立法を行う、いわゆるセクトラル・アプローチを採用している。インターネット上のプライバシー保護については、現時点においては関連産業全体を対象とする立法は行われておらず、消費者保護行政を所管する連邦取引委員会（Federal Trade Commission、以下 FTC）が主体となり、「オンラインのビジネスモデルの進化において不可欠な柔軟性を確保する[19]」ことを重視する観点から、産業界の自主規制を促しつつ、その適切性や実効性を担保する介入を行うという手法が採られてきた[20]。

　自主規制ルールを策定・運用する主体は、インターネットに関わる産業分野ごとに複数存在しているが、特に近年プライバシー保護について議論の焦点となるオンライン広告分野の自主規制で中心的な役割を果たしているのが、1999年に FTC の要請を受ける形で設立された、ネットワーク広告イニシアティブ（Network Advertising Initiative、以下 NAI）である。NAI では 2000 年から加盟企業がオンライン広告を行う際に遵守するべき自主規制ルールを策定・運用しており、2013 年時点での加盟社数は、グーグルやマイクロソフト、ヤフー等の

---

[19]　FTC, *Staff Report: Self-Regulatory Principles For Online Behavioral Advertising*. (2009) p. 11 を参照。

[20]　米国のオンライン・プライバシー自主規制の詳細については、拙著・前掲注(13)第 5 章を参照。なお、米国においてはここで紹介するような規制アプローチが、必ずしも共同規制という用語で呼び表されているわけではないが、後述する近年の法案や、研究者の中では徐々に共同規制という用語が一般化しつつある。この点につき、Dennis D. Hirsch, *The Law and Policy of Online Privacy: Regulation, Self-Regulation, or Co-Regulation?*, Seattle University Law Review, Vol. 34, No.2, pp. 439-480.（2011）p. 446-447 等を参照。

◆ 第3章 ◆ インターネットの自主規制・共同規制［生貝直人］

大手 IT 企業やブルーカイ等の個人情報データベース企業等を含め、100 社以上に及ぶ。これら加盟企業は、NAI の自主規制ルールに従った形でプライバシー・ポリシーを策定・明示・遵守することが求められ、違反企業に対しては会員資格の停止や企業名の公表、そして FTC への報告などの罰則措置が適用される[21]。

　このような自主規制枠組は、決して産業界の純粋な自主性のみによって構築されたわけではなく、FTC の主催する消費者団体等を含んだ形での公開討議、消費者団体からの批判や訴訟[22]、そして自主規制が成功裏に機能しない場合には立法による法規制を行わざるをえないという議会からの圧力などを受ける形で、徐々に形成されてきたものである。特に 2007 年から 2009 年にかけては、NAI の自主規制ルールが近年の技術進歩を適切に反映していないなどの批判を背景として、FTC が産業界の自主規制ルールが遵守するべき「行動ターゲティング広告の自主規制原則[23]」を発表し、NAI としても同原則を反映する形で自主規制ルールを全面的に改正[24]するなど、自主規制ルールの適正化を図る取り組みが進められてきた。

　さらに自主規制のエンフォースメントという側面においても、FTC は一定の役割を果たす。FTC の権限を定めた FTC 法 5 条では、不公正または欺瞞的（unfair and deceptive）取引が禁止されており、同法の違反に対して FTC は、排除命令や制裁金等の罰則措置を適用することができる。同法は主として企業に

---

(21)　NAI ウェブサイト（http://www.networkadvertising.org/）における記述を参照。

(22)　米国の自主規制の適正化には、FTC と並び消費者団体の果たす役割、特にそれらが中心となり提起する集団訴訟（class action）の果たす役割が大きい。当該論点についての分析を行ったものは少ないが、包括的な議論として Colin J. Bennett, *The Privacy Advocates: resisting the spread of surveillance*, MIT press.（2008）、特に行動ターゲティング広告に関わる集団訴訟事例の紹介については同 p.153-156 における記述が有益である。

(23)　現在の技術環境において、PII（個人識別情報）と Non-PII（非個人識別情報）を区別し後者を自主規制の対象外にすることは、両者の結合の容易さなどを鑑みてもはや適切ではないなどの立場から、Non-PII までをも対象範囲に含むことを要請すると共に、(1) 収集情報の取り扱いを明らかにすること、(2)合理的なセキュリティとデータ保持期間の限定、(3)合併・買収時を含む個人情報利用方法変更時の周知の徹底、(4)センシティブ情報の取り扱いを別扱いとすること、の 4 点を求めている。前掲 FTC, *supra* note 19, at p.20-26 を参照。

(24)　NAI, *2008NAI Principles — The Network Advertising Initiative's Self-Regulatory Code of Conduct*.（2008）

◇第1部◇　メディアの自律と法的規制

よるプライバシー・ポリシー違反に対して適用され、自主規制の実効性を担保するための主要な役割を果たしている。

しかしFTCの一定の監督下に行われる自主規制に対しても、消費者団体等からの批判は拡大を続ける。主な批判としては、(1)自主規制ルールの内容自体が適切ではなく、保護対象となるべき情報の定義や通知の方法をはじめ多くの内容が技術革新に適合した形とされていない、(2)業界団体自身によるエンフォースメントは適切に機能しておらず、業界団体の運営自体も透明ではなく、消費者からの苦情件数すら適切に公開されていない、(3)特に業界団体に参加するインセンティブを持たない企業に対する有効な手だてを持たない、という点を挙げることができる[25]。このうち(1)については、先述したFTCによる「行動ターゲティング広告の自主規制原則」等によって一定の措置がなされてきたが、(2)および(3)の問題は、包括法の後ろ盾を持たない自主規制の根本的な問題点と言うことができる。特にプライバシーに対する脅威が大きく、そして自主規制を行うインセンティブの少ない小規模企業等によって提供されることが多いモバイル・アプリケーションの拡大などの中で、当該問題に対処するための法案が例年のように提出される状況が続いてきた。

2. セーフハーバー型共同規制

このような中で、米国のプライバシー保護政策の大綱を示す形で策定されたのが、ホワイトハウスによって2012年2月に公開された「ネットワーク化された世界における消費者のデータ・プライバシー(以下、権利章典文書と称する)[26]」である。同文書は、消費者がネットワーク環境において有するべき「消費者プライバシー権利章典(Consumer Privacy Bill of Rights)」と、その立法化提案を含んでいることが我が国でも耳目を集めたところであるが[27]、そこで示された基本指針は、あくまで従前の自主規制を重視した政策姿勢を維持しつつも、その

---

[25]　Pam Dixon, *THE NETWORK ADVERTISING INITIATIVE: Failing at Consumer Protection and at Self-Regulation*, World Privacy Forum.（2007）を参照。

[26]　The White House, *Consumer Data Privacy in a Networked World: A Framework for Protecting Privacy and Promoting Innovation in the Global Digital Economy.*（2012）

[27]　例えば井樋三枝子「消費者プライバシー保護に関する権利章典」外国の立法 No. 252-1（2012年）18-19頁の他、後に触れるEU一般データ保護規則案を含めた検討として、石井夏生利「EUデータ保護規則提案と消費者プライバシー権利章典」Nextcom 10号（2012年）30-37頁等を参照。

◆ 第3章 ◆ インターネットの自主規制・共同規制［生貝直人］

適正性と実効性を強化していくことに重点が置かれている。同文書における序文と結論を除く本論部は、以下の項目から構成される。

① 消費者プライバシー権利章典の定義[28]
② 消費者プライバシー権利章典の実現：実効性ある行動基準（Codes of Conduct）を形成するためのマルチステイクホルダー（multistakeholder）・プロセス
③ FTC のエンフォースメント能力に立脚して
④ 国際的相互運用の促進
⑤ 消費者プライバシー権利章典の立法化
⑥ 個人のプライバシー保護を改善するための連邦政府のリーダーシップ

　これらのうち、米国の自主規制に関わる施策として重要な意味を有するのは、②および③、そして⑤である。まず②の「消費者プライバシー権利章典の実現」では、従来産業界が主体となってきた自主規制ルールの策定プロセスについて、その閉鎖性や中立性の欠如を問題視した上、商務省国家電機通信情報局（National Telecommunications and Information Administration、NTIA）が主催する形で、消費者団体や政府をはじめとする多様な関係者を含む「マルチステイクホルダー性」を保証した形での策定プロセスを進めていくことを示している。同プロセスを主導する主体として NTIA が指定された理由としては、NTIA は国際的なインターネット・ガバナンスのルール形成において、マルチステイクホルダー・プロセスに関わる豊富な経験を有していることが挙げられている[29]。従来から FTC は自主規制の適切性に関する公開討議を開催するなど、そのプロセスの公開性や透明性には配慮をしてきたと言えるが、策定プロセス自体を NTIA の主催とすることにより、より公式にマルチステイクホルダー性を重視することを示しているのである。

　次に③の「FTC のエンフォースメント能力に立脚して」については、従来から行われてきた FTC 法 5 条を中心とした FTC の自主規制実効性のための取り組みを評価しつつも、その運用をより強化していくことが示されている。特

---

[28]　「個人によるコントロール」「透明性」「文脈の尊重」「セキュリティ」「アクセスと正確性」「収集の制限」「説明責任」の 7 項目から構成される。それぞれの詳細については、前記注で示した各文献における解説を参照。

[29]　The White House, *supra* note (26), at p. 23-27.

◇ 第1部 ◇ メディアの自律と法的規制

に重視されているのが、遵守を約束した自主規制ルールに違反した場合の企業への、前述した FTC 法5条の適用による罰則措置である[30]。従来同法は、主として企業自身が定めるプライバシー・ポリシーへの違反を対象として適用されてきたものの、プライバシー・ポリシーの内容自体が、加盟を宣言した自主規制ルールに反しているなどの場合に対しては必ずしも積極的な運用はなされてこなかった。自主規制ルール違反企業に対する罰則措置は、第一義的には NAI 等の業界団体自身が行うことを前提としつつも、その運用の不十分性に対する批判に配慮する形で、FTC 自身が自主規制ルールの違反を積極的に取り締まるべきであるとしているのである。

　最後に、⑤の「消費者プライバシー権利章典の立法化」である。ここでは同文書は基本的な指針として、権利章典を立法化した形での新規のプライバシー保護法を立法する方針を指示している。しかし自主規制の枠組みとの関連で重要な点は、適切な自主規制を行っている場合には新法の適用を免除するという、セーフハーバーの概念が重視されている点である[31]。すなわち、前述したマルチステイクホルダー・プロセスによって策定される自主規制ルールへの遵守を約束した企業は新法の直接執行を免除され、そうでない企業に対しては、FTC が新法違反に対する直接の取り締まりを行うという形で、企業が自主規制ルールへ参加するインセンティブを向上させる手段を採ることを示しているのである[32]。そしてそのようなセーフハーバー規定の実現に合わせ、連邦法における各種プライバシー保護法制に加え、州法に関わる法的確実性を担保するため、これら関連法規制の重複や複雑性の整理を進めていくものとしている[33]。

　プライバシー分野における同様のセーフハーバー規定については、既にFTC が所管する子供オンライン・プライバシー保護法（Children's Online Privacy Protection Act of 1998、COPPA）における条項が存在する。同法の下では、商用のウェブサイトが12歳以下の子供の個人情報を収集する際には、プライバ

---

(30) The White House, *id.* at p. 29-33.

(31) The White House, *id.* at p. 35-39.

(32) 既にセーフハーバーの規定を含んだ法案は複数提出されており、例えば John Kelly 上院議員による Commercial Privacy Bill of Rights Act of 2011（S.779）、特に TITLE V-CO-REGULATORY SAFE HARBOR PROGRAMS 等を参照。

(33) ただしそれによる州当局の権限の相対的低下への配慮を含め、新法の執行権限は FTC のみならず、各州の司法長官（Attorney General）に対しても付与することが提案されている。前掲 The White House, *supra* note(26), at p.37-38 を参照。

シー・ポリシーの掲載と、収集時の親権者の同意を得ることなどが定められ、違反した場合には前述したFTC法5条に基づく罰則措置の対象となる。同法のセーフハーバー条項においては、業界団体等はFTCに対して自主規制ルール案を提出することができ、適切性を承認された自主規制ルールに署名を行い遵守している限り、同法を遵守しているものとみなされ、2013年時点では5つの団体[34]による自主規制ルールがFTCに承認されている[35]。米国政府としては、インターネット関連産業の成長のために必要な規制の柔軟性と消費者プライバシー保護の両立、そして産業界にとっての法的確実性を実現するにあたり、このようなセーフハーバー手法を、多様化を続けるインターネット関連産業分野全体においてもより洗練した形で拡大しようとしているのである[36]。

---

[34]　Privacy Vaults Online（PRIVO）、Children's Advertising Review Unit of the Better Business Bureaus（CARU）、Entertainment Software Rating Board（ESRB）、Aristotle International、および企業のプライバシー保護全般に関わる認証マーク事業を行ってきたTRUSTeの5団体が存在する。セーフハーバー条項を含むCOPPAについての邦語による解説としては、入江晃史「オンライン上の児童のプライバシー保護の在り方について──米国、EUの動向を踏まえて」情報通信政策レビュー第6号（2013年）5-6頁等に詳しい。

[35]　ただし当該セーフハーバー・プログラムへの参加企業は全米で100社程度あり、全ての商用ウェブサイトが対象となる制度であることを考慮すると決して多いわけではない。従前からプライバシー保護分野におけるセーフハーバー規定のより幅広い活用の有用性と現行規定の改善の必要性を説くデニス・ハーシュとイラ・ルービンスタインは、この理由として、各自主規制ルールがFTCの提示するテンプレートをほぼそのまま踏襲しており、自主規制に求められる産業セクターごとの特殊性や技術進化を適切に反映する形での運用がなされていないことを指摘する。Dennis D. Hirsch and Ira Rubinstein, *Better Safe Than Sorry: Designing Effective Safe Harbor Programs for Consumer Privacy Legislation*, BNA Privacy & Security Law Report, Vol. 10, pp. 1-8.（2011）p. 4を参照。

[36]　権利章典文書の公表直後から、NTIA主催のマルチステイクホルダー・プロセスによる行動規定の策定作業は開始されており、2013年初頭にはモバイル分野を対象とした複数の行動規程案が公表されている。さらに同時期には、当該行動規定を念頭に置いた、モバイル・アプリケーションを対象とするセーフハーバー型法案の草稿（The Application Privacy, Protection, and Security Act of 2013）が公開されるなどの立法化作業が進められている。

◇第 1 部◇　メディアの自律と法的規制

Ⅲ　EUにおける状況

1. 基盤法制と自主規制

　EU におけるインターネット上のプライバシー保護への対応は、現時点においても包括法を有さない米国とは、ある種対極的とも言える態度を示してきた。EU におけるプライバシー保護法制は、前述したデータ保護指令における個人データの取り扱いに関わる、収集・利用の際の事前許諾を前提とした包括的な規定に加え、情報通信分野を対象とした同指令の特別法としての位置付けを有する「電子通信プライバシー指令（Privacy and Electronic Communications Directive、2002/58/EC）」における規定が存在する。同指令では、現在インターネット上のプライバシー保護において主な議論の対象となる端末 ID やクッキー等を含む「端末（terminal equipment）に蓄積された情報[37]」について、「ユーザーの端末に蓄積された情報は、当該ユーザーがその利用目的等についての明確かつ包括的な情報を与えられている場合に限り利用可能であり、ユーザーはその利用を拒絶する権利を持たねばならない（5 条（3））」と規定し、事後的な利用の拒否を可能とする、いわゆるオプトアウトでの取り扱いを求めていた。さらに 2009 年に採択された同指令の改正（2009/136/EC）では、当該規定は「ユーザーの端末に蓄積された情報は、当該ユーザーがその利用目的をはじめとする明確かつ包括的な情報を与えられた上で同意を得た場合に限り利用可能である（同条同項）」と改められ、インターネット上のプライバシー保護全般に関わる事前許諾（オプトイン）を前提とした法制度を構築してきた。

　一方でこのような強固な「法的規制」を前提とする EU のプライバシー保護法制が、米国ほどに柔軟ではないにせよ、自主規制ルールに基づく運用を規定した条項を有していることに着目する必要がある。データ保護指令 27 条（CHAPTER V: CODES OF CONDUCT）においては、産業界による自主規制ルールの策定、そしてそれに対する当局の評価・承認を促すものとして、以下の条項が置かれている[38]。

---

[37]　ここでの「情報」とは、データ保護指令における個人データのような個人識別性を有するか否かを問わないとされる。電子通信プライバシー指令前文 24 および Article 29 working party, *Opinion 2/2010 on online behavioural advertising.*（2010）p. 9 を参照。

[38]　原文は長文のため、ここでの抜粋は筆者自身の責任において意訳を行ったものである。

◆ 第 3 章 ◆ インターネットの自主規制・共同規制［生貝直人］

(1) 加盟国および委員会は、多様な分野毎の特性を考慮しつつ、各国法を正しく反映した行動規定（Codes of Conduct）[39]の策定を促さなければならない。

(2) 加盟国は国内法において、業界団体等による行動規定の策定を促し、各国のプライバシー保護当局がその国内法への適合性を評価し、適切な場合には消費者を代表する者の意見を求める条項を設けなければならない。

(3) EU 全体レベルでの行動規定の策定（およびその変更）については、29 条作業部会（Article 29 Working Party）[40]がその指令や各国法への適合性を評価し、適切な場合には消費者を代表する者の意見を求めなければならない。委員会は、29 条作業部会が適切と認めた行動規定の周知を促さなければならない。

　すなわち、指令およびそれに基づいて制定される各国法の規定を適切に反映することを要件としながらも、プライバシー保護に関わる多様な産業分野において画一的基準を定めることの困難さに鑑み、産業界自身による自主的な行動規定の策定と、その適正性の担保を促すための条項を置いているのである[41][42]。

---

[39]　この点、我が国においては Code of Conduct（あるいは Practice）を「行動規範」と訳することが多い模様であるが、行動規範という語は、例えば経団連の企業行動憲章のように実質的に非拘束的な抽象的規範を想起されると考えられるため、本稿においては一定程度強固な拘束性を有する Code of Conduct を指すにあたり、「行動規定」という訳語を充てている。なお本稿では、このような行動規定は主に米国の項において用いた「自主規制ルール（self-regulatory rule）」の語と、特に厳密な区別を行わずに用いる。

[40]　データ保護指令 29 条に規定される、加盟国のプライバシー保護当局の代表者によって構成される、独立の助言機関である。同部会の採択する意見（opinion）は、直接の法的拘束力を有するわけではないものの、加盟国のプライバシー保護当局による指令・国内法の解釈や執行権限の行使を通じて影響力を有する。

[41]　この他に自主規制の実効性と関連の深い制度として、不公正取引方法指令（Unfair Commercial Practices Directive、2005/29/EC）が存在する。同指令は米国の FTC 法 5 条に近しい規定を有しており、企業が遵守を明示した行動規定への違反行為等が罰則の対象となる（6 条(2)(b)）。同指令と産業界による自主規制の実効性との関連を論じたものとして、Charlotte Pavillon, *The Interplay Between the Unfair Commercial Practices Directive and Codes of Conduct*, Erasmus Law Review, Vol. 5, No. 4, pp. 268-288.（2012）等を参照。

[42]　なおプライバシー分野におけるセーフハーバーとしては、EU と米国の間で 2000 年に

◇ 第 1 部 ◇　メディアの自律と法的規制

そしてそのような行動規定は、各国法レベルと EU 全体レベル双方での策定・評価が行われるものとされている。個人データ流通の越境性に鑑みれば、行動規定は EU 全体レベルで有効性を有することが望ましいと考えられるが、同条に基づき 29 条作業部会が指令への適合性を認めた行動規定は、2009 年時点で国際航空運送協会（International Air Transport Association、IATA）および欧州ダイレクト・インタラクティブ・マーケティング協会（Federation of European Direct and Interactive Marketing、FEDMA）によって提出されたものの 2 件にすぎず[43]、広汎な活用がなされてはいない模様である。さらに同条の規定は、情報通信分野のプライバシー保護を主な対象とする、前述の電子通信プライバシー指令に対しても同様に適用される。2011 年には、世界各国で拡大する行動ターゲティング広告における法的安定性を担保するため、欧州広告標準連盟（European Advertising Standards Alliance、EASA）と欧州インタラクティブ広告協会（Interactive Advertising Bureau Europe、IAB Europe）が共同で行動規程案を提出していたが、改正後の電子プライバシー指令が定めるオプトイン規定への対応を主な理由として、29 条作業部会は同年、同行動規定の指令適合性を否定する判断を下している[44]。

　一方で、データ保護指令 27 条に相当する条項は、加盟国においては一定の幅広い運用がなされている。国内法化の手法は加盟国によって様々だが[45]、特にデータ保護指令の施行前から、自主規制ルールに対する公的承認に基づくセー

締結された、個人データの国際移転に関わるセーフハーバー協定が存在することは我が国でも広く知られるところであるが、本稿は各国内および EU 域内におけるプライバシー保護に関わるセーフハーバー規定に焦点を絞ったものであるため、検討の対象とはしていない。

[43]　これら行動規定の詳細については、欧州委員会の委託を受けデータ保護指令の運用状況を包括的に調査した RAND Europe, *Review of the European Data Protection Directive* (2009) p. 9-10 等を参照。改正電子通信プライバシー指令の施行前ではあるが、FEDMA の行動規定については、インターネットでの広告・マーケティング行為を対象に含むための付随文書（ANNEX）が 2010 年に 29 条作業部会によって指令への適合性を承認されている。Article 29 Working Party, *Opinion 4/2010 on the European code of conduct of FEDMA for the use of personal data in direct marketing.* (2010) を参照。

[44]　Article 29 Working Party, *Opinion 16/2011 on EASA/IAB Best Practice Recommendation on Online Behavioural Advertising.* (2011) を参照。

[45]　EU 各国におけるデータ保護指令 27 条に相当する条項の規定内容とその整理については、Hirsch, *supra* note(20), at p. 472-477 等を参照。

フハーバー規定の運用を重視してきたオランダにおいては、従前から幅広い活用がなされている[46]。同国におけるセーフハーバー規定は、2000年に施行された個人データ保護法（Personal Data Protection Act）25条によって定められる。行動規定を提出する主体は当該産業分野を適切に代表していることが必要であり（同法25条(3)）、行動規定の内容は個人データ保護法の要求を包括的に扱うこと、法規制の保護水準を上回っていることに加え、紛争処理などの追加的条項を含んでいることを求められるが（25条(1)）、承認された場合は5年間を上限として（25条(5)）、個人データ保護法に代替する法的効力を有する[47]。行動規定案が提出されてから、当局は30週間以内に検討結果を公開する義務を負い（25条(4)）、既に各産業分野（金融、製薬、情報仲介業、ダイレクトマーケティング、医療研究等）毎に少なくとも20以上の行動規定が、同国プライバシー保護当局（Data Protection Authority）によって承認されている[48]。

2. EU 一般データ保護規則案

2012年1月、欧州委員会によって現行のデータ保護指令を全面的に改正することを目的とした、「一般データ保護規則（General Data Protection Regulation）[49]」の草案が公表されたことは、我が国においても周知の通りである。当該規則案の内容全体については、既に優れた紹介や検討[50]が多くなされているところであるので詳述は避けるが、データ保護指令が「指令（directive）」という加盟国内で法制化されてはじめて効力を持つ法形式であるものを、発効後直ちに域内

---

(46) なお、本稿の執筆においては蘭語による同国の条文を直接は参照しておらず、ここでの同国個人データ保護法の記述については、アムステルダム大学による英訳（http://www.ivir.nl/legislation/nl/personaldataprotectionact.html）を参照していることを明記しておく。

(47) Dennis D. Hirsch, *Protecting the Inner Environment: What Privacy Regulation Can Learn from Environmental Law,* Georgia Law Review, Vol. 41, No. 1, pp. 1-63.（2006）p. 55-57 を参照。

(48) Hirsch, *id.*

(49) European Commission, *Proposal for a REGULATION OF THE EUROPEAN PARLIAMENT AND OF THE COUNCIL on the protection of individuals with regard to the processing of personal data and on the free movement of such data* （*General Data Protection Regulation*）, COM（2012）11 final.（2012）を参照。全文の仮訳については、一般社団法人日本情報経済社会推進協会「個人情報の安心安全な管理に向けた社会制度・基盤の研究会　報告書」（2012年）82頁以降が存在する。

(50) 一般社団法人日本経済社会推進協会・同上44-47頁、石井・前掲注(27)等を参照。

◇第 1 部◇　メディアの自律と法的規制

において直接的な効力を持つ「規則（regulation）」を有する法形式に変更することにより、域内のプライバシー保護法制の完全な統一を図ることをはじめとして、「忘れられる権利（right to be forgotten、17条）」[51]や「設計や初期設定によるデータ保護（23条）」、「個人データのポータビリティ（18条）」を要求する権利の導入等、従前の個人データ・プライバシー保護のあり方を大きく変容させ得る内容を含んでいる。

　主な規制の名宛人たる産業界にとっての問題は、これら概念の指す本質的な意味内容というよりは、むしろこうした新規かつ事業活動への影響が大きく、蓄積された裁判例も加盟国の同種の概念に関するものを除けばいまだ存在していない、ある種漠然とした規定への遵守を、いかにして具体的なサービス設計の中において実現していくかという点であろう。ことさら技術革新が速く、多様性の高いインターネット関連産業にとっては、それらのサービスにおいて遵守の要件が明確化されなければ、事業活動全体にとっての大きな法的不確実性を抱えることとなる。この問題に対する施策としては、86条に規定される委任法令（delegated act）、および62条に規定される実施法令（implementing act）を挙げることができる。これらは2009年に発効したリスボン条約において設けられた準立法手続であり、EUにおける指令や規則等の各種法令について、前者は「非本質的要素（non essential elements）」の変更を、後者は指令の統一的実施（uniform implication）を行うことを目的として、欧州委員会が独自の権限として法令を採択する権限を付与されている。特に委任法令については、上述した一般データ保護規則案においては「忘れられる権利」を含む新規の概念をはじめ多くの条項に適用可能であるとされており、立法手続を経ずとも、迅速にこれら概念の具体化が行うことが可能となる措置がなされている。

　共同規制の観点からは、データ保護指令27条に相当する、一般データ保護規則案38条における「行動規定」に関わる条項に着目する必要がある。同条は、現行指令27条と比して、産業界が策定する行動規定が含むべき内容についてのより具体的な記述がなされている（38条（1）（a-h））ことに加え、以下のよう

---

(51)　特にインターネット上に拡散する個人データの消去請求権までを視野に入れた「忘れられる権利」については、一般データ保護規則案公開直後から多くの検討論文が出されているところであるが、例えばEU諸国における同様の権利の経緯や、米国のIT企業にもたらす影響とその不確実性に言及したものとして、Jeffrey Rosen, *The Right to be Forgotten*, Stanford Law Review Online, Vol. 64, pp. 88-92.を参照。

にその委員会への提出・承認手続や法的位置付けについて、大幅に明確な規定がなされている[52]。

(1) 加盟国および委員会は、多様な分野毎の特性に鑑み、本規則が適切に運用されるよう、データ保護についての行動規定の策定を奨励しなければならない。

(2) 一国において特定の分野を代表する団体は、自国のプライバシー保護当局に対し行動規定（またはその修正）案を提出し意見を求めることができる。当局は当該行動規定の本規則への適合性について意見を述べることができると共に、データ対象者やその代表者に、当該行動規定への意見を求めなければならない。

(3) 複数の加盟国において特定の分野を代表する団体は、欧州委員会に対し、行動規定（またはその修正）案を提出することができる。

(4) 委員会は、上記（3）の規定に従い提出された行動規定委員会は当該行動規定について、EU における一般的有効性を持つことを決定する実施法令を採択することができる。

　先述したように、現行のデータ保護指令 27 条における行動規定の提出・承認手続は、EU 全体レベルにおいてはさほど広く活用されているわけではない。しかし一般データ保護規則案の採択・発効後には、38 条における手続や要件の明確化、そして現行指令では必ずしも明確性を有していなかった承認行動規定の法的位置付けについて、実施法令に基づく、いわばセーフハーバー領域の明確化がなされることになる。それに加え、一般データ保護「規則」は、行動規定の基盤となるデータ保護法制そのものの統一化をもたらす。これにより、行動規定を起草する立場にある産業界の側が、いかなる行動規定が EU 全域における妥当性を有するかを判断することが容易になると共に、既にオランダ等加盟国によって当局の承認を得ている行動規定を有する団体は、EU レベルにおいてもその承認を得る取り組みを進めるであろうと考えられる。EU における行動規定の位置付けは、新たに導入される各種の新規概念の、インターネット関連産業を含む多様な分野における具体的な遵守要件を確定するにあたり、現

---

[52] 先述の現行指令 27 条についての記述同様、筆者の責任において意訳を行ったものである。

◇ 第 1 部 ◇　メディアの自律と法的規制

在以上の重要性を有するようになると考えられるのである。

Ⅳ　我が国の法政策のあり方に関する若干の検討

　以上の検討は、あくまでも未だ政策大綱の段階にある米国権利章典文書と、立法に向けた議論のさなかにある[53]EU の一般データ保護規則案を前提としたものであり、その本格的な実現までには規定内容の変容も想定されるところである。しかしながら両者は、現状において包括的なプライバシー保護法制の存否という根本的な制度的基盤の差異を有しつつも、産業界の自主規制に対して政府が評価・承認を行うセーフハーバー型共同規制への志向性という点においては、一定の相似性を有していると見ることができる。

　既に我が国においても、インターネット上における技術革新の速度と、契約者・端末 ID やクッキーをはじめとする現行の個人情報保護の枠内において適切に取り扱うことが困難な領域への対応として、産業界による自主規制と、それに対する政府の直接的・間接的介入を重視した共同規制的な政策枠組の構築が進められているところである。2010 年 5 月に総務省「利用者視点を踏まえたICT サービスに係る諸問題に関する研究会」によって策定された「第二次提言[54]」では、「ライフログ活用サービスは揺籃期にあり、事業者に過度の負担となってサービスの発展を妨げることは避けるべきであることから、まずは、規制色の強い行政等によるガイドラインではなく、事業者による自主的なガイドライン等の策定を促すべき[55]」という観点から、「自主的なガイドライン等の策定の指針となる[56]」ことを目的とした、ライフログ活用サービスの実施に関わる「配慮原則[57]」を提示している。

---

[53]　特に 2013 年 1 月には、欧州委員会から提出された案を元に、欧州議会の側が新規概念を中心とした大小の修正を含む新たな草案を公表している。修正提案箇所は 200 以上に及ぶが、本稿で詳述した 38 条の行動規定に関する条項については、大幅な修正提案は行われていない模様である。European Parliament, *DRAFT REPORT on the proposal for a regulation of the European Parliament and of the Council on the protection of individual with regard to the processing of personal data and on the free movement of such data*（*General Data Protection Regulation*）（COM（2012）0011 ─ C7-0025/2012 ─ 2012/0011（COD））.（2013）を参照。

[54]　総務省・前掲注(16)を参照。

[55]　総務省・同上 47 頁。

[56]　総務省・同上同頁。

[57]　「広報、普及・啓発活動の推進」「透明性の確保」「利用者関与の機会の確保」「適正な

82

◆ 第 3 章 ◆　インターネットの自主規制・共同規制［生貝直人］

　当該配慮原則は、「FTC による『スタッフレポート：オンライン上の行動ター
ゲティング広告に関する自主行動原則』（FTC Staff Report: Self-Regulatory
Principles For Online Behavioral Advertising）も、事業者が自主的なガイドライン
を作成するにあたっての根本的な原則であり、本配慮原則と同様のアプローチ
を採用している(58)」とされる通り、先述した米国における現状の自主規制構造
を参考としたものであり、実際に 2010 年 6 月には一般社団法人インターネッ
ト広告協会が、配慮原則を反映する形で「行動ターゲティング広告ガイドライ
ン」を改訂・公表している。さらに 2012 年 8 月には、特に近年拡大するスマー
トフォン分野特有のプライバシー保護の確立を目的として、同研究会に設置さ
れた「スマートフォンを経由した利用者情報の取扱いに関する WG」から、「ス
マートフォン　プライバシー　イニシアティブ(59)」文書が公表されている。同文
書では、スマートフォンにおける利用者情報を取り扱う上での「基本原則(60)」を
提示し、スマートフォンのアプリケーション提供者等が提示すべきプライバシ
ー・ポリシーの内容についての提言を行い(61)、先述した「配慮原則」と同様に、
事業者の自主的な取り組みを促していくものとしている。
　しかし我が国においては、包括的な個人情報保護法が存在するとはいえ(62)、
現状における米国の自主規制構造の実効性確保において重視されるところの、
FTC 法 5 条に相当するようなプライバシー・ポリシー違反に対する強固なエン
フォースメント法制を有さない(63)などの点には留意する必要がある。何より

　　　手段による取得の確保」「適切な安全管理の確保」「苦情・質問への対応体制の確保」の
　　　6 項目からなる。総務省・同上 49 頁を参照。
(58)　総務省・同上 47 頁。
(59)　総務省「スマートフォン　プライバシー　イニシアティブ──利用者情報の適正な取扱
　　　いとリテラシー向上による新時代イノベーション」（2012 年）を参照。
(60)　「透明性の確保」「利用者関与の機会の確保」「適正な手段による取得の確保」「適切な
　　　安全管理の確保」「苦情・相談への対応体制の確保」「プライバシー・バイ・デザイン」
　　　の 6 項目からなる。総務省・同上 56 頁を参照。
(61)　総務省・同上 59 頁。
(62)　ただし、先述のように米国においては分野毎の個別法の他、関連する州法も数多く存
　　　在しており、それらの中には刑事罰を含む強固な罰則規定を有するものも少なくない。
　　　これらの点に鑑みると、我が国のプライバシー保護法制が、EU はもとより米国と比し
　　　て必ずしも強固であるとは言い難い側面があろう。
(63)　我が国ではプライバシー・ポリシーの法的位置付け自体、その違反行為が個人情報保
　　　護法違反に該当するのか否か、あるいは約款としての性質を有するのか否かを含め明確
　　　ではない。この点についての検討として、大澤彩「プライバシーポリシーの法的性質に

83

◇第1部◇　メディアの自律と法的規制

も、米国における現状の自主規制構造自体が、そのルール内容の適切性・実効性、そして自主規制に対する不参加企業への対応に関する批判を受ける中で、権利章典文書において見えるように、自主規制ルール策定におけるマルチステイクホルダー性の強化、FTC法5条の適用範囲の拡大を含む実効性の強化、そして基盤法制の立法に基づくセーフハーバー型共同規制への動きを見せていることは、本稿で詳述してきた通りである。現状における我が国の自主規制構造が、現代のインターネットがもたらす技術革新の中で、関連産業の成長にとって不可欠な柔軟性を確保しつつも、適切に消費者のプライバシーを保護し得るものか否か、そして事業者にとっての法的安定性を十分に提供し得ているのかを否かを検討していく余地は存在するものと言えよう。

　ただし、本稿で論じたセーフハーバー手法をはじめとした共同規制という政策手段は、政府と産業界、そして市民・利用者という、公私の多様なステイクホルダーの相互作用の中において形成されるものであるが故に、他国の制度枠組を導入しようとすることの困難は、通常の法制度以上に大きなものとなり得る。特に我が国においては、米国におけるFTCや、EU諸国における独立性の高いプライバシー保護当局のような、産業界の自主規制に対する統一的な介入や承認を行い、あるいは適宜の罰則権限を行使し得るだけの、権限とリソースを有するプライバシー保護当局をいかに設計するかという問題が存在する。[64]。これらの要素を考慮すると、米国やEUが想定するような共同規制構造を我が国において実現するには、現行の個人情報保護法の改正に加え、行政組織の一定の再編成までをも視野に入れた制度改革が必要となることも事実である。

　しかしそれでも、インターネット関連産業の成長と消費者保護の適切な両立

関する一考察——民法・消費者法の観点から」消費者庁『個人情報の保護に関する事業者の取組実態調査（平成23年度）報告書』（2012年）151-156頁等を参照。

[64]　また個人情報保護分野における自主規制の促進については、個人情報保護法37条以降に規定される認定個人情報保護団体が存在し、既に多くの団体によって自主規制ルールが策定されているが、それらに対して米国・EUのような統一的な公的承認に基づく法的有効性を与える制度が存在するわけではない。その他に我が国が現に有する自主規制ルールに関わるセーフハーバー規定としては、例えば景品表示法（不当景品類及び不当表示防止法、昭和37年5月15日法律第134号）11条に規定される公正競争規約制度が挙げられるが、プライバシー・ポリシーの表示方法への適用等の潜在的論点を除けば、インターネット上のプライバシー保護への適用には限界があることは言う間でもない。

◈ 第3章 ◈ インターネットの自主規制・共同規制〔生貝直人〕

を図ることの社会的・経済的重要性、前提とする制度的基盤を大きく異にしつつもセーフハーバー型共同規制を軸とした一定の制度的接近に向けた歩みを見せる米国とEUの動向、そしてそれらとの国際的制度調和の必要性などに鑑みると、我が国において少なくとも中長期的な観点から、本稿で論じたような新たな共同規制枠組みの実現を考慮していく価値は、小さいものではないと考えられるのである。

V 結びにかえて

冒頭で述べたように、本稿は自主規制や共同規制という概念が有する、表現の自由をはじめとした憲法学上の論点についての直接的な検討を行うものではない。しかし本稿で示した、インターネットがもたらす予測不可能かつ断続的なイノベーション、そしてそれが要求する新たな規制枠組と公私の相互作用のダイナミズムが、憲法の規範力がそれをいかに統御し得るのかという点において、我が国の憲法学への一定の含意を有することを期待したい。

〔2013年3月31日脱稿〕

第4章

共 同 規 制
――携帯電話におけるフィルタリングの事例――

曽我部真裕

I はじめに
II 青少年インターネット環境整備法
　制定までの状況
III 携帯電話フィルタリングに関する
　現在の仕組み
IV 若干の分析と課題

I　はじめに

　携帯電話におけるフィルタリングを巡る規律は，表現の自由や通信の自由・秘密に関わるものであって憲法学の観点からも注目をしていく必要があるが，これまでは必ずしも十分な注意が払われていなかったように思われる。また，現在の規律は共同規制といっても良いようなものであるが，共同規制という規制方法そのものについても憲法学の関心は十分でなく，今後の議論の進展が求められるところである。

　このような状況を踏まえ，本稿では，今日実際に行われている共同規制の例として，青少年インターネット環境整備法（青少年が安全に安心してインターネットを利用できる環境の整備等に関する法律〔平成 20 年 6 月 18 日法律第 79 号〕）による携帯電話におけるフィルタリングの規律に着目し，その紹介と若干の分析を行う。

II　青少年インターネット環境整備法制定までの状況

1. 青少年の福祉犯被害の状況

　青少年によるインターネットのアクセスには，主として携帯電話が利用されている。1999 年に NTT ドコモが i-mode のサービスを始めるなど，2000 年前

『〈講座 憲法の規範力〉第 4 巻 憲法の規範力とメディア法』ドイツ憲法判例研究会編　*87*

◇第 1 部◇　メディアの自律と法的規制

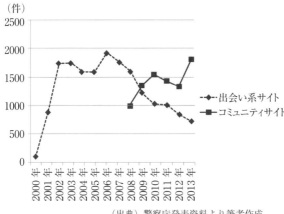

◆図 1：出会い系サイト，コミュニティサイトを利用した福祉犯の検挙状況（検挙件数）

（出典）警察庁発表資料より筆者作成。

後には携帯電話からのインターネットへのアクセスが一般化した。この当時，すでに青少年の携帯電話普及率は約 6 割（58.7％）に達していた[1]。

パソコンとは異なり，携帯電話はパーソナル性が高く，保護者がその利用実態を把握することが容易ではないことから，有害情報の閲覧，出会い系サイトや SNS を介した見知らぬ他人との接触による福祉犯被害等のリスクが高い。

実際，出会い系サイトに関係した事件の検挙数は，2000 年には 104 件であったのに対し，2001 年には 888 件，2002 年には 1731 件と急増し，これらの事件の被害者の大部分が青少年であった[2]。

その後，2003 年に出会い系サイト規制法（インターネット異性紹介事業を利用して児童を誘引する行為の規制等に関する法律〔平成 15 年 6 月 13 日法律第 83 号〕）が制定された結果，2003 年をピーク（1743 件）に検挙数は減少した（2004 年は 1582 件，2005 年は 1581 件）。しかし，2006 年には 1915 件と再び増加に転じ，その翌年には減少したもののなお高水準であった。そこで，2008 年には出会い系サイト規制法が改正されて規制が強化された。その効果もあり，その後は出会い系サイトに関係した事件の検挙数は大きく減少している。

しかし，出会い系サイトに関係する事件の検挙数の減少の理由は，規制の強

---

(1)　内閣府「青少年と携帯電話等に関する調査研究報告書要旨」（2000 年 12 月）（http://www8.cao.go.jp/youth/kenkyu/keitai/keitai.htm）
(2)　警察庁「平成 14 年中のいわゆる出会い系サイトに関係した事件の検挙状況について」（http://www.npa.go.jp/cyber/statics/backup/h14/pdf02.pdf）　2002 年の被害者は 1517 人であったが，そのうちの 84％にあたる 1273 人が青少年であった。また，同じ年，全事件の 97％が携帯電話を利用したものであった。

化だけではなく，福祉犯加害者の行動の変化にも求められる。すなわち，出会い系サイトの規制が強化されたことに伴い，一般の SNS サイト（図 1 中では「コミュニティサイト」との表記。）を介した犯罪が増加したのである。

ここまでは便宜上，2008 年の青少年インターネット環境整備法制定後の状況も含めて青少年の福祉犯被害の状況を概観したが，次に，携帯電話利用における青少年保護対策の柱として位置づけられたフィルタリングの普及に向けた取り組みについて概観する。

2. フィルタリング普及に向けた事業者や関係省庁等の取り組み ─────

出会い系サイトも含めた有害サイトは，必ずしも違法なものではないことから，表現の自由の観点からもそれ自体を規制することはできず，受信側でこうしたサイトへのアクセスを遮断するフィルタリングが，携帯電話利用における青少年保護対策の重要な手段となる。

しかし，2006 年 2 月段階では，携帯電話向けフィルタリングの利用率は 2.1％と極めて低い水準にとどまっていた。また，成人のフィルタリング認知度についても，フィルタリングソフトについて「知らない」と答えた者が 40.2％と，かなり認知度が低かった[3]。

こうした状況において，関係省庁においてはフィルタリング普及を促す方針がとられ，携帯電話会社等の関係事業者もこれに対応してきた。

まず，総務省では，2006 年 8 月に「インターネット上の違法・有害情報への対応に関する研究会最終報告書」を取りまとめ，フィルタリングの利用促進に向けた普及啓発活動のさらなる促進，フィルタリングの改善への取り組みなどの提言を行った。

他方，警察庁は，2006 年 12 月に，「バーチャル社会のもたらす弊害から子どもを守る研究会報告書」において，「大手量販店も含め，携帯電話会社，販売店，代理店は，『子どもを守る』という取組方針の下，携帯電話の販売時に利用者の年齢を確認し，子どもに携帯電話を提供する際には，インターネット接続機能を有しないものやフィルタリングを設定した状態で販売することを基本とすべきである。」などとして，フィルタリングを設定した状態で携帯電話を販売することを求めている。総務省の上記報告書の提言が普及啓発を重視するものであ

---

(3)　総務省「インターネット上の違法・有害情報への対応に関する研究会最終報告書」(2006年) 23-24 頁。

◇第1部◇　メディアの自律と法的規制

ったのに対し，警察庁は携帯電話会社等の具体的な行為を要請した点で踏み込んだものであった。

しかしその後，総務省も事業者のより積極的な取り組みを要請するようになる。すなわち，2006年11月には，総務大臣から携帯電話事業者や業界団体に対して行政指導が行われた。そこでは，フィルタリング推奨の強化として，未成年者が契約者である場合には親権者の意思を確実に確認することなどが求められた。その他，周知啓発の一層の促進，ユーザーニーズに応じたフィルタリングサービスの提供，フィルタリング普及に関する定期的な評価の実施などが求められた。それを受けて携帯電話事業者は，契約時に使用する親権者同意書や新規契約申込書に意思確認欄を設けるなどの対応を行った。

なお，これらの国の動きと並んで，都道府県レベルでの動きも見られた。具体的には，青少年健全育成条例を改正して，青少年が利用者である場合には，販売時にフィルタリングを設定することを努力義務化する例が各地で相次いで見られた。たとえば，東京都では，2005年3月に条例が改正されてこの種の規定が設けられた（18条の7の2）[4]。

3．立法の動き

前項では関係省庁の動きを見たが，これと並行して，青少年保護を目的に，インターネット上の有害情報の閲覧防止措置やフィルタリングの提供義務などを定めようとする議員立法の動きも存在した[5]。こうした動きの背景には，2007年9月の内閣府の調査において，インターネット上の有害情報について規制すべきとの回答が9割を超えるなど，社会的関心の高まりがあった[6]。

政党内で行われた検討を詳細に跡づけることは困難であるが，ここでは，報

---

(4) 現時点における各都道府県の条例制定状況については，参照，内閣府「青少年の保護育成に関する都道府県条例規制事項一覧」（https://skcao.go.jp/user/downloadOrdinance）。

(5) 2007年7月には，関係省庁の担当者から構成される検討会（有害情報から子供を守るための検討会）が内閣府に設置されたが，これは立法も視野に入れたものであると報道された（朝日新聞2007年7月3日，同7月10日）が，2007年12月25日の中間とりまとめ（http://www8.cao.go.jp/youth/suisin/yuugai/data/mamoru.pdf）では，フィルタリング普及促進のための法的規制については，議員立法の動向等を見守りつつ，課題を整理する必要があるとするだけで，それ以上立ち入ってはいない（最終報告書は作成されていないようである）。

(6) 内閣府「有害情報に関する特別世論調査」（http://www8.cao.go.jp/survey/tokubetu/h19/h19-yugai.pdf）

道されたところによって概観する。

　まず，当時与党であった自民党では，高市早苗衆議院議員を中心に，2007年10月から党青少年特別委員会で検討が行われ，12月には条文化が行われた。その内容は，インターネットの利用者からの通報を受け付ける登録通報機関から法律で定義する青少年有害情報の連絡を受けた場合には，事業者は青少年の閲覧を防止するための措置をとることや，フィルタリングの提供などが義務付けられており，違反者には是正命令が行われ，その違反には罰則が設けられている[7]。非常に規制色の強い内容であった。

　他方，同じ自民党でも総務部会が作成した案では，法律によって有害情報を定義することはせず，表現内容には立ち入らない姿勢が示されている。フィルタリングに関しては，携帯電話事業者に親権者の意思確認を義務付けることとするようである。

　また，民主党においても検討が行われ，フィルタリングに関しては，保護者の反対の意思表示のある場合を除き，携帯電話事業者はフィルタリングサービスの利用を契約の条件とする義務があることとされた。有害性の審査の方法は明記されていないが，当時設立準備が行われていたEMAに委ねる方針であったとされる[8]。

　この問題については与野党で合意を目指して協議が進められたが，各案の内容の隔たりが大きいだけに難航した。また，特に青少年特別委員会の案に対しては，社会から多くの批判が寄せられた[9]ほか，自民党内でも批判も強かった。

4. 立法の動きに対応した総務省および民間事業者側の動き ─────

　また，法案の検討と並行して，総務省の関与のもと，民間事業者の取り組みの強化が図られたが，これは，自民党青少年特別委員会案のような強い規制を避けるという目的があったものと思われる。具体的な動きとしては，2007年11月に活動を開始した総務省のインターネット上の違法情報への対応に関す

---

[7]　朝日新聞2008年4月23日，Internet Watch2008年5月30日（http://internet.watch.impress.co.jp/cda/teens/2008/05/30/19771.html）。

[8]　朝日新聞2008年4月3日。

[9]　2008年4月23日にヤフー，楽天，マイクロソフト等の事業者5社（http://pr.yahoo.co.jp/release/2008/0423a.html），5月29日と6月6日には日本新聞協会（http://www.pressnet.or.jp/statement/），6月2日，6日，11日には日本民間放送連盟（http://www.j-ba.or.jp/category/topics）が反対意見を発表した。

◇ 第１部 ◇　メディアの自律と法的規制

る検討会では，2008 年 4 月 25 日に「中間とりまとめ」を発表したが[10]，この「中間とりまとめ」はその紙幅のほとんどを携帯電話フィルタリング問題の検討と提言に割いている。これは，折しも進められていた法案の調整に対するある種の反応であろう。

　この「中間とりまとめ」の提言で重要なのは，フィルタリング対象となるカテゴリーに属するサイトであっても，青少年保護に配慮した運営を行なっている場合には個別にフィルタリング対象から除外することによってフィルタリングの多様性・選択制を確保すること，そして，青少年に配慮した運営を行なっていることを適正に審査・認定するための第三者機関を設立することを提案した点である。

　他方，実は，この「中間とりまとめ」に先立ち，検討会の作業と並行して，この第三者機関の設立の準備が進められていた。すなわち，モバイルコンテンツ環境の活性化のため，携帯電話事業者，メーカー，コンテンツプロバイダー等の企業 247 社（当時）が設立した業界団体であるモバイル・コンテンツ・フォーラム（MCF）は，2007 年 12 月，青少年を違法・有害情報から保護することを目的として有識者からなる第三者機関を設立する方針を発表し[11]，翌年 4 月 8 日に有限責任中間法人モバイルコンテンツ審査・運用監視機構（EMA）が設立された旨の発表があった[12]。

　前述のとおり，この発表から 2 週間余りののちの 4 月 25 日，「中間とりまとめ」が作成されたわけであるが，同日，総務大臣から携帯電話事業者等に対して 3 度目の要請（行政指導）が行われた。この要請は，当然ながら「中間とりまとめ」の内容を踏まえたものであり，これまでの要請とは異なってフィルタリングの普及というよりは，フィルタリングの改善に向けられたものである。具体的には，フィルタリングの方式としてはいわゆるブラックリスト方式（特定分類アクセス制限方式）を原則とすること，利用者がフィルタリングをカスタマイズできるようにすることなどに加え，携帯電話会社やフィルタリング会社がブラックリストを作成するにあたって第三者機関の認定を反映することが求め

---

[10]　「インターネット上の違法・有害情報への対応に関する検討会中間取りまとめ」（http://warp.ndl.go.jp/info:ndljp/pid/3196220/www.soumu.go.jp/menu_news/s-news/2008/pdf/080425_6_bt2.pdf）

[11]　http://www.ema.or.jp/press/2007/organization.pdf

[12]　http://www.ema.or.jp/press/2008/20080408press.pdf

第4章 ◆ 共同規制［曽我部真裕］

られた。この第三者機関としては，EMA のほか，この総務大臣要請と同日に
設立方針が発表された⁽¹³⁾インターネット・コンテンツ審査監視機構（I-ROI）が
想定されていた。

この要請を受けて携帯電話事業者等が検討を進めた結果，同年 9 月 12 日，各
事業者等からフィルタリング改善に関する新たな対応が発表され，2009 年初め
より，EMA の認定をフィルタリングに反映することとされた⁽¹⁴⁾。

5. 青少年インターネット環境整備法の成立

2008 年の通常国会（第 169 回国会）の会期末が近づくと，与野党間での法案の
調整がさらに進められた結果，超党派の合意が得られ，6 月 6 日，衆議院青少
年問題に関する特別委員会において，委員長提案として青少年インターネット
環境整備法案が提出され，これが衆参両議院において可決成立した（平成 20 年
6 月 18 日法律第 79 号）。施行は 2009 年 4 月 1 日である。

なお，参議院においては，事業者等が行う有害情報の判断やフィルタリング
の基準設定等に政府が干渉することがないようにすることなど 7 項目の附帯決
議がなされた⁽¹⁵⁾。

Ⅲ　携帯電話フィルタリングに関する現在の仕組み

1. 概　観

このようにしてひとまず確立した携帯電話フィルタリングの仕組みの概要を
述べると，おおむね以下のようにまとめることができる。まず，（最近急速に普
及しているスマートフォンではない）従来からの携帯電話（フィーチャーフォン）
では，端末の性能上の理由で，端末にフィルタリングソフトを組み込むことが
困難であり，フィルタリングを行うのは携帯電話会社の回線上においてである。
携帯電話会社は，フィルタリングサービス事業者から提供される情報を使用し
てフィルタリングを行う。フィルタリングサービス事業者は，多数のインター
ネットサイトを多数のカテゴリに分類しているが⁽¹⁶⁾，このうちの一定のカテゴ

---

⑬　CNET Japan 2008 年 4 月 25 日（http://japan.cnet.com/news/biz/20372222/）。

⑭　その概要は，「インターネット上の違法・有害情報への対応に関する検討会最終とりま
　　とめ」16 頁。

⑮　http://www.sangiin.go.jp/japanese/gianjoho/ketsugi/169/f063_061001.pdf

⑯　たとえば，代表的なフィルタリングサービス事業者であるネットスター社のウェブサ

93

◇第1部◇　メディアの自律と法的規制

リ（アダルト，出会い，ギャンブル，コミュニケーションなど）に属するものが携帯
電話会社によるフィルタリングの対象となるのである。

　ここで重要なのは，フィルタリング対象となるかどうかは，ひとまずはそれ
ぞれのサイトがどのカテゴリに分類されるかという点にかかっている点であ
る。そして，特に問題となるカテゴリは，「コミュニケーション」であり，ここ
では掲示板やブログ，SNSなど，青少年も広く利用しているサイトが多く含ま
れており，上記の説明の通り，フィルタリングを利用すると，これらのサイト
にすべてアクセスできなくなってしまうことになる。

　しかし，このカテゴリに属するサイトでも，青少年に配慮した運営を行って
いるところもあり，一律にフィルタリング対象とすることは適当ではない。ま
た，そもそも，青少年に人気のあるこれらのサイトが利用できなくなるとすれ
ば，フィルタリングの普及にとって大きな障害となってしまう。

　そこで，これらのカテゴリに属するサイトであっても，第三者機関の認定に
よって個別にフィルタリング対象から除外するという仕組みが考案されたので
ある。ただし，青少年インターネット環境整備法そのものには第三者機関に関
する規定はなく，この部分は行政指導もふまえた自主規制である。

　以上のような仕組みは，前述のインターネット上の違法情報への対応に関す
る検討会中間とりまとめの段階で明らかになっていたものであり，青少年イン
ターネット環境整備法は，準備段階では様々な規制も主張されていたものの，
結局はこうした仕組みを追認したものと見ることができる。しかし，同法によ
って携帯電話フィルタリングの提供が義務付けられた点は重要である。そこで
次に，この点を含め，青少年インターネット環境整備法の関係規定を概観する
こととする。

2. 青少年インターネット環境整備法

　この法律は，準備段階では様々な規制も主張されていたものの，最終的には
こうした規制色が払拭され，青少年のリテラシー向上とフィルタリングの性能
向上・利用普及等による有害情報閲覧機会の最小化とによって，青少年の権利
の擁護に資することを目的としている（同法〔以下，同法の条文を示す場合には単
に「法」という。〕1条）。

　　イトで，同社が設けているカテゴリ一覧を見ることができる（http://category.netstar-
　　inc.com/category.html）。

◆ 第4章 ◆ 共 同 規 制［曽我部真裕］

　同法においては「青少年有害情報」が「インターネットを利用して公衆の閲覧（視聴を含む。以下同じ。）に供されている情報であって青少年の健全な成長を著しく阻害するもの」と定義され（法2条3項），その例示がなされている（法2条4項(17)）が，公権力は具体的な有害情報該当性の判断には立ち入らないことが前提とされている。

　さて，青少年インターネット環境整備法には，関係者の責務規定（法4条から6条まで），インターネット青少年有害情報対策・環境整備推進会議の設置と基本計画の策定（法第2章）(18)，教育・啓発活動の推進（法第3章），フィルタリングソフトの性能向上・利用普及を目的とする民間団体（フィルタリング推進機関(19)）の登録と支援等（法第5章）といった内容も含まれているが，ここでは，フィルタリングに関する規定を確認するにとどめたい。

　フィルタリングに関して義務または努力義務を負う者としては，①携帯電話事業者，②プロバイダ，③インターネットと接続する機能を持つ機器（携帯電話端末，PHS端末を除く。）の製造事業者，④フィルタリングソフト開発事業者，⑤インターネットを利用した公衆による情報の閲覧の用に供されるサーバーの管理者（特定サーバー管理者）である。

　本稿のテーマと直接関連するのは①携帯電話事業者（法文では「携帯電話インターネット接続役務提供事業者」）であり，携帯電話事業者は，契約の相手方または端末の使用者が青少年である場合(20)には，保護者が希望しない旨の申出をした場合を除き(21)，フィルタリングサービスの利用を条件としてインターネット

---

(17)　①犯罪若しくは刑罰法令に触れる行為を直接的かつ明示的に請け負い，仲介し，若しくは誘引し，又は自殺を直接的かつ明示的に誘引する情報，②人の性行為又は性器等のわいせつな描写その他の著しく性欲を興奮させ又は刺激する情報，③殺人，処刑，虐待等の場面の陰惨な描写その他の著しく残虐な内容の情報の3種類が例示されている。

(18)　ただし，子ども・若者育成支援推進法（平成21年7月8日法律第71号）の制定に伴う法改正により，インターネット青少年有害情報対策・環境整備推進会議は廃止され，その機能は子ども・若者育成支援推進本部に移行した。

(19)　なお，青少年インターネット環境整備法24条以下に定めるフィルタリング推進機関は，フィルタリングの仕組みにおける第三者機関を想定したものではなく，現に，EMAはフィルタリング推進機関の登録を受けていない。

(20)　後者の場合は，契約当事者は親（保護者）であるが，実際の携帯電話の使用者が子である場合を想定している。

(21)　保護者の意思を尊重する理由は，「青少年を直接監護・養育する立場にある保護者がそれぞれの教育方針及び青少年の発達段階に応じて判断するのが適当である」ことによる

◇ 第 1 部 ◇　メディアの自律と法的規制

接続役務を提供することが義務付けられている（法 17 条 1 項。ただし罰則等の制裁はない）。「フィルタリングサービスの利用を条件として」とあるため，端末にフィルタリングの機能が組み込まれていることのみならず，実際にフィルタリングが機能している状態であることを要する。

　これに対して，それ以外の者に課されている義務はより軽いものである。すなわち，②プロバイダ（法文では「インターネット接続役務提供事業者」）は，求められた場合にフィルタリングを提供すれば足りる（法 18 条）。③機器製造事業者は，フィルタリングソフトを組み込むなど，フィルタリングの利用を容易にする措置を講じれば足り，現にフィルタリングを機能させることまでは求められていない（法 19 条）。④フィルタリングソフト開発事業者は，フィルタリングの性能向上について努力義務を負うのみである（法 20 条）。最後に，⑤特定サーバー管理者は，自らサーバーを設置している事業者から，電子掲示板を運用している個人に至るまで幅広い者が該当しうるものであることもあって努力義務が課されているにとどまっている。具体的には，管理下にあるサーバーを

　（内閣府，総務省，経済産業省「青少年が安全に安心してインターネットを利用できる環境の整備等に関する法律関係法令条文解説」（2009 年）21 頁〔http://www8.cao.go.jp/youth/youth-harm/law/pdf/kaisetsu.pdf〕）。しかし，相当数（2013 年 12 月時点で少なくとも 24）の都道府県においては，青少年健全育成条例の改正によって保護者の判断に制限が加えられている。具体的な内容は様々だが，保護者がフィルタリング不要の申出を行う場合には理由を記載した書面を提出する義務を課すもののほか，フィルタリングが不要である理由を限定することによってさらに保護者の判断を制約するものもみられる（初期の事例の整理として参照，総務省利用者視点を踏まえた ICT サービスに係る諸問題に関する研究会事務局「青少年インターネット WG の進め方について（参考資料）」〔2010 年 9 月 21 日〕11-12 頁〔http://www.soumu.go.jp/main_content/000094471.pdf〕）。こうした事例について，総務省の検討会は，「各地方の実態に鑑みた例外的な措置として捉えるべき」であり，「保護者の判断を完全に制限する取組〔フィルタリング完全義務化〕は，過度に保護者の判断を制限しており，行うべきではない。」とする（利用者視点を踏まえた ICT サービスに係る諸問題に関する研究会「青少年が安全に安心してインターネットを利用できる環境の整備に関する提言」（2011 年 10 月）22-23 頁〔http://www.soumu.go.jp/main_content/000135703.pdf〕）。また，内閣府青少年インターネット環境の整備等に関する検討会「青少年が安全に安心してインターネットを利用できる環境の整備に関する提言」（2011 年 8 月）では，「こういった取組は，フィルタリング普及に一定の効果をあげていると考えられるものの，まずは保護者の判断を尊重すべきであり，当該取組は各地方の実態に鑑みた例外的な措置として捉えるべきである」（50 頁）として，複雑な評価を行っている。実際，親の教育権に基づく判断権を尊重する法律の趣旨からは，こうした条例の適法性には疑問がある。

◆ 第 4 章 ◆ 共 同 規 制 ［曽我部真裕］

利用して他人が青少年有害情報を発信したことを知ったときまたは自らこうし
た情報を発信しようとするときには，青少年の閲覧を防止する措置をとる努力
義務（法 21 条），青少年有害情報についての通報受付体制整備の努力義務（法 22
条），青少年閲覧防止措置をとった際にその記録を作成・保存する努力義務（法
23 条）である。

　ここで，①携帯電話事業者の義務に戻ると，青少年インターネット環境整備
法がフィルタリングの利用を義務付けたことには，フィルタリングの普及促進
が期待できるという点だけでなく，同法制定前にすでに想定されていた EMA
の介在するフィルタリングの仕組みの実効性確保にとっても大きな意味がある
と考えられる（後述）。

　次に EMA の組織や活動について概観することとする。

3. EMA の組織や活動

（1）EMA の組織

　EMA の組織については，図 2 の参照を乞うこととし，ごく簡単にのみ述べ
る。

　EMA はウェブサイト運営事業者の申請を受けてその内容や運用体制を審査
するという活動を行っており，（利用者によるカスタマイズも可能であるとはいえ）
上記のような現在のフィルタリングの仕組みからすれば，認定を受けられなけ
れば，フィルタリングから除外されず，多くの青少年からのアクセスが遮断さ
れるという相当強い事実上の規制効果があるため，公正性が何よりも求められ
る。公正性を確保するためには独立性や透明性が求められることになる[22]。

　こうした観点から，EMA の組織は会員総会のもと，理事会，基準策定委員
会，審査・運用監視委員会，諮問委員会の四つの内部組織からなっているが，
相互に独立していることが特徴的である。

　サイトの審査・運用監視という EMA の活動にとって特に重要な基準策定委
員会と審査・運用監視委員会（及び諮問委員会）の委員はすべて，サイト運営事
業に関し利害関係を有しないことが求められている（EMA 定款[23]35 条，40 条，
45 条）。

---

[22]　これらの要請については，第三者機関の設計について詳しく検討した「中間とりまと
　め」でも指摘されている（25-26 頁）。

[23]　EMA の定款・規則については，参照，http://www.ema.or.jp/organization/index.
　html#shimon。

97

◇第1部◇　メディアの自律と法的規制

◆図2：EMA 組織構成図

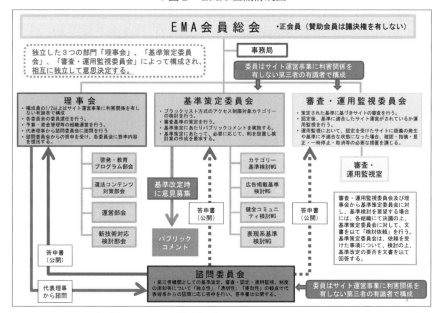

（出典）EMA ウェブサイト（http://www.ema.or.jp/organization/soshikizu.pdf）

　また，審査基準の策定・改正にあたっては，パブリックコメントを募集しなければならないとされている（基準策定委員会運営規則3条4項）など，透明性についても相当な配慮が払われている点も特筆すべきである[24]。

　なお，EMA の活動の財源は，サイト審査・認定に関して事業者から徴収する料金からの事業収入が大部分を占めているほか，会員事業者からの会費収入が主なものである[25]。

　また，EMA の活動の適正性については，諮問委員会が毎年度，理事会からの諮問に基づいて評価を行なっている[26]。

---

[24] そのほか，EMA のウェブサイトには多くの情報が公開されており，団体としての情報公開の度合いはかなり高いといえる。
[25] 計算書類も公開されている（http://www.ema.or.jp/finance/index.html）。
[26] なお，筆者は現在 EMA 諮問委員会の委員を務めているが，もちろん，本稿は個人的な見解を示すものである。

(2) EMA の活動

EMA は，サイト審査・認定に関する活動のほか，啓発・教育活動も行なっているが，本稿では前者について簡単に紹介する。

EMA のサイト審査・認定制度には，コミュニティサイト運用管理体制認定制度とサイト表現運用管理体制認定制度との2種類がある。

前者のコミュニティサイト運用管理体制認定制度は，モバイルインターネットにおいてユーザー投稿等によりコミュニティ機能を持つサイトを対象とした認定制度であり，サイトの健全な利用環境が整備・維持されることを目的としているという。

審査は，基準策定委員会が制定した認定基準（コミュニティサイト運用管理体制認定基準）および審査・運用監視細則に基づき，審査・運用監視委員会が行う[27]。コミュニティサイト運用管理体制認定制度においては，サイトの内容そのものの健全性を審査するわけではなく，サイト運用者によるサイト運用管理が認定基準に適合しているかどうかが審査される。そして，認定基準においては，サイト運営の基本方針，サイトパトロール体制，ユーザー対応，啓発・教育という4分野にまたがる23項目の要求事項が掲げられている。特に，サイト運用者は，十分な体制をもって投稿を常時監視し，削除等の対応を行うことが求められている。

後者のサイト表現運用管理体制認定制度は，テキストによる表記及び文章表現，画像，動画，デジタルコミック，デジタルブックなどの電子書籍類，ゲームなどを発信（販売等）するモバイルサイトを対象とした認定制度であり，サイト内に混在する多様な情報（コンテンツ）について適切な管理体制が整備され青少年の閲覧に配慮したゾーニングを行うことで，青少年が健全に携帯電話向けサイトを利用できる環境が整備・維持されることを目的としているという[28]。この制度においては，サイトの内容そのものの健全性を審査するわけではなく，サイトの運用管理体制が認定基準および審査・運用監視細則に照らして審査さ

---

[27]　認定制度の概要や基準そのものについては，参照，http://www.ema.or.jp/certification/community/index.html#ci1

[28]　認定制度の概要や基準そのものについては，参照，http://www.ema.or.jp/certification/expression/index.html#ei1

　なお，本文で言及した二つの認定制度は統合されることとなり，本稿校正段階（2014年2月），パブリックコメントの募集が行われている。

◇第1部◇　メディアの自律と法的規制

れる。認定基準においては，基本方針，運用体制，ユーザー対応，啓発・教育という4分野にまたがる15項目の要求事項が掲げられている。特に，自社表現基準の策定が要求事項となっており，性，暴力，自殺の誘引等，犯罪等の誘引等，その他の健全育成の阻害という5項目について具体的な基準を定め，これに基づいてサイト内コンテンツを自社で確認しなければならないとされている。

　EMAは，この両制度のもとで，一度認定したサイトについても定期的・継続的な運用監視を実施し，基準に適合しなくなった場合には最終的には認定を取り消すことも行なっている。

3. フィルタリングの実効性

(1) フィルタリングの普及状況

　以上，青少年インターネット環境整備法とEMAとを中心とする携帯電話フィルタリングの仕組みの概要を述べてきたが，実効性はあったのだろうか。

　まず，フィルタリングの普及状況についてである。電気通信事業者協会[29]の調査による携帯電話・PHS事業者全体のフィルタリングサービス利用者数を見ると，2006年後半以降急速に増加している。これは，前述のとおり，2006年11月に総務大臣による行政指導がなされるなど，この時期からフィルタリング普及促進のための取組みが強化されたことによると思われる。2009年4月には青少年インターネット環境整備法が施行されてフィルタリング提供が義務付けられたが，この時点を含む1年間には特に利用者数の増加ペースは著しい。

　しかし，2011年から翌年にかけては，増加基調は止まり，最近ではむしろ減少に転じている。これは，フィルタリングの利用に手間がかかるスマートフォンの普及や，EMA認定を受けておらず，したがって標準的な設定においてはフィルタリングによって利用が制限されてしまういわゆるメッセージアプリの急速な普及が背景にあるものと思われる。

　なお，2012年11月に実施された内閣府の調査によれば，フィルタリング利用率は，小学生で76.5%，中学生で68.9%，高校生で54.4%であった[30]。同様の調査が開始された2009年には，利用率はそれぞれ61.7%，54.7%，38.7%で

---

[29]　同協会はそのウェブサイトにおいて概ね四半期ごとに利用状況を調査し，プレスリリースとして公表している（http://www.tca.or.jp/）。

[30]　内閣府「青少年のインターネット利用環境実態調査（平成25年3月）」（http://www8.cao.go.jp/youth/youth-harm/chousa/h24/net-jittai/pdf-index.html）

◈ 第 4 章 ◈ 共 同 規 制 ［曽我部真裕］

あった。それ以前の内閣府の調査結果はないが，利用者数の伸びから推測すれ
ば，利用率についても，2010年までは大きく上昇したが，それ以降は頭打ち傾
向にある。

　以上からすれば，かつてと比較すればフィルタリングの普及は進んだという
ことができ，本稿で紹介してきたような取り組みの成果が確認できるが，その
限界も伺えるのが現状であるということが言えそうである。

(2) 福祉犯の被害状況

　他方，実効性の検討に当たっては，先にも触れたコミュニティサイトに起因
する青少年の犯罪被害の統計も一つの手がかりとなる。しかし，EMA の審査・
認定制度はサイトの運用管理体制を審査するものであり，被害防止そのものに
向けられているわけではないこと，また，被害者児童が被疑者と最初のコンタ
クトがなされてから実際に被害にあうまでには一定の時間的間隔があることが
通常であり，健全化の取り組みの効果が統計に現れるまでにはタイムラグがあ
ることに留意すべきである。

　さて，前述のとおり，携帯電話事業者各社がEMA の認定をフィルタリング
に反映し始めたのは2009年1月ないし2月であり，青少年インターネット環
境整備法の施行は同年4月であるが，その2009年のコミュニティサイトに起
因する福祉犯被害の状況は，検挙件数が1347件，被害児童数は1136名と，前
年（994件，792名）に比べて大幅増であった。この増加傾向は2010年にも続い
た（1541件，1239名）が，増加の割合は減少した。さらに，2011年には初めて
被害が減少に転じ（1421件，1085名），2012年にも引き続き減少している（1311
件，1076名）[31]。しかし，2013年には被害件数が急増した（1804件，1293名。図1
も参照。)[32]。これは，EMA の認定を受けていないメッセージアプリの普及の影
響であるとみられる。

　そして，フィルタリングの実効性の観点から特筆すべきは，被害児童数のほ
とんど全員（95.0％）がフィルタリングを利用していないという事実であり，逆
に，フィルタリングを利用して被害にあった者はごくわずかということである[33]。

---

[31]　警察庁「平成24年中の出会い系サイト等に起因する事犯の現状と対策について」(2013
　　年2月28日，http://www.npa.go.jp/cyber/statics/h24/pdf02-2.pdf)

[32]　警察庁「平成25年中の出会い系サイト及びコミュニティサイトに起因する事犯の現
　　状と対策について」(2014年2月27日，http://www.npa.go.jp/cyber/statics/h25/pdf02-
　　2.pdf)

101

◇第1部◇　メディアの自律と法的規制

Ⅳ　若干の分析と課題

1. 携帯電話フィルタリングの枠組みの確認

　以上，事実経過と現状の紹介に思いの外多くの紙幅を割くことになってしまったが，これからは若干の理論的な検討を行いたい。まずは，携帯電話フィルタリングの枠組みを改めて確認することから始める。

　携帯電話フィルタリングは，端末ではなく携帯電話事業者のサーバーに実装されている。そのことから，フィルタリングは，利用者が各自ソフトを導入することによってではなく，携帯電話事業者からのフィルタリングサービス提供という形で行われることになる。膨大な数の利用者個人にフィルタリング設定を促すのではなく，数のごく限られた携帯電話事業者に法律によって提供義務を課すことは，実効性のより期待できる方法であろう。

　次に，フィルタリングの影響を実際に受けるのは，青少年へのサービス提供が制限されるサイト事業者と，一定のサイトの利用ができなくなる青少年である。すなわち，フィルタリングを巡る構造は，携帯電話事業者が法律によってフィルタリング提供を義務付けられ，その結果，携帯電話事業者によってサイト事業者と青少年が規制されるというものである。その意味で，携帯電話事業者は，法律による被規制者であるとともに，サイト事業者や青少年との関係では規制者として立ち現れることになる。ただし，青少年については，フィルタリング利用について保護者に選択権が認められていることに留意が必要である。

　フィルタリングの提供は法律によって義務付けられているが，国家は，フィルタリングサービスを提供する事業者にその内容の適正を確保する努力義務を課している（法20条）ものの，フィルタリングの内容そのものについて立ち入らない。青少年インターネット環境整備法2条4項は青少年有害情報の例示を示しているが，これはあくまでも例示であり，具体的にどのようなカテゴリのサイトをフィルタリング対象とするかは，民間事業者に委ねられている。また，フィルタリング対象となるカテゴリに属するサイトが，例外的にフィルタリング対象から除外されるための審査は民間の第三者機関であるEMAが行うこと

⑶　警察庁「コミュニティサイトに起因する児童被害の事犯に係る調査結果について（平成25年上半期）」（2013年11月14日，http://www.npa.go.jp/cyber/statics/h25/community-1.pdf）

◆ 第 4 章 ◆ 共 同 規 制 ［曽我部真裕］

になっている。この点，フィルタリング対象からの除外について EMA 認定を
反映させることについては総務大臣の行政指導に基づくものであるが，EMA
の活動そのものには国家の関与は存在しない。

　サイト事業者の視点からは，EMA 認定を受ければフィルタリング対象から
除外され，青少年に対してサービスを提供できることになるから，フィルタリ
ング提供の義務付けは，青少年の利用に配慮したサイト運営を行うためのイン
センティブとなっているといえる。

　以上の確認から，携帯電話フィルタリングの現状の仕組みには，次のような
特徴があると考える。

　① 携帯電話事業者に対してフィルタリング提供が義務付けられるが，フィル
タリングの内容そのものについては民間の自主的な規律に委ねられており，い
わゆる共同規制を法律と自主規制との結合というように狭く理解した場合に
は，この点が共同規制に該当するということになる。他方，携帯電話フィルタ
リングの仕組みの構築に当たっては，法律以外の形でも国家が関与しており，
この点をどのように位置づけるのかが問題となる。

　② フィルタリング提供の義務付けという法規制を受ける携帯電話事業者は，
サイト事業者（や利用者である青少年）に対しては規制者として立ち現れる。こ
の規制の構図は，「間接規制」「ゲートキーパーによる規制」「代理人による規制」
などと呼ばれるもので，インターネットに完全に固有であるとまでは言えない
としても，インターネットに特徴的に見られるものである[34]。

　③ フィルタリング利用について，いわゆるオプトアウトという形ではある
が，保護者に選択権が認められており，従来から存在する青少年条例による有
害図書規制とは異なり[35]，保護者の教育権が尊重されているということができ
る。また，この間のフィルタリングに関する議論においては，フィルタリング
についてはカスタマイズ機能をもたせることの重要性が強調されており[36]，現
に提供されているサービスにおいては，フィルタリングを利用しつつ，特定の

---

[34]　この点については，成原慧「代理人を介した表現規制とその変容」マス・コミュニケー
　　ション研究 80 号（2012 年）249 頁以下。

[35]　拙稿「青少年健全育成条例による有害図書類規制についての覚書」法学論叢 170 巻 4・
　　5・6 号（2012 年）499 頁以下（501 頁）。

[36]　「インターネット上の違法・有害情報への対応に関する検討会中間とりまとめ
　　（20080425）」21 頁。また，この点は法にも反映されている（20 条 1 項 2 号）。

103

◇ 第1部 ◇　メディアの自律と法的規制

サイトをフィルタリング対象から除外することが可能である。

2. 現行の枠組みの課題——結びに代えて

　以上のような現行法の仕組みであるが，共同規制としてはミニマムなものと言えるだろう。すなわち，共同規制の意義として，実効性，規制内容の適正性，規制の度合いに応じ民主的正統性といったものを確保することがある。

　しかし，青少年インターネット環境整備法は，その参議院での附帯決議にも見られるように，青少年有害情報の定義やその該当性判断に国が関与しないことを前提としており，規制内容に国が立ち入らず，フィルタリング事業者に努力義務を課すにとどめている[37]。この点は，表現の自由に関わる共同規制として理解できるところではある。

　他方，実効性については，青少年インターネット環境整備法は，フィルタリング提供の義務付けを起点として，フィルタリング対象からの除外を求めて青少年保護の為の措置を講じるインセンティブを作り出すことによって実効性を確保しようとするものであるといえる。

　しかし，フィルタリングに利用者によるカスタマイズを認めている点は，実効性確保にとっては負の要因である。実際，現在多数の青少年に利用されているメッセージアプリを含め，グローバルなソーシャルメディア事業者はEMA認定取得に関心を示さない傾向にあることや，2013年12月にはEMA認定の枠組みから離脱する大手の事業者が出現したことなど[38]は，現行の仕組みの持続可能性に不安を抱かせる出来事である。

　しかしながら，従来より，青少年の発達段階に応じたフィルタリングを行うという趣旨から，積極的にカスタマイズを位置づけてきた経緯があり，このような可能性は従来の仕組みに内在していることであったといえる。結局，従来の仕組みは，親の教育権に基づく選択を支援することを重視していると評価すべきであろう。このような観点からは，フィルタリング提供義務とEMAの認

---

[37]　なお，かつては代表的なフィルタリング事業者の採用する基準においてフィルタリング対象が広すぎるのではないかということが問題とされたが，EMA の意見申し入れ等によって改善されたという出来事があった（参照，EMA「携帯電話事業者が提供する『特定分類アクセス制限方式（いわゆるブラックリスト方式）』におけるアクセス制限対象カテゴリー選択基準に関する意見書」（2008 年 9 月 4 日，http://www.ema.or.jp/application/opinion0904.pdf）。

[38]　http://mixi.jp/release_info.pl?mode = item&id=2600

定制度を組み合わせた仕組みを絶対視することなく，カスタマイズによって
EMA 非認定サイト・アプリが青少年に利用されることをも十分に想定しつつ，
青少年の保護を考えていくことが必要である。

　この点，親の教育権に基づく選択を支援するという現在の仕組みの趣旨から
考えれば，EMA 非認定サイト・アプリについても，青少年保護のための取り組
みについて情報提供することが重要になる。そこで，仮に法改正を行うとすれ
ば，青少年利用者への配慮の義務ないし努力義務を定めた上で，このような情
報提供について定めるということ，あるいは，第三者機関がこのような情報提
供を行うことを支援するような仕組みを構築することも一つの選択肢になるの
ではないか。

　そもそも，青少年が福祉犯の被害者となる場合の状況は様々であり，フィル
タリング利用の徹底によって対処できる範囲は限られている。また，青少年が
福祉犯の被害者となる根本的な背景としてはやはり家庭環境の問題が大きいと
思われる。フィルタリングが万能であるとしてその利用を徹底させようとする
仕組みは，そもそもこうした根本的な原因を覆い隠してしまうおそれがあるし，
また，ネット事業者に過大な負担を課す結果にもなりうるだろう。

〔付記〕本稿は 2013 年末に脱稿し，2014 年 3 月に統計情報の追記等の微細な修正を
　　行ったものである。その後，本稿第 3 節で述べたようなスマートフォンの普及に伴
　　う変化（フィルタリング利用率の頭打ちから減少，EMA 認定外のメッセージアプ
　　リの普及に伴う福祉犯の増加等）はさらに明らかなものとなった。他方，この間
　　EMA は，本稿で紹介したサイトやアプリの認定・運用監視に加え，OS 事業者との
　　協力など新たな活動にも取り組み始めている。これらの活動はまだ始まったばか
　　りであり，また，制度全体の枠組みとしては基本的には変化がないため，こうした
　　新しい動きの検討は別な機会を待つこととしたい。

第 2 部

取材源秘匿のための証言拒絶権

第5章
取材源に関する証言拒絶権

カール゠フリードリッヒ・レンツ

I　は じ め に　　　　　　　　　V　2007 年キケロ判例の立場

II　WikiLeaks の概要　　　　　VI　記者の取材源に関する証言拒絶

III　ドイツの刑事訴訟法の関連規定　　　　権を憲法上認めるべきか

IV　政 策 論　　　　　　　　　　VII　お わ り に

I　は じ め に

　何が問題なのか。なぜ、この問題が重要で関心に値するのか。

　本件研究は、ドイツ憲法判例研究会の「メディア部会」枠組み内であること
が前提となる。すなわち、ドイツ憲法判例とメディアを枠組みとしている。

　一般論として、ドイツでも日本でも同様に妥当する憲法の条文、判例の考え
方よりは、ドイツで日本と異なる状況にある方が、議論の材料として参考にな
る。たとえば、本件研究の対象ではないが、日本で「抽象的違憲審査」を認め
ない判例[1]はドイツの状況と対象的[2]であるから、ドイツ法を日本で検討する
際に、特に注目に値する。

　ドイツ連邦憲法裁判所第一法廷の 2007 年 2 月キケロ判例[3]は、記者の取材源
に関する証言拒絶権を憲法上認める立場である。この判例は日本でも紹介・検
討されているので[4]、本稿は、取材源に関する証言拒絶権について、WikiLeaks

---

(1)　最大判昭和 27 年 10 月 8 日民集 6 巻 9 号 783 頁（警察予備隊事件）。

(2)　連邦憲法裁判所法 90 条 2 項後段。

(3)　BVerfGE 117, 244.

(4)　鈴木秀美「取材・報道の自由——報道関係者の証言拒否権を中心に」駒村圭吾 = 鈴木秀
　美編『表現の自由 I』（尚学社、2011 年）242 頁以下。

『〈講座 憲法の規範力〉第 4 巻 憲法の規範力とメディア法』ドイツ憲法判例研究会編　　*109*

◇ 第 2 部 ◇　取材源秘匿のための証言拒絶権

との関係、弁護士の場合との比較、2012 年のドイツの立法に関する検討を加える。

　刑事訴訟法の原則は、証言義務である。犯罪事実について何らかの事情を知る国民は、刑事訴訟の目的を達成するために、当該事実について証言しなければならない[5]。

　しかし、その原則からの例外が認められている。たとえば、ドイツ法でも日本法でも、弁護士について証言拒絶権を認めている[6]だけではなく、守秘義務まで負わせている[7]。依頼人が弁護士と相談する際に、当該相談内容が第三者に漏洩しないことを信頼できることになる。この信頼は、刑事訴訟において当該弁護士の証言を利用できる公益に優先する、との立法判断である。

　記者が取材源について、弁護士と同様に証言を拒絶できるか。また、取材源に関する情報を入手する目的で、記者の事務所・パソコンなどを捜索処分の対象にできるか。これらの問題について、ドイツでは刑事訴訟法で詳細な規制がある。

　2012 年 6 月に、ドイツでなお記者の取材源を保護する目的の改正法が成立し、上記キケロ判例を条文化した[8]。この法律の結果として、国家秘密の保護が大幅に減少したが、その判断に反対の意見も出ている[9]。

　記者の取材源に関する証言拒絶権の憲法上の要請について、上記キケロ判例は、積極的な考えを示した。立法者が日本のように、当該権利を認めないことは、憲法[10]第 5 条を侵害すると判示された。

　それに対して、日本の古い判例[11]は、当該問題を単なる政策論とする。すな

---

(5)　ドイツ刑事訴訟法 48 条 1 項。

(6)　ドイツ刑事訴訟法 53 条 1 項 3 号；日本刑事訴訟法 149 条参照。

(7)　ドイツ刑法 203 条 1 項 3 号；日本刑法 134 条参照。

(8)　Gesetz zur Stärkung der Pressefreiheit im Straf- und Strafprozessrecht vom 25. Juni 2012, BGBl. 2012, I, 1374.

(9)　*Roman Trips-Hebert*, Cicero, Wikileaks und Web 2.0, Der strafrechliche Schutz von Dienstgeheimnissen als Auslaufmodell? ZRP 2012, 199; *Stefanie Schork*,Das Gesetz zur Stärkung der Pressefreiheit im Straf- und Strafprozessrecht, Vorstellung und Kritik, NJW 2012, 2694.

(10)　Grundgesetz für die Bundesrepublik Deutschland vom 23.5.1949. 直訳の「基本法」が多く使用されているが、ドイツの憲法であるため、「憲法」と訳す。日本で「基本法」が数多く存在するが（例えば 2002 年の「知的財産基本法」）、憲法ではない。逆に、ドイツ憲法は日本でいう「基本法」ではないので、直訳を避けている。

わち、ドイツの判例は明白に日本の判例と対象的な考え方を採用している。そのため、上記基準（ドイツの考えが日本の判例と逆である）で、本件問題が特に注目に値することになる。

この問題は同時に WikiLeaks 問題に関連する。インターネット上の言論の自由について「最初の本気の情報戦争」（first serious infowar）[12]として評価されている問題である。現代のメディア規制に関する議論は、インターネットを配慮する必要がある。特に、記者経由で情報漏洩者を特定できるか否かの問題について考える場合、インターネットで可能となった新しい技術的保護手段を配慮しなければならない。

本稿では、まず WikiLeaks について詳しく検討する。次に、ドイツの刑事訴訟法の現行法および最近の改正を詳しく紹介する。

その上、刑事訴訟法の政策論として、記者の証言拒絶権・守秘義務について検討する。結論を先に述べると、証言拒絶権は必要と思うが、守秘義務を導入する必要はない。

政策論と別に、ドイツ連邦憲法裁判所が考えているように、憲法上でも拒絶権が必要であるか否かが次の検討課題である。

最後は、キケロ事件その他の連邦憲法裁判所の判例を検討して、判例の内容を明らかにした上で、評価してみる。

付録として、関連法令の翻訳を提供する。

Ⅱ　WikiLeaksの概要

WikiLeaks は、インターネット経由で民間組織・国家の不正秘密を漏洩する目的で設計された[13]。営利を目的としないメディア組織である。匿名漏洩者から情報を入手し、その情報の信頼性を確認した後に、元の情報およびそれに関する解説を提供する[14]。最近は、各国の有名メディアと協力している。

---

(11)　最大判昭和 27 年 8 月 6 日刑集 6 巻 8 号 974 頁（長谷部恭男 = 石川健治 = 宍戸常寿編『憲法判例百選Ⅰ（第 6 版）』〔有斐閣、2013 年〕77〔鈴木秀美〕）。

(12)　Barlow, 2010 年 12 月 3 日発言。https://twitter.com/JPBarlow/status/10627544017534976

(13)　WikiLeaks, About, http://www.wikileaks.ch/About.html; Electronic Frontier Foundation, WikiLeaks, www.eff.org/wikileaks; Wikipedia, WikiLeaks, http://en.wikipedia.org/wiki/Wikileaks 参照。

(14)　WikiLeaks のアメリカ法上の問題については、松井茂記「ウィキリークスと表現の自

◇ 第 2 部 ◇　取材源秘匿のための証言拒絶権

　例えば、2010 年 4 月 5 日に発表された「Collateral Murder」事件がある[15]。
漏洩された情報は、アメリカの軍隊ヘリコプターから撮影されたビデオである。
このビデオは、軍隊が記者を含む民間人を殺戮している様子を示している。特
にすでに怪我した者を救済する民間通行人の自動車をさらに攻撃した点を正当
化する余地がないと思われる[16]。

　WikiLeaks は、この情報をアメリカ軍関係者から入手した。しかし、従来の
メディアと異なり、当該漏洩者の身元を分からないように、情報提供過程を設
計している。仮に WikiLeaks 関係者に法的手段・違法手段[17]で圧力をかけて情
報提供者の身元について証言させることは、最初から当該情報がないから、で
きないようにしている。そのことは、WikiLeaks 関係者の自分の身の安全のた
めにも必要である。拷問されても知らないと相手が分かる分、拷問されないで
済む可能性が増加するという考えにも、この情報の流れの設計は基づいている。

　本件攻撃は、アメリカのイラク戦争について議論する際、重大な材料となる。
この情報は、インターネット経由のみではなく、従来のテレビ経由でも 100 万
人単位の視聴者を得た。

　その後、特にアメリカ大使館の通信に関する漏洩が話題となった。2010 年
11 月 28 日以降、25 万件以上の通信の発表が開始された[18]。その際、各国メデ
ィアと協力した。ドイツでは、1966 年の連邦憲法裁判所第一法廷の判例[19]でも
有名な最大政治週刊誌 SPIEGEL が協力者として選ばれ、記者 50 名体制でこの
情報の分析に対応した[20]。

　アメリカ政府は史上最大の外交漏洩事件を受けて、WikiLeaks に明白に敵対
するようになり、政府職員全員に対し、WikiLeaks にアクセスすることを 2010

　由（上）・（下）」法律時報 85 巻 2 号（2013 年）54 頁以下、3 号（2013 年）66 頁以下も
　参照。

[15]　WikiLeaks, Collateral Murder, www.collateralmurder.com；Wikipedia, July 12th, 2007
　　Baghdad Airstrike, http://en.wikipedia.org/wiki/July_12,_2007_Baghdad_airstrike

[16]　Greenwald, Iraq slaughter not an aberration, 2010 年 4 月 6 日発言。「plainly unjustified
　　killing of a group of unarmed men（with their children）carrying away an unarmed, seriously
　　wounded man to safety」http://www.salon.com/2010/04/05/iraq_49/

[17]　Wikipedia, Rubber hose cryptanalysis 記事参照。

[18]　WikiLeaks, Secret US Embassy Cables, http://www.wikileaks.ch/cablegate.html

[19]　BVerfGE 20, 162.

[20]　SPIEGEL, Die Botschaftsdepeschen, http://www.spiegel.de/thema/botschaftsberichte_
　　2010/ 参照。

◆ 第5章 ◆ 取材源に関する証言拒絶権［カール＝フリードリッヒ・レンツ］

年12月に禁止した[21]。国会図書館（Library of Congress）は、図書館内から
WikiLeaks のサイトへのアクセスを封鎖するように努力している[22]。

　また、WikiLeaks 関連の刑事捜査で、Twitter から一定の通信履歴を要請す
る問題で、Electronic Frontier Foundation および American Civil Liberties
Union という有力な人権保護 NGO は、当該要請の対象となっているアイスラ
ンド議会議員の代理人として、訴訟活動を展開した[23]。

　アメリカ政府の圧力を受けて、一定の民間企業が WikiLeaks との関係を絶っ
た。WikiLeaks は非営利活動の資金を集めるために、以前は Paypal、Master-
card および Visa のサービスを利用したが、利用資格を剥奪された。また、
Amazon.com は以前はサーバを提供していたが、その関係も中止された[24]。

　WikiLeaks の情報提供手続きは、以下のように設計されている[25]。最大の特
徴として、漏洩者の身元が WikiLeaks に分からない点がある。インターネット
経由また郵便経由で情報を提供した後に、WikiLeaks 側は、当該情報を検討す
る。記事を書くに値する情報の場合、情報の信頼性を確認し、情報が他にすで
に公開されていないか否かを検討する。この基準に合格した情報について、情
報を分析する記事とともに、元の情報を公開する。

　特に情報量が多い事件については、後の部分について、既存メディアの協力
を得ている。

　情報提供者を特定できないようにするため、WikiLeaks のサーバは一切の通
信履歴を残さないように設計されている。通信の秘密を確保するため、重大な
政策の一つである[26]。また、Microsoft の Word 形式を避けることにも注意を呼
び掛けている。Word ファイルには、著者が知らない内に著者の名前、著者が

----

[21]　MacAskill, US blocks access to WikiLeaks for federal workers, 2010 年 12 月 3 日記事、
　　　http: //www. theguardian. com/world/2010/dec/03/wikileaks-cables-blocks-access-
　　　federal

[22]　Raymond, Why the Library of Congress is Blocking WikiLeaks, 2010 年 12 月 3 日発
　　　言、http://blogs.loc.gov/loc/2010/12/why-the-library-of-congress-is-blocking-wikileaks/

[23]　Electronic Frontier Foundation, Government demands for Twitter records of Birgitta
　　　Jonsdottir, https://www.eff.org/cases/government-demands-twitter-records 参照。

[24]　Wikipedia, WikiLeaks, Backlash and pressure, Response from corporations, http://en.
　　　wikipedia.org/wiki/Wikileaks#Response_from_corporations 参照。

[25]　WikiLeaks, Submission, http://www.wikileaks.ch/Submissions.html

[26]　カール＝フリードリッヒ・レンツ「通信履歴保存に関するドイツ連邦憲法裁判所 2010
　　　年 3 月判決」青山法学論集 52 巻 1 号（2010 年）201 頁以下参照。

113

◇第 2 部◇　取材源秘匿のための証言拒絶権

使っているコンピュータの名前が記録されている場合があるためである。

WikiLeaks は 2007 年からしか活動していないが、全世界のすべての従来メディアより多くの国家秘密を漏洩した実績を有する[27]。漏洩者は一人も特定されていない。

確かに、上記 Collateral Murder 事件について情報を漏洩したと非難されている者がいる[28]。しかし、この容疑は WikiLeaks から入手した情報に基づくものではない。別な方法で得た情報に基づくものである。この別な方法には、多くの疑問点がある[29]が、WikiLeaks からの特定でないことだけは明らかである。従って、WikiLeaks から得た情報で提供者が特定された事件は、依然としてゼロである。

WikiLeaks 自体から、情報が漏洩することは当然ながら考えられる。そのために、最初から WikiLeaks 側が情報提供者の身元を知ることがないように、制度が設計されている。知らない情報は、漏洩できないからである。この仕組みは、記者の証言拒絶権を議論する際に配慮する必要がある。なお、WikiLeaks の活動が著作権侵害の観点で違法となる可能性も指摘されているが[30]、本稿では、この観点を検討しない。

Ⅲ　ドイツの刑事訴訟法の関連規定

1. 2012 年までの刑事訴訟法

この問題に関する 2012 年までの刑事訴訟法は、とにかく複雑である。細かい文言については、付録の「関連条文の翻訳」を参照していただきたい。

(1) 主　体

証言拒絶権の主体は、「印刷物、放送番組、映画による報道または情報提供・世論形成を目的とする情報・通信サービスの準備・制作・配布に職務上寄与す

---

[27]　WikiLeaks, Submission, http://www.wikileaks.ch/Submissions.html

[28]　Wikipedia, Chelsea Manning, http://en.wikipedia.org/wiki/Bradley_Manning および Wikipedia, United States vs. Bradley Manning, http://en.wikipedia.org/wiki/United_States_v._Bradley_Manning 参照。

[29]　Greenwald, The strange and consequential case of Bradley Manning, Adrian Lamo and WikiLeaks, http://www.salon.com/2010/06/18/wikileaks_3/ 参照。

[30]　*Hoeren/Herring*, Urheberrechtsverletzung durch WikiLeaks? Meinungs-, Informations- und Pressefreiheit vs. Urheberinteressen, MMR 2011, 143 参照。

る、または過去に寄与した者」として限定されている（刑事訴訟法53条1項5号）。従って、従来のマスコミでも、インターネット関連の活動でも構わない。しかし、「職務上」の要件があるから、本職でないブログ発言者[31]は、該当しないことになる。

この文言は別に「記者」に限定されていないため、編集長・事務職員・法務部で勤務する弁護士なども、対象とする[32]。

2002年の改正まで、「定期的発行出版物」または「定期的放送」の制作に関わることが前提であったため、定期的でないものが対象外であった。また、記者が自分で作成したノート、写真なども対象外であったが、立法者の判断で現行法のより広い範囲に拡大された[33]。

(2) 対 象

証言拒絶権の対象は「投稿・資料の著者、その他の情報提供者の身元について、その職務に関して受けた情報、その内容、および自分で作った資料および職務に関する監察についてである。但し、当該投稿・資料・情報・自作資料が編集された部分についてである、または編集されている情報・通信サービスについてのみ、拒絶権が成立する」とされている（53条1項2文・3文）。

情報提供者を特定する目的の証言要請が特に排除されている。但し、例外もある[34]。

連邦憲法裁判所の1982年判例は、次の特殊な事実について、拒絶権を否定した[35]。すなわち、重大な犯罪について、後に新聞社に当該犯罪を犯した、と主張する匿名声明文が送信された場合である。拒絶権の目的は、情報提供者の保護ではなく、新聞などの機能を保護するところにある。そのため、本件のようにその機能保護のために不要な場合には及ばない。声明文の送信者は、最初から新聞社の黙秘を期待できない。

---

[31] 筆者も10年以上、「Lenz Blog」を書いているが（k-lenz.de/1）、「職務上」とは言えないため、当該優遇を受けないことになる。

[32] *Jürgen Peter Graf*, Beck'scher Online-Kommentar Rn. 26 zu §53; *Löwe/Rosenberg*, StPO 26. Aufl. 2008, Band 2, Rn. 54 zu §53; *Claus Roxin*, Strafverfahrensrecht 24. Aufl. 1995, S. 192.

[33] *Tido Park*, Handbuch Beschlagnahme und Durchsuchung, 2. Aufl, 2009, Rn. 541-542 参照。

[34] *Graf*, Beck'scher Online-Kommentar, Rn. 29 zu §53.

[35] BVerfG NStZ 1982, 253.

◇第 2 部◇　取材源秘匿のための証言拒絶権

　記者が既に任意に情報提供者の身元を公開した場合、さらに当該情報提供者の居場所その他の関連情報を捜査する目的の証言要請に対し、証言拒絶権は成立しない[36]。2012 年 12 月の連邦通常裁判所判例は、民事訴訟について以前の訴訟で既に証言した場合には、後の訴訟でもはや証言を拒絶できない、との判断を示した[37]。

　記者が自分で作成した資料、写真などについて、拒絶権が及ぶ。しかし、これについて 53 条 2 項後半で、以下の複雑な制限が置かれている。

　「1 項 1 文 5 号の者が自作資料の内容およびこれに関連する監察について証言拒絶する権利は、以下の場合にはない。当該証言が重罪の解明に貢献すべき場合、または当該捜査の対象が以下の犯罪の一つである場合（一定の平和・国家の安全・性的自己決定権に対する犯罪および資金洗浄、詳細の翻訳を省略）であり、事実の解明または容疑者の居場所の特定が他の方法でできない、または困難である場合である。但し、証人は、以下の場合において、これでも証言を拒絶できる。当該証言が投稿・資料の著者・投稿者の特定または証人に提供された情報・その内容の判明に及ぶ場合である。」

　すなわち、自作資料についての拒絶権は、重罪などの捜査の場合には原則として成立しないが、情報提供者の特定などになるような場合、その限りでない（拒絶権が成立する）[38]。

(3) 「編集」制限

　多くのマスコミは広告収入を得ている。広告関連の活動で得た情報は、拒絶権の対象外である。「編集された部分について」の要件は、このことを指す。

　そのため、匿名広告の依頼主について、拒絶権が成立しないことは、連邦得憲法裁判所の判例である[39]。拒絶権の目的は、新聞などによる監視機能を確保するところにある。匿名広告は、その目的に貢献することがないため、拒絶権が及ぶ必要がない、との理由である。

(4) 免　除

　本件拒絶権は、情報提供者の権利を保護することを目的としない。そのため、

---

[36]　*Graf*, Beck'scher Online-Kommentar, Rn. 30 zu §53; BGH NJW 1999, 2051.

[37]　BGH vom 4.12.2012, NJW-RR 2013, 159.

[38]　*Löwe/Rosenberg*, StPO 26. Aufl. 2008, Band 2, Rn. 61 zu §53 参照。

[39]　BVerfG NStZ 1983, 515.

◆ 第5章 ◆ 取材源に関する証言拒絶権［カール゠フリードリッヒ・レンツ］

弁護士の守秘義務と異なり、記者については守秘義務が制定されていない（刑法203条）。また、弁護士などの場合には、依頼人からの免除を受けたときに、拒絶権がなくなる（53条2項1文）。しかし、記者については、情報提供者が守秘を望まない場合でも、記者の判断で証言拒絶が可能である[40]。

(5) 差押えの制限

証言拒絶権を前提に、差押えの制限も整備されている（97条5項）。以下の文言である。

　「53条1項5号の者の証言拒絶権が及ぶ限り、該当者または編集部、出版社、印刷場または放送局が保持する書面、音声・画像・情報媒体その他の表示の差押さえが許されない。第2項第3文[41]および160a条4項2文[42]は準用する。但し、これらの場合でも、差押えが許されるには以下の条件がある。憲法5条1項2文の人権を配慮して差押えが事件の重大性からみて不相当でないこと、事実の解明または行為者の居場所の特定が他の方法でできない、または困難であること、との条件である。」

上記Cicero判例その他の連邦憲法裁判所の判例で、直接に証言拒絶権が問題となる場合より、差押え・捜索の違法性が問題とされる事件が多い。

差押えの禁止に違反した場合、証拠として使用できないことになる[43]。

97条5項は原則として記者に対する差押えを禁止するが、当該記者も当該犯罪に関わった場合には、その限りでない、としている。しかし、この例外が成立するために、他の方法で捜査が困難であることが必要で、更に、相当性の検討が特に要求されている。

連邦憲法裁判所第一法定第一部会2011年1月5日部会の違憲決定[44]は、この

---

[40] *Graf*, Beck'scher Online-Kommentar, Rn. 23 zu §53; *Löwe/Rosenberg*, StPO 26. Aufl. 2008, Band 2, Rn. 48 zu §53 参照。

[41] 以下の場合、差押えは制限されない。具体的事実に基づき、証言を拒絶できる者が当該行為の従犯・犯罪庇護罪・証拠隠滅・盗品譲受を犯した容疑がある場合、および犯罪の結果で生じた物、犯罪の実行に使用した、またはそれを目的とした物、または犯罪を原因とする物である場合である。

[42] 犯罪の起訴に告訴または授権が必要である場合、それが整備された時点で初めて、差押えの禁止がなくなる。

[43] Karlsruher Kommentar zur StPO, 6. Aufl. 2008, Rn. 9 zu §97; *Graf*, Beck'scher Online-Kommentar Rn. 25 zu §97.

[44] BVerfG vom 5. 1. 2011, NJW 2011, 1859.

◇ 第 2 部 ◇　取材源秘匿のための証言拒絶権

ような場合を対象とした。放送局の編集部に対する捜索処分を違憲とした理由
は、97 条 5 項 3 文で要求されている相当性の検討が欠けている点にあった。

　この事件では、ラジオ番組で警察のある行動を批判する目的で、警察のマス
コミ担当者に電話をかけ、その内容を録音した上に放送したが、録音に相手の
同意がなかったため、私的な発言の無断録音を禁止する刑法 201 条違反として
刑事捜査が開始された。当該行為の容疑は、放送関係者に及ぶ事件であるため、
例外的に差押えが許される可能性があった。

　しかし、この場合でも相当性に関する十分な検討が要求されている。本件捜
索を命令した決定は、その点に関する十分な理由を示していなかったため、憲
法 5 条を侵害する、と判示された[45]。

　第一に、本件捜索がなければ捜査が困難であるという点についての説明がな
い。さらに、相当性を検討する際、以下の観点を十分に配慮していない。すな
わち、本件で警察のマスコミ担当者として発言する限り、その発言の内容が後
で紹介されることが当然予測されるため、私的領域で行われる電話の無断録音
と比べて責任が重くない点である。さらに、本件捜索を当該捜索が単に物理的
に放送局の業務を妨害する不利益だけではなく、今後、情報提供を受けるため
に必要な信頼に対する悪影響も、配慮する必要があった。

(6) 捜索の偶然結果

　ある容疑で実施された捜索により、当該容疑と関係ない別な犯罪の証拠とな
る物を発見した場合、差押えできる場合がある（108 条）。

　この 108 条には、2007 年の改正により、以下のような文言の 3 項が加えられ
た。

「53 条 1 項 1 文 5 号の者が保持する当該者の証言拒絶権が及ぶ 1 項 1 文の物
が発見される場合、当該物が刑事手続きで証拠として使用できるのは、以下
の場合に限る。それは、当該刑事手続きが、最低でも 5 年までの自由刑の法
定刑であり、刑法 353b 条の犯罪でない犯罪を対象とする場合である。」

　この規定は、上記 97 条 5 項の制限に追加される要件となる。97 条 5 項の規
定で差押えができないものは、108 条 3 項の要件を検討するまでもなく、差押
えができない[46]。

---

[45]　前掲 BVerfG 理由 23 項以下。

[46]　Karlsruher Kommentar zur StPO, 6. Aufl. 2008, Rn. 13 zu §108; *Graf*, Beck'scher

◆ 第 5 章 ◆ 取材源に関する証言拒絶権 ［カール゠フリードリッヒ・レンツ］

この 5 項をみると、「公務上の秘密漏洩」（刑法 353b 条）の場合に、立法者が
情報提供者の保護を特に重視していることが明らかとなる。

（7）捜査措置の制限

2007 年 12 月の立法[47]で導入された 160a 条は、証言拒絶権を有する者に対す
る捜査措置の制限および証拠使用の禁止に関する総論的な規制を整備した。法
案の理由[48]を見ると、容疑者にわからないように行われる捜査措置（verdeckte
Ermittlungsmaßnahmen）の領域で、証言拒絶権に及ぼされる影響について規制
するという課題が出発点であった。法務省の委託研究[49]を受けての立法であ
る。しかし、この規制を特に容疑者にわからないように行われる捜査措置に限
定する理由はない、との立法者の判断[50]により、すべての捜査措置を対象とす
る規制になった。なお、案の段階では 53b 条として導入する予定であったが、
最終的に 160a 条として成立した[51]。

記者関連の規制は、2 項および 4 項にある。2 項の文言は、以下のようであ
る。

　「53 条 1 項 1 文 3 号から 3b 号または 5 号の者に捜査措置が及び、それに
より当該者が証言を拒絶できる情報を得ることが予測される場合、この点を
相当性判断の際に特に配慮しなければならない；手続きが重大な犯罪を対象
としない限り、原則として刑事捜査の利益が優先するという判断をしない。

Online-Kommentar Rn. 9 zu §108.

[47] Gesetz zur Neuregelung der Telekommunikationsüberwachung und anderer verdeckter
Ermittlungsmaßnahmen sowie zur Umsetzung der Richtlinie 2006/24/EG vom 21.
Dezember 2007 （BGBl I S. 3198）.

[48] Bundestagsdrucksache16/5846 vom 27. 6. 2007, Entwurf eines Gesetzes zur Neuregelung
der Telekommunikationsüberwachung und anderer verdeckter Ermitt-
lungsmaßnahmen sowie zur Umsetzung der Richtlinie 2006/24/EG.

[49] Zeugnisverweigerungsrechte bei （verdeckten） Ermittlungsmaßnahmen. （Hsrg. von
Wolter/Schenke）. Vorgelegt vom Arbeitskreis Strafprozessrecht und Polizeirecht （ASP）
bei dem Mannheimer Institut für deutsches und europäisches Strafprozessrecht und
Polizeirecht （ISP） — mit Gesetzesentwürfen zu den §§100 g, 100 h StPO-E als Nachfolge-
regelungen zu §12 Fernmeldeanlagengesetz und §53 b StPO-E zu Zeugnis-
verweigerungsrechten bei Ermittlungsmaßnahmen mit rechtsvergleichendem Überblick,
2002, S. 577.

[50] Bundestagsdrucksache 16/5846, 25-26 参照。

[51] *Graf*, Beck'scher Online-Kommentar Rn. 2 zu §160a.

◇ 第 2 部 ◇　取材源秘匿のための証言拒絶権

判断の結果で正当である限り、措置を見送る、または、その種類で可能である場合、制限しなければならない。情報の証拠目的使用について、1 文を準用する。」

さらに 4 項は、次のように規定している。

「1 項から 3 項は、以下の場合に適用しない。具体的な事実に基づき、証言を拒絶できる者が当該犯罪の従犯または犯罪庇護罪・証拠隠滅・盗品譲受を犯した容疑がある場合である。当該犯罪の起訴が告訴または授権を必要とする場合、53 条 1 項 1 文 5 号の者について、告訴または授権があった時点から、1 文を適用する。」

この制限のため、最近アメリカで報道された事件[52]のように、情報提供者特定目的で記者が知らないうちに、捜査官が記者の通信履歴・金融記録・旅行記録を第三者から提供してもらい、それを分析するような捜査は許されないことになる。

弁護士などと異なり、記者について絶対的な禁止ではなく、斟酌に基づいて相対的な禁止（場合によっては措置の制限）となる。措置の実施についての判断と証拠使用についての判断は異なる時点で行うため、措置によって得た情報によって、異なる判断となる場合も想定されている[53]。

(8) 公務上の秘密漏洩

上記の刑事訴訟法の規制は、記者も当該犯罪の容疑者である場合には別な扱いを予定している。そのため、公務上の秘密漏洩について、記者の責任が成立するか否かの点が重要となる。

刑法 353b 条の文言からみると、記者は公務員でないため、正犯としての責任が成立する余地はない。しかし、漏洩の幇助について責任が成立する可能性はある。

この点について争いがある。[54]記者が漏洩者から得た情報を新聞などで公開する行為が「幇助」と評価される可能性を認める見解がある。その結果、1979

---

(52)　Greenwald, The DOJ's creeping war on whistleblowers, 2011 年 2 月 25 日ブログ発言、http://www.salon.com/2011/02/25/whistleblowers_4/参照。

(53)　Bundestagsdrucksache 16/5846, 37 参照。

(54)　*Schönke/Schröder*, Strafgesetzbuch, 28. Aufl. 2010, Rn. 23 zu §353b; *Lackner/Kühl*, StGB, 27. Aufl. 2011, Rn. 13 a zu §353b 参照。

年に廃止された[55]刑法353c条が定めていたように、記者による漏洩行為について結果として処罰される可能性が残る。

2. 改 正 法

(1) 刑 法 改 正

上記の刑法353b条の運用に関する不明瞭な点が残るため、2010年8月に連邦政府の法案として承認された[56]法案[57]は、記者の責任を全面的に排除するため、刑法353b条に新たな3a項を追加した。それは次のような文言である。

> 「刑事訴訟法53条1項1文5号の者の幇助行為は、秘密・特に守秘義務がある物または情報について、受理・分析または公開に留まる限り、違法でない。」

情報提供者を保護してマスコミの監視機能を維持する利益と、1979年に刑法353c条を廃止した目的を実質的に達成するために必要であるという点が、今回の法案の理由として挙げられている[58]。

本件法案は、2012年6月25日の法律として成立した（同年8月1日施行）[59]。

その結果、記者の一定の行為が、幇助罪としても起訴できないことになった。キケロ判例[60]で問題となったように、記者により秘密が公開されたことが明白であるが、特に秘密を漏洩した公務員に賄賂を渡し、脅迫したなどの違法性がなく、記者の行為が公開に止まるだけの場合である。

記者を起訴できない限り、このような事例について、刑事訴訟法を根拠に捜索もできないことになる。特にここで問題となっている「記者に秘密を漏洩した公務員を特定する目的」で行われる捜索が明白に排除されることになる。

(2) 刑事訴訟法の改正

同じ2012年の立法により、刑事訴訟法97条5項2文に、以下の文言が追加

---

[55] BGBl. 1979 I S. 2324.

[56] 連邦法務省2010年8月25日マスコミ発表「Pressemitteilung: Justizministerin stärkt Freiheit der Presse」参照。

[57] Gesetzentwurf der Bundesregierung: Gesetz zur Stärkung der Pressefreiheit im Straf- und Strafprozessrecht（PrStG）.

[58] 前掲注(57)の法案4-5参照。

[59] Gesetz zur Stärkung der Pressefreiheit im Straf- und Strafprozessrecht vom 25. Juni 2012, BGBl. 2012, I, 1374.

[60] BVerfGE 117, 244.

◇ 第 2 部 ◇　取材源秘匿のための証言拒絶権

された。

「但し、2項3文の幇助に関する規定は、具体的な事実により、幇助に関する重大な容疑が成立する場合に限り、準用する。」

すなわち、新法でも記者に対する捜索が完全に不可能ではない。具体的な事実に基づいて、秘密の単なる受理・分析・公開を超える行為による幇助が成立する場合には、なお可能である。

しかし、当該「具体的事実」が検察の手元にある事例が実際問題として少ないと思われるため、ほとんどの場合には、記者に対する捜索がもはやできないと思われる。

Ⅳ　政 策 論

証言拒絶権および守秘義務について検討してみる。結論としては、筆者は証言拒絶権を認めるべきであると考える。

1. 否定説の理由

まず、筆者とは異なる否定説の理由を検討する。

(1) 犯罪の促進

拒絶権を認める結果、内部者から記者に各種情報が提供されやすいことになる。その一部は、国家秘密であることが予測される。

しかし、国家秘密の漏洩は犯罪である。したがって、記者の証言拒絶権を認めることは、当該犯罪が生じやすい効果が予測される。犯罪の促進は刑事訴訟法の課題ではないため、拒絶権を否定する理由になる。

すなわち、捜査の利益より言論の自由を優先させる判断は、逆に、正当な国家秘密の保護を空洞化させている。インターネット時代では一度漏洩された情報が瞬時に世界中に公開されるようになったため、なお更保護が必要である、との主張もある[61]。

(2) 違法秘密の場合

確かに、公権力が違法に行動した場合、秘密漏洩を犯罪として考えることには疑問がある[62]。しかし、このような場合でも、最初から秘密漏洩の処罰を止

---

[61]　*Trips-Hebert*, Cicero, Wikileaks und Web 2.0, Der strafrechtliche Schutz von Dienstgeheimnissen als Auslaufmodell? ZRP 2012, 199.

めるべきである。秘密漏洩それ自体が犯罪でない限り、刑事捜査も生じないことになるため、証言拒絶権は不要である。

(3) 平等の観点

証言拒絶権を認めることにより、一定の犯罪の捜査が困難となり、当該犯罪の起訴ができなくなるという効果が生じる。

記者は、例えば偶々交通事故の現場を見て、飲酒運転で事故を起こした容疑者に対する刑事訴訟で証言を求められた場合、当然、当該証言をしなければならない。このような通常事例との扱いはなぜ異なるか。その説明が十分できない場合、平等原則を侵害することになる。

(4) 守秘義務との関係

証言拒絶権は複雑な規制であるが、記者が情報提供者について守秘義務をドイツでも日本でも負わないことは明白である。

そのため、公権力の違法行動に関する内部情報を提供する者は、特に記者を信頼できる個別的な理由がない限り、いつでも裏切られる覚悟が必要である。弁護士・医者との相談のように、相談内容が第三者に漏洩しない前提が最初から成り立たない。

ならば、証言拒絶権だけを認めても、意味がないことになる。

(5) 匿名情報提供

上記 WikiLeaks のように、情報を受ける側が最初から情報提供者を知らないように制度を設計しない限り、記者に圧力をかけて情報源を特定する要因となるため、証言拒絶権では不十分である。匿名情報提供は、情報提供者にとって唯一、完全に安心できる方法である。

2. 肯定説の理由

しかし、筆者は、これらの理由に対して、以下のように反論して、結果として証言拒絶権を認めることができると考える。

(1) 犯罪の促進

確かに、当該国家秘密保護が正当なものであれば、取材源保護で秘密漏洩を促進する必要がない。

---

(62) BVerfGE 28, 191 (Pätsch); Münchener Kommentar StGB 1. Aufl. 2006, Rn. 42 zu § 353b; *Kindhäuser/Neumann/Paeffgen*, Strafgesetzbuch, 3. Auflage 2010, Rn. 52-56. zu § 353b 参照。

◇第 2 部◇　取材源秘匿のための証言拒絶権

　刑法 353b 条の適用例は比較的少ない。有罪判決は年間 30 件未満である[63]。しかし、そのなかに政治的に大きく注目される事件がある。例えば、州の法務大臣が検察官の上司として知りえた情報を、容疑者に漏洩した事件で、被告人は 2008 年の連邦通常裁判所判決で有罪となった[64]。また、連邦憲法裁判所第一法廷の 1970 年の Pätsch 事件判例[65]。も、大いに注目された事件である。

　最近の連邦通常裁判所の判例[66]を見ると、刑法 353b 条の通常事例を理解できる。特に刑事司法関係者が捜査に関する情報を漏洩する行為は、公益を大いに侵害するので処罰すべきである。その限りでは、当該漏洩を促進する必要はまったくない。

　しかし、当該通常事例では、漏洩行為の相手が犯罪の容疑者などであり、新聞記者ではない。記者に情報を提供する目的は、上記「Collateral Murder」事件のように、内部から行政権の違法行動を告発するところにある。捜査情報漏洩行為が犯罪者に協力する行為であるのとは異なり、記者に告発する行為は、告発対象の犯罪行為の犯人に協力するものではない。このような場合こそ、報道の自由を徹底的に保護しない限り、報道機関は行政権に対する監視機能を果たせなくなる。

　裏返せば、記者への漏洩行為を保護しないことは、行政権の構成員による犯罪を促進することになる。責任を追及されるおそれがない限り、法治国家の拘束力がなくなる。行政権がマフィアと同様の原理[67]で運用されては困る。公務員の絶対黙秘には公益がない。

　近年、通信履歴保存義務[68]などで明らかであるように、通信の秘密など、国民を権力者の監視から保護する制度が後退している。権力者が市民を徹底的に監視して、何でも知っている方向に動いている。その反面、権力者の行為はすべて市民の目から隠蔽されがちである。「マジックミラー」（one-way mirror）[69]と

---

[63]　*Kindhäuser/Neumann/Paeffgen*, Strafgesetzbuch 3. Auflage 2010, Rn. 5 zu §353b 参照。

[64]　BGH NJW 2008, 2057.

[65]　BVerfGE 28, 191.

[66]　BGH NJW 2008, 2057; BGH NJW 2003, 979; BGH NStZ 2002, 33; BGH NJW 2001, 2032; BGH NStZ 2000, 596.

[67]　Wikipedia, Omertà, http://de.wikipedia.org/wiki/Omert%C3%A0 参照。

[68]　カール＝フリードリッヒ・レンツ「連邦憲法裁判所通信履歴保存訴訟 2010 年 3 月判決」青山法学論集 52 巻 1 号（2010 年）201 頁以下参照。

して批判されている状況である。本来は、国民の個人領域を尊重して、政府関連の情報を積極的に公開する必要があるのに、正反対になっている。

従って、取材源に関する証言拒絶権を要求することは、犯罪促進の要因ではない。むしろ、行政権の違法行為を阻止する、法治国家を維持する要因である。

(2) 違法秘密の扱い

違法秘密の扱いは、複雑である。前述した Pätsch 事件判例[70]によると、自分が所属している役所が違法な行動をしていたと考えた場合でも、漏洩者は先に上司に対策を講じるように提案しなければならず、それが受け入れられなかったとしても、議員に訴えない限り、秘密漏洩として犯罪が成立する、とされている。

漏洩者の立場から考えてみると、一度上司に相談した時点で、後で記者に情報を提供するときに、自分が漏洩者であることを、予め上司に宣言する意味がある。従って、最低限でも当該判例の扱いを前提とすれば、違法秘密の場合、証言拒絶権が不要とは言えない。

(3) 平等の観点

記者が偶々、殺人事件の目撃者となった場合、その証言義務を制限する公益は何らないが、取材源に関する証言義務を制限する公益はある。取材源を保護しない限り、多くの場合、権力者の違法・不正行為を暴くことができなくなる。

これに対し、弁護士の証言拒絶権・牧師の証言拒絶権と比べて、むしろ、当該公益が重大であるにも関わらず、それを認めないことは、弁護士と牧師の場合との比較で不当である。

当該公益は、最近各国の立法で内部告発者を保護する立法でも認められている。日本では 2004 年の公益通報者保護法[71]、ドイツでは 2009 年の公務員法改正による守秘義務例外[72]が当該公益を保護する目的で制定されている。ドイツの改正法は、従来はなかった守秘義務の例外を導入した。すなわち、贈収賄の罪（刑法 331 条から 337 条まで）に関する事実を検察に通知することが守秘義務

---

(69) Greenwald, The government's one-way mirror, 2010 年 12 月 20 日ブログ発言、http://www.salon.com/2010/12/20/surveillance_9/

(70) BVerfGE 28,191.

(71) 2004 年 6 月 18 日法律 122 号。

(72) Gesetz zur Regelung des Statusrechts der Beamtinnen und Beamten in den Ländern vom 1. 4. 2009, § 37.

◇ 第 2 部 ◇　取材源秘匿のための証言拒絶権

違反でない、との規制が導入された。

(4) 守秘義務との関係

確かに、証言拒絶権だけでは取材源保護が不十分である場面がある。しかし、より徹底的な改善が可能であるから、改善の方向に動く制度を否定すべきではない。

(5) 匿名情報提供

確かに、WikiLeaks のように、最初から記者も取材源を知らない制度設計が理想的であるが、これを前提とすると、直接インタビューができないなど、記者の取材活動に制限が生じるため、記者も取材源を知らないという制度設計はすべての場面で利用できる原理ではない。従って、このような技術的な保護が可能であることを前提としても、なお法的保護には十分な意味がある。

3. 結　論

政策問題として、取材源保護が必要だと思う。

V　2007年キケロ判例[73]の立場

1. 事 実 関 係

この事件では、記者が国家秘密を雑誌「キケロ」で公開した。しかし、誰がその秘密を漏洩したかについては、不明であった。

その際、記者本人・編集者に対する刑事捜索が問題となった。検察側は、情報を漏洩した本人を特定する目的で、記者・編集者に対する捜索措置を実施した。当該捜索を命令した裁判所の決定に対し、連邦憲法裁判所への憲法異議が申し立てられた。

2. 裁判所の判断

捜索措置は憲法 5 条 1 項で保護されているプレスの自由に対する侵害である。憲法 5 条 2 項は「一般法律」による制限を認めている。刑事訴訟法も、一般法律の一つである。そのため、本件のように記者本人に対する容疑が問題となる限り、捜索も可能である。

しかし、秘密漏洩の罪が問題となる場合には、記者による公開が幇助行為になるか否かが問題となった。当時（2012 年改正前）は、漏洩した公務員の意図に

---

(73)　BVerfGE 117, 244.

よって、幇助罪の成否が決まることになっていた。当該公務員が情報を記者に漏洩する目的が雑誌による公開である場合には、幇助罪が成立するが、単なる背景資料の目的で漏洩した場合、幇助罪は成立しない。

　本件でも、このような考え方によって幇助罪が成立する可能性があったが、連邦憲法裁判所は、その成否についての判断は必要ない、と考えた。とにかく、本件のように、捜索の目的が漏洩した公務員を特定することである場合には、捜索が正当化されないとされた。

　連邦憲法裁判所は、従来の判例と同様に、記者の取材源についての証言拒絶権が憲法上必要である、という前提を確認した。取材源が記者による秘密保護を信頼できない場合、記者への協力を期待できないことになり、新聞は機能しない、という理由からの判断である。

　上に述べたように、筆者は、政策問題として拒絶権を認めるべきとする立場である。しかし、連邦憲法裁判所が主張しているように、憲法上でもその必要があるか否かについては、さらに検討が必要である。

Ⅵ　記者の取材源に関する証言拒絶権を憲法上認めるべきか

　仮に、記者の証言拒絶権による取材源保護を必要と考えた場合でも、当該必要が憲法上の要請か、それとも単なる政策論か、別に検討する必要がある。

　この点について、筆者は、ドイツの判例と異なり、記者の取材源に関する証言拒絶権は憲法上の要請ではない、と考えている[74]。

（1）肯　定　説

　a）報道の機能に必要　　Cicero 判例が主張している[75]が、報道は、取材源からの情報を必要とする。しかし、取材源の保護がなければ、その協力を得られない。従って、当該保護は憲法上でも必要である。

　b）取材源特定を目的とする捜索の禁止　　記者に対する刑事捜索を、記者自身に対する捜索というより、取材源特定の目的で行うことは、捜索権の乱用であり、許すべきでない。

（2）否　定　説

　a）肯定説に対する反論　　連邦憲法裁判所が主張しているとおり、取材源の保護がなければ、違法・不正の秘密の暴露を期待できないので、新聞の公権

---

[74]　小山剛「取材源の秘匿」法学研究 236 号（2000 年）18 頁以下も同旨。

[75]　BVerfGE 117, 244.

◇ 第 2 部 ◇　取材源秘匿のための証言拒絶権

力に対する監視者としての機能を期待できない。

　現に、WikiLeaks が従来のマスコミより多くの秘密を暴露できるところを見ると、このような主張が裏づけられるように思われる。特に国家の違法・不正に関する秘密は保護すべきではなく、常に暴露されるようなマスコミ制度の仕組みが整備されない限り、行政権による違法・不正行動のやり放題になる恐れがあり、憲法の基本原理である法治国家主義も実質的に崩壊する可能性が生じる。

　しかし、保護の必要があるからこそ、中途半端な「拒絶権」では不十分である。最低限でも、弁護士と同様に、証言拒絶権だけではなく、拒絶の義務（守秘義務）を認めない限り、保護にならない。重大な秘密については、更に、WikiLeaks のように、技術的対策で最初から記者に漏洩者の身元が知れないように、制度を設計しなければならない。

　日本のように、現在は記者の証言拒絶権を認めていない国の場合、弁護士経由で情報を提供すべきである。公務員 A が秘密に関する情報を直接記者 C に提供するのを避けて、弁護士 B に提供した後に、B がそれを C に提供する場合、弁護士は守秘義務を負うので、A の身元の特定に関する保護は、単なる証言拒絶権より強くなる。日本のように、弁護士に対する拷問などの圧力がない国では、それで充分に間に合う。弁護士の費用が生じるが、重大な秘密漏洩が問題となる事件では、漏洩者にとって身元を特定されないことが死活問題であり、重大な公益にもかかわるので、その費用の節約を問題にするような場合ではない。

　ｂ）文言解釈　　日本でもドイツでも、新聞の自由の保護に関する憲法条文をいくら読んでも、「記者の証言拒絶権」という言葉が見当たらない。

　裁判所は、憲法に何ら定められていないことを勝手に憲法の内容として認めるべきではない。当該内容が憲法上必要であると考えた場合には、憲法を改正して取り入れるべきである。

　ｃ）記者の倫理と覚悟　　記者は当然ながら、国家権力に挑むような記事の根拠に国家秘密漏洩を使うときに、ある程度の覚悟が必要である。情報提供者を特定できる記録を捜索で簡単に入手されるような形で残さない覚悟、また、仮に刑事訴訟で証言の義務があり、当該証言を拒絶した場合に制裁の対象になる場合でも、情報提供者を裏切ることを考えずに、当該制裁を受けても取材源を守る覚悟が倫理的に要請される。

記者の当該倫理的な覚悟がなければ、「取材源についての証言拒絶権」を認めても、取材源は安心できない。それがあれば、拒絶権は不要である。

（3）結　論

政策問題として、取材源に関する拒絶権は必要である。しかし、憲法がそれを明白に認めていない以上、裁判所が強引な解釈によって拒絶権を認めるほど、必要とも思わない。「合憲解釈」は認めても、「強引解釈」は避けるべきである。

Ⅶ　おわりに

筆者は 1958 年生まれ 57 歳だが、もし、自分がいつ生まれるかについて選択可能であれば、今までの歴史のなかで、1958 年にドイツで生まれることが優れた選択だと考えている。これほど豊かで平和な時代を生きることは、歴史に例が少ない。恵まれている。感謝している。

しかし、Leggett が最近の著書[76]で説明しているように、これからは大混乱の時代になる可能性が大いにある。2015 年程度、石油ピークによるショックが先にくるか、それとも更なる金融制度の破綻による世界的混乱が先にくるかは別にして、近い将来に従来の安定を維持できない、と Leggett は主張している。とにかく、短期的に見ても今の豊かで平和な時代が続く可能性は少ない。石油ピークの世界になると、中国も尖閣諸島の近くにある世界石油資源の 10 パーセント程度の魅力に惹かれて、日本に対する軍事行動を起こす可能性が増す。

激変・混乱の世界になると、憲法に関する感覚も変わる必要がある。人権・民主主義・法治国家についての憲法の保障はより強力でなければならない。独裁国家に変わる可能性は、平和の時代より混乱の時代に大きい。

そのなか、本稿で扱った記者と取材源の関係についていうと、憲法の文言に何ら根拠なく判例で「証言拒絶権が必要」と決めつけるべきではない。確かに、それがあった方がいい。将来に予測される激変時代では、なお必要である。しかし、その根拠もまた、疑いの余地がないものにすべきである。

日本では、憲法の改正を議論するなかで、当該権利を憲法 21 条の明白な文言として導入すべきである。もちろん、刑事訴訟法の改正によっても、導入すべきである。そのことができない間には、予測される激変・混乱社会における保障としては、単なる憲法判例に基づく保障では、不十分である。日本の現行法

---

[76]　Jeremy Leggett, The Energy of Nations, 2013 年 9 月。

◇第2部◇　取材源秘匿のための証言拒絶権

を前提に、取材源が記者に情報を匿名で出しておくか、それとも弁護士経由で出すか、そういった対応が必要である。最高裁の判例変更を前提とする憲法上の取材源に関する証言拒絶権に頼るべきではない。

◈ 第5章 ◈ 取材源に関する証言拒絶権［カール＝フリードリッヒ・レンツ］

〈付録：関連条文の翻訳〉

1．刑事訴訟法

・48条
　証人は、その尋問のために決められた期日に裁判官の前に出席する義務を負う。法律上の例外が妥当しない限り、証言する義務を負う。
　2　証人の召喚は、以下の説明を含む。証人の利益を保護する訴訟法上の規定について、証人の便宜に関する可能性について、および欠席の場合の法定効果についての説明である。

・53条
　以下の者も、証言を拒絶できる。
　1．聖職者が、牧師として打ち明けられた、または知るにいたった情報について；
　2．容疑者の弁護人が、その弁護人として打ち明けられた、または知るにいたった情報について；
　3．弁護士、弁理士、公証人、公認会計士、[77]税理士、[78]医師、歯医者、心理学に基づく治療師（子供・青少年専門のものを含む）、薬剤師、安産婦が、その職務で打ち明けられた、または知るにいたった情報について。弁護士以外の弁護士会会員は、弁護士と同様とする。
　3a）妊娠葛藤法第3条から第8条までに基づいて認可された相談所の職員およびその委託を受けた者が、その職務として打ち明けられた、または知るにいたった情報について；
　3b）行政庁、公法上の団体、施設または財団が認可した、または自分で運営している麻薬依存症に関する相談所の職員およびその委託を受けた者が、その職務として打ち明けられた、または知るにいたった情報について；
　4．連邦議会、連邦会議、EU議会のドイツ出身議員、州議会の議員が、その職務により、一定の者から一定の情報を打ち明けられた場合、その者について、または当該情報について；
　5．印刷物、放送番組、映画による報道または情報提供・世論形成を目的とする情報・通信サービスの準備・制作・配布に職務上寄与する、または過去に寄与した者。
　1文5号の者は、以下の点について証言を拒絶できる。投稿・資料の著者、その他の情報提供者の身元について、その職務に関して受けた情報、その内容、および自分で作った資料および職務に関する監察についてである。但し、当該投稿・資料・情報・自作資料が編集された部分[79]についてである、または編集されている情報・通信サービスについてのみ、拒絶権が成立する。
　2　1項1文2号から3b号までの者は、守秘義務の免除を受けた場合、証言を拒絶できない。1項1文5号の者が自作資料の内容およびこれに関連する監察について証言拒絶する権利は、以下の場合にはない。当該証言が重罪の解明に貢献すべき場合、または当該捜査の対象が以下の犯罪の一つである場合（一定の平和・国家の安全・性的自己決定権に対する犯罪および資金洗浄、詳細の翻訳を省略）であり、事実の解明または容疑者の居場所の特定が他の方

---

(77)　Wirtschaftsprüfer, vereidigte Buchprüfer の両方をこれで訳す。
(78)　Steuerberater und Steuerbevollmächtigte の両方をこれで訳す。
(79)　広告以外の部分。

◇ 第2部 ◇　取材源秘匿のための証言拒絶権

法でできない、または困難である場合である。但し、証人は、以下の場合において、これでも
証言を拒絶できる。当該証言が投稿・資料の著者・投稿者の特定または証人に提供された情
報・その内容の判明に及ぶ場合である。

・97条
　以下の物は、差押えの対象外である。
　1．容疑者および52条、53条1項1文1号から3b号までの証言を拒絶できる者の間の書
面上の叙述；
　2．53条1項1文1号から3b号の者が、容疑者からの叙述・その他証言拒絶権が及ぶ事情
について作成した記録；
　3．53条1項1文1号から3b号までの証言拒絶権が及ぶその他の物(医療カルテを含む)。
（2項から4項：他の場合に関する詳細規定、翻訳を省略）。
　5　53条1項1文5号の者の証言拒絶権が及ぶ限り、当該者または編集部、出版社、印刷
場または放送局が保持する書面、音声・画像・情報媒体その他の表示の差押えは許されない。
2項3文[80]および160a条4項2文は準用する。但し、2項3文の幇助に関する規定は、具体
的な事実により、幇助に関する重大な容疑が成立する場合に限り、準用する。但し、これらの
場合でも、差押えが許されるためには以下の条件がある。憲法5条1項2文の人権を配慮し
て差押えが事件の重大性からみて不相当でないこと、事実の解明または行為者の居場所の特
定が他の方法でできない、または困難であること、との条件である。

・108条
　捜索の際、捜査に関係ないが、他の犯罪の示唆となる物が発見される場合、それらの物を仮
に差し押さえなければならない。検察に報告しなければならない。捜索が103条1項2文に
基づく場合、その限りでない。
　2　医師が保持する患者の妊娠中絶に関する1項1文の物が発見される場合、患者に対す
る妊娠中絶（刑法218条）の刑事手続きで、当該証拠を使用することができない。
　3　53条1項1文5号の者が保持する当該者の証言拒絶権が及ぶ1項1文の物が発見され
る場合、当該物が刑事手続きで証拠として使用できるのは、以下の場合に限る。当該刑事手
続きは、最低でも5年までの自由刑の法定刑であり、刑法353b条の犯罪でない犯罪を対象と
する場合である。

・160a条
　53条1項1文1号・2号・4号の者に対する捜査措置により、当該者が証言を拒絶できる
情報を得ることが予測される場合、当該捜査措置は許されない。なお得た情報は、使用する
ことができない。これに関する記録は、遅滞なく消さなければならない。情報の入手および
その消却の事実は、記録に残さなければならない。53条1項1文1号・2号・4号の者に対
しない捜査措置により、それらの者から、証言を拒絶できる情報を得た場合に、2文から4文
を準用する。

---

(80)　以下の場合、差し押さえは制限されない。具体的事実に基づき、証言を拒絶できる者
　　が当該行為の従犯・犯罪庇護罪・証拠隠滅・盗品譲受を犯した容疑がある場合、および
　　犯罪の結果で生じた物、犯罪の実行に使用した、またはそれを目的とした物、または犯
　　罪を原因とする物である場合である。

◈ 第 5 章 ◈ 取材源に関する証言拒絶権［カール゠フリードリッヒ・レンツ］

　2　53 条 1 項 1 文 3 号から 3b または 5 号の者に捜査措置が及び、それにより当該者が証言を拒絶できる情報を得ることが予測される場合、この点を相当性判断の際に特に配慮しなければならない：手続きが重大な犯罪を対象としない限り、原則として刑事捜査の利益が優先する判断をしてはならない。判断の結果で正当である限り、措置を見送る、または、その措置の種類によって可能である場合、制限しなければならない。情報の証拠目的使用について、1 文を準用する。

　3　53a 条の者が証言を拒絶できる限り、1 項・2 項を準用する。

　4　1 項から 3 項は、以下の場合に適用しない。具体的な事実に基づき、証言を拒絶できる者が当該犯罪の従犯または犯罪庇護罪・証拠隠滅・盗品譲受を犯した容疑がある場合である。当該犯罪の起訴が告訴または授権を必要とする場合、53 条 1 項 5 号の者について、告訴または授権があった時点から、その限りにおいて 1 文を適用する。

　5　97 条および 100c 条には、本条は影響しない。

2．刑　法

・353b 条
公務上の秘密漏洩および特別守秘義務違反
　1．公務員
　2．公務を特に委託された者
　3．公務員組合関係で課題・権限を行使している者として
打ち明けられた、またはその他の方法で知るにいたった秘密を権限なく漏洩する者は、重大な公益が侵害されるおそれが生じたときに、5 年以下の自由刑または罰金刑に処する。重大な公益侵害のおそれについて過失で行為した場合、1 年以下の自由刑または罰金に処する。

　2　1 項の場合の他、
　1．連邦または州の立法機関またはその委員会の決議により守秘義務を負うまたは
　2．その他の公的機関が守秘義務違反に関する罰則を説明した上に正式に守秘義務を負わされた物または情報を他人に渡し、または公開する者は、重大な公益が侵害されるおそれが生じたときに、3 年以下の自由刑または罰金刑に処する。

　3　未遂は、処罰する。

　3a　刑事訴訟法 53 条 1 項 1 文 5 号の者の幇助行為は、秘密・特に守秘義務がある物または情報について、受理・分析または公開に留まる限り、違法ではない。

　4　起訴には授権が必要である。以下の者が、起訴権限を与える。
　1．立法機関の長
　a）1 項の場合に、行為者が連邦または州の立法機関に勤務した際に当該秘密を知るにいたったとき
　b）2 項 1 号の場合。
　2．最高連邦行政庁
　a）1 項の場合に、行為者が連邦の行政庁その他の連邦の機関に勤務した際に当該秘密を知るにいたったとき。
　b）2 項 2 号の場合、行為者が連邦の機関によって守秘義務を負わされたとき。
　3．州の最高行政庁　1 項および 2 項 2 号のその他の場合。

―――――― 第6章 ――――――

刑事裁判における取材源の秘匿[1]

池田公博

I	はじめに	Ⅳ 検 討	
Ⅱ	報道の自由と取材源の秘匿	Ⅴ おわりに	
Ⅲ	法的規律をめぐる議論		

I はじめに

　報道機関を対象として、刑事手続上の処分（証言強制や押収など）を行うことは、従来、報道・取材の自由に対する制約を伴うとされてきた。

　もっとも、そうした考慮を根拠として、報道機関に対する刑事手続は抑制的に運用すべきである、あるいは、報道機関は一定の場合に刑事手続上の処分の対象から除外されるべきである、という理解を述べようとする場合、以下の点が直ちに問題となる。すなわち、具体的にいかなる組織を対象として刑事手続上の処分を実施することが、いかなる意味で報道の自由・取材の自由に対する制約を生じさせるのか、さらに、いかなる範囲の処分にいかなる規律を妥当させるべきか、ということである。

　本稿は以上の問題意識に基づき、以下ではまず、検討の前提となる、報道の自由・取材の自由の憲法上の意義を明らかにしたうえで（Ⅱ）、これらの自由に対する制約を生じさせるとされる刑事手続上の処分に及ぼすべき法的規律のあり方をめぐる、従来の議論を参照するとともに、解決を要する課題を摘示し（Ⅲ）、それらの課題について一定の解釈論的見解を示すことする（Ⅳ）。

---

(1)　本稿の執筆に当たっては、木下昌彦・神戸大学大学院法学研究科准教授から、主として憲法上の議論に関して有益なご教示、ご助言を得た。記して謝意を表する。本稿になお残る誤りの責任は、ひとえに著者に帰する。

『〈講座 憲法の規範力〉第4巻 憲法の規範力とメディア法』ドイツ憲法判例研究会編

◇第2部◇　取材源秘匿のための証言拒絶権

Ⅱ　報道の自由と取材源の秘匿

1. 報道・取材の自由の保障

　報道の自由の保障について、判例は「報道機関の報道は、民主主義社会において、国民が国政に関与するにつき、重要な判断の資料を提供し、国民の『知る権利』に奉仕するものである。したがつて、思想の表明の自由とならんで、事実の報道の自由は、表現の自由を規定した憲法二一条の保障のもとにある」とした（博多駅事件における最高裁大法廷決定[2]）。すなわち、報道の自由が憲法上の保障のもとにある理由として、それが国民の知る権利の充足に向けられたものであることを挙げている。

　報道の自由の保障の理論的な位置づけについては、それが個人の表現の自由と同様の、「送り手の自由」を含むものであるかの点において争いがある[3]。もっとも、報道の自由と表現の自由とを区別する立場はもとより、これらに質的な差異を認めない立場からも、知る権利を充足する機能を営んでいることに鑑みて、報道・取材の場面において、その活動を容易にする方向で、報道機関に個人とは異なる地位が与えられること（たとえば、裁判傍聴において報道関係者のための席が一定数確保されることなど）が、全面的に否定されてはいない。そのため、報道機関を対象とする刑事手続に、個人を対象とする場合とは異なる考慮が妥当することも、報道・取材の自由の憲法論上の位置づけのいかんを問わず認められうるものといえる。

　他方で、報道すべき内容を収集する活動の自由、すなわち取材の自由について、判例は、当初は冷淡ともいえる態度をとっていた[4]。しかしその後態度を

---

(2)　最大決昭和44年11月26日刑集23巻11号1490頁。

(3)　池田公博『報道の自由と刑事手続』（有斐閣、2008年）12頁以下参照。

(4)　最大判昭和27年8月6日刑集6巻8号974頁〔朝日新聞記者事件〕。この事件では、犯罪事件の捜査の過程で、刑訴法226条に基づく証人尋問のために召喚された新聞記者が、取材源の秘匿を理由に宣誓および証言を拒んだことが、刑訴法161条1項に定める、証言を拒絶する「正当な理由」がある場合に当たるかが問題となった。最高裁は、処罰を適法とする判断を示す前提として、「憲法〔21条〕の保障は、公の福祉に反しない限り、いいたいことはいわせなければならないということである。未だいいたいことの内容も定まらず、これからその内容を作り出すための取材に関しその取材源について、公の福祉のため最も重大な司法権の公正な発動につき必要欠くべからざる証言の義務をも犠牲にして、証言拒絶の権利までも保障したものとは到底解することができない」として、証言拒絶を認めなかった

軟化し[5]、「報道機関の報道が正しい内容をもつためには、報道の自由とともに、報道のための取材の自由も、憲法二一条の精神に照らし、十分尊重に値いするものといわなければならない」とする判断を示すに至った。学説上も、取材の自由を認めることに消極的な見解が示されることもあったものの、およそ取材に基づかない報道というものを観念し難いという意味において、取材活動は報道活動の不可欠の前提である以上、その自由もまた憲法上の保障のもとにあると解されている[6]。ただし、取材活動自体は報道そのものではなく、編集を必然的な媒介として国民の知る権利の充足につながるという性質を有する点で、報道活動そのものとは異なり、知る権利の充足との関係では間接的な性質を有する。判例上、報道の自由が「憲法二一条の保障の下にある」とされる一方、取材の自由が「憲法二一条の精神に照らし、十分尊重に値いする」という表現にとどめられているのも、取材は、編集を介してのみ報道に結びつきうるという、間接的な性質を有する活動であることを念頭に置くものと考えられる。

　そしてその意味ではむしろ、編集、すなわち取材結果をもとに情報を取捨選択し、報道内容を構成する活動は、報道の内容を直接的に定めるものであるという点において、報道活動の一部を構成するものと位置付けられることとなる。また、報道が自由に行われているというのも、単に何らかの情報が流通していることを意味するのではなく、国民の知る権利の充足の観点から、流通させるべきと自律的に判断された情報が流通していることに意義が認められるというべきである。こうした観点からは、流通すべき情報の取捨選択、すなわち編集の自由ないし自律性が担保されることは、情報配信活動そのものが妨げられないことと並んで、報道の自由の不可欠の構成要素であるというべきであって、編集活動に対する制約もまた、報道の自由に対する制約と位置付けられることとなる。

---

(5)　最大決昭和33年2月17日刑集12巻2号253頁〔北海タイムス事件〕。新聞記者が裁判長の許可なく、またその命令を無視して、法廷内で被告人の写真を撮影したことを、法廷等の秩序維持に関する法律に基づく制裁の対象とすべきかが問題となった事案において、検討の前提として、「およそ、新聞が真実を報道することは、憲法二一条の認める表現の自由に属し、またそのための取材活動も認められなければならないことはいうまでもない」として、取材活動の自由に対する一定の配慮を示した。

(6)　池田・前掲注(3)24頁以下。

◇ 第2部 ◇　取材源秘匿のための証言拒絶権

2. 取材源の秘匿の位置づけ

　取材源（以下、「報道される情報の提供者の身元」の意味で用いる）の秘匿は、報道機関の遵守すべき最高次の倫理的規範と理解されてきた。もちろん取材源は常に秘匿されるわけではなく、むしろ情報の信ぴょう性を基礎づけるために明らかにされることもある。しかし、組織内部の問題を解決するための内部告発など、提供される情報が、取材源自身の属する組織等の不利益につながるものである場合には、情報提供を行ったことが判明することは報復を招くなどのおそれを生じさせることがある。そのため、こうした情報の取得に際して、場合によっては、その報道に際しては取材源を明らかにしない旨の確約が求められることとなる。つまり取材源の秘匿は、必要な場合に、価値ある情報を引き出すためにとられる手段の一つと位置づけることができる。

　これに対して、刑事手続は、強制的に情報を開示させることによって、取材源秘匿の確約を無効にする効果を持つ。つまりその場合、取材源であっても開示される可能性が生じることから、開示を恐れる取材源が情報提供を躊躇する（萎縮効果が生じる）結果、報道されるべき情報の質および量が低下し、ひいては国民の知る権利の充足を阻害するという意味において、報道の自由を制約する効果を生じさせうるとされる。また、そのような状況の下で報道機関は、秘匿の確約を貫徹するために、取材源の開示を求められるおそれを生じさせると思われる情報の報道そのものを断念する（自己検閲）こととともなり、そのような意味でも情報流通に対する阻害も生じうるというのである[7]。

　最高裁も、報道用資料の押収に関する評価として、博多駅事件決定において「提出命令の対象とされたのは、すでに放映されたフイルムを含む放映のために準備された取材フイルムである。それは報道機関の取材活動の結果すでに得られたものであるから、その提出を命ずることは、右フイルムの取材活動そのものとは直接関係がない。もつとも、報道機関がその取材活動によつて得たフイルムは、報道機関が報道の目的に役立たせるためのものであつて、このような目的をもつて取材されたフイルムが、他の目的、すなわち、本件におけるように刑事裁判の証拠のために使用されるような場合には、報道機関の将来における取材活動の自由を妨げることになるおそれがないわけではない」とし、想定される具体的なプロセスは明らかでないものの、報道用資料が捜査機関の手

---

(7)　池田・前掲注(3)51頁以下。

◈ 第6章 ◈ 刑事裁判における取材源の秘匿［池田公博］

に渡ることを、将来の取材活動に対する制約をもたらしうる事情に位置づけている。

　もっとも、潜在的な情報源の存在は通常明らかにならないことなどから、萎縮効果の存在を実証することは困難であり、観念的なものにとどまるともいえる。そして、仮にそのような効果が発生していると見ること自体は合理的であると考えられるとしても、そうした効果の発生の防止を憲法上の要請と解すべきかには疑問とする余地もあろう。そもそも、提供された情報が実際に報道されるかどうかについては、報道機関の編集判断が絶対的に優先する。これと同様に、情報提供者の身元が秘匿されるか否かも、報道機関の自律的な編集判断にゆだねられている。その意味では、情報提供者自身に身元の秘匿を求める固有の権利があるわけではなく、期待が保護されるのは編集の自律性が保護されるべきであることの反射的な利益に過ぎないとも考えられるからである。

　とはいえ、他方で、そうした想定に伴い報道機関が自己検閲に走るおそれ——それがどこまで合理的な編集判断かは疑問の余地があるものの——が生じるとすれば、そのことは、刑事手続の存在が編集判断に影響を及ぼしているものと評価することも可能であろう。さらに、より直接的な問題として、報道しないと判断された情報が外部に知られること自体が、少なくともその限りで、報道機関の自律的な編集判断と異なる帰結をもたらすものともいえる。そうであるとすれば、取材源の開示の強制は、法律上定められる処分の要件が認められる場合であっても、それだけで無制約に認められてよいものではないというべきであろう。

　ただし、そのように考えることは、取材源の秘密の保護が憲法上の要請であることまでを直ちに含意するものではない。この点について、たとえば最高裁は、記者がその取材源について証言を拒むことを認めた、民事訴訟における判断[8]の中で、報道の自由、取材の自由の位置づけについては博多駅事件大法廷決定を引用しつつ、取材源の秘密については「取材の自由の持つ上記のような意義に照らして考えれば，取材源の秘密は，取材の自由を確保するために必要なものとして，重要な社会的価値を有するというべきである」とするにとどめ、憲法上の保障との関係について言明していない。そこでは、取材源の秘匿は憲法21条の保障と関連するものの、そこから直接要請されるものでもないとの

---

(8)　最三小決平成18年10月3日民集60巻8号2647頁。

◇ 第 2 部 ◇　取材源秘匿のための証言拒絶権

理解が窺われる。

　確かに、すでに報道された情報の取材源が秘匿されても、それ自体が直接に新たな情報の取得を担保するとは限らないし、すでになされた編集判断・報道内容に変更をもたらすものでもない。そうである以上、取材源の秘匿が報道の自由の保障にとって持つ意味は、将来において抽象的に想定されうるものにとどまり、具体的な結びつきは認めがたい[9]。そのため、取材源の秘匿を憲法上の要請から切り離す理解それ自体には、合理性を認められるように思われる。

　とはいえ、こうした考慮は、憲法上の報道の自由の保障の価値の保障に無関係ともいえない。そして、処分に際して一定の配慮を怠ることが結果として報道の自由の保障に否定的な影響をもたらすという意味において、この考慮ないしそれに基づく規律に、憲法上の価値との——直接の要請とはいえないまでも——連関を肯定することは可能であろう[10]。

Ⅲ　法的規律をめぐる議論

1. 証人尋問に及ぶ規律

　先述したように、取材源の秘匿、ないし編集の秘密・自律は、報道機関の遵守すべき最高次の倫理的規範と理解されてきた。そしてそのことを理由に、刑事手続において強制的な開示を求められない地位が保障されるべきであると主張されている。もっとも、職業上の倫理的規範には、単に当該職業の利益の確保に向けられているにとどまるものも含まれる。そして、少なくともそのような規範の存在のみを理由として、処罰の可否を決するために事実の存否を確認するという、社会一般の利益に属する刑事手続の作用を制約することが適切とは思われない。実際、実定化されている証言・押収拒絶権は、一定の情報の秘匿を認めることが、国民一般の社会生活上の利益に結びつく性質を有すること

---

(9)　博多駅事件大法廷決定・前掲注(2)は、報道用フィルムの押収によって報道機関がこうむる不利益として、「報道の自由そのものではなく、将来の取材の自由が妨げられるおそれがあるというにとどまるものと解される」としている。

(10)　小山剛「取材源の秘匿」法学教室 236 号（2000 年）18 頁が、「重要なのは、憲法の理念およびマス・メディアが現に果たしている社会的機能を踏まえ『憲法 21 条の要請ではないが憲法 21 条に親和的なルール』の形成を模索することであろう」とするのも同様の趣旨か。以下の本稿における検討も、そのようなルールの形成の模索に向けられたものといいうるように思われる。

◆ 第6章 ◆ 刑事裁判における取材源の秘匿［池田公博］

が根拠となるべきものと解されている。

　もっとも、報道の自由は、単に一個人ないし一企業の経済活動の自由としての側面を有するにとどまらず、情報の自由な流通をもたらす点で民主主義的政治過程の不可欠の構成要素をなしており、公共の利益の実現に向けた活動の自由としての側面を有するものといえる。そして、編集の秘密を保障することが取材源から情報を引き出す手段であるとすれば、報道機関に情報の開示を拒む地位を認めることは、流通する情報の質や量を高めることにつながると言え、その意味において国民一般の社会生活上の利益に結びつく性質を有するということも可能であろう[11]。

　そのため、この点を根拠に、他の実定法上証言拒絶権等が認められている職業と並んで、報道活動において得られた秘密についても、刑事裁判において開示を拒否できるものと解すべきであるとする見解も有力に主張されてきた。ただし、そのことを、現行法上の証言拒絶権を報道関係者に類推適用するという形で実現することには、解釈論上困難な問題がある。というのも、証言拒絶権の存在は裁判所による事実認定に重大な制約を加えるものであって、条文上の列挙も制限的なものであると解すべきだからである[12]。

　他方で、証言拒絶を認める方策としては、証言拒絶権を認めることのほかに、報道機関による証言拒絶が一定の場合に証言拒否罪の成立を妨げる事由としての「正当な理由」（刑訴法161条1項）があるものとして扱うことも考えられる[13]。ただし、この点についても最高裁は、朝日新聞記者事件において消極の見解を示している[14]。しかし、先にも述べたように、その理由づけにおいて示されている取材の自由に対する見方は、その後の博多駅事件大法廷決定において示されたものとは異なるものであった。そして、博多駅事件の判断に示された評価を見る限り、少なくとも報道の自由を根拠とする証言拒絶に、刑訴法161条1項の「正当な理由」が認められるかの判断において、異なる事案で異なる結論をとる余地が否定されているものとまで見ることは相当でないように思われる[15]。

---

(11)　平成18年最高裁決定（前掲注(8)）も、取材源の秘匿に「重要な社会的価値が認められる」とする。

(12)　池田・前掲注(3)70頁以下。朝日新聞記者事件（前掲注(4)）判例も同旨を述べる。

(13)　池田・前掲注(3)74頁以下。

(14)　前掲注(4)。

◇ 第2部 ◇　取材源秘匿のための証言拒絶権

実際、民事事件においては、最高裁は報道機関の記者の取材源に関する証言拒絶を認めている[16]。確かに、「職業の秘密」についての証言拒絶権を認める、民事訴訟法の規定の解釈論として示された判断であり、刑事訴訟法の解釈として同様の解釈論を展開することはできない。しかし、その背景にある報道の自由に対する考え方は、博多駅事件大法廷決定を引用したもので、刑事事件においても同様の考慮を妥当させたうえで証言拒絶を正当化することは、考えられないものではないものといえよう。ただし、その際、具体的にいかなる場合に証言拒絶を正当なものとして認めるかについては、更なる検討が求められる。

2. 押収に及ぶ規律

他方で、報道用資料の押収について、最高裁は、以下に見るような判断を下している。

まず、國學院大學映研フィルム事件決定[17]は、國學院大學映画研究会が新宿地区における騒乱状況を撮影したフィルムを捜査機関が差し押さえた処分について、準抗告審が、学園祭におけるフィルム上映が不可能になることを考慮して違法としたのに対して、検察官から申し立てられた特別抗告に対し、「差押物が証拠物または没収すべき物と思料されるものである場合……であつても、犯罪の態様、軽重、差押物の証拠としての価値、重要性、差押物が隠滅毀損されるおそれの有無、差押によつて受ける被差押者の不利益の程度その他諸般の事情に照らし明らかに差押の必要がないと認められるときにまで、差押を是認しなければならない理由はない」と述べ、原判断を是認した。この判断は、直接的には捜査段階における処分の必要性を、令状を発付する裁判官が審査しうるかに関わるものであるが、その審査が、フィルムの上映について有する被処分者の利益を考慮に入れてなされたことを是認したことで、最高裁も、報道の自由の保障に配慮して処分の当否を判断する立場をとるものとの理解が示された。

---

[15]　刑訴法161条1項の正当な理由とは、「理論上法秩序全体の見地から宣誓・証言を拒否する権利があると認められる場合ないし実質的に違法性を欠くと認められる場合も、本条にいう『正当な理由』があるといえる」とされる（松本時夫ほか編『条解刑事訴訟法（第4版）』（弘文堂、2009年）292頁）。ただし、「実際上、明文の規定によらないで正当な理由ありと認められる場合はほとんど考えられ〔ない〕」（同上）ともされている。

[16]　最三小決平成18年10月3日民集60巻8号2647頁。

[17]　最三小決昭和44年3月18日刑集23巻3号153頁。

142

◆ 第6章 ◆ 刑事裁判における取材源の秘匿［池田公博］

　実際、その後、まさに報道機関の保管する資料の押収の当否が問題となった博多駅事件[18]、日本テレビ事件[19]、ＴＢＳ事件[20]において、最高裁は、報道用資料の押収に当たっては、その相当性の判断において、報道の自由の価値を考慮することが要請され、それに応じて必要とされる事案解明の利益も、相応に高度のものとなるとする考えを示している。たとえば、博多駅事件においては、「公正な刑事裁判の実現のために、取材の自由に対する制約が許されるかどうかが問題となるのであるが、公正な刑事裁判を実現することは、国家の基本的要請であり、刑事裁判においては、実体的真実の発見が強く要請されることもいうまでもない。このような公正な刑事裁判の実現を保障するために、報道機関の取材活動によつて得られたものが、証拠として必要と認められるような場合には、取材の自由がある程度の制約を蒙ることとなつてもやむを得ないところというべきである。しかしながら、このような場合においても、一面において、審判の対象とされている犯罪の性質、態様、軽重および取材したものの証拠としての価値、ひいては、公正な刑事裁判を実現するにあたつての必要性の有無を考慮するとともに、他面において取材したものを証拠として提出させられることによつて報道機関の取材の自由が妨げられる程度およびこれが報道の自由に及ぼす影響の度合その他諸般の事情を比較衡量して決せられるべきであり、これを刑事裁判の証拠として使用することがやむを得ないと認められる場合においても、それによつて受ける報道機関の不利益が必要な限度をこえないように配慮されなければならない」としている。

　國學院大學映研フィルム事件決定によれば、刑事訴訟法上の処分は、仮に要件が充足されている場合であつても、達成される目的に照らして手段が不相当に均衡を失するものであってはならないという考慮の下でその適否が判断される[21]。そして同様の考慮は報道用資料の差押えにも妥当するのであり、この点

---

(18)　前掲注(2)。

(19)　最二小決平成元年 1 月 30 日刑集 43 巻 1 号 19 頁。

(20)　最二小決平成 2 年 7 月 9 日刑集 44 巻 5 号 421 頁。

(21)　東京地決平成 10 年 2 月 27 日判時 1637 号 152 頁は、わいせつ図画公然陳列罪の捜査において、ウェブサイトを開設してわいせつ画像のデータを蔵置させたものを特定するために、インターネットサービスプロバイダの有する顧客管理情報を記録したフロッピーディスク（FD）を差し押さえた処分について、差し押さえられた FD に記録されている情報は、一部に被疑事実との関連性が認められるものの、多数の無関係の情報が含まれているとして、関連情報も含む FD の差押えの必要性を否定した。ただし、差押えの

143

◇第 2 部◇　取材源秘匿のための証言拒絶権

を扱う上記 3 事件の判断も、手段の当否を判定するに際して、一方において処分によって達成される利益と、他方において報道の自由に対する制約の有無及び程度とを、比較して考慮すべきとしたものといえる。ただしその判断は事案に即したものであり、また、列挙される考慮要素の位置づけや意義についての理解も、必ずしも一義的に定まっているものとはいえない。そのため、判断枠組みを合理的なものとするためには、具体的にいかなる場合に押収が不相当とされるかについて、更なる検討が必要となる。

　また、処分の適否が具体的な事案のあり方によって左右されること自体も、処分の帰趨の予測を困難にするもので、とりわけ萎縮効果の除去を重視する立場からは、妥当でないと評価されうるところである。比例原則の適用枠組みの合理化は、その判断の帰結の予測可能性を高めることになるから、そうした問題提起に対する応答としての意味を認めることもできよう。

3. 検討を要する課題

　以上に見たように、証言強制、報道用資料の押収それぞれの場面において、報道の自由の価値に鑑みて、処分を拒むことが正当とされ、あるいは処分を行うことが違法となる余地は、現行法の解釈論からも導かれうる。問題は、それが具体的にいかなる場合かということであり、以下の検討を要する。

　まず、こうした考慮が妥当する「報道機関」の範囲をいかに画するかということである（後述Ⅳ 1）。報道機関は、事実の問題としては誰もが自らをそう呼びうるものであるとしても、報道機関を自称する者すべてに何らかの法的保護が妥当すると解するのは、理由がないばかりでなく、刑事司法制度の機能不全を容易にもたらすこととなる。あくまで、一定の保護が妥当する余地が認められるのは、規範的に見て報道の自由の担い手と評価すべき者に限られるべきであろう。

　次に、上記のように隠される報道機関の有する情報のいかなる部分が、その開示を免れるものとすべきかである。報道機関は報道活動を行っているが、報道活動に直接関連しない情報も有しており、それらの区別が問題となる（後述Ⅳ 2）。他方で、報道用資料というだけで常にそれらが保護の対象となるかも、

要否は、対象物件ごとに判定されるべきで、本件の FD も、差押えの必要そのものを否定することはできず、問題があるとすれば過剰に無関係の情報を取得することとなったことで相当性を欠く点にあるというべきである。参照、大澤裕「コンピュータと捜索・差押え・検証」法学教室 244 号（2001 年）44 頁。

検討する必要がある（後述Ⅳ3）。

　最後に、上記の考慮を妥当させるための手続的な保障のあり方についてである（後述Ⅳ4）。証言については、証言拒絶の判断が貫徹されるならば、情報は保護されうる。これに対し、報道用資料については、保管上も他の資料と混在しうるばかりでなく、単一の物件の中にも様々な情報が記録されうる。そのため、それらを一括して押収の対象とすることが不相当とされる場合に備える趣旨で、選別の機会を設けることが考えられ、その具体的なあり方について検討を要する。

　上記の課題に即して保障の範囲を論じることは、解釈論として、正当な理由が認められる範囲、そして相当性判断における報道の自由の利益の位置づけをそれぞれ明らかにするものである。ただしそれだけでは、個別の判断の当否は個別事案の事情に依存することとなり、予測可能性の担保に資するところはわずかとなる。しかし、考慮要素の類型化を進めることは、同種の類型については同種の保護が妥当するということの予測可能性を高めることにつながり、解釈論としての合理性を高めるものといえよう。そして同時に、以下で論じられる内容は、将来的に報道関係者による証言や押収の拒絶を立法により正当化するに際しても、参照されるべき内容を含むものといえる。

Ⅳ　検　討

1.「報道機関」の意義

　保護すべき資料等の範囲を画定するに当たっては、報道用の資料等が保護されるべきであると考えられることの根拠が、自由な情報流通に向けた活動の自由が保障されている点にあるとすれば、保護に値する活動の範囲を画定することがその前提となるものと思われる。その上で、そうした活動の担い手を、「報道機関」と呼ぶこととしたい。

　特別の規律を及ぼす活動としての「報道」に当たるか否かは、「報道の自由」が保障される趣旨である、自由な情報流通を実現する活動であるかによって決せられるものと解すべきである。そして、それは単に情報を配信しているのみならず、現に受け手の利益に資する情報流通を実現していることを要するというべきであろう。そのような観点からは、報道活動に対して受領する対価によって存立している活動を、「報道の自由」の保障の対象と解すべきと考えられる。

◇ 第 2 部 ◇　取材源秘匿のための証言拒絶権

というのも、情報配信活動によって得られた対価により、これが継続されることが意図されているものである場合に、当該の情報配信活動は、受け手の利益を実現することがその存在の理由となっているものと評価しうるからである[22]。

逆に言えば、情報配信者自身の出捐（いわゆる「手弁当」）によって支えられている活動は、報道の自由の保障対象には含まれないこととなる。なぜなら、その存続のために受け手の利益を顧慮する必要がない、言い換えれば受け手の利益を顧慮しなくても存続しうる以上、受け手のために活動していることの実質を認めがたいためである[23]。

2. 保護の及ぶ範囲

自由な情報流通を保障するために、刑事手続の処分において一定の規律を及ぼすべき対象となるのは、上記のような意味で理解される報道活動に従事する者が取材によって得た資料ないし情報のうち、公表されていないもの（編集の結果報道の内容を構成しなかった事情）というべきである。これは、報道機関の編集判断の自律性を保障する趣旨に基づく[24]。

ここには、秘匿を約したがゆえに公表されていない取材源等に関する資料や情報に加えて、報道に値する価値がないと判断されたがゆえに公表されていない情報も含まれることとなる。むろん、両者は、その開示が今後の活動の継続に悪い影響を与えるものといえるかの点で、その評価には差異が認められ、特に後者の保護の必要性には疑問もありえよう。しかし、両者は截然と区別できない。公表されていない理由はさまざまであると考えられるが、報道機関の編集判断の自律性を保障する趣旨からは、いかなる理由で公表されていないかによって取扱いを異にすること自体が、編集の秘密への介入を前提とするもので

---

[22]　なお、対価の規模は、情報の頒布・受領・対価提供の循環を継続させるために必要な程度であれば足り、これを超えて、営利をもたらすものである必要はない。また、ここでの対価には、情報受領者から直接受け取るものに加え、媒体としての価値（受け手からの支持に対する評価によって定まる）と相関して定まることになる広告料収入も含めて考えられる。池田・前掲注(3)281頁以下。

[23]　もっともその裏返しとして、報道機関の編集判断は、多様な価値観を持つ受け手から受容されうるかという観点から情報の取捨選択を行わざるを得ない点で、一定の拘束の下に置かれるのに対し、報道機関に当たらない者の編集判断にはそのような拘束はなく、「送り手の自由」を全面的に享受しうるものとなる。池田・前掲注(3)283頁。

[24]　池田・前掲注(3)284頁以下。

◆ 第6章 ◆ 刑事裁判における取材源の秘匿［池田公博］

あり、妥当ではないというべきであろう。そのため、結論としては、外部から知りうる編集判断の帰結である公表の有無によって、資料の要保護性を決するという取扱いとせざるを得ないものと思われる。

他方で、既に公表されたがなお保管されている資料がある。これらについては、いったん自律的な編集判断を経て公表された以上、その開示を強制してもすでになされた編集判断の自律性を害するおそれはない[25]。また、報道機関の運営にかかわる資料など、直接に編集判断と結びつく性質を有しないものもある。これらの資料はいずれも、報道の自由の観点から保護を及ぼす必要性に欠ける。したがって、これらをとりわけ押収の対象とすることについては、報道の自由の観点から謙抑的に規律する理由はないものというべきである。

3. 処分の認められる場合

(1) 個別具体的な利益衡量に基づく正当性・相当性判断

① 証 人 尋 問

証人尋問については、報道機関に属するものが、未公表の情報についての証言を拒否することに、「正当な理由」があるとされるのはいかなる場合かが問題となる。

この点については、報道の自由に関連する利益の抵触を伴う以上、常に証言を拒みうるということも考えられるところである。しかし、最高裁平成18年決定は、記者の取材源が、民事訴訟法上証言拒絶権が認められる「職業の秘密」に当たるとしつつ、これについて証言を拒みうるかは「取材源の秘密が保護に値する秘密であるかどうか」によって決せられ、それは，①「当該報道の内容，性質，その持つ社会的な意義・価値，当該取材の態様，将来における同種の取材活動が妨げられることによって生ずる不利益の内容，程度等と，当該民事事件の内容，性質，その持つ社会的な意義・価値，当該民事事件において当該証言を必要とする程度，代替証拠の有無等の諸事情を比較衡量して決すべき」とする。その上で、さらに具体的な検討として②「(1)当該報道が公共の利益に関するものであって，(2)その取材の手段，方法が一般の刑罰法令に触れるとか，取材源となった者が取材源の秘密の開示を承諾しているなどの事情がなく，(3)

---

[25] このような観点からは、たとえばテレビで放映された映像を捜査機関において録画したものを、捜査や立証のために使用することには、編集の自律性に抵触する実質に欠ける以上、報道の自由の観点からの制約は妥当しないこととなる。結論において同様の立場をとる裁判例として、東京高判昭和58年7月13日高刑集36巻2号86頁など。

147

◇ 第2部 ◇　取材源秘匿のための証言拒絶権

　しかも，当該民事事件が社会的意義や影響のある重大な民事事件であるため，当該取材源の秘密の社会的価値を考慮してもなお公正な裁判を実現すべき必要性が高く，そのために当該証言を得ることが必要不可欠であるといった事情が認められない場合には，当該取材源の秘密は保護に値すると解すべき」（①および②、また(1)ないし(3)の番号は、引用に際して筆者が付した）としている。

　本来、証言拒絶が権利であるという理解からは、特定の事情が職業の秘密に当たるとされる以上は、条文の構造上も、それだけで証言を拒みうるものとされるべきであろう。にもかかわらず、さらに当該職業の秘密が、当該事案の性質に照らしてなお保護に値する場合に初めて、拒絶を正当と扱いうるという構成をとることは、そのような理解と必ずしも整合するとはいえないようにも思われる。

　ただ、他方でこうした検討は、具体的な事情の下で、証言拒絶を認めることに公正な裁判の保障を上回る利益が認められるかを問題とするもので、むしろ拒絶を正当化する理由があることを示そうとするものといえる[26]。そうだとすると、刑事訴訟法161条にいわゆる「正当な理由」の解釈論の形で、刑事事件における証言拒絶が正当とされるのはいかなる場合かを問題とする場面において、個別の証言拒否をめぐり、②に相当する作業を行ったうえで、証言拒否の正当化が認められるかどうかを検討することは、むしろ適切なものとも考えられる。

　最高裁がこの作業を行う際に挙げている事情は、一方において報道・取材の自由の要保護性を（(1)および(2)）、他方において裁判において必要な証拠を獲得することの利益を（(3)）、それぞれ評価しようとするものといえる。もっとも、(2)の前段が、一般の刑罰法令に触れる活動は特に保護する理由が認められないという考慮に基づくものといえても、他の要素——たとえば報道の公共性や、民事事件の社会的意義——は、評価的な概念を含んでおり、一義的に適用するのは、必ずしも容易なことではないように思われる（取材源が開示に同意して

---

[26]　長谷部恭男「取材源秘匿と公正な裁判」ジュリスト1329号（2007年）5頁は、「報道および取材の自由を特に尊重すべき根拠が、報道が公共の利益に奉仕する点に求められるのであれば、報道および取材の自由を保護するための措置が公正な裁判の実現など、他のやはり重要な社会的利益と衝突する場合には、いずれの利益が上回るかを具体的な事情に照らしつつ、種々の要素を比較衡量することで結論を下すのは、自然な論理の道筋と考えることができよう」とする。

◆ 第6章 ◆ 刑事裁判における取材源の秘匿［池田公博］

いることの位置づけとして考えられるところについては、後述する）。

② 報道用資料の押収等

報道用資料の押収においても、先述した博多駅事件大法廷決定に見られるように、個別事件における事情のうち、公正な裁判の実現の利益と、報道・取材の自由の利益を比較衡量し、その当否を決するものとされてきた。またそれぞれの要素はさらに、一方において審判の対象とされている犯罪の性質、内容、軽重、および証拠の必要性、他方で将来の取材の自由を妨げるおそれの程度、という形で具体化されている。しかしここでも、犯罪の重大性や証拠の必要性に対する評価は一義的に確定し難いという適用の困難性と、これに伴う結果の予測困難性が指摘される。加えて、将来の取材の自由に対する制約は抽象的な性質を有するのに対し、証拠喪失の不利益は具体的に存在するため、後者が常に優越的に評価されてしまうという、評価枠組み自体に対する疑問も示されるところである[27]。

(2) 類型的要素の評価に基づく正当性・相当性判断

① 検討の方向性

以上の検討を踏まえると、種々の事情の衡量という判断枠組みを維持するとしても、その内容はさらに明確に、あるいは判断の帰趨を予測しうる枠組みに改められる必要があると思われる。そのための方向性として、報道機関の未公表資料・情報は、報道の自由の保障にかかわる利益に抵触する、としたうえで、例外的に処分の実施が正当化されうる場合を特定することが考えられる。こうした考え方は、報道機関の証言拒絶権を認める他国の立法例にもみられる。すなわち、報道関係者に証言拒絶権、ないしは物的証拠の収集を拒む地位を認めたうえで、一定の類型的な事情が認められる場合に、その行使を認めないとするものである[28]。

この場合、報道機関を対象として処分を実施する際には、報道機関の編集の秘密が一般的に保護に値すると認められることを前提に、一方において証言

---

(27) 相当性判断のあり方に関しては、判例の立場のほか、それとは異なる考え方（代表的なものとして、上口裕『刑事司法における取材・報道の自由』〔成文堂、1989年〕）があり、それぞれについて検討を要する課題があるが、紙幅の関係から本稿では検討を加えることができない。この点に関する詳細な検討として、池田・前掲注(3)32頁から63頁までを参照されたい。

(28) 池田・前掲注(3)294頁以下。

149

◇ 第 2 部 ◇ 取材源秘匿のための証言拒絶権

拒絶し、あるいは押収等が不相当であると主張する者が、処分の対象が報道活動のために得られながら公表されていない資料ないし情報であることを示し、他方で、証言を求める者に、証言拒絶に正当な理由がないこと、また報道機関が保管する資料の保全を求める者に、当該処分の相当性を肯定する（資料の要保護性を否定ないし減殺する）事情があることを示させることになる。そして、この場合に、処分実施者が立証することを要する事情を、報道の自由の保護の必要性がない、または類型的に低いことを基礎づける事情、あるいは、証拠獲得の利益が類型的に高いことを基礎づける事情とすることが考えられる。以下それぞれについて検討する。

② 報道の自由の保護の必要性が低いことを基礎づける事情

まず、処分を拒みうる主体は報道に携わる者であり、またその客体は、その保管する報道用の資料のうち未公表のものである。したがって、処分の対象が、そうした性質に欠けるものであることが示される場合、証言拒否を正当とし、あるいは処分を不相当とする余地はない。

そのうえで、処分の対象に報道活動との関連性を肯定しうる場合であっても、証言拒絶等一般に妥当する考慮には、その地位を被告人のためのみに濫用してはならないとするものがある（刑訴法 149 条）。これは、本人の秘密を守るための権利を、もっぱら被告人のために行使することを許容しない趣旨であるとされる。そしてこの趣旨は、報道関係にも、同様に妥当するものといえよう。

さらに、この考え方をより一般的に言えば、一般的な利益の実現に向けて保障される地位を、特定の者の利益の実現のために利用してはならないという考慮に基づくものといいうる。この考えからは、報道の自由に基づく地位も、報道機関・関係者自身の犯罪の隠蔽という個人的な利益のために用いられてはならないと言えよう。他国の法制には、このような見地から、犯罪に関与している者は、自らの犯罪の証拠を保全するための処分を拒む目的で、処分を拒みうる地位を援用することはできない、とする例外を設けるものもある（ただし、この考慮は、証人尋問には妥当しない[29]）。

もっとも、こうした、いわゆる「犯罪関与の例外」を設定するに当たっては、特に報道関係者が、守秘義務違反への関与が疑われる機会が事実上多いことに鑑みると、そのことを通じて押収を受けないとする取扱いが形骸化するおそれ

---

[29] 証言との関係では、黙秘権があるため、自己の犯罪の立証につながる証言は報道関係者であるか否かに関わらず拒みうる。またこの保障に例外を設ける余地はない。

もある。そのため、立法によって、そうした例外を認める犯罪を限定列挙したり、あるいは、実体法上の解釈として、正当な取材活動といえる場合には、たとえばそれが守秘義務違反への関与であっても正当化しうるとする解釈論をとることによって、この例外の妥当範囲を限定することも、立法政策ないし実体法上の評価しだいでは、考えられるものといえよう[30]。

その他に、取材源が開示を承諾している場合が挙げられる[31]。この場合、取材源自身が情報の秘匿を望まない場合には、もはや取材源の身元は他人の秘密とはいえず、また報道機関の編集判断の自律性を保護する観点からも、情報を秘匿することの合理性が失われるものと考えられよう。

③ 証拠獲得の利益が高いことを基礎づける事情

これに対して、情報を取得する必要性が高いことも、これまで証言強制や押収を正当化する方向での考慮要素とされてきた。たとえば、類型的に資料を獲得する必要性が高度であるといえる場合として、比較法的には、人命救助や、一定の重大犯罪の解明にとって必要であって、それ以外に証拠を得る見込みがない場合などが挙げられる。

しかし、こうした類型においてもなお例外を設けないとすることの方が、それにより、重大な危険を抑止するという観点から重要な情報の開示を促進することが可能になるとも考えられる。このことは、拒絶権が本来、重要な情報の流通を促進するために必要とされる手段であるという観点にも整合するものである。さらに、とりわけ本稿の立場からは、報道機関は重要な情報を流通させることに自己の生存をゆだねているのであって、ニュースバリューの高い情報を開示しないことの方がむしろ考えにくい。そのため、少なくとも報道機関との関係で、この観点からの例外を設ける必要は乏しいものというべきであろう。

4. 押収実施時の手続

上記のような考慮にしたがい、処分の範囲が特定されるとすると、逆に言えば、報道機関が保管するものの、報道の自由の観点からの要保護性が認められ

---

(30) 公務員の守秘義務違反につながる取材活動を、その態様によって正当業務行為に位置づける余地を認めうるとする解釈論について、最一小決昭和53年5月31日刑集32巻3号457頁〔いわゆる外務省公電漏洩事件〕参照。

(31) 長谷部・前掲注(26)6頁注(7)は、「秘匿特権を与えられているのが報道関係者自身であるとすると、なぜ取材源がそれを放棄することができるのかは単純な話ではない」とする。

◇ 第２部 ◇　取材源秘匿のための証言拒絶権

ない資料については、これを対象とする捜索押収も行われることとなる。とは
いえ、そうした資料であっても、その他の編集用資料と一体となって保管され
ている可能性もある。またそうでなくとも、捜査機関が報道機関に立入り、差
し押さえるべき物を選別することは、これに付随して、処分の対象に含めるべ
きことについて謙抑的に考える資料についても事実上処分が及ぶおそれを生じ
させることとなる。このようなおそれに鑑み、報道用資料について妥当する抑
制的な取り扱いを実効的に保障するためには、報道用資料とそうでない資料と
を分別するための手続を先行させることが望ましい。

　こうした選別機会の設定は、不必要な権利制約の回避を通じて、処分の実施
態様の相当性を確保するための措置であり、捜索実施に際して捜査機関から来
意を告げる措置（そのことによって被処分者からの無用の反撃や、必然性のないプ
ライバシー侵害を回避する）と同じ趣旨に基づくものといえる。つまり、そうし
た措置をとることが可能であるにもかかわらず、そうしなかった結果広範囲に
報道用資料を押収することになれば、結果として押収された物件について関連
性が否定されない場合であっても、編集部分への不必要な介入を招き、あるい
はそのおそれがあったことを理由として、処分の相当性が否定される余地が生
じるものと考えられる。他方で、当該の措置をとることが、処分目的の達成を
妨げることとなる場合などには、その実施は必ずしも要請されない[32]。

　なお、以上とは別に、処分の実施が、結果として当該資料に基づく報道の機
会を失わせるものである場合には、報道の自由に対する制約が直接に生じるも
のといえる。そのような考慮からは、処分者には報道機会の確保に向けた配慮
が求められることとなる。具体的には、対象資料の原本を複写等をすることが
求められ、そうすることなく押収したことで、当該資料に基づく報道を不可能

---

[32]　最一小決平成 14 年 10 月 4 日刑集 56 巻 8 号 507 頁は、ホテル客室について捜索差押
　えを実施する際に、マスターキーを使用して来意を告げずに立ち入った上、処分の実施
　に着手した後に令状を呈示した事案において、「捜索差押許可状の呈示は，手続の公正を
　担保するとともに，処分を受ける者の人権に配慮する趣旨に出たものであるから，令状
　の執行に着手する前の呈示を原則とすべきであるが，〔本件では差押え目的物が覚せい
　剤で，処分実施を察知されると直ちに覚せい剤を洗面所に流すなど短時間のうちに差押
　え対象物件を破棄隠匿するおそれがあったという事情の下では〕警察官らが令状の執行
　に着手して入室した上その直後に呈示を行うことは，法意にもとるものではなく，捜索
　差押えの実効性を確保するためにやむを得ないところであって，適法というべきである」
　とした。参照、加藤克佳「令状による捜索(2)──令状提示前の立ち入り」井上正仁ほか編
　『刑事訴訟法判例百選（第 8 版）』（2005 年）50 頁。

にした場合には、少なくともそのことを理由として処分の相当性は否定されるべきであるように思われる[33]。

V　おわりに

　報道機関に対する刑事手続上の処分の当否をめぐる議論は、報道の概念自体がとらえどころがないこと、その憲法上の位置づけになお検討を要する点があることから、規律を構想する際の議論も必ずしも明確なものとはなりがたい。本稿は、メディアのあり方が多様化する中で、国民一般の利益である自由な情報流通に対する阻害を回避するという観点から、考えられる刑事手続のあり方について検討を加えたものである。本稿の立場を示すことを優先したことから、判例の判断枠組みに見られる種々の考慮要素の意義や、利益衡量の異なるあり方などについては、論じることができなかった。また本稿の示す考え方にも、取材源秘匿の利益の憲法上の位置づけや、報道機関の意義、あるいは「正当な理由」や処分の相当性の理解にかかる解釈論について、異論の余地が多分にあるものと思われる。今後も検討を重ねて参りたく、改めて読者のご叱正を乞う次第である。

---

[33]　民訴法上の事案ではあるが、東京高判平成 11 年 12 月 3 日判タ 1026 号 290 頁は、報道機関が保管する未放映ビデオテープの検証物提出命令の申立てを却下した。ただしその主たる理由づけは、申立人が証拠の必要性や重要性を具体的に基礎づける主張をしていないこと、他の証拠によっても審理は可能であることとされており、未放映であることに求めるものではない。池田・前掲注(3)273 頁以下参照。

━━━ 第7章 ━━━

取材の自由の今日的意味

──国家情報とプレスの関係を改めて考える──

山 田 健 太

Ⅰ　政治家とメディアの関係　　　Ⅲ　取材源の保護と情報源の明示
Ⅱ　オフレコという名の情報操作

　日本では少なくとも司法の場において、取材の自由は報道の自由に比べ、一段低い地位に置かれている[1]。そのことが、実際の「現場」において、報道機関の取材行為が軽視される結果につながっているのではないか、そう思わせる事例が最近また続いている。もちろんこのことは、古くは北海タイムスの法廷内カメラ取材に関する事件[2]にはじまり、何度かにわたって議論されてきた法廷における記者の証言拒否事件[3]においても言えることだ。あるいは、判決前に

─────────

[1]　博多駅テレビフィルム提出命令事件最高裁決定（最大決昭和 44 年 11 月 26 日刑集 23
　　巻 11 号 1490 頁）では、「報道機関の報道が正しい内容をもつためには、報道の自由とと
　　もに、報道のための取材の自由も、憲法 21 条の精神に照らし、十分尊重に値いするもの
　　といわなければならない」としており、報道の自由が憲法により直接保障されているの
　　に比して、取材の自由は「尊重」にとどまる。
[2]　北海タイムス事件最高裁決定（最大決昭和 33 年 2 月 17 日刑集 12 巻 2 号 253 頁）では、
　　「新聞が真実を報道することは、憲法 21 条の認める表現の自由に属し、またそのための
　　取材活動も認められなければならないことはいうまでもない」とする一方、法廷内写真
　　の撮影は「公判廷における審判の秩序を乱」し「もとより許されない」と判示し、取材
　　活動の制限を容認した。
[3]　朝日新聞記者証言拒否事件最高裁判決（最大判昭和 27 年 8 月 6 日刑集 6 巻 8 号 974
　　頁）では、「取材に関しその取材源について……証言をも犠牲にして、証言拒絶の権利ま
　　でも保障したものとは到底解することはできない」と、証言拒否権を否定することで取
　　材の自由は「公の福祉」によって当然に制約されるものと判断した。なお、NHK 記者証
　　言拒否事件最高裁判決（最大判平成 18 年 10 月 3 日民集 60 巻 8 号 2647 頁）で、利益考
　　量による判断手法を採用することによって取材の自由の範囲を結果として拡大した。

『〈講座 憲法の規範力〉第 4 巻 憲法の規範力とメディア法』ドイツ憲法判例研究会編　　*155*

◇ 第2部 ◇ 取材源秘匿のための証言拒絶権

倒産による訴訟の取り下げによってうやむやのうちに終わってしまったが、日刊新愛媛に対する愛媛県知事の取材拒否[4]は、徹底かつ長期にわたる権力者による取材行為の妨害というべき稀有な例でもあった。

だからこそ、こうした過去事案を踏まえつつ、今日的な取材の自由のありようを考察することは、まさに憲法が保障する表現の自由を具体的に表す格好の材料といえるだろう。とりわけ今日、取材の自由と直接的に抵触する可能性が高い、秘密保護法[5]が新たに制定され、抽象的な自由の保障の「約束」は意味を持たなくなる可能性がある。だからこそ一層、取材の自由が報道現場において個別具体的に保障されるとはどのようなことかを、きちんと確認しておくことが必要であろう。

こうした観点から本稿では、取材拒否、オフレコ、取材源秘匿という事例をもとに、取材の自由のありようを、ジャーナリズムの現場の実態に法的側面を加味して考察していくこととする。憲法保障を実効たらしめるためには、具体的な運用実態においてきちんと保障されることが重要であると考えるからである。

Ⅰ　政治家とメディアの関係

1. 政治家取材の〈曖昧な〉現状

東日本大震災後、政治家の一言が立て続けに辞任に繋がったり、首相の記者会見のありようもギクシャクが続いた。安倍政権になってから、メディア関係者との会食[6]の効果か、メディア選別によるある種の情報操作[7]の結果か、表面

---

(4)　1984年から翌年にかけて、愛媛県では知事が県政に批判的な地元日刊紙に取材拒否をする事態が生まれた。長期にわたる拒否は、当該紙の廃刊という結果を生んだ（詳細は注(20)参照）。なお、このほかにもテレビフィルムの提出をめぐる事件などで、取材の自由が争われてきた（山田健太『法とジャーナリズム（第3版）』〔学陽書房、2014年〕57頁以下）。

(5)　特定秘密の保護に関する法律。2013年末に成立、2014年12月施行。

(6)　従来も、首相とメディア関係者（主として社長や政治部長など）との個別懇談を行う政権はあったが、安倍首相は極めて頻繁にメディア関係者、とりわけ経営陣との会食の場を設けている。たとえば2013年12月には、渡辺恒雄（読売新聞グループ本社社長）と2度にわたり会食をするほか、産経新聞、時事通信、日本テレビ、NHKや、各社政治部長と高級レストランでの会食を行っている。こうした状況はたとえば半年前の6月も同じで、静岡、信濃毎日、河北、京都、福井の有力地方紙の社長や各社論説委員との会

◆ 第7章 ◆ 取材の自由の今日的意味［山田健太］

上はゴタゴタが見えづらくなっている。しかし後述するように、より強権的な取材拒否が発生するなど、そこに伏在する問題はまったく同じであるばかりか、より深刻化しているとの見方も可能であろう。

すでに遠い過去の出来事になってしまったが、民主党政権時代の松本龍復興担当相（当時、以下同じ）、鉢呂吉雄経産相の「失言」[8]は、いずれもテレビ局が火付け役で、新聞・通信社がそれを煽った状況があった側面を否定できない。たとえば、松本発言は働かない知事を「恫喝」したのであって、それを在京メディアは勝手に被災者を馬鹿にした発言とすり替えて、首を取ることに熱心ではなかったかとの見方がその一例である。結果として、一般市民はマスコミの報道をやり過ぎと醒めた目で見ることにつながっているといえるだろう。

またインターネット上を中心に、首相に四六時中くっついて、誕生日になるとプレゼントを渡す記者を胡散臭く思ったり、一部の既存メディアのみが優先的に首相等の会見に参加できることに強い反発が示されている。しかし一方では、こうしたメディアによる「空気」作りがある意味で功を奏し、一体となって社会の大きな流れをつくっていることも事実である。原発対応をめぐる「菅

食があった（これら首相とメディア関係者との関係については、山田健太「東日本大震災・オリンピック・メディア──国益と言論」マス・コミュニケーション研究86号（2015年）所収のデータ参照）。

(7) 会食と同様、個別メディアとのインタビューも安倍政権の特徴である。記者会見や合同インタビュー以外の個別社のものに限定して注(6)と同じ月でみた場合、6月は9社、12月は5社との単独インタビューに応じている。

(8) 松本内閣府特命担当大臣（防災担当、震災後は復興担当兼務）が、2011年7月3日に復興担当相就任後で初めて被災地入りし、岩手・宮城両県知事と会談を行った。応接室に村井嘉浩宮城県知事があとから入ってきたことに対し、「お客さんが来る時は、自分が入ってからお客さんを呼べ。いいか、長幼の序がわかってる自衛隊ならそんなことやるぞ。わかった？」などと発言、さらに同席のメディアに対しては「今の最後の言葉はオフレコです。いいですか、みなさん、いいですか、『書いたらもうその社は終わり』だから」と言ったとされる。この様子を、地元宮城のローカル局である東北放送が同日に放送し、これをきっかけに一連の発言が報道され、7月5日に復興相と防災相を辞任した。鉢呂経済産業大臣が、2011年9月8日に原発事故を起こした福島第1原発周辺の市町村を視察し、翌9日、「市街地は人っ子一人いない、まさに死の街という形だった」と発言し批判を受け同日午後、発言を撤回し陳謝した。また8日夜に帰宅した議員宿舎前で毎日新聞記者に対し、防災服の袖をつけて「放射能つけちゃうぞ」といった趣旨の発言をしたとフジテレビが報じ、その後、各社の報道を受け、就任僅か9日の9月11日に辞任した。

157

◇ 第2部 ◇ 　取材源秘匿のための証言拒絶権

降ろし」とそれに続く「収束宣言」、そして原発再稼働の流れもその一つであろう。また、「ねじれ解消」が選挙の争点化され、自民党の大勝につながったとの見方も強い。

　こうしたメディアの報道と世論形成の相関性（ナショナル・コンセンサス）は、過去も現在も格好の研究対象ではあるが、むしろここでは、こうした雰囲気を巧みに利用して、大手メディアは「オフレコ」の約束を勝手に破っているとか、揚げ足取りをするなら取材には応じないといった形で、政府や政治家が情報コントロールをさらに強化しようとしているのではないか、という点に着目をしたい。それは、政治家取材はどうあるべきなのかということであり、その制度上の課題を整理することが、取材報道現場の問題を解消し、市民とメディアの関係の改善にもつながると考えるからである。

　政治家取材の形態としては大きく、記者会見、インタビュー、官庁や自宅での懇談、移動中のぶら下がり取材がある。首相に関してはこのうち、業界内（官邸の記者クラブである内閣記者会）の取り決めとして、単独取材はテレビや雑誌は可能だが、新聞は複数社によるグループインタビューに限定されていた。ただしこの点について、第二次安倍政権はまったく異なるメディアとの付き合い方をしており、各紙で単独インタビューを記事化している（夕刊フジ・産経新聞の秘密保護法成立時の単独インタビュー記事など）。

　さらに近年は、官邸の庁舎管理が厳しくなったり、議員宿舎がオートロックになって中に入ることはできなくなったために、ぶら下がり取材とはいっても車寄せから玄関ロビーに入るまでの間の、一方的な「声掛け」接触に限定されている実態があるという。

　なお、すべての場合において聞いたことは原則、自由に報道することが可能だが、特定の政治家を追いかける「番記者」間で慣習上、メモ（記録）をとらない約束が成立している場合がある。その際はほぼ自動的に、直接引用はしない限定的オフレコ取材であると理解されている。こうした、阿吽の取材ルールが成立する背景には、政治家取材には形式の定例化、機会の日常化、記者の固定化があり、それが癒着の温床と批判される一方で、信頼関係を醸成することになっているからだ。また、政治家発言はその個人名にニュース価値があることが多く、したがって言う方も報ずる側も神経質にならざるを得ない側面もあろう。

　ただし、取材先からオフレコを取材条件にされた場合も含め、発言内容等か

◆ 第7章 ◆ 取材の自由の今日的意味 ［山田健太］

ら報道することに公共性・公益性があり、政治家との信義を上回ると判断する
場合は、情報源を明示して報道する場合があることは言うまでもない。なお、
フリーランスを中心にオフレコを一切否定する動きもあるが、真実に近い情報
を入手する手段としての有用性を全否定する必要はなかろう。市民にとっての
受領情報の拡大に繋がるからだ。ただし、そうした関係が馴れ合いとなっては
逆効果である。たとえば中川昭一財務相の酩酊会見[9]のように、飲酒の事実を
知っていて書かない「大」メディアに対し、雑誌やネットメディアが先行した
ことは、こうした状況を象徴する一例だ。

　日本の場合は、政治家が会見や取材に応じる必要がなく（取材応諾義務がな
い）、情報公開制度も進行中の事柄については対応していない（意思決定過程情
報は開示対象外）。したがって政治家も、会見はサービスと言い切ったり[10]、海
外と比較しても首相の定例会見は不要であるとの考えが根強い（年頭や予算成
立時などの節目会見は定例化している）。また、首相の取り扱う事柄は国家秘密で
メディア露出はよくないとの考えや、民主党政権には首相の退陣を早めたとの
被害感情も強く、政府側に必要があるときだけ一方的に開催する傾向が強いと
みられる。

　しかも法制度上、政治家の政策決定を後に検証する手立ても極めて限定的で
ある。なぜなら、閣僚間や政務官をまじえての会議についても議事録が存在し
ていない場合が一般的で、いつ何を議論し決定したのかを曖昧にすることで、
責任の所在を不明確にしているからである。このうち閣議及び閣僚懇談会につ
いては、民主党政権の置き土産として2014年4月から作成・公開が始まった[11]。

---

(9)　2009年2月に財務・金融担当大臣としてG7の財務大臣・中央銀行総裁会議でイタリ
　　ア・ローマを訪問し、その会議後の14日の共同記者会見で呂律が回らず批判され、17日
　　に辞任した。以前より飲酒トラブルがあったため、第一報では多くの社は飲酒自体への
　　問題意識が高くなかったと思われ、「酩酊（泥酔）」ではなく「居眠り」として扱い（共
　　同通信は「深酒」疑惑とした）、16日になって飲酒が原因である可能性を伝えた。また、
　　会見前に読売新聞記者や財務省職員と飲酒していた事実も、後日、明らかになった。
(10)　小沢一郎が1993年に「記者会見はサービス」と発言したとされる。これに対し本人は
　　2011年1月27日、「我々の仕事も、政治家も、あるいは行政も、国民の皆さんに対する
　　サービス。それをできるだけ国民の皆さんのためにやるということではないかと。そう
　　いう意味で、公共サービスは色々な使い方をされているけれど、それが、『してやってや
　　る』というように捉えられたのが誤解の元ではないか」と回答している（ニコニコニュ
　　ース速報版による）。
(11)　閣議・閣僚懇談会及び閣僚会議の議事録作成は、2012年の「閣議議事録等作成・公開

159

◇ 第 2 部 ◇　取材源秘匿のための証言拒絶権

ただし閣議決定による実施で法制度上の保障がないほか、会議は録音も速記録もせず、メモに基づく要旨の作成にとどまり、しかもそのメモは個人的なもので保管義務もないため、議事録の正確性担保があいまいである。一方で、第二次安倍政権下で 2013 年末に発足した国家安全保障会議については、議事録を取らないことを内閣で正式に確認するなど、むしろ記録の保存・開示には後ろ向きの状況が続いている[12]。

2. 取材拒否は公権力の自由裁量の範囲か

2013 年の参議院選挙の影で、公権力とメディアの関係において、看過できない出来事が起きた。ＴＢＳの番組内容が公正さに欠けているとして、自民党は党幹部に対する取材や番組出演を拒否したのである。公党が、しかも選挙公示の直前というタイミングで、大手マスメディアに対し取材拒否するという事態が持つ意味を改めて確認しておく。事件はその後、ＴＢＳの文書提出によって、曖昧なまま幕引きになったが、少なくとも拒否の事実は残ったわけで、取材・報道の自由と公的存在である政党の説明責任を考えるうえで、大きな課題を残したからだ。

新聞報道等によると、おおよその経緯は以下の通りである。自民党が問題視したのは、ＴＢＳ自身が制作し放送する夜時間帯の報道番組「ＮＥＷＳ 23」の 2013 年 6 月 26 日放映分である。国会会期末の与野党攻防の末に、電力システム改革を盛り込んだ電気事業法改正案などが廃案になったことを、ねじれ国会の象徴事例として報じた。

ネット等にあげられている当日の発言内容を見る限り、約 7 分の企画特集の中で 1 分ほど、改正案の成立を望んでいた関係者のコメントがＶＴＲで紹介さ

制度検討チーム」による検討過程では、公文書管理法を改正し、30 年間非公開で保存後公開とされていたが、内閣官房副長官、内閣法制局長などの出席者メモをもとに要旨を作成し、3 週間後に官邸ホームページで公開されることになった。

[12]　現在、閣議等と同様の法的措置が必要とする会議として「副大臣会議」が、「議事録又は議事概要の作成はできないとする会議」として、「安全保障会議」「安全保障会議 事態対処専門委員会」「国家安全保障に関する内閣機能強化のための検討チーム」の 3 会議体が挙げられている。非公開理由は、①議事録・議事概要を作成することにより、自由かっ達な意見交換が阻害され、実質的な審議ができず、会議が担っている機能を著しく低下させるおそれがある。②議事録・議事概要を作成することにより、会議内容の漏えいのおそれがある。③議事録・議事概要の 30 年経過後公表を原則とすることは困難である——である。

◆ 第7章 ◆ 取材の自由の今日的意味［山田健太］

れ、「（与党が）もしかしたらシステム改革の法案を通す気がなかったのかも。非常に残念ですね」と話す箇所がある。この発言の前後を含め、廃案の責任が与党自民党にあると視聴者が受け取りかねない報道をしたのは、「民主党など片方の主張のみに与したもの」で、番組構成が著しく公正を欠くものであるとして、27日にTBSに対し文書で抗議した。

これに対しTBSは28日に、「発言に関して指摘を受けたことはまことに遺憾」と回答、これを受けて自民党はすぐさま、当該番組内での謝罪と訂正を重ねて求めている。しかしTBSは3日、番組キャスターが国会空転の責任は野党を含めたすべての党にある等と発言をしていることなどから、「番組全体はバランスが取れている。謝罪、訂正はしない」と再回答したため、自民党は4日、取材拒否を発表した。報道によると、取材拒否は報道内容に強い不快感を示した首相の意向を踏まえたものとされている。

翌5日、TBSは報道局長名で「『説明が足りず、民間の方のコメントが野党の立場の代弁と受け止められかねないものであった』等と指摘を受けたことについて重く受け止める」「今後一層、事実に即して、公平公正に報道していく」との文書を提出[13]、これを自民党は同日夜、謝罪であると解釈し、取材拒否を解

----

[13]　西野智彦報道局長名の石破茂幹事長宛て文書は以下の通り。「平成25年7月5日／自由民主党幹事長石破茂様／TBSテレビ報道局長西野智彦／弊社6月26日放送の「NEWS23」の中で、国会最終日をめぐる動きについての報道に対し、御党より内容が公平公正を欠くのではないかとの指摘を受けました。／弊社としましては、「問責決議可決に至る経緯についての説明が足りず、また民間の方のコメントが野党の立場の代弁と受け止められないかねないものであった」等と、御党より指摘を受けたことについて重く受け止めます。／弊社としましても、今後一層様々な立場からの意見を、事実に即して、公平公正に報道してまいる所存です。」（／は改行を示す、以下同じ）。これを受け、自民党は以下のコメントを党ウエブサイトに掲出した。「TBS「NEW23」への抗議を巡る経過／平成25年7月5日／TBS「NEWS23」6月26日放送の国会最終日をめぐる動きの報道の中で、公平公正を欠く部分があり、これに対して翌27日、自民党はTBSテレビに抗議し謝罪を求めてまいりました。参議院選挙公示日の7月4日に至るまでTBSテレビ側からは誠意ある回答がなく、やむを得ず、党役員の出演や取材に関して一時停止を通告したところです。／党本部には放送直後より、当該放送に関しての抗議や疑問を呈する電話やメールが相次ぎました。その主な内容としては、「（TBSの報道は）一方の主張のみを取り上げ、公平公正を欠くのではないか」、あるいは「国会情勢について説明不足であり、事実に即していないのではないか」というものでありました。／こうした状況を受け、7月5日夕刻、TBSテレビの西野智彦報道局長が小此木八郎筆頭副幹事長、萩生田光一総裁特別補佐を訪ね、「ご迷惑をおかけしました」、「問責決議可決に至る

◇ 第２部 ◇　取材源秘匿のための証言拒絶権

除するに至った。発表文書によると要旨、「報道現場責任者の来訪と説明を事
実上の謝罪と受け止める」とあり、安倍首相（党総裁）は他局のテレビ番組のな
かで、「今後はしっかりと公正な報道をするという事実上の謝罪をしてもらっ
たので問題は決着した」と述べたとされる(14)。なお、ＴＢＳは政治部長名で「放
送内容について、訂正・謝罪はしていない」とのコメントを発表している(15)。

　これらが、自分たちの気に食わない情報流通を認めない、という意思に基づ
くものであると言わざるをえない状況にある。なぜなら、その後も立て続けに
政権の基本方針に批判的な報道に対し、行政機関は過剰なまでの反応を示して
いるからである（琉球新報に対する防衛省、テレビ朝日に対する環境省など）。こう
した個別の記事や番組内容への「介入」が、単に政治家としての道義的問題に
とどまらず、公権力としての公党の説明義務を放棄するものであり、将来の番
組内容への影響を否定できないのであって、いわば擬似的な検閲行為に該当す
るものであるといってよかろう。

　しかし実際は、これまでもたびたび同じような事態が起きてきている。とり
わけ安倍首相には番組内容「介入の前歴」がある。官房副長官時代の01年には、
慰安婦問題を取り上げたＮＨＫ特集番組に関し、報道幹部に対し放送前に「公
平・中立にするよう」伝えた(16)。さらに幹事長時代の03年には、衆議院選挙に

　　　過程についての説明が足りていなかった」、「民間の方のコメントが野党の立場の代弁と
　　　受け止められかねないものであった」等、わが党の指摘を重く受け止めるとのことであ
　　　りました。／更に、「今後一層様々な立場からの意見を、事実に即して、公平公正に報道
　　　して参る所存」とのことでしたので、わが党としてもそれらすべてを合わせてTBSテレ
　　　ビ側からの事実上の謝罪と受け止め、党役員の出演や取材に関して一時停止を解除しま
　　　した。」。
　(14)　産経新聞 2013 年 7 月 5 日付によると、BS フジの番組中に発言したとされる。
　(15)　自民党が TBS は謝罪した発表したことを受け、急遽、龍崎孝政治部長名で発表したと
　　　される。
　(16)　2001 年 1 月 30 日に NHK 教育テレビで放送された「シリーズ戦争をどう裁くか　第
　　　二回　問われる戦時性暴力」は、「従軍慰安婦」問題をテーマにした「女性国際戦犯法廷」
　　　を扱った内容の番組であった。これに関し、朝日新聞の報道などにより、放送直前の 1
　　　月 29 日、NHK の松尾武放送総局長、国会などを担当する野島直樹担当局長が安倍官房
　　　副長官を訪れ、予算、事業計画の説明を行った。その際、松尾局長から当該番組の概要
　　　を説明し、これに対し安倍官房副長官は「番組は公平・中立であるべきだ」との感想を
　　　述べたとされる。関連して自身のホームページでは、戦犯法廷について「主催者側の意
　　　図どおりの報道をしようとしているとの心ある関係者からの情報がよせられたため、事
　　　実関係を聴いた。その結果、裁判官役と検事役はいても弁護士証人はいないなど、明確

◆ 第7章 ◆ 取材の自由の今日的意味 [山田健太]

際しテレビ朝日への党幹部に出演拒否を指示している[17]。そして第一次安倍政権時代の06年には大臣名で、北朝鮮拉致問題を積極的に取り上げるようNHKに命令を発している[18]。

　もう一つの大きな問題は、ＴＢＳが事実上の謝罪と受け取られるような対応をせざるを得なかった環境を、他のメディアが作ったことだ。今回の報道内容について、さらに工夫や配慮をすべき余地があったかどうかはまったく別の問題であって、いわば「批判報道をしただけ」で取材拒否される事態を、他のメディアは重大視せず、少なくとも自分の問題として受け止めようとはしなかった。TBS政治部長がかつて他派閥の担当であったことによる意地悪であるとか、かつて安倍官房副長官時代の報道に対する意趣返しである[19]などと、問題を矮小化した節が見られ、本来であれば報道界が揃って自民党を取材拒否すれば、問題は簡単に解決していたはずである。

　記者クラブなる報道機関の取材拠点が、本当の意味で権力に対峙して情報を開示させるための機能を持つものであり、だからこそ市民の知る権利の代行者

に偏った内容であることが分かり、私は、ＮＨＫがとりわけ求められている公正中立の立場で報道すべきではないかと指摘した」（1月21日付）と記されていた。なお、ＮＨＫの宮下宜裕理事は19日の記者会見で、安倍晋三内閣官房副長官、中川昭一衆議院議員に番組内容を説明した理由について、2人が「『日本の前途と歴史教育を考える若手議員の会』の幹部だったため」と答えている。同会は、1979年に自民党議員で設立したもので、中川会長、安倍事務局長で、歴史教科書から慰安婦に関する記述をなくすことなどの活動を行っていた。その後、ＮＨＫは「若手議員の会」のメンバーである下村博文衆院議員らにも番組放送前に説明したことが明らかになった。

(17)　2003年11月9日夜から10日未明に放映されたテレビ朝日の選挙報道番組に対し、小泉首相（自民党総裁）や安倍幹事長ら幹部の出演を拒否した。テレビ朝日の報道番組「ニュースステーション」などで、4日の民主党の「菅内閣閣僚名簿」に関して民主党に有利な報道をしたのが理由としている。自民党は9日までに「放送内容が不公平だ」とテレビ朝日に抗議していた。

(18)　放送法に基づく命令放送で、ＮＨＫ短波ラジオ国際放送において拉致問題を重点的に扱うよう「平成14年度国際放送実施命令」（命令書）に明記した。当時の総務大臣が、第2次安倍政権の官房長官である菅義偉で、「拉致問題については、安倍首相が本部長の拉致問題対策本部ができており、国の重要事項だ」と、検討の根拠を述べた（毎日新聞2006年10月14日付朝刊）。

(19)　2006年7月、TBS「イブニング5」は731部隊と関連した特集を放映し、安倍官房副長官の写真を約3秒間放送した。これについて、TBSが意図的に安倍官房副長官と731部隊と結びつけたのではないかという疑惑が起き、「狭い記者室で資料画面を撮影する過程で偶然に付近の小道具室にあった安倍副長官の写真パネルが映った」などと釈明した。

163

◇第2部◇　取材源秘匿のための証言拒絶権

として特別な優遇措置が認められているとするならば、当然に、そして即座に、取材相手である自民党に抗議をすべき事案であることは疑いようがない。にもかかわらず今回、他のメディアはＴＢＳを見捨て、自分たちの保身を図ったととられても致し方ない態度を示したのであって、これは記者クラブの存在価値を無にするものといってよかろう。公権力に取材拒否事例として最も深刻な事件は、84〜85年に起きた日刊新愛媛に対する愛媛県の取材拒否[20]であるが、この時も他のメディアはその事態を事実上、黙認した経緯がある。

　取材拒否解除の4日後にあたる9日に、同番組の党首討論に出演した安倍首相は、この問題には一切触れず「大人の対応」を見せ、結果として視聴者には「何ごともなかった」こととして決着したかに見える。もちろん「この程度のこと」で、放送局が報道姿勢を変えるとは思えないし、むしろ反骨精神を発揮してより充実した番組を作ってくれることだろう。しかし、放送免許の一斉更新を目前としたこの時期に、政権与党の機嫌を損なうことがどのような結果をもたらすかは過去の事例から明らかだ。93年にテレビ朝日の報道局長が、放送関係者による内輪の勉強会において選挙報道を巡って行った発言がきっかけに、本人は国会に喚問され、「政治的公正は最終的に郵政省が判断する」と明言するに至った。公権力は、なりふり構わずやってくるのである[21]。そしてこのときも、他のメディアはテレビ朝日を見捨てるどころか、公権力の介入を後押ししたのである[22]。

---

(20)　日刊新愛媛のオーナーである来島どっく社長の坪内寿夫がスポンサーとなって1976年に「新愛媛」を買収し改称、愛媛新聞と激しい販売競争を繰り広げた。坪内と対立する地元財界人や愛媛県知事・白石春樹を紙面で厳しく批判したことに対し、愛媛県が全面取材拒否を実施、他の団体も県に倣って取材拒否、購読打ち切り、広告出稿停止などの申し合わせ措置をとった。そこで県を相手に取材拒否をめぐって訴訟を起こしたが、来島どっくの倒産により廃刊となり、訴訟も取り下げとなった（藤岡伸一郎『取材拒否－権力のシナリオ、プレスの蹉跌』〔創風社出版、1990年〕日刊新愛媛労働組合『輪転機止まる－総括・日刊新愛媛』、宮住冨士夫『県紙の興亡』〔自費出版、1997年〕、谷口明生『新聞が消えた!』〔風媒社、1989年〕など、参照）。

(21)　1年後の2014年総選挙において、自民党は11月20日付でNHKおよび在京キー局あてに「選挙時期における報道の公平中立ならびに公正の確保についてのお願い」を行った。山田健太「自由な言論をだれが妨げているか──『自主規制』という名の言論統制」季論21 2015年冬号参照。

(22)　テレビ朝日椿局長発言事件（鈴木秀美ほか編著『放送法を読みとく』〔商事法務、2009年〕参照）。同発言を報じた産経新聞は、当該年の新聞協会賞を受賞、報道界として顕彰することで、行政による直接的な番組内容規制を結果として後押しした。

◈ 第 7 章 ◈ 取材の自由の今日的意味 ［山田健太］

3. 取材応諾義務はアカウンタビリティそのもの

　2013 年末に成立した特定秘密保護法も、まさにそうした情報隠蔽体質を補完・補強する性格のものであって、国家にとって重要であればあるほどその政策決定の内実は事実上、未来永劫秘密とされ、国民による検証の機会は失われることになった[23]。思い起こすに、公益通報者保護法[24]も立法過程で骨抜きが進み、刑事罰に該当するような違法行為の内部告発のみが保護の対象である。したがって、告発者がいかに「国益」に反すると考え、正義心から公益目的での告発を行っても、それは情報漏洩として罰せられることになる。とりわけ上記秘密保護法によれば、懲役 10 年の重罰に科せられる可能性もできた。

　ついでに指摘をしておくならば、安倍政権の批判を許さないという姿勢は、法案成立の直後、自民党名で各国会議員あてに配布された文書からも明らかである。そこでは、法案に反対姿勢を示した在京 3 紙を名指しで批判し、事実誤認を理由とした「逐次反論」を行っている[25]。こうした態度は、1989 年に自民

---

[23]　立法側は、むしろ法制定により秘密指定のルールができるのであって、従来より秘匿が進むことはない、という。衆議院で参考人として賛成意見を述べた長谷部恭男は、法成立後に改めて「秘密保護法ができたから状況が悪くなるわけではない」という（朝日新聞 2014 年 1 月 19 日付朝刊）。確かに、沖縄密約や原発事故からみて、政府の情報秘匿は時代や政権に関わらず変わることなく存在するもので、一見、秘密保護法の制定の有無とは関係しないように思われる。しかし、2001 年の自衛隊法改正に伴う防衛秘密保護制度に伴い、新たに「正当な」情報秘匿の理由が付加された実態があり、同時に特定の公的情報を公文書管理法に基づく文書管理の枠の外に置くことを「正式に」認めたことは、同法が持つ構造的欠陥であり情報公開制度を阻害する要因となる可能性が高い（山田健太「秘密保護法の何が、なぜ、問題なのか」世界 2013 年 11 月号、同「政府の情報隠蔽構造と市民との乖離」世界 2014 年 1 月号、同「私たちはいかに『開かれた政府』を実現するか」エディターシップ 3 号（2014）、同「岐路に立つ言論の自由──秘密保護法時代の市民社会の役割」法学セミナー 9 月号（2014）ほか参照）。ちなみに安倍首相も 2014 年 1 月 19 日の自民党大会の演説の中で、「この法律によって一般国民の生活に悪い影響が出ることは一切ない。罪に問われることもない。首相として明確に約束する」「報道の自由、知る権利、言論の自由が侵害されることはない」とも断言した。

[24]　通報対象事実は、同法別表に定めのある七つの法律のほか、政令にある約 400 の法律の違反行為のうち、刑罰で強制しなければならないような重大な法令違反行為に限られる。したがって、たとえば沖縄密約事件の外務省文書のような類は、国益に反すると考え内部告発しても保護の対象とはならない。

[25]　「特定秘密保護法に関する誤った新聞報道への反論」と題する本文 5 ページ、別紙 8 ページの文書。安倍首相が法の意義について語った産経新聞インタビュー記事を全文引用したうえで、「特定秘密保護法の新聞報道への反論・23」では、朝日新聞 10 本、毎日新

◇ 第2部 ◇　取材源秘匿のための証言拒絶権

党が週刊誌、新聞、テレビのモニタリングを実施、「報道と人権等のあり方に関する検討会」報告書[26]として、名誉・プライバシー侵害の防止を旗印に厳しい取材・報道規制を求めたのと似ている。

　これらの意味するところは、政府の都合の悪い情報は、現在進行形の事案については「取材拒否」で、過去の事案については「秘密保護」という名目で、市民の目からは隠し通そうとしているということである。そうなるとよけいに、日常的な公権力の「監視」を強化・制度化することによって、政策の検証をしていく必要がある。その一つは、多くの新聞で行っているように首相の動静を分刻みでウォッチして紙面化することだろう（これすらも、2013年の秘密保護法議論のさなか、こうした首相動向情報の公表は国家秘密の暴露に当たる、と国会議員が発言し問題となった[27]）。

　あるいは、物理的に首相のすぐ脇で密着取材することを、ＳＰや衛視に邪魔させない力関係を維持することで（ある記者は「入会権」と表現している）、たとえ鋭い取材ができない若手記者であっても、首相の一挙手一投足を凝視し続ける環境を保持することができる意味がある。なぜなら、首相情報の肝は、政府方針ばかりでなく、誰に会ったか、未確定の個人的な思いは何かなどを探り、先を見通す材料とすることだからである。確かに、せっかくの番記者情報は紙面上ではせいぜい「政治ゴシップ」扱いしかならないものかもしれない。取材記者の重点配置が必要な今日において、コストパフォーマンスが悪い取材態勢の一つともいえよう。しかしむしろそれは、日本風の地道な権力監視制度の側面を持つことも忘れてはなるまい。

　同時に、読者・視聴者＝有権者にとって有益な情報をより多く伝えるためには、知る権利の具体的な拡充にどうつなげることができるかも問われている。会見をサービスと言い切る政治家に対抗するには、公人に対する取材を公的情報へのアクセス権と位置づけ、表現の自由の具体的な請求権的自由権に転換していくことが求められている。すなわち、国民主権と知る権利を根拠に、公的

───────────────

　　聞4本、東京新聞9本の記事について個別に批判する（毎日新聞2013年12月18日付朝刊）。

[26]　1998年10月の参院選での敗北を受け、99年8月に自民党政調会に同検討会を設置、法制措置の検討を行った。注(22)「椿発言」問題を契機に報道モニターシステムを創設したことに始まる。

[27]　2013年10月28日の衆議院国家安全特別委員会で小池百合子元防衛相が、首相動静は「国民の知る権利を超えているのではないか」と述べ、見直すべきとの認識を示した。

◆ 第 7 章 ◆ 取材の自由の今日的意味 ［山田健太］

情報は国民のものであるという思想を実現するものとして情報公開制度が形成されてきた[28]。

その結果、政府は説明責任（アカウンタビリティ）を負うこととなり、自己の行為を記録し市民の求めに応じて開示することを義務付けられることになったわけである。それは憲法で保障された表現の自由の延長線上であって、情報を受け求める権利の実効的発露であることも確認されている。それと同様なことは、政治家とりわけ政権を担う首相や大臣、さらには政権党の代表者に対しても該当される必要がある。

政治家の取材応諾義務はまさに説明責任（アカウンタビリティ）そのものであって、それが法制度上で求められてこそ、意思決定過程の情報開示は実効あるものとして意味を持つことになるからである。今日において、どのような意図で政策決定をしたのか（あるいはするのか）は、会議情報公開と同様に情報公開制度の一構成要素であると位置づけられるであろう。この点、日本の政治風土は「密室政治」が当然であって、いまだに＜由（よ）らしむべし知らしむべからず＞の風潮が根強い。こうした政治土壌を変えて、国民主権や知る権利を実質的に守るためにも、政治家や官僚のアカウンタビリティを制度化することは必要であるということだ。

その点がはっきりしてくれば当然、庁舎管理権を盾に取った取材制限の多くは許されなくなるし、会見の主導権を政府や政治家が握られがちな現状も解決していくことだろう。他の大臣のように頻繁な定例会見を開催することまでは不要としても、報道機関側の要請に応じ、会見やインタビューに応じることはサービスでも慣習ではなく、法的義務であることをいっときも早く実現する必要がある。重要な事項の発表は、質問が出づらい海外の会議や会見で発表するという事態が、好ましくないことは明らかである。

---

[28]　行政機関の保有する情報の公開に関する法律は、1条で「この法律は、国民主権の理念にのっとり、行政文書の開示を請求する権利につき定めること等により、行政機関の保有する情報の一層の公開を図り、もって政府の有するその諸活動を国民に説明する責務が全うされるようにするとともに、国民の的確な理解と批判の下にある公正で民主的な行政の推進に資することを目的とする」と定める。

◇ 第2部 ◇　取材源秘匿のための証言拒絶権

Ⅱ　オフレコという名の情報操作

1. オフレコ破り

　2011年11月末に、当時の田中聡沖縄防衛局長発言をめぐってちょっとした騒動が持ち上がった。当事者の多くが「オフレコ」の場と理解していた酒の場の発言を、問題視した琉球新報の記者が紙面化したからである[29]。本題である「オフレコ破り」の問題を考える前に、ここで図らずも分かったことが二つある。一つは、政府も東京のメディアも、言葉の使い方は別として、そもそも発言内容はたいしたことではないと考えていた節があること。二つは、その関係でもあるが、東京メディアしか居合わせなかった場であれば、報道されていなかったかもしれない、ということだ。

　それは、首相が中1日おいて謝罪をしたり（30日）、防衛事務次官が謝罪訪沖の場で環境影響評価（アセスメント）手続を進めることへの理解を求めたり（30日）、その手続きについては発言が問題になった直後にも影響なく進める旨の政府発表をしていることから分かる（29日）。米国からの要請（29日）に沿った行動と推測されるが、一貫して沖縄の声より米国の声を優先する政府の態度が見て取れる。そもそも女性に対する侮蔑発言に留まらず、米軍の存在が沖縄の平和を守っているかの発言や、米軍兵による強姦事件を軽視するなどの、一連の「本音」が沖縄差別そのものであるとの認識に決定的に欠けている。

　さらには、とりわけ目の前の辺野古新基地建設を沖縄の意思と関係なく政府の独断で行うという意思表示を、極めて下品な表現で行ったという多重の過ちに気づいていないとしか思えないからである。ただし結果論で言えば、そのときに見せた「政府の本音」は、その後の経緯をみればまさに正鵠を射たものであったわけで、振興予算の大判振る舞いという旧来型「アメ」を最大限活用しながら、辺野古新基地建設を少なくとも表面上は着実に進めてきている。

　東京のある記者は、この種の発言は酒席ではまま行われる表現に過ぎないのであって問題にするほどではないという[30]。あるいはまた、新聞協会の見解を

---

[29]　28日夕刻に開かれた記者懇談会の場で、辺野古新基地建設に係る環境影響評価書の沖縄県への提出時期を、強姦にたとえて「犯す前にこれから犯しますよと言いますか」などと発言したとされる。琉球新報2011年11月29日付朝刊に掲載、他紙も29日付夕刊で後追いした。その結果、田中局長は更迭された。

[30]　朝日新聞2011年12月3日付朝刊「記者有論」。

168

◆ 第7章 ◆ 取材の自由の今日的意味［山田健太］

引いて、政治家との信義を破ることは、ジャーナリストとしての倫理違反であると社説で琉球新報の対応を批判する[31]。要するに、オフレコを前提とした酒宴の発言を、そのまま記事化しては当事者との信義はもとより、取材先一般との信頼関係をも壊すことになり、報道界全体に悪い影響を与えかねないのであって、報道すべきではなかったという考え方である。この主張にはオフレコ取材の根底に流れる重大な課題が含まれている。

　ここではまず、新聞協会見解を確認しておこう。国内の主たる新聞・放送・通信社が集う日本新聞協会が1996年2月14日に出した「オフレコ問題に関する日本新聞協会編集委員会の見解」では、「オフレコは、ニュースソース側と取材記者側が相互に確認し、納得したうえで、外部に漏らさないことなど、一定の条件のもとに情報の提供を受ける取材方法で、取材源を相手の承諾なしに明らかにしない『取材源の秘匿』、取材上知り得た秘密を保持する『記者の証言拒絶権』と同次元のものであり、その約束には破られてはならない道義的責任がある」[32]と記されている。

　もちろんその後には、こうした一文が続く。「新聞・報道機関の取材活動は、もとより国民・読者の知る権利にこたえることを使命としている。オフレコ取材は、真実や事実の深層、実態に迫り、その背景を正確に把握するための有効な手法で、結果として国民の知る権利にこたえうる重要な手段であった。ただし、これは乱用されてはならず、ニュースソース側に不当な選択権を与え、国民の知る権利を制約・制限する結果を招く安易なオフレコ取材は厳に慎むべきである」。

　なにより、本稿冒頭に記したように半年で「非公式」発言がきっかけで大臣や政府高官が3人も辞める事態になっているが、これはあまりに異常である。これらの事例は微妙にその態様が異なるし、会話の内容もオープンのなり方もずいぶん異なる。一つは、公式な取材中に政治家が一方的にオフレコを宣言し、大多数の報道機関はそれを守ったが、地元のテレビ局が問題視して報道、これ

---

(31)　読売新聞2011年12月1日付朝刊「社説」。ほかに琉球新報の報道を批判するものとして、産経新聞2011年12月4日付朝刊「高橋昌之のとっておき」など。

(32)　『取材と報道 2002』（日本新聞協会、2002年）57頁。オフレコ懇談の内容を外国メディアが報じたことを受け、一部のメディアが報道したことに対し、「オフレコの破り」として当該社を記者クラブが登院停止（出入り禁止措置）したことから、報道界内でルールの確認が行われた。

◇第2部◇　取材源秘匿のための証言拒絶権

を受けて他の報道機関も自社の取材を基に後追いした（松本事案）。二つ目は、政治家の側は非公式な場として気軽に応対した雰囲気があるが、オフレコとの明確な認識は両者の間では成立していなかった可能性がある（少なくとも一部の報道機関は成立していなかったと、後に部長名で紙面上明らかにした）。発言内容は、しばらく後にその場にはいなかったテレビ局が報じ、それを受けて各社とも報道したが、発言内容は社によってバラバラであった（鉢呂事案）。

　当該懇談は、防衛局長の呼びかけに応じ市内居酒屋[33]において会費制で行われたもので、局長とのこの種の懇談は初めての機会であったという。当日出席者は、局長と広報室長のほか、地元社では琉球新報、沖縄タイムス、琉球放送（ＴＢＳ系列）、本土社では、時事通信、朝日新聞、読売新聞、日本経済新聞、ＮＨＫ、日本テレビの新聞・放送・通信9社9人であった[34]。

2. 取材の範囲

　論点の第一は、「取材」とは何かである。ジャーナリストたるもの24時間見るもの聞くものすべてが取材の対象であろうが、ここでは取材の自由の保護対象となる行為であって、職業倫理が問われる場合をさす。その判断基準としては、場所、態様、目的があるだろう。相手が政治家・役人で、議会や庁舎内で行われた場合は、それが公式な記者会見であろうと、大臣室での非公式な懇談や廊下の立ち話であろうと、すべて「取材」と認定して異論はなかろう。

　庁舎外の場合には、その接触機会が特恵的なものか、接触理由が報道目的かで分かれると考えられる。記者の立場を利用して接触したり、社が経費を負担している場合などが、一般に取材の範疇であって、送別会など最初から「懇親」のみを目的で集まった場合などは、取材カテゴリーに入れるのは相応しくない。これらの場合には、その場での発言を直接引用して報道することは〈報道倫理上〉許されないのであって、改めて「取材」によって言質をとるか、情報源を秘匿したうえでその内容を記事のなかに溶かし込ませる手法をとらざるを得まい。取材である限りは法的な権利・自由や職業上の責任・義務が発生するからであって、だからこそ取材とは、「記者であるゆえに特恵的な機会が与えられて

---

(33)　個室はなく、こぢんまりとした小料理屋で、隣のテーブルには他の客もいたとされ、会話は筒抜けだったという。

(34)　当該発言があったとき、沖縄タイムス記者はトイレに立っていた、朝日新聞記者は離れた所にいたので聞いていないとされている（発言時には到着していなかった、ともいわれている）。

◈ 第7章 ◈ 取材の自由の今日的意味［山田健太］

いる場合」に限定する必要があると考えられる。

　この点から当該懇談を考えると、広報室長まで出席した準公的な会合であっ
て、記者であるゆえの接触機会であることは明らかだ。経費を社が負担してい
てもおかしくない事例で、税法上も取材費として認められると想定される。そ
の点からも「取材」であることが外形的に認定されよう。もちろん、記者がま
ったくプライベートに政治家や役人と食事をすることはありうるだろうし、そ
うした可能性や機会を否定しないが、いわば赤提灯での世間話や愚痴話のレベ
ルとは決定的に異なるのであって、二人の間の私的会話を一方的に暴露したの
とは異なるとの認識が必要である。

　そしてここで確認すべきは、「取材」である限りは、報道することが原則でな
くてはならないということだ。それは、記者が読者・市民の知る権利の代行者
として、法・社会的に特別な地位を与えられ、それがために取材が可能になっ
ているという制度上の特性から導かれる。したがって、報道機関が説明すべき
は、報道する場合ではなく、しない場合の「正当な弁明」でなくてはならない。

　そこで第二は、どういう場合に報道しないこと、すなわち「オフレコ」が成
立するかである。いまや一般用語化する言葉だが、業界用語の一つで「オフ・
ザ・レコード」の略、記録＝報道しないの意味で使用される。いわば「ここだ
けの話」で、通常はメモをとったりテープを回さないのが「礼儀」とされてい
る。公式な記者会見に対して「懇談」と称される多くの取材機会は、その意味
で「オフレコ」であるのが一般的であるといえる（報道してよければ「会見」でよ
いのであって「懇談」にする意味はなくなる）[35]。

　もちろん記者の側は、聞き流すのではなく、重要だと思ったことはすぐにトイ
レに駆け込んで、メモに起こすように教育されているという。したがって、
報道しないの意味は、言ったことをそのままの形ですぐに報道しないの意味で
あって、実際、オフレコ内容はさまざまな形で記事になっている。その最たる

---

[35]　ここでは専ら「日本」の場合であることを前提としているが、アメリカのジャーナリ
スト間における「グラウンド・ルール」（最も基本的な決まりごと）としては、オン・ザ・
レコード（on the record）、バックグラウンド（background）、ディープ・バックグラウ
ンド（deep background）、オフ・ザ・レコード（off the record）に分けられるとする（藤
田博司『どうする情報源──報道改革の分水嶺』〔リベルタ出版、2010年〕50頁以下）。
ここでいう「オフ・ザ・レコード」は、取材内容を一切公表しないことが前提であるの
に対し、日本でいう「オフレコ」は、ディープ・バックグラウンドの背景説明を含むも
のとして理解されている。

◇第2部◇　取材源秘匿のための証言拒絶権

ものは、官房長官や党幹事長の発言で、政府首脳や党幹部といった名称でむしろ報道されることが前提で、単に情報源が固有名詞で明示されないという意味での不報である[36]。あるいは自分が書く記事の正確性を高めたり、価値の大きさ（たとえば発言内容の実現可能性）を判断するための材料として活用されることも一般的で、背景説明（バックグランド・ブリーフィング）とオフレコ懇談が呼ばれるのもこの理由からである。

　現時点で、取材をしても報道を意図的にサボタージュすることが明示的に許されているのは、少年犯罪の本人推知報道[37]と誘拐報道協定に基づくもの[38]に限定されていることも知っておく必要がある。そしてこれすらも例外措置に過ぎず、場合によっては「原則」に戻して報道することは多くの報道機関においてルールとして運用されている。しかし一方で、極めて広範に「オフレコ」と呼ばれる、非公式な懇談形式の取材形態が日常化していて、その内容は直接報道しないという「業界ルール」が成立している。業界ルールであるから、法的縛りはもちろんないが、それに反すれば「ムラ社会」から追放されることになり、当該取材対象との取材機会を将来にわたって失ったり、記者クラブ等の業界内の取材拠点から追放されたりもすることになるわけだ。

　さらに完全オフレコ（完オフ）と称して、取材源を明示するしないにかかわらず発言内容を報じてはいけないという「縛り」をかける場合もある。いわば、報道しないことを前提に内部事情を話しましょう、といったケースである。あるいは、懇親目的なので、お互い仕事のことは忘れましょう、という場合もあるとされる。ただしこの場合も、直接引用しなければ報じてもよいとの解釈もされており、「絶対禁止」とは異なるといえる。

　しかし、立場を忘れて本音ベースで話し合いましょう、ということが「取材」である限り本当にあるか、という問題が残る。あるいは、複数の記者が同席す

---

(36)　ただし表記方法は定型的で、政府首脳といえば官房長官をさすといった暗黙のルールができあがっている。したがって、情報源を守るというよりは、発言者の責任を問わないことを前提に、報道することを了解してもらい、その代わり政治家側もいわば観測気球をあげることができるといった、政治家・記者の双方にとって利益がもたらされる、ある種の「馴れ合い」の結果ともいえる。

(37)　少年法61条の規定による。

(38)　日本新聞協会在京社会部長会と警察庁刑事局との定期的な話し合いのもと、報道界全体のルールとして誘拐報道協定（「誘拐報道の取扱方針」「付記（警察庁の了解事項を含む）」「解説」）が運用されている（『取材と報道（改訂4版）』〔日本新聞協会、2009年〕）。

◆ 第7章 ◆ 取材の自由の今日的意味［山田健太］

る場で、オフレコは成立しないとの考え方を示す現場記者も少なくない（もちろん、誘拐報道協定に基づく不報もオフレコの一種と考えれば、実態として成立している）。

　沖縄事例ではその完オフの約束があったとされ、一部からルール破りが指摘されているわけである。しかし、取材した内容を例外なくいっさい報道しないと約束する行為自体が、取材に特別な地位を与えている現在の社会制度上許されないのであって、そうした約束は読者に対する裏切り行為といえる。また先に述べたように、取材を受ける側が公人である場合は、法的に取材応諾義務があるとまではいえないまでも、情報公開法の精神からしても国民に対する説明責任があるのであって、職務上知りえた情報を意図的に秘匿する（公表しないように要請する）行為は許されないと考えるべきである。

3. 報道の仕方

　取材である限り報道することが原則であって、オフレコだからといって発言内容をその場限りの話することは、一般読者・市民に代わって国政情報に接近可能な立場を与えられているジャーナリストとしては許されないことを確認した。それでもなお、報道の仕方にもう少し工夫が必要ではなかったかという声がある。

　第三の問題である、報道の仕方だ。当該事案も「オフレコ破り」という言い方がされるが、これも報道の仕方が悪いのであって、他紙からは、もう少しぼかせばいいのにとか、間をおいて報道すればよかった、正式な会見の場で発言を確認すべきではないか、さらにはどうしても言いたかったら、週刊誌にでも横流しすればよい、という声が聞こえるのはこのあたりと関係する。もちろん、こうした議論は発言の裏にあるさらに大きな問題である「沖縄住民に対する無理解や意識の決定的な乖離」といった、コトの本質からすると瑣末な議論であるものの、ジャーナリズムの観点からは極めて大きな倫理上の問題を孕んでいる。

　オフレコは、その場にいるすべての関係者の合意をもって始めて成立する例外措置であるから、一人でもNOといえば、その瞬間に約束は無効になる類いのものである。そしてその原則に戻る基準は法ではなく倫理の問題であって、ジャーナリストとしての「覚悟」と「責任」が問われることになる。覚悟とは、取材者へ迷惑がかかること、取材者あるいは取材先との将来にわたる信頼関係を反故にすること、さらには報道界全体と取材先の関係にヒビがはいることや、

◇ 第 2 部 ◇　取材源秘匿のための証言拒絶権

さらに広く報道界の取材一般における取材対象者との信頼関係構築に悪影響を与えることなど、報道によって引き起こされるであろう可能性の認識と、場合によってはそれに伴うマイナス影響を引き受ける社会的責務である。

そして同時に、報ずることによって読者が獲得する価値が、記者・新聞社・報道界が失うマイナスの総和を上回るか、そうでないまでもその決定過程を事後的に明らかにし、読者・市民の理解を求めることによる正当性の担保が必要である。実際、当該事案では、防衛局長自身は更迭され、相手方に多大な不利益を負わせ、今後、この種の懇談は開催されなくなる可能性も含め、当該メディアは取材に応じてもらえない危険性を負うことになった。

しかしながら、発言内容はそれを聞いた記者において「公憤」[39]を呼び起こし、社の組織検討を経て報道価値が上回ると判断したことが認められる。ここでいう公憤は、いわば報道内容の公共性・公益性であって、表現の自由を実際に裏打ちするものでもある。そして、不利益を上回る価値があると報ずる者が主体的に判断をした場合、それはすべてに優先する結論であって、それを押し止め力は少なくとも取材される側には与えられていないのである。

先に新聞協会見解を紹介したが、見解ができたきっかけとその後の推移に多少の注意が必要である。できた当時の問題は、新聞・通信社の記者によって構成されていたオフレコの場の会話内容が外国メディアや雑誌に流れたことであって、そうした「ズル」が政治家との信頼関係を失わしめるとしている[40]。もう一つは、この見解が記者クラブにかかわる一連の取り決めの一つであるという点だ。とりわけ 2009 年以降の記者会見開放化の動きの中で、一部の常駐記者だけを対象にするような懇談形式の非公式な集まりはよくないとされるようになった。

たとえば、警察庁は従来、会見という名の「懇談」を記者クラブ加盟社のみを対象に行ってきたが、会見オープン化に併せ懇談を廃止し会見に一本化した。いわば、オフレコの取材機会は原則としては縮減の方向で動いている訳だ。こうした流れを受けて 2009 年版の『取材と報道(改訂 4 版)』では、記者クラブの

⑶9　報道基準として「公憤」は重要である。名誉毀損の違法性阻却自由にしても、一般に公共性・公益性といわれているものは、まさに個人的な恨みつらみ(私憤)ではない、広くみんな共有するであろう公けの憤り(公憤)であることが条件である。

⑷0　1995 年 11 月の江藤隆美総務庁長官(当時)のオフレコ発言が、新聞記者を経由して雑誌に漏らされたことをさす(注⑶2参照)。

174

第7章　取材の自由の今日的意味［山田健太］

項目が大幅に削除され、このオフレコ見解も新聞協会ガイドラインから姿を消している。それからすると、この見解をもってオフレコ遵守を最上位の職業倫理というには違和感が残る。

　自らが定めた自主自律のルールを守ることを前提に、憲法上で表現の自由の保障が与えられ、様々な取材特権が与えられている。社独自の勝手な理屈やその場の思いつきで報道に踏み切ることや、取材で得た情報を自社のビジネス上の利益のために活用したり、懇意の政治家に横流しするような行為が絶対に許されないのは、そのためである。しかし一方で、「破る」という語感とは反対に、報道すること自体は原則に戻る行為であるということを忘れてはならない。読者・視聴者の知る権利に応えるために、取材対象との信義則を超えるだけの大義があり、さらに将来にわたる不利益を引き受ける覚悟をもつことが前提ではあるが、報道側には常に報道する自由が留保されており、取材される側はその可能性があることを甘受せざるをえないのである。

　ただし今後は、こうした発言者（被取材者）と取材者の関係が倫理の問題ではなく、法的関係で語られる可能性が高まっている。前述の秘密保護法によると、社会観念（通念）に反する行為は、「正当な取材行為」とは認められず、秘密を探知収集したとして取得罪で訴追されることになる。報道されたのちに、被取材者が「記者に騙された」といえば、外形的に罪が成立し取材者（記者）が罰せられることになるという構造である。

4. 信頼関係

　そこで最後に残るのは、こうした報道の仕方が取材対象との信頼関係を崩し、結果として将来の報道界一般の取材にとって悪影響を及ぼすという考え方である。いわば、取材先ではなく、身内（ジャーナリスト仲間）に対する裏切り行為ではないか、という点である。これは微妙な問題である。すべての「オフレコ」破りは常にその問題が付随する。少なくとも情報源が公人（とりわけ公職者たる政治家及び政府高官）である場合については、当該報道機関が取材対象から憎まれることは、そもそもジャーナリズムの基本的使命が権力監視である以上避けがたいし、その場が公式であれ非公式であれ、言ったことについての責任を負うのは為政者の宿命というほかなかろう。

　したがって、むしろ報道したことの正誤の判断は読者・市民の支持を得ることができるかどうかにかかっているともいえる。しかし、報道界全体の取材が

◇ 第 2 部 ◇ 　取材源秘匿のための証言拒絶権

やりにくくなり、真実への接近に困難が生じ、結果として表現の自由の枠が狭まってしまったのでは元も子もない。したがって、もし当該事案で琉球新報の報道が報道界の根幹的な倫理違反であり総体的に表現の自由を狭める危険性を有するというのであれば、同紙に対し倫理違反を厳しく追及すべきである。

　当該事例でいえば、これまでの慣習に則るのであれば記者クラブ内での処分であって、「登院停止」といわれる記者クラブへの出入りの禁止、記者会見への参加拒否の「処分」になるのかもしれない（こうした処分方法は別の意味で許されないと思われる）。そうではない、形式的なオフレコ破りとしての報道批判は、政府の「報道すれば出入禁止にする」といった、取材拒否の論理を結果として肯定することにつながり、公的機関の情報コントロールを認めることに他ならないのであって、解決・批判の方法としては禍根を残すことになるだろう。

　これらの点に対し、琉球新報は報道前に本人に通告し、不意打ちを食らわすということをせず弁明の機会を与えるという「マナー」[41]を発揮し、その後の紙面でも経緯を読者に説明し、透明化の努力を見せている。あえていえば、会合の場での十分な反論をすることなく紙面化することが不意打ちに当たらないか、オフレコ約束をともにした当事者である仲間（他社）への事前の断りがなかったのはマナー違反ではないかとの指摘があるようだ。これらについては、もちろんした方がベターであったといえるだろう。ただし、今回事例を鑑みると、記者は質問を離れた席から大きな声で局長に向かって投げかけたとされており、そのやりとりを他社の記者は十分知りうる環境にあったと推認できたこと、単なるワンフレーズではなく、全体としての文脈からその悪質性が明らかであることなどから、同席した記者が問題意識を持てば当然同じ結論に達しておかしくなかったと想定できよう。

　むしろ報道しなかったのはオフレコ約束があったからではなく、記者の問題意識や社の方針の違いというべきではないかと思われる。それをオフレコの問題にすることは、むしろ発言者を擁護することに作用することになり、ジャーナリストの使命からすると疑問であるといわざるをえない。実際に政府は、報

---

(41)　広義の報道倫理（Ethics）と称されるもののなかには、モラル（Moral）、規範（Norms）、エチケット（Etiquette）、マナー（Manners）、ルール（Rule）、行動綱領（Code）とさまざまなレベルがありうる。もちろん、ルールの中でも法（Law）は特別な強制力を有し、別カテゴリーに分類する必要があるだろう。しかし一様に、それらの境界線は必ずしも明確なわけではない。この点についての詳細な検討は、別稿に譲る。

◆ 第7章 ◆ 取材の自由の今日的意味［山田健太］

道の事前通告に対し、報道すれば事後の取材を拒否すると、"脅し"をかけてきている事実があるからである[42]。

それからすると琉球新報の当時の報道は、新聞界内では否定的な意見が少なくないが、取材・報道の基本を忠実に実行したものであって問題がないばかりか、自身に降りかかるであろう将来的な不利益を超えて市民の知る権利に応えたものとして、評価されるべきものといえるのではなかろうか。むしろ他のメディアもこぞって大きな報道をしたことは、その発言内容に報道価値があることの裏返しであると考えられよう。

Ⅲ　取材源の保護と情報源の明示

1. 取材源保護の目的と例外

報道人にとって、絶対守らねばならないことの一つとして「取材源の保護（秘匿）」があることは、すでに繰り返し触れてきた。たとえば情報元である内部告発者が不利益を蒙らないように、取材をした記者個人が取材源を責任もって隠し通すという、報道上のルールであり、倫理規範でもある。その場合、単に名前を出さないだけでなく、記事や番組から情報源が推定をされないような工夫が報道上求められるとされる。ちなみに、従来は学説上も現物でも一般に「秘匿」と言い慣らわしてきたが、あくまでも取材源を守る必要がある際に積極的に秘匿するのであって、報道の信頼性や正確性を担保するためには「明示」が原則である。その点からここではあえて、秘匿ではなく「保護」という言い方をすることにしている。

1970年代には、外務省沖縄密約（秘密電文漏洩）事件で、毎日新聞記者から政治家に渡った電文コピーから情報源が特定され、外務省職員が国家公務員法・守秘義務違反を問われた。2007年には講談社から刊行された少年事件犯罪を扱った本に関わり、掲載された供述調書がもとで情報源が特定され、医者である鑑定医が刑法・秘密漏示罪に問われ、いずれも情報を漏らした側が有罪になった。前者は記者の側も守秘義務違反のそそのかし罪で有罪になっているが、後者では情報を入手した作家・編集者は罪を問われていない[43]。

---

[42]　琉球新報の事後検証紙面によると、紙面化を通告しコメントを求めたことに対し、報道した場合の不利益が示唆されたという。

[43]　山田健太『ジャーナリズムの行方』（三省堂、2011年）参照。

177

◇ 第 2 部 ◇　取材源秘匿のための証言拒絶権

　そしてこの取材源保護のルールは、法律上には明記されていないものの、証言拒否権として判例上、徐々に容認されてきている。戦後間もない 1952 年の最高裁判決では、刑事裁判における記者の拒絶権は認められなかったが[44]、1980 年の民事裁判において、取材源の保護は民事訴訟法上の「職業ノ秘密」に当たるとされ[45]、さらに 2006 年の事件で、条件付きながら証言拒絶を正式に認めるに至った[46]。一時、地方自治体の中には、100 条委員会で記者の出頭を求める事案が相次いだが、これについても報道界の強い反対の中で、現在は沈静化しているといえる。これらは、公権力もまた、報道機関の倫理に一定の理解と配慮をしている結果であるといえるだろう。

　そうしたなか日経新聞（以下、日経）が、自社が名誉毀損で訴えられた裁判の中で、取材メモを証拠として提出、そこに取材先の実名がそのまま記載されていたことが明らかになった。まさに、公権力たる裁判所に、自らが取材源を開示するという、まったく逆の事態が生じたわけだ。日経は 2007 年 7 月 6 日付朝刊（大阪版）の社会面トップで、大阪府枚方市の前市長が、大林組ほか大手ゼネコン関係者から頻繁に接待を受けていた旨の記事を掲載した。当時、同市発注の公共事業工事をめぐる談合事件が問題になり、各紙で報道がなされていた。同市長は同年 7 月末、談合罪の共謀共同正犯で大阪地検特捜部に逮捕され、その後、有罪が確定した。

　元市長は公判で一貫して無罪を主張、日経の記事についても事実無根で名誉を傷つけられたとして、日経大阪本社に 1000 万円の損害賠償を求めて提訴した。これに対し大阪地裁は 2012 年 6 月 15 日、「取材活動が不十分」として 600 万円の支払いを命じた（日経は控訴）。判決は、記者が前市長に文書で質問するなどの取材をせず、事件に関与した大手ゼネコン関係者への確認も怠り、取材先の検察幹部の発言も推測に過ぎないと認定、頻繁な接待はなく、前市長に与えた打撃は著しいと、ほぼ全面的に市長側の言い分を認める内容となっている。

　日経は裁判過程において、記事の真実性証明のため、取材相手の検察幹部 2

---

(44)　朝日新聞記者証言拒否事件最高裁判決（最大判昭和 27 年 8 月 6 日刑集 6 巻 8 号 974 頁）。『憲法判例百選 I（第 4 版）』152 頁以下、『メディア判例百選』4 頁以下参照。

(45)　北海道記者証言拒否事件最高裁決定（最小決昭和 55 年 3 月 6 日判時 956 号 32 頁）。『メディア判例百選』6 頁以下、『民事訴訟法判例百選 II（補正版）』290 頁以下参照。

(46)　NHK 記者証言拒否事件最高裁判決（最大判平成 18 年 10 月 3 日民集 60 巻 8 号 2647 頁）。後述。

◆ 第7章 ◆ 取材の自由の今日的意味［山田健太］

人の実名を挙げた上、夜討ち朝駆けと呼ばれる自宅付近での取材のやり取りの一問一答を、準備書面のなかで証拠として提出した。ただし裁判所は、この取材メモをはじめとする取材活動を一刀両断する。そこでは「正当化するには到底足りない粗末なものでしかなかった」とし、記事を「極めて薄弱な取材結果にしか依拠しない」ものと断定する。さらに、「うわさ話の域を出ない伝聞情報から直ちに予断を抱いて、客観的な取材を十分することもないままに、佐藤検事正等からその予断に沿った断片的な発言を引き出し、うわさ話をあたかも事実のように粉飾して」報じたと厳しく非難しているのだ。判決によると、その取材メモには、以下のようなやり取りがあったとされる。

記者「頻繁に会っていたというのは堅い話ですか？」
検察「頻繁かどうか知らんけど。中司はどういっているんだっけ」
記者「（前略）1回会っただけで、あとは何もないと公式の場では発言しています」
検察「そんなことはないやろ。何度かは知らんけど、1回っちゅうことはないわ」

こうした取材態様を裁判所は、「検事正と次席検事に対するそれぞれ1回ずつの短時間の取材によって得た主観的かつ断片的な情報に基づいてされたもの」であって、両者への「追加的取材をし、より客観的かつ網羅的な情報を取得する余地がなかったとも認められないのに、そうした取材が行なわれ」ていないとする。その結果、「記者による取材活動が十分であったとは到底認めることができない」と厳しく断罪する。

さらに要旨、「前市長やゼネコン関係者の弁護士に対する取材活動を行なう余地がなかったとはいえないのに、これらが行なわれたとは言えない」と、「極めて薄弱な取材結果にしか依拠していないもの」と、取材をほぼ全面的に否定しているに等しい。日経側からすると、情報源を開示してまで記事の信憑性を訴えたものの、まったく功を奏さなかったことになる。

秘匿することの目的としては、告発者を守り、当人と取材記者の個人的な信頼関係を維持するだけではなく、取材源が明らかになることで、将来の全般的な取材活動への影響も問題視される。すなわち、取材を受けた者が所属する機関と、記者が所属する社の間、あるいはさらに一般的に、取材者と被取材者の間の一般的な信頼関係への悪影響である。したがって、取材源を決して明かさないという行為は、取材の自由を守るために報道側に課された責務であるとい

◇ 第2部 ◇　取材源秘匿のための証言拒絶権

え、だからこそ最高位の報道倫理の一つと認識されているといえよう。

　さらに関連してのもう一つのルールとしては、こうした情報源は私人だけでなく、公人の場合も当てはまり、これらに対する「正当な取材行為」の結果、秘密を聞きだす行為は法律上許されることが判例上、定まっている。それからすると、当該事案の新聞社による一方的な取材源の開示はどう正当化されうるのだろうか。

2. 取材源開示の正当性

　問題の第一は、日経が当初の記事掲載時に、誰を慮って情報源をぼかし、一転して裁判において、検察幹部2人が取材相手であることを明かしたのか、である。もし、重要な取材源が検察幹部以外にいるのであれば、日経はいわば「周辺取材」の幹部名を明らかにしたに過ぎず、いまだに主要な情報源は「秘匿」しているということになる。その意味で、裁判過程で明らかにされた検事正と次席検事は、肩書きからしても広報窓口を勤める役割分担からしても、検察を代表するいわば公人中の公人であって、しかも公表されたやり取りも、公開によって守秘義務違反が問題になるようなレベルでないなど、取材源の保護の中核的な人物・事柄ではない。むしろ、真に守るべき相手を守るための「工夫」であるとすれば、選択肢の一つとして認められる可能性はある。

　第二は、もしそうだとしてもやはり、一般的な意味での、取材源保護の原則を破ることによって、将来にわたっての取材活動に悪影響が生じるかどうかである。たとえば取材担当記者あるいは日経は、その後、検察への取材を一切拒否されているとか、新聞や放送が同様の扱いを受けている話は、表面上聞かない。あるいは一般論として、検察・警察が萎縮して取材に対し応対が冷たくなったということもないようだ。もしあるとすれば、より一般的に、日経はあるいは当該記者は「信じるに足らない奴」という見方をされるようになった可能性は否定できない。さらにいえば、当該検察幹部は、今後、記者一般に対し、より口が堅くなる、という効果を生む可能性もあるかもしれない。ただし、これを「萎縮」とまで言えるかどうかは別であるし、他社において個々の記者と取材先の厚い信頼関係があれば、こうした可能性は杞憂に終わるともいえる。

　第三は、裁判で名前を出しても問題がないような相手であったならば、なぜ記事段階で情報源を明示しなかったのかということがある。確かに、取材源の秘匿は大切な職業倫理であるが、一方で情報源の明示も報道の信憑性と責任の

明確化という意味で、報道にあたっての大切な基本ルールだ。慣例として、「関係者によると」と報じることで、読者・視聴者は納得していると思いがちであるが、その業界内の内輪ルールが正しいとは限らない。むしろ、報道機関の責任回避に使われている感が拭えない。

これと関係して第四には、今回のような典型的な有罪視報道をどう考えるかがある。本件刑事事件の被告（名誉毀損では原告）は無罪を主張している事件であるが、それを報道機関が一方的に悪者視することの是非である。もちろん、時系列からすると、逮捕前に本件報道があり、むしろ報道が捜査をリードした面もあるかも知れない。しかしその構図はまさに、厚生労働省の郵便不正疑惑事件で、村木元局長を逮捕に追い詰めた悪しき構図そのものでもある[47]。

ただし改めて確認すべきは、取材源の保護は取材上の大原則で、その例外は限定されているということだ。具体的に開示が許されるのは、取材源自身がその開示を承諾した場合に限定されると考えてよかろう。もちろん、取材対象が公人であって、それを明かすことでより真実に迫れることが明白な場合においては、事例によっては許される場合は皆無とはいえないが（前述の沖縄防衛局長発言がこれに当たる）、その場合は、明白な理由付けを紙面上で行うことが条件となろう。なぜなら、市民の知る権利に鑑みて、被取材者（取材源）を守ることよりも大きな社会的利益があると判断したことが、万人に理解される必要があるからだ。

それからすると、日経の取材相手の氏名及びやり取りの開示は、そうした「大義」が示されていない。自社が訴えられた名誉毀損訴訟で負けが続く報道機関の何とかしたい心情は理解するとしても、事件を報じた記事中では、情報源を「関係者によると」として実名を伏せ、裁判段階で明らかにするという行為は、自己利益のための開示であるとみられて致し方ない。

3. 取材源保護のための証言拒絶権

先に触れたように 2006 年 10 月 3 日、最高裁で NHK 記者の民事訴訟法上の

---

(47) 郵便割引制度を悪用して多額の郵送料を免れたとして、大阪地検特捜部が 2009 年、広告会社幹部を摘発、その捜査過程で偽の証明書が厚生労働省から発行されたことが判明し、同年 6 月、村木厚子局長らを偽造誘引公文書作成等で逮捕した。しかし 2010 年 9 月、無罪判決が確定、特捜部の証拠捏造等が明るみになった。特捜部の捏造をスクープした朝日新聞の報道は高い評価を受けたが、同時に同紙は村木局長を逮捕に追い込む報道をしたという点では、いわばマッチポンプともいえる役割を果たした。

◇ 第 2 部 ◇　取材源秘匿のための証言拒絶権

取材源保護[48]を認める決定が示され、記者の証言拒絶をめぐる裁判所判断に一応の終止符が打たれた。事件は、米国の健康食品会社アロエ・ベラ社が本国アリゾナ州連邦裁において、米国国税庁に対し国家賠償請求訴訟を提起したことに端を発する。訴訟過程であるディスカバリー手続き（日本でいうところの公判である大陪審を行う前の証拠開示手続き）の中で、当該食品会社が日本の国税局職員や報道機関の役員・記者等の多数の証人尋問を申し立てたことから、米国の裁判所から日本の裁判所に対し、司法共助条約に基づく嘱託がなされた。

この嘱託尋問（記者等の勤務地にしたがい、それぞれの地方裁判所で実施された）において、ＮＨＫ、読売、共同、月刊誌テーミスの記者が取材源に関わる質問に対する回答（証言）を拒否した（このほかの社の報道関係者についても証言を求められた経緯があるが、争いになっていない）。ここで取り上げる裁判所判断は、これら 4 人の証言拒否に対する裁判所の決定で、それぞれ個別に判断が示されている。

従来、刑事裁判における新聞記者の証言拒絶が認められていなかったのに対し（1952 年の朝日新聞記者事件）、民事裁判においては、記者の取材源が民事訴訟法 197 条（旧 281 条）1 項 3 号の「職業の秘密」にあたるとして、証言拒絶が認められてきた経緯がある（1979 年の北海道記者事件）。そこでは、「公正な裁判の実現」と「取材源秘匿により得られる利益」を比較衡量しつつ、公正な裁判の実現にほとんど必須な場合にのみ証言を求めることができるとしている点が特徴である（翌 1980 年 3 月 6 日、最高裁は実質判断せず却下し確定）。

06 年の NHK 記者事件最高裁決定はそれ以来の判断で、しかも読売新聞記者事件の地裁決定において取材源保護が認められなかったことから、社会的にも大きな話題になった経緯があるとともに、取材の自由にとっても意義深い裁判所の判断であった。その理由は以下の四つにある。

① 報道関係者の取材源が、民訴法にいう「職業の秘密」に該当すると明確に認めたこと。

② 保護に値する秘密か否かは、証言拒絶によって犠牲になる真実発見及び裁判の公正と、秘密の公表によって生ずる不利益の比較衡量で決するとしたこと。

---

[48]　民事訴訟法 197 条「①次に掲げる場合は、承認を拒むことができる。3 技術又は職業の秘密に関する事項について尋問を受ける場合」。

182

◈ 第7章 ◈ 取材の自由の今日的意味 [山田健太]

③ 比較衡量にあたって、（ⅰ）報道が公共の利益に関するものであること、（ⅱ）取材の手段、方法が一般の刑罰法令に触れるとか、取材源となった者が取材源の秘密の開示を承諾しているなどの事情がないこと、（ⅲ）当該民事事件が社会的意義や影響ある重大な民事事件であるため、当該取材源の秘密の社会的価値を考慮してもなお公正な裁判を実現すべき必要性が高く、そのために当該証言を得ることが必要不可欠であるといった事情が認められないこと──といった条件が揃った場合といった、拒絶の際の条件（従来にいう「特段の事情」）を明示したこと。

④ その前提として、取材源の保護（秘匿）が取材の自由を確保するために必要なものとして、重要な社会的価値を有することを認めたこと。

その上で最高裁はNHK記者事件について、上記三つの要件に当てはまるとして、証言拒絶を認めた。この判決構造は、読売記者事件最高裁決定（10月17日）でもそのまま維持されている。また、テーミス事件でも証言拒絶が認められ、雑誌記者にも対象が拡大された。今回の決定が冒頭に述べたとおり嘱託尋問であったため、一般化できるのかという見解もあるが、この点に関しては従来の判例の延長線上にある判断で、今後のメルクマールとなると考えてよいと思われる。

ただし、取材源の特定につながる証言をどこまで広げるか、対象となる報道関係者がどの範囲までかなどについては、今後の個別ケースの判断をまつことになるだろう。さらに「特段の事情」の吟味は、後述するように今後の争点になると予想される。

そして、従来から考えられてきた証言拒絶の利益である、①取材源（内部告発者）の保護、②担当記者及び当該報道機関の信頼性と円滑な取材活動の確保、③報道界全体もしくは取材・報道の自由という社会的利益の確保──は、おおよそ裁判所によって認容されたともいえる。ただし、①と③は直接には触れられていなかったし、②についても十分とはいえない面が残る（テーミス事件地裁決定では内部告発者の保護に言及があった）。

その意味で、この決定によって取材源保護は守られ問題はすべて解決したかといえば、そうではないことに注意が必要である。

第一に、刑事事件や地方自治法100条に基づく出頭要請を拒否（証言拒絶）が許されるかどうかである。前述の拒絶を認めなかった朝日新聞記者最高裁決

◇第2部◇　取材源秘匿のための証言拒絶権

は、裁判所が取材・報道の自由について十分理解を示していなかった時代のものであり、判例変更の可能性もなしとはしない。しかし一方で、刑事訴訟法149条[49]に示される弁護士・医者・宗教関係者と限定して列挙されている職業に、報道関係者を含めることは判例解釈上容易でなかろう。

　また、刑事事件では裁判所（検察）も記者の証言を求めることにつき自重しているため、問題を回避してきているという面が否めない。一方では地方自治体の百条委員会における証言要請が珍しくない実態があり、取材の自由に対する理解が地方議会においては浅薄であることが伺える。報道機関は現在でも、出頭拒否、宣誓拒否、証言拒否などの使い分けによって対処しているが、こうした「その場しのぎ」の対応策ではなく、アメリカ（31州及び特別区で存在）やドイツに見られるような特別法の検討がなされてもよいのではなかろうか。

　ただしこの点でいえば、すでに1990年代前半は、民訴法改正のいう形で記者に証言拒絶権を付与しようとの具体的検討がなされ、法務省からは条文案まで示されていたにもかかわらず、新聞界が反対をした経緯があり、改めての立法化には障害が多いことも事実である（一方、放送界は明文化に賛成した）。

　第二には、取材源に限定されない、広く記者活動によって得られた内容にまで、この判例が及ぶのかの問題である。またこれを広げていくと、いわゆる自己取材情報（ワークプロダクツ）と呼ばれる、録画テープ（取材テープ）や取材メモの差押え[50]や提出命令を拒否できるかの問題に行き着く。

　この点について放送局は、古くは1969年の博多駅テレビフィルム提出命令事件最高裁決定以来、近年では1989年の日本テレビ・リクルート事件[51]、翌90年のＴＢＳ・ギミアぶれいく事件[52]と、幾度となく煮え湯を飲まされてきた経

---

[49]　刑事訴訟法149条「医師、歯科医師、助産婦、看護師、弁護士、弁理士、公証人、宗教の職に在る者又はこれらの職に在った者は、業務上委託を受けたため知りえた事実で他人の秘密に関するものについては、証言を拒むことができる。ただし、本人が承諾した場合、証言の拒絶が被告人のためのみにする権利の濫用と認められる場合その他裁判所の規則で定める事由がある場合は、この限りではない」。

[50]　刑事訴訟法99条（押収、差押）による。

[51]　日本テレビ・リクルートビデオテープ押収事件最高裁決定（最決平成元年1月30日刑集43巻1号19頁）では、「将来の取材の事由が妨げられるおそれがあるという不利益にとどまる」と判示。

[52]　ＴＢＳ・ギミアぶれいくビデオテープ押収事件（最決平成2年7月9日刑集44巻5号421頁）では、「報道機関において、将来本件と同様の方法により取材することが仮に困難になるとしても、その不利益はさして考慮に値しない」と判示。なお、この事案で押

緯があり、最高裁は一貫してフィルムの提出・差押えを認めてきている。そこで放送の現場ではすでに、「やむなし」の状況にあるともいえるが、取材の自由の将来的保障という観点から、少なくとも裁判と捜査（警察・検察）で差があるのか、放映済みと未放映（あるいはマザーテープ）では違うのかなど、さらなる詳細な議論を続ける必要がある。

　そして第三には、これがさしあたっては最も重要であるが、当該決定で示された限定条件がどのように作用するかの見極めである。多くの報道機関とりわけテレビ局や雑誌社においては、取材現場は極めて広範に及んでいる。すなわち報道系にとどまらず、いわゆる情報系や芸能系の取材のなかには、報道内容の公共性や取材方法について、疑問符のつくものがまったくないとはいいがたい。

　しかしそうした取材内容や取材方法が、取材源の保護とストレートに結びつけられるという事態は、初めての経験である。最高裁は一般的抽象的なレベルで何らかの精神的結界を設けたに過ぎないかも知れないが、メディアに厳しい最近の地裁レベルでは、より具体的に各種の特別法違反を根拠に取材源保護を認めない可能性もなしとはいえない。こうした事態が招来しないためには、証言拒絶を広く認めるという立場からの「厳格な適用」を引き続き求めていくことが肝要であろう。

　実際の公判廷で報道機関が証言拒否を求められるのは、先の日経事例でもわかるとおり自社の名誉毀損訴訟であることが一般的である。そのような折、この最高裁決定を根拠に拒否をすることはより容易になったといえるが、それが報道の自由全体を守ることになるかどうか、これまで以上に報道機関自らが重い責任と自覚を持って判断を求められることになる。

4. 誰のためのメディアか

　この問題を考える際に、まったく別の側面からみるならば、それは市民を代表するのは誰かという命題につながる。東日本大震災以降、金曜の晩を中心に官邸や国会前では様々な抗議行動やデモが行われている。それに比べると規模は小さいが、オスプレイ配備反対の抗議行動も米国大使館前も含め続いている。そうした市民活動を伝えるメディアとして、時として新聞やテレビといった既存のいわばメインストリーム・マスメディア以上に活躍しているのが、ネット

収されたテープは、放映済みではなくマザーテープであった。

◇ 第 2 部 ◇　取材源秘匿のための証言拒絶権

系メディア群である。

　2012 年 7 月 29 日の大規模な反原発国会請願デモ行動の際も、カンパでヘリをチャーターして空撮を実施、音声での生中継を行った[53]。しかし航空安全上の理由から、テレビ局が当たり前にやっている空からの映像生中継が、ネットメディアに許可されることは通常ない。したがって、音声のみの中継にならざるをえなかった事情がある。そしてこうしたメディア間の「格差」は、地上においても起きている。

　その一つは、官邸前抗議活動の全体像を撮影するのに最も適したスポットといわれる、国会記者会館屋上からの撮影をめぐる「事件」だ。オルタナティブ・メディアとして主としてネット上で活動を展開している、OurPlanet-TV（アワー・プラネットＴＶ、代表・白石草）が利用を求めたところ、所有者の衆議院と管理者の記者クラブがそろって拒否、これに対して訴訟を提起したというものである。一般には馴染みがない建物であるが、ちょうど官邸・国会議事堂・議員会館とともに、交差点を囲むように建つ 4 階建ての建物で、日本全国の新聞・放送・通信各社が取材拠点として活用している[54]。

　過去経緯としては、1969 年 3 月に衆議院事務総長から国会記者会（いわゆる記者クラブ）代表者あての文書「国会記者事務所の使用について」が発信されている。そこでは「条件を付して使用を承認します」として、施工主の建設省から引き渡され、それまで使用していた国会記者会館から退去することが記録に残っている。そして使用条件として、使用料は無料とすること、光熱費や維持修繕費は記者会が負担することなどが定められ、建物と構内の管理は記者会が行うという現行ルールもこの時に定められたことがわかる。その後 40 年以上にわたり、特定の報道機関が任意団体としての記者クラブを構成し、施設をいわば独占的に利用してきたわけである[55]。

　第一に、報道機関に対する国からの便宜供与がどこまで、どういう場合に許されるかという問題がある。取材の自由を最大限発揮し、国家情報にアクセスするため、特別な法的保障を与える必要があるかという話だ。たとえば、個人情報の収集について本人に断りなくこっそり集めることは、普通の企業では絶

---

[53]　市民活動としての「正しい報道ヘリの会」へのカンパによる。
[54]　各社の報道実態は、山田健太『3.11 とメディア』（トランスビュー、2013 年）参照。
[55]　過去経緯については、アワー・プラネットＴＶウエブサイト（www.ourplanet-tv.org）に契約書を含む資料が掲出されている。

◈ 第7章 ◈ 取材の自由の今日的意味［山田健太］

対許されないが、報道機関であれば通常の取材行為として認められている。あるいは、一般ならストーカーとして問題になるようなつきまといも、追跡取材として許されることになっている。これらは権力犯罪追及のための工夫の一つだ。判例上、法廷において取材源を守るために証言を拒否する行為が記者に認められているのも、同様に取材の自由を保障するための制度保障と説明されてきている。

それと同じような意味合いで、裁判取材の記者に対しては、判決文が配布されたり優先的に傍聴を認める仕組みが、慣習上定着している。こうした特別扱いは、国会取材でも事件取材でも同じだ。報道目的で行われる取材行為に対し、公権力は自らの情報を開示もしくは情報アクセスの環境を整備することは、市民の知る権利に応えることそのものであって、少なくとも合理的な理由なく拒否することは、表現の自由の不当な制約に当たり許されない[56]。

そうすると、第二の問題が、その対象となる記者（あるいはメディア）とは誰かということだ。この特別扱いの対象こそが、通常、記者クラブと呼ばれる「特権」報道機関が組織する団体に所属する記者であって、それゆえにさまざまな取材局面において、記者クラブに属しているかどうかによって、行政側の対応が変わってくることがあるわけだ。確かに、市民の知る権利の実質的な充足のため、便宜上、特定の者を特別扱いすることはありうる。情報の発信源としての行政の立場からは、効率性（発表したことが広く国民に伝播される確率の高さ）、一定の信頼感（報道の正確性）や実効性（実際に報道するであろう予測可能性の高さ）が吟味されうるからだ。しかしその選択が、恣意的であったり、実質的に特定の機関を排除するために利用されるのであれば問題である[57]。

だからこそ、その対象の範囲は、記者の側が自主的に決めることが望ましく、現状であれば、既に存在する記者クラブがその判断主体になる場合も否定しえない。ただしその場合の判断基準は、正当な取材行為を行うものを可能な限り広く受け入れることが求められるのであって、既得権益の擁護のためや、競合

---

[56] 一連の特恵的待遇については、山田健太『言論の自由』（ミネルヴァ書房、2012年）参照。

[57] 特定メディアの排除は、公権力の情報コントロールの手法として現れる。たとえば、辺野古新基地建設をめぐる報道をめぐり、沖縄地元紙は偏向しているとして、海上保安庁が当該紙を除く形で記者レクを実施した旨が、2015年2月21日付沖縄タイムスで報じられている。

◇ 第2部 ◇　取材源秘匿のための証言拒絶権

他社を排斥するための行為は、競争法に抵触する可能性がある。そして何より、知る権利の拡大あるいは実効性の担保という目的から特別な権利が付与されている以上、その目的に反するような行為を自らが選択する余地がないことは明らかだ。

　それからすると、国会記者会館屋上の撮影スポットの利用制限も、その趣旨に基づいて考えられるべきである。したがって、管理者である衆議院は、報道目的の正当な取材行為に対しては拒否することに合理的理由がなく許されないのであって、立ち入りの制限は認められないことになるだろう。あわせて記者会側においては、物理的制約から無制約に利用を許可することができないことはあるにせよ、少なくとも所属メディアの取材が著しく不利益を受ける場合を除いては認められる必要があろう。市民の知る権利に寄与すると考えられるのであれば、むしろ積極的に対象の範囲を拡大することこそが、市民を代表して国になりかわり取材拠点を管理する者の責務であると考えられるからだ。それを恣意的あるいは明示的な理由なく排除する行為は、場合によっては憲法が保障する平等権や表現の自由に抵触する可能性がある。

　さらにいえば、たとえばオスプレイ配備反対の市民活動を、記者会所属の報道機関が積極的に取材・報道しないなかで、市民の立場から取り上げようしているオルタナティブ・メディアを規制することは、そうした視点からの情報が社会に広く伝わらない状況を生むことになる。そしてそれは、知る権利の観点から「自由で闊達かつ多様な情報流通」に大きな穴を作ることになるだろう。

　表現の自由の文脈でいえば、何のために憲法が表現の自由を絶対的に保障しているのか、その恩恵にあずかるのは誰なのか、という命題である。市民の表現の自由の代行者としてのメディアという位置づけが成立する場合、そのメディアなるものの自由はどのような射程を持つかが、いま揺らいでいる。

　一方で、ネットという直接発信の道具を有した公権力の側から、既存のメディアを切り捨てあるいは軽視する形で、取材の自由を制限する動きが示されている。その一つが取材拒否であろう。もう一方の、これまたネットを通じて発信力を高めた市民の側からも、既存のメディアが表現の自由の代表であるかの顔をすることに対する嫌悪感が示されている。その一つが最後に挙げた訴訟であろう。

　そして、オフレコや取材源保護の事例は、メディア内部においても、取材の自由についての戸惑いがあることを示している。そしてその戸惑いはまた、間

◈ 第7章 ◈ 取材の自由の今日的意味［山田健太］

接的には公権力や市民からの、表現の自由をめぐる見直しが迫られていること
と無関係ではない。そうしたなかで、取材の自由の意味づけを改めて見直し、
同時に報道倫理の内実を整理し直すことは、ジャーナリズム活動の自由を守る
うえでも急務であるといえる[58]。

〔付記〕 本稿は、専修大学平成 24・25 年度研究助成（第 1 種）「新放送法下の通信・
　放送融合法制の再検討」の成果の一部である。

---

[58] 本稿の一部は、琉球新報もしくは月刊民放の拙稿と重複する箇所があることをお断わ
　りする。

第 **3** 部

メディア法・情報法

第8章

劇場公開映画におけるプロダクトプレースメント

——ドイツ連邦通常裁判所 1995 年 7 月 6 日判決を中心として——

杉原　周治

I　はじめに
II　連邦通常裁判所判決——I ZR 2/94
　　（„Feuer, Eis & Dynamit II")
III　連邦通常裁判所判決——I ZR 58/93
　　（„Feuer, Eis & Dynamit I")
IV　むすびにかえて

I　はじめに

　プロダクトプレースメントは、映画やテレビ番組、テレビゲームなどのコンテンツ中に企業の商品等を用いることで宣伝効果を狙う手法であるが、もともとアメリカの映画産業で発展したものである。なかでも有償でのプロダクトプレースメントは、一般に、1967 年のダスティン・ホフマン（Dustin Hoffmann）主演の映画『卒業』（ドイツ語名『Reifeprüfung』）において、赤のアルファロメオ・スパイダーが広告として対価を得て使用されたのが最初であると言われている[1]。さらに、そのビジネス業態が顕在化したのは 1980 年代と言われ[2]、映画制作費および俳優のギャラのコストを少しでも抑えたい映画制作会社と、映画がヒットすることで自社の宣伝効果を上げたい企業双方のニーズを補完する形で用いられるようになり[3]、いまやその増加に伴い、専門のエージェンシーが多数生まれてしのぎを削っている状態であるという[4]。

---

(1)　Vgl. Völker, Rüdiger, Product Placement aus der Sicht der Werbebranche und seine rechtliche Einordnung, ZUM 1992, 55 (55); Leitgeb, Stephan, Product-Placement, 2010, S. 7 ff.; Schelle, Frieder, Product Placement in Kinofilmen, 2011, S. 6.

(2)　Vgl. Leitgeb, a. a. O. (Anm. 1), S. 8. さらに、「アメリカで話題の『プロダクトプレースメント』とは」宣伝会議 661 号（2004 年）24 頁を参照。

(3)　前掲注(2)宣伝会議 661 号（2004 年）24 頁参照。

(4)　スザンヌ・ブラニカ／ブラインアン・スタインバーグ「プロダクトプレースメント狂

◇ 第3部 ◇ メディア法・情報法

　ドイツの映画産業においても、1980 年代初頭にプロダクトプレースメント（ドイツ語で「Produktplatzierung」という）が出現した[5]。しかしながらドイツでは、プロダクトプレースメントの適法性をめぐり、当初から専門家および実務家の間で激しい議論がなされていた。そこでは、プロダクトプレースメントを含む映画の上映は、「番組と広告の峻別の原則」に違反しないか否か、不正競争防止法による制約を受けるべきか否か、あるいは基本法 5 条 3 項にいう芸術の自由によって保護されるべきか否か、等の議論がなされていた。とりわけ、後述のようにドイツのかつての支配的学説が、放送に適用される番組と広告の峻別の原則は劇場公開映画（Kinofilm）にも妥当し、その結果映画のプロダクトプレースメントは許されないと解していたために、実務においても、ドイツ映画のプロダクトプレースメントおよびそれに対する金銭の支払いは「間接的にまたは隠れて」（über Ecken oder schwarz）行われていたという[6]。さらにこの問題は、プロダクトプレースメントを理由とした映画の差止め請求に関するある事件をめぐって、裁判所においても争われた。

　本件は、1990 年 10 月に封切りされたウィリー・ボグナー（Willy Bogner）監督の劇場公開映画「Feuer, Eis & Dynamit」（英語タイトル名「Fire, Ice and Dynamite」、日本語タイトル名「サマー・シュプール」）に対して、映画館での広告運営を行う会社が提起した、プロダクトプレースメントを理由とする当該映画の上映差止め請求に関わる事件である。すなわち本事件の原告は、映画館の広告を営む複数の広告会社（Werbeunternehmen）であり、同時に彼らはハンブルクに所在地を置く映画館広告業者組合（Verband der Kinowerbetreibenden）のメンバーであった。原告らは複数の映画館の所有者といわゆる「広告管理契約」（Werbeverwaltungsvertrag）を締結しており、この契約に基づき、同社は、映画館において映画本編（Hauptfilm）の上映前にいわゆる「ブロック広告」（Blockwerbung）をスクリーンに流すことが認められていた[7]。原告および映画館広告業者組合は、本件映画「Feuer, Eis & Dynamit」のように映画の中で広告がなされ

　　想曲──映画やテレビ番組で商品宣伝」日経ビジネス 2004 年 9 月 20 日号 189 頁を参照。

(5)　Vgl. Völker, a. a. O. (Anm. 1), ZUM 1992, 55 (55); Leitgeb, a. a. O. (Anm. 1), S. 7. また、現在のドイツにおけるプロダクトプレースメントの状況につき、Vgl. Holzapfel, Anette, Liberalisierung von Produkt Placement, 2007, S. 1 ff.

(6)　Vgl. Hartel, Ulrich, Product-Placement, ZUM Sonderheft 1996, 1033 (1034).

(7)　Vgl. Hartel, Ulrich, Werbung im Kinofilm, ZUM 1996, 129 (129).

◆ 第8章 ◆ 劇場公開映画におけるプロダクトプレースメント［杉原周治］

ることによって、ブロック広告が減少し収益が減ることを危惧していた[8]。このため原告は、当該映画館での上映差し止めを求めて、ミュンヘンとハンブルクで訴えを提起した。このうち、前者の訴えは「Feuer, Eis & Dynamit I」事件と呼ばれ、映画の広告的性格を示す「表示」(Hinweis) の挿入義務の適法性が問題となった。後者は「Feuer, Eis & Dynamit II」事件と呼ばれ、映画の完全な上映禁止の適法性が争われた。

　両事件は、それぞれまず、①ミュンヘン地方裁判所 (Landgericht München) と（「Feuer, Eis & Dynamit I」事件）、②ハンブルク地方裁判所 (Landgericht Hamburg) で争われ（「Feuer, Eis & Dynamit II」事件）、前者は原告の請求を棄却したのに対して、後者は原告の請求を認めて映画の上映禁止を認めた。その後、③ミュンヘン上級地方裁判所 (OLG München) は、映画におけるプロダクトプレースメントは一般に適法であるが、映画が広告を「過剰に」含む場合には、映画の上映前に聴衆に「表示」をしなければならないと判示し、④ハンブルク上級地方裁判所 (OLG Hamburg) も、ハンブルク地方裁判所の決定を破棄し原告の請求を棄却した。その後、原告と被告双方が連邦通常裁判所に上告し、同裁判所は、1995年7月6日に二つの判決を下すに至った。このうち、⑤「Feuer, Eis & Dynamit II」事件では、連邦通常裁判所はハンブルク上級地方裁判所の決定を認めて原告の訴えを棄却し、⑥「Feuer, Eis & Dynamit I」事件では、連邦通常裁判所は原告の請求を一部のみ認めたが、「本質的には」棄却した。このように、本事件では、裁判所において合計六つの判決が下されたが、このうち上述した①および④の判決が実質的に一致している以外は、すべての判決が「その結果および理由付けにおいて完全に異なっている」とされる[9]。

　これらの「Feuer, Eis & Dynamit」事件に関する裁判所の一連の判決は、その後、劇場公開映画だけでなくテレビ番組におけるプロダクトプレースメントの法的問題が議論される際にも常に先例として取り上げられるものであり、さらに、同判決の中で示された基準は、現在のプロダクトプレースメントに関する実務にも大きな影響を与えている。そこで本稿は、これらの劇場公開映画におけるプロダクトプレースメントめぐるドイツの判例・学説の議論を手掛かりとして、プロダクトプレースメントをめぐる法的問題を検討することにしたい。その際本稿は、以下において、「Feuer, Eis & Dynamit II」事件と「Feuer, Eis &

---

(8)　Vgl. Hartel, a. a. O. (Anm. 7), ZUM 1996, 129 (129).

(9)　Vgl. Hartel, a. a. O. (Anm. 7), ZUM 1996, 129 (129).

195

◇第3部◇ メディア法・情報法

Dynamit I」事件につき上述した六つの判決のうちとりわけ上級地方裁判所および連邦通常裁判所の判決を取り上げ、それぞれの諸判決を詳細に分析してドイツの議論を明らかにしたのち、最後に日本におけるプロダクトプレースメントをめぐる問題について若干の検討を試みることにしたい。

II　連邦通常裁判所判決──I ZR 2/94(„Feuer, Eis & Dynamit II")

　本章では、本事件のうち、原告が主張する本件映画の上映禁止の適法性について問題となった「Feuer, Eis & Dynamit II」事件につき、事件の概要、ハンブルク上級地方裁判所 1993 年 11 月 25 日判決、連邦通常裁判所 1995 年 7 月 6 日判決、について分析する。

1. 事　実

　広告会社である原告 (X) は、複数の映画館所有者から営業上の広告権を獲得し、それに基づき、当該映画館の所有者は、いわゆる広告管理契約に基づき対価を得て (gegen Entgelt)、映画館のスクリーン上であらゆる宣伝を行う権利をX に対して譲渡した。被告1 (以下、Y₁と略記) は、映画「Feuer, Eis & Dynamit」の制作会社であり、被告2 (以下、Y₂と略記) が当該映画の販売権を請け負っていた。同映画は、1990 年 10 月 17 日にミュンヘンで封切られた。当該映画は、風変わりな億万長者の話を題材にしており、それによれば、この億万長者は困難に直面している財政状況を、でっち上げの自殺をもって切り抜けようと企てた。すなわち彼の策略は、三日間で様々な競技を争う「メガトン」(Megathon) の勝者が彼の単独相続人となる、というものであった。そしてこの競技の参加者は、彼の3 人の子供と債権者達であった。「メガトン」は、それぞれ3 名の参加者によって形成されたチームによって完走されなければならないが、企業チームはその企業目的に応じて装備を施し、また、その製品ないし個々の企業の広告マークが、映画のストーリーの要所 (Rahmenhandlung) で使用されただけでなく、例えばスキー、自転車、ドリンク等の製品がそのまま使用されていた。また、この映画の制作費は、少なくともその5 分の1 については、映画の中で登場する企業が支払った。さらに、複数の企業が、販売促進を目的として、当該映画の利用権 (Nutzungsrecht) を認められた。

　X は、そのように広く広告に狙いを置いた映画を映画館で提供することは競争法に違反するとみなし、映画の上映およびリース契約の締結の差止め

◆ 第 8 章 ◆ 劇場公開映画におけるプロダクトプレースメント［杉原周治］

（Unterlassung）、情報提供（Auskunftserteilung）、損害賠償義務の確認を主張した。具体的には X は、① Y₁に対する本件映画の上映差止め、Y₂に対する映画館所有者との本件映画のリース契約締結の差止め、② Y₁が本件映画内の広告によって当該企業からどの程度の対価を受けたのか、Y₂が幾つのリース契約をどのくらいの期間締結したのかに関する、Y らに対する情報提供、③ Y₁および Y₂に対する、当該映画の上映によって生じた損害の賠償義務を求めて、訴えを提起した[10]。

　これに対してハンブルク地方裁判所が、1991 年 11 月 28 日の判決[11]において、広告と番組の峻別の原則は劇場公開映画にも及ぶとして X の訴えを認めたため、Y らは、本件映画の中で使用された広告および会社のロゴは芸術的に加工されているから、Y らの行為には競争目的が認められず、むしろ本件映画は、風刺的・芸術的になされた「スポーツ・スポンサーシップ」（Sport-Sponsoring）なのであって、また「カムフラージュされた広告」（getarnte Werbung）も含んでいないと主張して、ハンブルク上級地方裁判所に控訴した[12]。

2. ハンブルク上級地方裁判所 1993 年 11 月 25 日判決

　ハンブルク上級地方裁判所（Hanseatisches Oberlandesgericht Hamburg）は、1993 年 11 月 25 日の判決において、結論として Y らの訴えを認め、ハンブルク地方裁判所の判決を取り消した。その理由は多岐に渡るが、ここでは以下の七つの論点を取り上げ、検討することにする。

（1）本件における X の請求の対象

　上級地方裁判所は、第一に、本件の審査対象は、本件映画の上映の差止めの請求が認められるか否かのみであり、映画の広告的性格に関する表示の内容は対象とならない、と判示する。この点につき、同裁判所は以下のように述べる。

　　「双方の被告人に対して向けられた〔原告 X の〕請求の対象は、それぞれ、映画『Feuer, Eis & Dynamit』の上映」である。「原告が、自己の訴えを、聴衆はプロダクトプレースメントが対価を得ていること（Entgeltlichkeit）について欺か

---

[10]　Vgl. BGH, GRUR 1995, 750（750）（Feuer, Eis & Dynamit II）.

[11]　本判決は判例集未登載である。同判決につき、詳しくは、Vgl. Schelle, a. a. O.（Anm. 1）, S. 58（FN 256）; Johansson, Anja, Product Placement in Film und Fernsehen, 2001, S. 152 f.（FN 631）.

[12]　Vgl. OLG Hamburg, WRP 1994, 125（126）（Feuer, Eis & Dynamit II）.

◇第 3 部◇　メディア法・情報法

れたという論拠に依拠させている限りにおいて、このことは、〔原告の控訴〕理由
の一部分にしかすぎない。すなわち映画の中の（つまりオープニングクレジット
（Vorspann）もしくはエンディングクレジット（Abspann）における、または映
画の本編自体の中の）〔広告に関する〕なんらかの付加的な説明は、争いの対象に
はならない[13]」。

(2) 不正競争防止法 13 条 2 項 1 号にいう訴訟遂行権限

不正競争防止法（Gesetz gegen den unlauteren Wettbewerb - UWG）の第 13 条 2
項（本事件当時）[14]は、「第 1 条、第 3 条、第 4 条、第 6 条から第 6c 条まで、第
7 条、第 8 条の事案においては、以下の者が差止めの請求をすることができる」
とし、同項 1 号はその例として、「当該請求が、市場における競争を本質的に侵
害すると認められる行為を対象としている限りにおいて、同一の市場において
同一もしくは類似の商品（Ware）または営業上の業績（gewerbliche Leistung）を
販売する事業者」、を挙げている。上級地方裁判所によれば、X は本条項の要
件を満たしているという。

　本件原告は「不正競争防止法 13 条 2 項 1 号にいう訴訟遂行権限（Prozeß-
führungsbefugnis）を欠いているわけではない」。すなわち、同条項の要件が肯定
されるためには、「双方の当事者が、抽象的な競争関係の中で相対していれば十
分であり、つまりそこでは、双方の商品の売り上げまたは業績の売り上げに対す
る侵害が生じうる可能性が見えれば良い」のである。そして、「Y₁ によって制作
された映画『Feuer, Eis & Dynamit』は……映画の〔上映前の〕ブロック広告を理
論的に侵害しうるだけでなく、直接的に原告の売り上げに不利となりうるもので
ある。抽象的な競争関係の審査のためには、相対する〔両者の〕競争上の業績が、
その態様に基づき、基準とされなければならない。つまり本件では、一方で有償
の広告を含む映画と、他方で原告の広告仲介行為が基準とされなければならな
い。映画館での広告（Kinowerbung）に関心のある会社は自己の広告予算を無制
限に拡大することはできないため、映画本編のなかで〔なされる〕広告は、上映
前のブロック広告の別の手段として考慮され、それゆえ〔ブロック広告の〕売れ
行きの妨害となることで、〔ブロック広告に対する〕経済的に些細ではない侵害

---

[13]　Vgl. OLG Hamburg, WRP 1994, 125 (127) (Feuer, Eis & Dynamit II).

[14]　不正競争防止法 13 条 2 項（当時）の翻訳につき、角田美穂子「ドイツ不正競争防止法
　　　仮訳」亜細亜法学 37 巻 2 号（2003 年）211 頁以下を参照した。

が考慮される[15]」。

(3) 被告らの競争の意図

本事件当時の不正競争防止法1条[16]は、「業務上の取引において競争の目的をもって善良の風俗（gute Sitten）に反する行為をなす者に対しては、差止および損害賠償を請求することができる」と規定していた。上級地方裁判所によれば、Y1は、不正競争防止法1条にいう「競争の目的をもって」本件映画の販売を制作した、という。そしてこのことは、客観的および主観的にも立証されるという[17]。

すなわち、上級地方裁判所によれば、本件映画は「メガトンの最中、ほぼ一貫して、銘柄品（Markenartikel）、会社のロゴ、広告マークおよびシンボルを表示していた。この描写を通じて、本件映画が、これらの会社やその製品を聴衆に再三再四思い起こさせることによってその競争を促進しうることが、客観的に認められる」とされ、さらに、本件映画の中で提示される広告が「芸術的表現」であったとしても、このような「客観的な意味における広告の存在」が否定されるものではない、という。

また、Y1が競争を目的として本件映画を制作したことは、「主観的」にも明らかであるという。すなわち、「映画の中で自己の製品を提示した企業が、その〔製品の〕挿入に対して莫大な金額を支払ったことは明らかである」。後述する1992年10月29日のミュンヘン上級地方裁判所判決では、「映画制作費2千万ドイツマルクのうち5分の1」を企業側が支払ったことが「言及された。この支払い……および企業と映画プロダクションの間の協働は、競争の意図が（本来の）芸術的動機に劣位するのではなく、むしろその描写の方法に際しての決定の要素となっていた、ということを裏付けるものである」。

(4) 本件映画と不正競争防止法1条

上級地方裁判所は、「放送およびテレビのために存在する、番組と（「メディアによる」（medial））広告を原則的に峻別すべきとの要請は、劇場公開映画には適用されえない[18]」、という。

---

[15]　Vgl. OLG Hamburg, WRP 1994, 125 (127) (Feuer, Eis & Dynamit II).

[16]　不正競争防止法1条（当時）の翻訳につき、田村善之「スイスの不正競争防止法（訳文）・ドイツの不正競争防止法（訳文）」判例タイムズ793号（1992年）92頁、角田・前掲注(14)亜細亜法学37巻2号（2003年）211頁以下を参照した。

[17]　Vgl. OLG Hamburg, WRP 1994, 125 (127 f.) (Feuer, Eis & Dynamit II).

◇ 第 3 部 ◇　メディア法・情報法

　「まさに広告と番組の峻別の要請を支持する規律の意図は、番組制作の独立性
および市場における競争に対する中立性の遵守を保持すること、ならびに番組に
対する第三者の、番組とは無関係の（sachfremd）影響力を阻止することにある
……。本件の映画のような商業的な映画について、このような〔広告と番組の峻
別を行う〕利益は問題とならない。映画は、番組が持つ守られるべき使命の一部
ではない[19]」。

　さらに上級地方裁判所は、「特別な識別（Kenntlichmachung）なしに映画の中
でなされた商業広告は、一般的に不正とはいえない[20]」と述べて、後述する
1992 年 10 月 29 日のミュンヘン上級地方裁判所判決とは異なり、映画の中でな
される商業広告につきその存在を表示する必要はなく、それゆえ表示がなくと
も、当該広告は不正競争防止法 1 条にいう不正な競争とはならない、という[21]。
　以上から上級地方裁判所は、「Y₁の映画が不正な方法で広告を映画のストー
リー（Filmhandlung）に混在させ、また〔広告〕それ自体をカムフラージュした
と判断した地方裁判所の見解は支持しえない[22]」と述べ、結論として本件広告
は、不正競争防止法 1 条には違反しないと判示した。

(5)「もぐり広告」（狭義のプロダクトプレースメント）と不正競争防止法 1 条

　しかしながら上級地方裁判所によれば、「いわゆるプロダクトプレースメン
トは、一定の要件の下ではカムフラージュされた広告として不正となりうる[23]」
という。すなわち、「広告を、それ自体ターゲット（Umworbene）に対して認識
できないようにカムフラージュすることは競争法違反となる」。「聴衆がそのよ
うなプロダクトプレースメントの広告的性格を認識できない場合、またはいず
れにしても、その使用が編集上の、芸術的な、または演劇論的な目的に寄与す
るものであると聴衆が推測している場合には、聴衆は欺かれている」と言うこ
とができる、という。

　もっとも同裁判所によれば、本件広告は、このような「厳格な意味でのプロ
ダクトプレースメント」（product placement im eigentlichen Sinne）、すなわち「も

---

[18]　Vgl. OLG Hamburg, WRP 1994, 125（125, 128）(Feuer, Eis & Dynamit II).

[19]　Vgl. OLG Hamburg, WRP 1994, 125（128）(Feuer, Eis & Dynamit II).

[20]　Vgl. OLG Hamburg, WRP 1994, 125（125, 129）(Feuer, Eis & Dynamit II).

[21]　Vgl. OLG Hamburg, WRP 1994, 125（129）(Feuer, Eis & Dynamit II).

[22]　Vgl. OLG Hamburg, WRP 1994, 125（128）(Feuer, Eis & Dynamit II).

[23]　Vgl. OLG Hamburg, WRP 1994, 125（129）(Feuer, Eis & Dynamit II).

ぐり広告」には当たらないという。なぜなら、本件映画においては、メガトン
に参加した企業の名前やロゴは「カムフラージュされているのではなく、オー
プンにされていた[24]」からであるという。さらに同裁判所によれば、「映画の中
で銘柄品（Markenartikel）および会社のロゴがグロテスクに（grotesk）異化され
ている場合には……、たとえ映画の中の商品（Artikel）の挿入が対価を得てな
されたとしても、不正なもぐり広告とはならない[25]」とされ、本件では、本件映
画の中の「製品は、賞賛的に（また公然と）協調されているのではなく、〔むしろ〕
部分的にグロテスクな異化によって笑い者にされている[26]」ため、このことか
らも、本件広告は不正競争防止法１条に違反しないという。

(6) 本件広告と不正競争防止法３条にいう「誤認惹起的な表示」

不正競争防止法３条（当時）[27]によれば、業務上の取引において、競争の目的
をもって、業務上の事柄（geschäftliche Verhältnisse）について、とりわけ、①
個々の商品、営業上の業績もしくはあらゆる提供物の性能、出所地、製造法も
しくは価格、②価格表、③商品の仕入方法もしくは仕入先、④表彰経験、⑤販
売の動機もしくは目的、または⑥在庫量について、「誤認惹起的な表示」（irre-
führende Angabe）をなす者に対しては、表示の差止めを請求することができる、
と規定されていた。

上級地方裁判所は、本件映画の上映差止請求は不正競争防止法３条からも導
き出せないという。すなわち同裁判所は、これを、聴衆の映画に対する「予期[28]」
（Erwartungen）が裏切られたか否かを基準として判断する。そして本件では、
聴衆が映画の広告を見て予期していなかったと感じるのは、その映画の内容が
期待はずれであったためであって広告のためではないから、本件においても原
告が広告を問題とする限りにおいて、不正競争防止法３条にいう「誤認惹起」
は存在しないという。

> 「原告が、聴衆または映画館所有者が〔本件映画につき〕『それほど過剰に
> （übermäßig）広告を含む駄作』であったことを予期していなかったということ

---

(24) Vgl. OLG Hamburg, WRP 1994, 125（129）（Feuer, Eis & Dynamit II）.
(25) Vgl. OLG Hamburg, WRP 1994, 125（125）（Feuer, Eis & Dynamit II）.
(26) Vgl. OLG Hamburg, WRP 1994, 125（129）（Feuer, Eis & Dynamit II）.
(27) 旧不正競争防止法３条の翻訳につき、角田・前掲注(14)214頁を参照した。
(28) 「Erwartungen」は、それぞれの判例・学説の文脈によって「期待」の意味で用いられ
ている場合もあるが、本稿は「予期」の翻訳を統一して使用することにする。

◇ 第3部 ◇ メディア法・情報法

から不正競争防止法3条にいう誤認惹起（Irreführung）を導き出そうとしている限りにおいて、原告は、その限りで映画の内容自体が問題となっている、ということを見誤った。一部の聴衆は、映画を観るまではその〔内容〕を知らないが、しかし一部の聴衆は、プレス刊行物を介して、多かれ少なかれ、予期されていることにつき情報を得ている。同じことは、映画館所有者にも妥当する。ある映画を……聴衆または映画館所有者が気に入らなかった場合には、予期は裏切られたと言えるだろうが、映画自体からは不正競争防止法3条にいう誤認惹起は発生しない」。「不正競争防止法3条は、『業務上の事柄に関する誤認惹起的な表示』を前提としている。ある映画の内容および表現形式は、〔誤認惹起的な表示〕には分類されえず、〔それは〕とりわけ……個人的な評価や趣味の問題である。同じことは、映画館所有者の予期にも妥当する[29]」。

(7) 本件映画の差止請求と民法823条以下

民法823条以下は「許されない行為」（unerlaubte Handlungen）について定めており、とりわけ第823条[30]は、「故意または過失によって他人の生命、身体、健康、自由、所有権またはその他の権利を違法に侵害する者は、その他人に対してそこから生じた損害を賠償する義務を負う」（1項）、「同じ義務は、他人の保護を目的とする法律に違反した者に対しても、課せられる。法律の内容に従えば帰責がなくとも同法律に対する違反が成立しうるような場合には、損害賠償義務は、帰責のある場合にのみ発生する」（2項）、と規定する。

上級地方裁判所によれば、本件映画の上映差止請求の根拠は、民法823条以下の規定からも導くことはできないという。すなわち同裁判所によれば、本件映画がヒットすればブロック広告も利益を得ることができるのであるから、本件広告によって原告の不利益が生じることはなく、したがって本件映画によって原告の権利が侵害されることはない、という。

　「原告の見解とは反対に、実質的な観点からも……原告〔の権利に対する〕侵害は考慮されない。映画の〔上映〕前のブロック広告は、もちろん映画抜きに考えることはできない。つまり、ブロック広告の成功は、その時々の映画の質の高さまたは魅力にも依拠している。ある映画に対する失望感は、第一次的にその成功

---

[29] Vgl. OLG Hamburg, WRP 1994, 125 (129 f.) (Feuer, Eis & Dynamit II).

[30] ドイツ民法典第823条の翻訳につき、ディーター・ライポルト（円谷峻訳）『ドイツ民法総論——説例・設問を通じて学ぶ』（成文堂、2008年）473頁を参照した。

◆ 第8章 ◆ 劇場公開映画におけるプロダクトプレースメント［杉原周治］

〔如何〕に関係しており、ブロック広告には間接的に関連しているにすぎない」。
「以上によれば、本件で問題となった映画は、原告の諸権利に対する介入とはみ
なされえない(31)」。

　以上のように述べてハンブルク上級地方裁判所は、映画の上映差止めを求め
るXの本件訴えには理由がないと判示したため、Xは連邦通常裁判所へ上告
した。

3．連邦通常裁判所 1995 年 7 月 6 日判決（„Feuer, Eis & Dynamit II"）——

　これに対して連邦通常裁判所は、1995 年 7 月 6 日の判決において、以下の(1)
～(5)にいう理由を挙げて、当該映画が基本法 5 条 3 項にいう芸術の自由の基
本権の保護領域に含まれる場合には、広告を映画に挿入するという本件被告の
行為が不正競争法 1 条および 3 条に違反しているか否かが問題とされることな
く、当該映画の完全な上映禁止を求める X の本件訴えは棄却されうる、と判示
した(32)。

(1) 本件映画と芸術の自由

　連邦通常裁判所は、第一に、本件映画は基本法 5 条 1 項にいう芸術の自由の
基本権の保護を享受するとした。

　「控訴審裁判所は当該映画『Feuer, Eis & Dynamit』の芸術的性格の問題に関す
る明示的な確認を行わなかった。しかしながら、当該映画の内容および様式の描
写からは……当該映画が全体として……基本法 5 条 3 項にいう芸術的に形成さ
れた作品であり……それゆえこの規定による保護を享受する、と〔言いうる〕た
めの十分な根拠が抽出される」。

(2) 映画のプロデューサーおよび販売業者と芸術の自由

　同裁判所は、さらに、「〔基本法 5 条 3 項の〕保護は……映画を実際に芸術的
に制作した者に及ぶにとどまらず、芸術作品の経済的な利用やそのコミュニケ
ーション的伝達に寄与する、プロデューサーおよび販売業者の活動にも及ぶ」
と述べ、芸術の自由の基本権は映画のプロデューサーおよび配給会社の活動に
も及ぶとする。

---

(31)　Vgl. OLG Hamburg, WRP 1994, 125 (130) (Feuer, Eis & Dynamit II).
(32)　Vgl. BGH, GRUR 1995, 750 (750 f.) (Feuer, Eis & Dynamit II).

◇第3部◇　メディア法・情報法

(3) 芸術の自由と法律の留保

同裁判所によれば、本件映画の上映が不正競争防止法の規定に違反するか否かは、芸術の自由の基本権が基本法5条3項において特別な法律の留保無しに保障されているため[33]、本件では問題にならないという。

　「この〔芸術の自由の〕基本権は、法律の留保に服さない。それゆえ、本件で争われた販売を介して行われた、本件芸術作品の必要なコミュニケーション的伝達が、不正競争防止法1条および3条、または民法典823条以下の（単純な）法律上の規定に違反したか否かは、決定的に重要というわけではない。なぜなら、そのような違法性は、いずれにしても本件で〔Xから〕要求された上映禁止を正当化しえないからである」。

(4) 上映禁止の適法性をめぐる芸術の自由と人格発展の権利の比較衡量

同裁判所によれば、本件では、映画制作者らの芸術の自由と、当該映画の性格を知らずに映画を観る聴衆の人格発展の権利が衝突するが、両基本権の比較衡量の結果、芸術の自由が優位すると判示する。

　「……たとえ被告らの本件行為が、基本法2条で保障される〔原告の〕人格の自由の権利に介入したとしても……、このことは、〔原告によって〕申し立てられた〔映画上映の〕禁止を正当化しないであろう」。なぜなら、「ここで要請される〔芸術の自由と人格発展の権利という〕両法益の比較衡量（vgl. BVerfGE 77, 240, 255）の帰結として」、本件のように映画の性格の説明を聴衆に対して施せば従来の方法で映画を上映できるような場合には「聴衆に対する映画の伝達を完全に妨げることは、比例的とはいえないからである」。「それゆえ本件では、この比較衡量からは……人格権保護に対する芸術保護の優位のみが明らかとなる」。

(5) 損害賠償請求と情報開示請求

さらに同裁判所は、Xの主張する被告の損害賠償義務の確認の訴え、および情報開示の訴えも、本件被告の行為は不正競争防止法に違反していないため、

---

[33]　基本法5条3項にいう芸術の自由は、同1項にいう意見の自由の基本権と異なり、「特別な法律の留保」が付されていない。しかしながら、芸術の自由といえども何らの制約にも服さないわけではなく、衝突する憲法上の法益によって制約を受けると解されている。この点につき、詳しくは、杉原周治「芸術の自由と青少年保護（二・完）──ドイツの有害図書規制を素材として」広島法学26巻2号（2002年）129頁以下を参照。

第8章 ◆ 劇場公開映画におけるプロダクトプレースメント［杉原周治］

「理由がない」として、これらの請求を棄却した。

4. 小　括

　以上のように「Feuer, Eis & Dynamit II」事件において、ハンブルク地方裁判所が番組と広告の峻別の原則は劇場公開映画にも及ぶとして映画の上映差止めを認めたのに対して、ハンブルク上級地方裁判所および連邦通常裁判所は、地方裁判所判決とは逆に、原告の請求を棄却して本件映画の上映を認めた。しかしながら両裁判所は、その理由につき異なる見解をとる。

　すなわち、ハンブルク上級地方裁判所は、主として①テレビに妥当する番組と広告の峻別の要請は劇場公開映画には適用されず、それゆえ劇場公開映画は、広告の存在についての表示がなくとも上映可能である。②ただし、「狭義のプロダクトプレースメント」（もぐり広告）は禁止されるが、本件映画は企業名等を表示しているので、これにあたらない。③本件広告は、不正競争防止法3条にいう「誤認惹起的な表示」にあたらない。聴衆が自己の予期を裏切られたと感じるのは、映画の内容に問題があったからであって、広告のためではない、という理由を挙げ、原告の請求を棄却した[34]。

　それに対して、連邦通常裁判所は、主として①本件映画は基本法5条3項で保障される芸術の自由の基本権によって保護される。映画のプロデューサーおよび販売業者も同基本権の保護を享受する。②芸術の自由の基本権は基本法5条3項において特別な法律の留保なしに保障されているため、不正競争防止法上の問題は生じない。③しかしながら、誤認惹起的な表示から保護されるという同法の法益は聴衆の人格の自由な発展の権利（基本法2条1項）を享受するため、両者の比較衡量が問題となる。とはいえ、聴衆の基本権は映画の性格を聴衆に対して説明することで保護されるから、本件では芸術の自由が優位し、それゆえ映画の全面公開禁止の請求は認められないと解して原告の請求を棄却し、さらに被告らに対する損害賠償請求および情報開示請求についてもこれを棄却した。

　ところで、かつての支配的学説は、放送に適用される番組と広告の峻別の原則はドイツ法の一般的原則であり、それゆえ劇場公開映画にも妥当し、結果と

---

(34)　ただし、劇場公開映画におけるプロダクトプレースメントがどのような前提の下でカムフラージュされた広告として競争法違反となるのかについては、上級地方裁判所は明らかにしていないとの指摘もある。Vgl. Johansson, a. a. O. (Anm. 11), S. 155.

◇ 第 3 部 ◇　メディア法・情報法

して映画のプロダクトプレースメントは認められない、と解していたという[35]。これに対して連邦通常裁判所は、本判決において、映画制作者の芸術の自由が優位し、それゆえ劇場公開映画のプロダクトプレースメントが原則として許されることを明確にしたのである。学説の中にも、このように連邦通常裁判所が結果として芸術の自由の基本権に配慮してプロダクトプレースメントを含む映画の完全な上映禁止を比例的でないと判断したことにつき、これを支持するものが見られる[36]。

Ⅲ　連邦通常裁判所判決──I ZR 58/93(„Feuer, Eis & Dynamit I")

　上述のように「Feuer, Eis & Dynamit II」事件では X の上映禁止の訴えは棄却されたが、「Feuer, Eis & Dynamit I」事件では、連邦通常裁判所は、結論として X が主張した本件映画の広告的性格を聴衆に知らせるべきであるとの要請は適法であるとして、その限りにおいて X の請求を認めた。以下において、本事件の概要、ミュンヘン上級地方裁判所判決、連邦通常裁判所判決について検討を加えることにする。

1. 事　実

　本件において X は、Y$_1$に対しては、当該映画は「広告」という文言を挿入し広告の存在を明らかにすべきであったがそれをしなかった限りにおいて、映画の制作、および映画館での通常の上映方法で聴衆にアクセスさせることの差止めを求めて、また Y$_2$に対しては、映画館所有者との当該映画のリース契約の締結の差止め等を求めて、訴えを提起した。これに対してミュンヘン地方裁判所が、1991 年 8 月 13 日の判決[37]において X の訴えを棄却したため、X はミュンヘン上級地方裁判所に控訴した。

2. ミュンヘン上級地方裁判所 1992 年 10 月 29 日判決

　ミュンヘン上級地方裁判所 (Oberlandesgericht München) は、1992 年 10 月 29 日の判決において、映画「Feuer, Eis & Dynamit」のように、映画が有償の広告

---

(35)　この点につき、Vgl. Hartel, a. a. O.（Anm. 6）, ZUM Sonderheft 1996, 1033 (1034); ders., a. a. O.（Anm. 7）, ZUM 1996, 129 (130).

(36)　Vgl. Schelle, a. a. O.（Anm. 1）, S. 58.

(37)　Vgl. LG München, AfP 1991, 759 (Feuer, Eis & Dynamit I). 同判決につき、詳しくは、Vgl. Johansson, a. a. O.（Anm. 11）, S. 152.

を「過剰に」（im Übermaß）含む場合には、映画館で当該映画を上映する際に有償の広告が含まれていることを「表示する」（hinweisen）義務が発生すると判示し、結論としてXの控訴を一部容認した。判決理由は多岐に渡るが、ここでは以下の八つの論点を取り上げ、検討を加えることにする。

(1) 被告らの競争の意図

上級地方裁判所によれば、第一に、Y_1の本件映画の制作は、「客観的にも主観的にも」不正競争防止法1条にいう競争を目的としてなされた、という。その理由として同裁判所は、例えば、本件映画は「様々な企業の名前、標章（Kennzeichen）、製品を繰り返し強く強調している」こと、またY_1が、映画制作費2千万ドイツマルクのうち5分の1を、映画に登場する企業から支援されたといった事実を挙げている[38]。そのうえで上級地方裁判所は、Y_1の本件行為が不正競争防止法1条に違反するか否かを審査する。

(2) 番組と広告の峻別の原則と劇業公開映画

上級地方裁判所は、まず、番組と広告の峻別の原則は劇場公開映画における広告には妥当しないため、同原則の侵害を理由にY_1の行為が不正競争防止法に違反していると主張することはできない、という。

　番組と広告の峻別の原則「の特別な保護目的、つまり、番組制作の独立性および市場における競争の中立性の遵守を保持すること、ならびに番組に対する第三者の、番組とは無関係の（sachfremd）影響力を回避するという目的に鑑みれば……、劇場公開映画の中の広告に〔この原則を〕適用することも要請されていない[39]」。

(3) 過剰な広告と不正競争防止法

上級地方裁判所によれば、劇場公開映画には番組と広告の峻別の原則は適用されないため、「劇場公開映画の中の有償広告の競争法上の許容性〔の審査〕に対しては、別の基準が展開されなければならない[40]」という。それは、同映画が広告を「過剰に」含んでいる場合には、観客はこのことを「予期」していないため、同広告につき「表示」がなされていなければ当該広告は不正競争防止法に違反しうる、という基準である。

---

[38]　Vgl. OLG München, WRP 1993, 420 (423) (Feuer, Eis & Dynamit I).

[39]　Vgl. OLG München, WRP 1993, 420 (424) (Feuer, Eis & Dynamit I).

[40]　Vgl. OLG München, WRP 1993, 420 (424) (Feuer, Eis & Dynamit I).

◇第3部◇　メディア法・情報法

　映画館の聴衆が「〔映画の中の〕広告を予期していない場合、またはその限りにおいて、経済広告は……それ自体認識されなければならないという考慮が、〔問題の〕出発点である。それゆえ、そのような映画を観に訪れた者が有している、または正当にも有しうる予期が基準とされなければならない」。当該映画が有償広告を含んでいるにもかかわらず、事前に表示をしないという理由から「彼らのこの予期が欺かれたという場合には、誤認惹起および（または）迷惑行為（Belästigung）という観点から、不正競争防止法1条違反（および同3条違反）が発生しうる」。

　確かに、映画の聴衆は「今日、そのような映画が有償広告と完全に切り離されていることを予期しえないし、また予期していないであろう。なぜなら、広告は、〔映画〕環境の一つの構成要素となっているからである。広告を〔映画から〕フェードアウトさせることは、不可能であり要請されてもいない」。「しかしながら、映画館の観客は、映画本編がその傾向として広告を指向しており……または……有償広告を過剰に含んでいる、ということまでも予期していない。いずれにしても、そのような過剰が認められうるのは、ある映画が……企業の名前、標章、製品、広告スローガン等を単に表面的および一時的でなく、それらを明確に示し、また繰り返し〔映画の〕出来事の中に挿入した場合である」。

　この点、本事件にあてはめると、明らかに「映画『Feuer, Eis & Dynamit』は、広告を過剰に含んでいる」。なぜなら、当該映画の主要部分を構成する「レースの描写が、過剰に広告を含んでいる」からである。さらに「Y₁が『スポーツ・スポンサーシップ』というテーマをまさに映画『Feuer, Eis & Dynamit』の対象としようと企図したこと、また、同映画においては皮肉的な誇張やテーマのパロディー的な異化が問題となっていることは、当該映画の〔広告的な〕性格付けに異議を唱えうるものではない[41]」。

(4) 芸術の自由と一般的行為自由の比較衡量

とはいえ、上級地方裁判所によれば、「不正競争防止法1条にいう『善良の風俗』（gute Sitten）という概念を解釈するに際して、基本法の価値観念を考慮しなければならならない[42]」という。そして本件では、芸術の自由の基本権と、芸術の自由と衝突する憲法上の他の法益、ここでは一般的行為自由（基本法2条1

---

(41)　Vgl. OLG München, WRP 1993, 420 (424 f.) (Feuer, Eis & Dynamit I).

(42)　Vgl. OLG München, WRP 1993, 420 (425) (Feuer, Eis & Dynamit I).

項）および人間の尊厳（基本法1条1項）との衡量が問題となるという[43]。

　後者の権利の具体的内容であるが、同裁判所によれば、それは個々の聴衆の「尊重請求権」（Achtungsanspruch）を言い、それには「広告による影響力および迷惑行為から逃れうる権利」が含まれるという。そして「この権利が介入を受けるのは、個人がそのことを予期する必要がない情況、またはそこから即座には逃れられえない情況に置かれており、彼が広告と対峙されている場合である」という。

　そして映画の上映に関しては、「たとえ映画が有償広告を含むとしても当該映画を妨げられることなく上映しうる、映画プロデューサー（および映画配給者）の利益と、予期されていない、また望まれていない広告から保護されるという聴衆の利益の比較衡量が行われなければならない」。そして本件においては、表示を義務付けても、「映画の改編がなされる必要はなく、また予定されていた上映形式を放棄する必要もないため、芸術の自由の基本権の行使が、不当に（unzumutbar）侵害されることはない。なぜなら、表示義務（Hinweispflicht）は、映画の内容にも表現方法にも変更を加えないからである」、という。

(5)「表示」の要件

　ただし、上級地方裁判所によれば、映画制作者の表示義務は、映画の中でなされるあらゆる種類の有償広告に及ぶわけではない、という。その理由は、この種のすべての映画の表示義務を課せば、「もはや誰もそのような表示を真面目に受け取らなくなることが危惧されうるので、望まれない迷惑な広告から映画館の観客を保護することが希釈されうる[44]」からだという。そして表示義務が発生するのは、「ある映画が、有料の広告を過剰に含んでいる場合」であって、まさに本件の映画「Feuer, Eis & Dynamit」はこのケースに該当するという。

(6)「表示」の方法

　上級地方裁判所は、さらに、この表示をどのような方法でなすべきかについても言及している。すなわち同裁判所によれば、「表示」は事後的ではなく事前になされなければならない、という。

　「原告は、その申立ての中で、必要な表示の方法に関して特別な要求を行っていない」。それゆえ、「そのような表示を映画館の中で行えば十分であるか否か

---

[43]　Vgl. OLG München, WRP 1993, 420 (425) (Feuer, Eis & Dynamit I).

[44]　Vgl. OLG München, WRP 1993, 420 (426) (Feuer, Eis & Dynamit I).

◇ 第 3 部 ◇ メディア法・情報法

……、または映画の予告の中で、例えば新聞広告やポスターで表示をなすべきか否かは、未解決にしておくことができる」。しかしながら、「いずれにしても、本法廷の見解によれば、事後的な表示は、そのような映画の上演から競争法違反を除去するためには十分とはいえない。なぜなら、そのような〔事後的な〕表示は、映画の中でなされる広告を介して映画館の観客に迷惑行為を与えること、または不当な影響力を与えることを除去しえないからである。聴衆は、〔広告に対する〕心構えができるよう、〔映画の〕上演前に表示がなされることを予期しているのである。さらに聴衆は、彼が例えば映画の上演を断念するか否か、またはいずれにせよ広告に対して批判的な態度をとるべきかを決定できるのである。それゆえ被告らは、映画の『エンディングクレジット』において『スポンサー』がすべて列挙されたことを根拠とすることはできないのである[45]」。

上級州裁判所は、以上のように述べて、Y_1 は、有償広告の存在を聴衆に事前に知らせることなく映画「Feuer, Eis & Dynamit」を映画館で通常通り上映したのであるから、不正競争防止法 1 条および 3 条に違反した、と判示した。その限りにおいて、原告の主張は認められたが、ただし同裁判所は、映画は有償広告の存在を常に表示しなければならないという原告の請求についてはこれを棄却している。

(7) Y_2 に対する差止請求

上級地方裁判所によれば、Y_2 についても、映画館の所有者との間の本件映画のリース契約に際して、当該映画の中の広告が対価を得て挿入されたものであることを説明しなかったのであるから、不正競争防止法 1 条および 3 条に違反した、と判示した[46]。ただし、「原告が自己の申立てにおいて、ある映画が第三者に対する有償広告を含んでいる場合には映画館所有者に対する表示が常に行われなければならない、とも要求している限りにおいて」その要求は認められないとし、「その限りで、〔X の〕控訴は部分的にのみ認められる」とした。

(8) 損害賠償請求および情報開示請求権

最後に、上級地方裁判所は、原告が主張する Y_1 および Y_2 の損害賠償義務の確認請求には理由があるとしてこれを認めた。他方で同裁判所は、情報開示請求については、Y_1 に対する請求は、Y_1 が映画制作費の 5 分の 1 を広告の挿入に

---

[45]　Vgl. OLG München, WRP 1993, 420（426）(Feuer, Eis & Dynamit I).

[46]　Vgl. OLG München, WRP 1993, 420（427）(Feuer, Eis & Dynamit I).

よって補填したことは両当事者の間ですでに明らかである等の理由により認められないとしたが、Y₂に対する情報開示請求については、Y₂がいくつの映画館所有者とどれだけの期間リース契約を締結したかの情報は損害賠償の範囲の調査にとって重要となりうるとして、これを認めた[47]。以上のような上級地方裁判所の判決に対して、原告および被告の双方から上告がなされた。

3. 連邦通常裁判所 1995 年 7 月 6 日判決（„Feuer, Eis & Dynamit I")

連邦通常裁判所は、本判決において、観客の人格発展の権利と映画制作者らの芸術の自由の基本権の比較衡量の結果、結論として、「本件映画の（広告的）性格を映画の上映前に聴衆に表示すべきという、不正競争防止法１条の要請は憲法に適合する[48]」とした。また同裁判所は、控訴審裁判所が下した Y₁ および Y₂ に対する損害賠償請求、ならびに Y₂ に対する情報開示義務については、その根拠を欠くと判示し、この点において控訴審裁判所の判断を棄却した。その限りにおいて、連邦通常裁判所は原告および被告の要求は、双方とも部分的にのみ認められるとした。連邦通常裁判所の判決の論点は多岐に渡るが、以下ではそのうち以下の六つの論点に限定して検討することにしたい。

(1) 被告らの競争の意図

連邦通常裁判所は、まず、本件のプロダクトプレースメントは、競争を目的として、つまり当該映画の販売促進のために、被告によって意図的に為されたものであることを確認している。

　「控訴審裁判所は、本件で問題となった、外部広告（Fremdwerbung）（この外部広告の表示はない）を介して（共同で）出資された映画の販売〔方法〕を通じて、被告が競争目的で活動した、ということを認めた。このことについては、法的根拠に基づき異議を唱えることはできない。とりわけ当該映画については……基本法５条３項にいう芸術作品が問題となるという事実は、控訴人の主張とは逆に、上述の〔控訴審裁判所の〕承認を否定するものではない」。「原則として、当該映画の競争促進のための客観的能力、およびプロデューサーまたは販売者の〔競争促進という〕主観的意図は、ある映画が芸術作品としての性質を有するという事実によっては排除されない」。「控訴審裁判所は、映画のプロデューサーである Y₁ につき、他者との競争を促進するという当該意図を、法違反なしに（ohne

---

(47)　Vgl. OLG München, WRP 1993, 420 (427) (Feuer, Eis & Dynamit I).

(48)　Vgl. BGHZ 130, 205 (206) = GRUR 1995, 744 (744) (Feuer, Eis & Dynamit I).

◇ 第3部 ◇ メディア法・情報法

Rechtsverstoß）、以下の事情から導き出した。すなわち、Y₁は、他社の商品、シンボルマーク（Emblem）、またはその他〔会社名の〕言及を映画に適格に組み込むこと（Plazierung）に対して、〔スポンサーに対価の〕支払いを明確に要請し、かつそれを受領した、という事情である⁽⁴⁹⁾」。

(2) 広告のカムフラージュの原則禁止

連邦通常裁判所は次に、一般的に広告は名宛人に対して認識されなければならず、広告のカムフラージュ（偽装）は、名宛人がそれを認識していない限り原則として許されないという⁽⁵⁰⁾。

　「少なからぬ規模の有償の広告を含む映画が、当該事情について説明を施すことなく流通した場合に、控訴審裁判所が本件映画を不正競争防止法1条にいう競争違反であると判断したことについても、断固たる疑念は生じない」。「広告は、原則として（この点につき控訴審裁判所は法的欠陥なしに（ohne Rechtsfehler）判断した）、名宛人に対してそれ自体を認識させなければならない。つまり、広告措置の（欺瞞（Täuschung）に狙いを置いた）カムフラージュ（Tarnung）は、通常、競争法を支配する真実性の原則（Wahrheitsgrundgesetz）にも……さらに以下の理由から、人格領域の配慮の原則にも適合しない。すなわち、名宛人に与える影響によって適法な方法により後者の原則に対する違反が生じないのは、広告のターゲット（Umworbene）が、〔当該映画につき〕広告措置が問題となっていることを認識しており、さらにこの認識に基づいて意識的に自己の決定を下すことができる場合のみである〔という理由である〕⁽⁵¹⁾」。

(3) 競争法上の評価とメディアの種類

もっとも連邦通常裁判所は、「競争法上の評価につき、広告を『カムフラージュして』（„getarnt"）伝達するメディア（Medium）……の種類に応じて、異なる判断がなされうる⁽⁵²⁾」と述べ、上述のカムフラージュされた広告の禁止の原則

⑷⑼　Vgl. BGHZ 130, 205（212 f.）＝ GRUR 1995, 744（747）（Feuer, Eis & Dynamit I）.

⑸⑼　Vgl. Kreile, Johannes, Die Neuregelung der Werbung im 4. Rundfunkänderungsstaats-vertrag, ZUM 2000, 194（198）; ders., Die Umsetzung der Werbebestimmungen der EU-Richtlinie über audiovisuelle Mediendiensete in deutschen Recht aus Sicht der Produzenten, ZUM 2009, 709（713）.

⑸¹　Vgl. BGHZ 130, 205（213 f.）＝ GRUR 1995, 744（747）（Feuer, Eis & Dynamit I）.

⑸²　Vgl. BGHZ 130, 205（215）＝ GRUR 1995, 744（747）（Feuer, Eis & Dynamit I）.

を適用する際には、広告を仲介するメディアの種類に応じて判断すべきとする。

　そして、同判所によれば、カムフラージュされた広告の禁止の原則は当然に劇場公開映画にも妥当するが、テレビなどのメディアに比し、娯楽映画の中の広告の影響力は小さく、また聴衆は当該映画が広告的な性格を有することを知っているという理由から、メディアの「区別」によって、以下のように分類されるべきとする。すなわち、劇場公開映画の中の広告は、一部はそうした映画の広告的性格の表示がなくとも認められるが、一部はそうした表示がなされた場合にのみ許される[53]。具体的には、映画のスポンサー企業自体またはその商品が映画の中で広告として出現することに対して、当該企業から映画会社に「相当程度の」（von einigem Gewicht）金銭またはそれに匹敵する対価が支払われたか否かで区別がなされるべきとされる。そしてこの対価が支払われていない場合には、この広告的手法は聴衆によく知られているものであるため、映画会社はそれについて聴衆へ説明する必要はなく、逆に対価が支払われている場合には、聴衆にとってこうした広告的手法はあまり知られていないため、説明義務が生じるという。

　　「控訴審裁判所が、映画という形の広告目的を隠匿したことについて……競争法違反を見出したことについて、異議が唱えられるべきではない。控訴審裁判所は、その際、以下のことも誤解してはいない。すなわち、映画の中の広告については、プレスもしくはラジオの編集物における、またはテレビにおける隠された広告表現の場合と同様の厳格な基準は適用されえない、ということである。なぜなら、受け手（Verkehr）は、後者に対して、民間企業が制作した映画（privat hergestellter Spielfilm）の枠内で遭遇する表現や主張に比し、より高い客観性とより大きな重要性を付与するのが常であるからである」。「このことは……以下の二つの観点から導き出される。すなわち、第一に、映画におけるそのような表現の影響力はそれ自体、〔プレス、ラジオ、テレビのそれに比し〕より小さいものでありうる」という観点であり、第二に、「聴衆が民間の映画（privater Spielfilm）に対して持っている予期は、周知のように大抵の映画の商業的な性格ゆえ、情報や意見形成を第一の目的とする他のメディアに対する予期とは異なっているのが通常である」という観点である。「映画のストーリー（Spielhandlung）のなかで〔広告〕を効果的に一本化することに対して〔スポンサー〕企業が映画の制作

---

[53]　Vgl. Hartel, a. a. O. (Anm. 7), ZUM 1996, 129 (131).

◇第3部◇　メディア法・情報法

者に対して無償で（gratis）……使用を認めている〔商品や企業のロゴなどの〕小
道具（Requisit）に、聴衆が映画のなかで遭遇するような場合には、〔プレス、ラ
ジオ、テレビといった〕後者の場合とは異なり、聴衆は映画を、通常、自己の意
思の自由（Willensfreiheit）に対する……欺瞞または干渉であるとは判断してい
ない。商業的な娯楽メディア（Unterhaltungsmedium）の中に〔広告が〕出現す
ることは、予測できることであり、また今日では予測しなければならない」。「し
かしながら、そのような映画制作者の利益および広告の利益の（予期された、ま
た耐えうる）融合を超えて、〔スポンサー〕企業そのものまたはその製品が何らか
の方法で映画の中に出現することに対して、企業から、相当程度の（von einigem
Gewicht）金銭の支払いまたは金銭と同等の別の給付がもたらされる場合には、
映画に際しても、上述のような寛容な態度（Toleranz）は制限を受ける。聴衆は
通常このことを予期しておらず」、むしろその限りにおいて映画の広告的性格の
説明を予期することが許されるのである[54]。

(4) 本件映画の芸術性と表示義務

連邦通常裁判所によれば、以上の評価は、本件映画が芸術作品とみなされた
としても、変わるものではないという。

すなわち連邦通常裁判所によれば、まず、本件映画は基本法5条3項にいう
「芸術作品とみなされうる」という。また、「映画の制作および販売行為に際し
て、その芸術作品の純粋な経済的利用のみならず、同時にそのコミュニケーショ
ン的伝達自体が問題となる限りにおいて、（映画を制作した芸術家だけでなく）
映画のプロデューサーやその販売業者も、基本法5条3項の保護を要求しうる」
とする。さらに、上述の「Feuer, Eis & Dynamit II」事件における連邦通常裁判
所判決に従い、「基本法5条3項には法律の留保が付されていないのであるか
ら、被告らの本件販売行為を、不正競争防止法1条に基づき禁止することはで
きない」、という。しかしながら、「本件では、〔映画上映の〕禁止そのものが問
題となっているのではなく……芸術作品の本質的内容そのものはほとんど侵害
されることのない、〔映画の〕販売に際しての〔映画の性格の説明を付された〕特
定の版（Auflage）の実現が問題となっているにすぎない[55]」ため、広告に対して
対価を得た映画につき表示義務を課しても、芸術の自由の基本権を侵害しない

---

(54)　Vgl. BGHZ 130, 205 (216 ff.) = GRUR 1995, 744 (748) (Feuer, Eis & Dynamit I).

(55)　Vgl. BGHZ 130, 205 (219) = GRUR 1995, 744 (748) (Feuer, Eis & Dynamit I).

◆ 第8章 ◆ 劇場公開映画におけるプロダクトプレースメント［杉原周治］

という。

(5) 芸術の自由と人格発展の権利の比較衡量

さらに同裁判所によれば、本件では、当該映画の販売禁止が問題となっているのではなく、単に特定の販売方法の禁止のみが問題となっており、そのような場合には、映画の制作者側の芸術の自由と観客の人格発展の権利（基本法2条）の比較衡量の結果、後者が優位するという。それゆえ、不正競争防止法1条から導き出される、観客に対して映画の上映前にその性格を表示すべきという要請は憲法に適合するという[56]。

　「芸術の形成権（Gestaltungsrecht）の核心領域に抵触せず、かついわゆる作用領域（Wirkbereich）の最も外側に根を下ろす（説明を施した表示の付加の要請に基づく）販売様式については、要請された比較衡量の枠内では、より強く直接的に芸術とかかわる（Kunstbezug）場合に比し、それに付与される重要性〔の程度〕は低くなる」。この場合、直接芸術とかかわる場合とは異なり、「いずれにしても憲法上（基本法2条）保護される、個人の、自由に、すなわち操作（Manipulation）からも影響を受けずに、自己の人格を発展させる権利に、優位が与えられる。例えば、自由な芸術行使の保護が、ある音楽作品をトランペットで夜間に住宅街で演奏すること、または交通量の多い交差点で絵を描くことには及ばないように……、芸術作品の公表に際して……聴衆（および頒布の下位の伝達者としての映画館の所有者）を騙すことを正当化するために当該保護を援用することもできない[57]」。

(6) 損害賠償および情報提供

連邦通常裁判所は、控訴審裁判所が被告らに命じた損害賠償義務および情報提供義務については、「本件では損害賠償義務の確定のために必要な損害の蓋然性が欠けており[58]」、また、「単に損害賠償請求に付加された補助的請求とみなされうる情報開示請求に対する根拠も考慮されない[59]」と判示し、被告らの主張には理由があるとして、控訴審裁判所の判決を棄却した。

---

[56] Vgl. BGHZ 130, 205 (206) = GRUR 1995, 744 (744) (Feuer, Eis & Dynamit I).

[57] Vgl. BGHZ 130, 205 (209 f.) = GRUR 1995, 744 (748 f.) (Feuer, Eis & Dynamit I).

[58] Vgl. BGHZ 130, 205 (220) = GRUR 1995, 744 (749) (Feuer, Eis & Dynamit I).

[59] Vgl. BGH, GRUR 1995, 744 (749) (Feuer, Eis & Dynamit I).

◇第3部◇　メディア法・情報法

4. 学説の立場

　以上のような連邦通常裁判所の判決に対しては、学説から、多くの批判が浴びせられた[60]。批判の内容を最大公約数的に言えば、以下のようになる（以下、(1)〜(8)）。

(1) 「民間の映画」と「その他のメディア」の対置

　第一に、連邦通常裁判所が「民間の映画」(privater Spielfilm)と、その他の「メディア」とりわけテレビとを対置されていることに対して、批判が唱えられている[61]。それによれば、放送やテレビが「メディア」であるのに対して、映画はむしろ「製品」(Produkt)に分類されるべきであり、また、「民間の映画」と対置しうる概念は「民間でない映画」、例えば公的資金によって支援された映画であってテレビではないから、両者を対置することはできないという。

　さらに、連邦通常裁判所は、民間の映画に対して観客が抱く「予期」はテレビに対してのそれとは異なると言うが、この点についても、なぜ映画館で上映された映画に対して聴衆が抱く予期と、同じ映画がテレビで放映された場合に視聴者が抱く予期とが異なるのか疑問がある、という批判も唱えられている[62]。また、そこから、両者の対置は、観客の予期ではなく、例えばテレビと映画館の間の「個々のメディアの異なる機能」といったその他の観点を考慮した場合に可能となる、との見解も主張されている[63]。すなわち、テレビは「総じて純粋な娯楽の道具ではなく、同時に情報に寄与するものである」が、このことは映画館には妥当しないため、この点では両者には「重大な違い」が存するという。

(2) プロダクトプレースメントに対する対価の程度

　連邦通常裁判所は、「相当程度の」対価と述べるのみで、プロダクトプレースメントについてどの程度の対価が企業から支払われていれば観衆に対して事前

---

[60]　連邦通常裁判所の判決を批判するものとして、さしあたり、Vgl. Kreile, Johannes, Anmerkung zum BHG, WiB 1995, 966 (967 f.); Hartel, a. a. O. (Anm. 7), ZUM 1996, 129 (129 ff.); ders., a. a. O. (Anm. 6), ZUM Sonderheft 1996, 1033 (1033 ff.); Schwarz, Mathias, Entgeltliches Product Placement in Kinofilmen: Umfang der Hinweispflicht für Produzenten, Verleiher und Kinotheaterbesitzer, AfP 1996, 31 (31 ff.); Henning-Bodewig, Fauke, Werbung im Kinospielfilm, GRUR 1996, 321 (327 ff.); Schultze, Reinhard D., Product Placement im Spielfilm, 2001, S. 22 ff.; Schelle, a. a. O. (Anm. 1), 58 ff.

[61]　Vgl. Schwarz, a. a. O. (Anm. 60), AfP 1996, 31 (32); Schultze, a. a. O. (Anm. 60), S. 22; Schelle, a. a. O. (Anm. 1), S. 59 f.

[62]　Vgl. Kreil, a. a. O. (Anm. 60), WiB 1995, 966 (967); Schelle, a. a. O. (Anm. 1), S. 59 f.

[63]　Vgl. Henning-Bodewig, a. a. O. (Anm. 60), GRUR 1996, 321 (327).

◈ 第8章 ◈ 劇場公開映画におけるプロダクトプレースメント［杉原周治］

に説明義務が生じるのか不明確なままであるとの批判も唱えられている[64]。この点、本件において連邦通常裁判所は、映画制作費の5分の1の出資をもって表示義務が生じていると結論付けたが、この5分の1という限界が一般的な基準であるのか、個別事例に妥当するものなのか、不明確なままであるという。

(3) 商品等の無償使用に対する観客の予期

連邦通常裁判所は、映画館の観客は、企業が映画の中で登場する自己の小道具（Requisit）を無償で使用させていることのみを予期しており、当該企業がそれに対する対価を支払っていることを予期していない、と仮定する。しかしながら、同裁判所のこの仮定は、説得力に欠けるだけでなく、実務とも異なっているとの批判が主張されている[65]。それによれば、実際には聴衆は、当該映画の中で広告が無償であるのか有償であるのか区別しておらず、また、どのように財政支援されているかほとんど危惧しておらず、さらに、当該映画が無償で商品等を使用していることも予期していない、という。

(4) ドイツ人の観客とドイツ映画という想定

連邦通常裁判所は、本判決において、ドイツ人の観客とドイツ映画を念頭においているが、この点に対しても批判がある[66]。すなわち同裁判所は、映画館の観客は従来から、映画の中の広告が無償でなされていることを予期しているというが、これは誤りであるという。つまり実際には、かつて、広告を含むドイツ映画の数は非常に少なく、ドイツで上映される映画のほとんどがアメリカの映画であった。そしてアメリカの映画においては、プロダクトプレースメントは普通であり、ドイツの観客もそのことは認識していた。それゆえ、ドイツの観客も、映画が無償で商品等を使用していることなど予期していない、という。

(5) プロダクトプレースメントの「表示」と広告による欺瞞に対する観客の保護

連邦通常裁判所は、映画の広告的性格が表示されていれば、聴衆は広告によ

---

[64]　Vgl. Schwarz, a. a. O. (Anm. 60), AfP 1996, 31 (32); Schelle, a. a. O. (Anm. 1), S. 60; Schultze, a. a. O. (Anm. 60), S. 25.

[65]　Vgl. Hartel, a. a. O. (Anm. 7), ZUM 1996, 129 (131); Schultze, a. a. O. (Anm. 60), S. 23; Johansson, a. a. O. (Anm. 11), S. 198 ff.; Schelle, a. a. O. (Anm. 1), S. 60.

[66]　Vgl. Hartel, a. a. O. (Anm. 7), ZUM 1996, 129 (131); ders., a. a. O. (Anm. 6), ZUM Sonderheft 1996, 1033 (1035); Schultze, a. a. O. (Anm. 60), S. 23.

◇第3部◇　メディア法・情報法

る欺瞞から保護されるというが、この点についても批判がある[67]。それによれ
ば、もし聴衆が当該映画の広告的性格を知っていたとしても、そのことが映画
館に映画を観に行くか否かの決定を左右するかは明確でなく、さらにそのよう
な表示によって、聴衆が有償の広告であることを認識するか否かは疑わしい、
という。

(6) 映画「Feuer, Eis & Dynamit」の特殊性

本件は連邦通常裁判所の上述の原則が妥当しえない特殊な事例であった、と
の批判もある[68]。すなわち、本件映画「Feuer, Eis & Dynamit」の広告的性格は
当時ほぼすべての聴衆にとって周知のことであり、また本件映画は明らかに広
告的性格を伴う映画として特徴付けられるものであり、さらに本件映画のスト
ーリーがプロダクトプレースメントのために構成されていることも明白であっ
たが、このような映画自体が稀なケースであったという。

(7) 劇場公開映画におけるプロダクトプレースメントの許容性

学説の中には、連邦通常裁判所がいうように劇場公開映画の中での広告が許
されるのであれば、そもそもその広告の表示義務は発生しないとの批判も唱え
られている[69]。それによれば、連邦通常裁判所にいう「表示」義務には根拠がな
いため、原則として劇場公開映画の広告はそれが有償であっても許されるべき
であり、劇場公開映画の中の広告が許されないのは、それが特別法に反する場
合、サブリミナル広告もしくは広告映画（Werbefilm）である場合、または娯楽
映画ではなく情報映画（Informationsfilm）である場合に限られるべきである、と
いう。

(8)「表示」の方法

さらに学説の中には、連邦通常裁判所が、映画が有償広告を含んでいるとい
う情報の表示は「映画の上映前に」行わなければならないと述べているのみで、
実際にこの表示をどのように、またどのくらい事前になされるべきか明確にし
ていない、と批判するものもある[70]。具体的には、同裁判所によれば、オープニ
ングクレジットでの表示で十分であるのか否か、または映画の中の当該広告の

---

(67)　Vgl. Schelle, a. a. O.（Anm. 1），S. 61.

(68)　Vgl. Schelle, a. a. O.（Anm. 1），S. 59.

(69)　Vgl. Hartel, a. a. O.（Anm. 7），ZUM 1996, 129（131）.

(70)　Vgl. Schwarz, a. a. O.（Anm. 60），AfP 1996, 31（32）; Henning-Bodewig, a. a. O.（Anm.
　　60），GRUR 1996, 321（330）.

◆ 第8章 ◆ 劇場公開映画におけるプロダクトプレースメント［杉原周治］

なかで表示すべきか否かが不明確なままであるという。

5. 小 括

　以上のように、ミュンヘン地方裁判所は、番組と広告の峻別は劇場公開映画には適用されないと述べて原告の請求を棄却した。これに対してミュンヘン上級地方裁判所は、以下の理由から、映画の広告に対する表示義務は適法であると判示し、結論としては、原告のY₁に対する情報開示請求権は認められないが、Y₂に対する情報開示請求権ならびに、Y₁およびY₂に対する損害賠償請求権は認められるとして、原告の請求を一部容認した。すなわち同裁判所は、①番組と広告の峻別の原則は、劇場公開映画には適用されない。②ただし、映画が広告を「過剰に」含む場合には、そのことにつき「表示」がなされていなければ、当該広告は不正競争防止法に違反する。③本件では、被告の芸術の自由と、聴衆の一般的行為自由（広告による影響力および迷惑行為から逃れうる権利）との比較衡量がなされなければならないが、その結果、表示を義務づけても映画の内容に変更を加えるわけではないから当該表示義務は適法である。④「表示」は、事後的ではなく、事前になされなければならない。⑤被告は、有償の広告を「表示」することなく本件映画を上映したため、不正競争防止法1条および3条に違反した。⑤他方で、原告が主張する、映画は有償広告を常に表示しなければならないとの請求は棄却される、と。

　さらに前述したハンブルク上級地方裁判所との比較では、ミュンヘン上級地方裁判所は、①番組と広告の峻別の要請は劇場公開映画には適用されないと解する点、②今日の映画館の観客は、映画が広告から独立していることをもはや予期していない点、③さらに映画「Feuer, Eis & Dynamit」においてはその広告的性格が観客に対して隠蔽されていなかったという点については、ハンブルク上級地方裁判所判決と同じ見解に立つ[71]。両判決の大きく異なる点は、ミュンヘン上級地方裁判所が、映画が広告を「過剰に」含む場合には、観客はこのことを予期していないため、当該広告の存在につき「表示」が必要であると判示したのに対して、ハンブルク上級地方裁判所はこの立場を採用せず、表示がなくとも映画の上映が可能と判示したことである。

　ミュンヘン上級地方裁判所に対して連邦通常裁判所は、本判決において、主として以下のような理由を挙げて、映画の広告的性格の表示義務は適法である

---

(71)　Vgl. Johansson, a. a. O.（Anm. 11）, S. 155.

◇第3部◇　メディア法・情報法

とした。すなわち、①広告のカムフラージュは原則として禁止され、同原則は劇場公開映画にも妥当する。②ただし、当該広告がカムフラージュされているか否かはメディアの種類によって異なる判断がなされる。③それに従えば、映画の中の広告の影響力は小さく、また映画が広告的性格を含むことは一般によく知られていることから、映画における広告についてはテレビやプレスのような厳格な基準は適用されえない。④具体的には、当該広告が無償である場合には、聴衆はこのような広告的手法を予期しているため当該表示は不要であるが、映画の中の広告に対して当該企業から「相当程度の」対価が支払われていた場合には、聴衆はこれを予期していないため、当該広告に対する表示が必要になる。⑤そしてこの基準に従えば、本件では、映画制作費の5分の1が当該企業から財政援助されており、「相当程度の」対価が支払われたと言えるため、当該映画の広告的性格につき鑑賞者に事前に表示する措置は合憲である、という。連邦通常裁判所は、このように述べて、結論としては、映画の全面的な上映禁止の請求、ならびに原告のY₁とY₂に対する情報開示請求権および損害賠償請求権も認められないとしたが、本件表示義務は適法であるとし、それゆえ原告および被告ら双方の請求は部分的にのみ認められるとした。

　本判決に対しては、学説から、例えば、①広告に対してどの程度の対価が支払われていれば表示義務が発生するのか不明である、②今日の観客は映画の中の広告が有償であることを予期しているだけでなく広告が有償か無償かの区別もしていない、③映画の広告的性格の表示は映画を観るか否かについての観客の決定に影響を与えない、④広告的性格の表示をいつどのようにすべきかにつき不明確なままである、等の批判が唱えられている。さらに、⑤連邦通常裁判所の本判決では、本件のような映画がテレビで放映される場合にも上述の基準が適用されるのか否かについては明らかとされていない、との指摘もなされている[72]。

Ⅳ　むすびにかえて

　ドイツ放送制度に関する統一的な基準を規律するためにすべての州間で締結された協定であるいわゆる放送州際協定（Rundfunkstaatsvertrag）[73]は、第2条

---

[72]　Vgl. Kreile, a. a. O.（Anm. 60）, WiB 1995, 966（968）; ders., a. a. O.（Anm. 50）, ZUM 2000, 194（199）.

[73]　放送州際協定の成立経緯と内容につき、詳しくは、鈴木秀美『放送の自由』（信山社、

◆ 第8章 ◆ 劇場公開映画におけるプロダクトプレースメント［杉原周治］

2項11号1文において、プロダクトプレースメントを以下のように定義する。すなわち、「プロダクトプレースメントとは、放送番組の中の、対価ないし類似の反対給付を支払ってなされる、販売促進（Absatzförderung）を目的とした、商品（Ware）、サービス、商品名、商標（Marke）、商品製造者もしくはサービス提供者の活動の、表示されている言及または描写（die gekennzeichnete Erwähnung oder Darstellung）をいう」。さらに同号2文によれば、「商品またはサービスの無償の供給は、当該商品またはサービスが重要な価値を有している限りにおいて、プロダクトプレースメントである」という。州際協定の上記規定によれば、プロダクトプレースメントはそれが「販売促進を目的」とする広告に限定されていること、さらに放送番組の中で商品等の「言及または描写」がなされている広告に限定されている点で、通常の広告とは区別される[74]。

プロダクトプレースメントに類似する概念として、放送州際協定は、「もぐり広告」（Schleichwerbung）を規定している。「もぐり広告」とは、放送州際協定2条2項8号によれば、「放送番組の中の、商品、サービス、商品名、商標、商品製造者もしくはサービス提供者の活動の、言及または描写」が、「広告目的で放送事業者によって意図的になされ、かつ表示（Kennzeichnung）がないために、この言及または描写の真の目的という点で、公衆（Allgemeinheit）を誤認（irreführen）させうる」広告をいう。プロダクトプレースメントでは、商品名や商標などが表示されているのに対して、「もぐり広告」では、そうした商品名や商標などが表示されていないという点で、両者は区別される[75]。つまり、前者の場合、番組のなかで商品名や商標などがそのまま表示されるため聴衆は広告を認識しうるが、後者では、商品名や商標などが隠されているために、聴衆が広告であることを認識できないことになる[76]。その他、テレビ番組におけるもぐり広告は全面的に禁止されているが、プロダクトプレースメントはその禁止の例外が認められている点でも、両者は異なっている[77]（放送州際協定7条7項

2000年）65頁以下を参照。

[74] Vgl. Ladeur, Karl-Heinz, in: Hahn, Werner/Vesting, Thomas（Herg.）, Beck´scher Kommentar zum Rundfunkrecht, 3. Aufl. 2012, RStV § 7, Rdnr. 53, 53a.

[75] Vgl. Ladeur, a. a. O.（Anm. 74）, in: Hahn/Versting, RStV § 7, Rdnr. 53.

[76] この点で、プロダクトプレースメントは「表示されたもぐり広告」とも言われる。Vgl. Potthast, Klaus-Peter, Die Umsetzung der EU-Richtlinie über audiovisuelle Mediendienste aus Ländersicht, ZUM 2009, 698（700）.

[77] 「もぐり広告」と「プロダクトプレースメント」の概念の異同をめぐっては、かつて、

◇第3部◇　メディア法・情報法

を参照）。

　ところでドイツ放送法は、従来、上述した「もぐり広告」については規定を置いていたのに対して、プロダクトプレースメントに関する特別な規定は有していなかった。したがって例えば、テレビにおけるプロダクトプレースメントの適法性についても、かつては、放送州際協定の一般的な広告規制に基づいて審査がなされていた。しかしながら、2010年4月1日発効の放送州際協定第13次改正（13. Rundfunkänderungsstaatsvertrag）によってプロダクトプレースメントに関する特別規定が盛り込まれ、公共放送および民間放送におけるプロダクトプレースメントが一定の要件の下で法的に認められることとなった（放送州際協定7条7項、15条、44条）[78]。ただし、放送州際協定の諸規定は、プロダクトプレースメントを含む劇場公開映画には適用されない。同規定はあくまで、プロダクトプレースメントを含む番組がテレビで放映された場合にのみ適用され、劇場公開映画には適用されないのである[79]。しかしながらプロダクトプレースメントはもともと映画産業から発展したものであり、現在でもとりわけ注目を浴びるのは、（成功を収めた）劇場公開映画でのプロダクトプレースメントである[80]。

　このような状況下で連邦通常裁判所は、本判決において、劇場公開映画におけるプロダクトプレースメントの取り扱いにつき重要な判断基準を確立したといえる[81]。それは、①基本法5条3項にいう芸術の自由の基本権に鑑みて、劇場公開映画におけるプロダクトプレースメントは原則として許容されるという点、②ただし聴衆は映画のプロダクトプレースメントが有償で行われていることを予期していないため、基本法2条1項で保障される聴衆の人格発展の権利、すなわち広告のカムフラージュから保護される権利をも考慮する必要があり、その結果、当該プロダクトプレースメントに対して「相当程度の」対価が支払われた場合には、映画の上映前にその広告的性格につき表示する義務が発生するという点、③最後に、プロダクトプレースメントを含む映画を上映しても事

　　学説において激しく議論がなされていた。この点につき、Vgl. Holzapfel, a. a. O.（Anm. 5）, S. 13 f.

[78]　Vgl. Müller-Rüster, Jannis, Product Placement im Fernsehen, 2010, S. 195.

[79]　Vgl. Henning-Bodewig, Frauke, Die Tarnung von Werbung, GRUR Int. 1991, 858 (867); Müller-Rüster, a. a. O.（Anm. 78）, S. 320 f.

[80]　Vgl. Müller-Rüster, a. a. O.（Anm. 78）, S. 321.

[81]　Vgl. Schwarz, a. a. O.（Anm. 60）, AfP 1996, 31 (32); Holzapfel, a. a. O.（Anm. 5）, S. 2.

◆ 第8章 ◆ 劇場公開映画におけるプロダクトプレースメント［杉原周治］

前に当該映画の広告的性格につき「表示」をすれば損害賠償義務が発生せず、実務上映画制作のリスクを回避しうる点である[82]。

　連邦通常裁判所のこのような判断は、学説から批判も唱えられているものの、劇場公開映画のプロダクトプレースメントをめぐる問題につき、映画の制作者および配給会社の芸術の自由と、観客の人格発展の権利という両基本権を配慮して、憲法レベルでの解決を試みている点に特徴があると言えよう。学説の中にも、本判決は「広告と番組の峻別の原則にさらなる憲法上の次元を付け加えた点に特に意義がある」、と評価するものがある[83]。

　日本では、映画およびテレビ番組内のプロダクトプレースメントは、従来から「スポンサーに対する『気遣い』として慣例的に行われてきたが、近年、より明確に広告手法としてスポンサー契約に盛り込んで実行する動きが広がってきているといわれる[84]」。この点、日本では明文規定は存在していないが、専門家の間から、プロダクトプレースメントの「現状の『自由』度が、番組と広告の境目をルーズにし、番組の広告化を進め、放送全体の信頼性を揺るがすことになっている[85]」との指摘もなされている。それゆえ番組を装った広告を意図的に行うことに対して何らかの規制を設けることが必要となると考えられるが、その際には、ドイツのように、番組制作者の表現の自由と受け手の基本権を配慮した憲法レベルでの議論を行うことが重要となるであろう。日本におけるこうした議論の分析、および、本稿では触れることのできなかったテレビ番組におけるプロダクトプレースメントをめぐる問題の分析については、今後の検討課題としたい。

〔2014年1月4日脱稿〕

---

[82]　Vgl. Hartel, a. a. O.（Anm. 6）, ZUM Sonderheft 1996, 1033（1035）.

[83]　Vgl. Platho, Rolf, Werbung, nichts als Werbung – und wo bleibt der Trennungsgrundsatz?, ZUM 2000, 46（47）.

[84]　山田健太『ジャーナリズムの行方』（三省堂、2011年）48頁を参照。

[85]　山田・前掲注(84)48頁を参照。

第9章
デジタル基本権の位相

西土彰一郎

I　はじめに
II　ドイツ連邦憲法裁判所における
　　「デジタル基本権」の意義
III　人間とコンピュータの間の新たな
　　　コミュニケーション形式
IV　基本権理論における社会的認知と
　　　デジタル認知
V　おわりに

I　はじめに

　本稿の目的は、デジタル化時代におけるメディアの自由の位相を、コンピュータシステムをめぐる法的問題を素材として、明らかにすることにある。

　一般に、メディアの自由の規範目的は、多様な情報の自由な流れの保障に見出される。新聞や放送といったマスメディアにおいて、市場の論理による情報の多様性の欠如が指摘されるなか、それに対峙すべく「国民の知る権利」論が唱えられ、この観点からマスメディアの自由の規範的意義が洗い直されてきたことは、周知の通りである[1]。他方で、現在、マスメディアとともに国民の情報源として重要な社会的役割を果たしているインターネットに関して、「ゾーニング」と「フィルタリング」という二つの「コード」による規制の問題が、メディアの自由をめぐる議論の焦点となっている[2]。多様な情報の自由な流れに対するこのようなインターネットに固有の危険性に対処する、より一般的に述べるならば、人間とコンピュータの間の新たなコミュニケーション形式に伴う不確実性（＝とりわけ行為者が規制を意識しないという意識不在性）を最小化する

---

[1]　たとえば、奥平康弘『表現の自由II』（有斐閣、1983年）312頁を参照。
[2]　近時の業績として、さしあたり、小倉一志「『コード』」駒村圭吾＝鈴木秀美編著『表現の自由I──状況へ』（尚学社、2011年）295頁以下を参照。

『〈講座 憲法の規範力〉第4巻 憲法の規範力とメディア法』ドイツ憲法判例研究会編　　*225*

◇第3部◇　メディア法・情報法

ためには、マスメディアにおける「国民の知る権利」論の問題意識を共有しつ
つ、場合によっては「国家による自由」をも承認する新たなメディアの自由の
理論の可能性を、基本権理論全体を反省するなかで、探求すべきであるように
思われる。

　以上の問題意識から、本稿は、この新たなメディアの自由、すなわちデジタ
ル基本権の意義を明らかにしたい。その際、比較法的手法を採用して、2008 年
のドイツ連邦憲法裁判所の判決により示されたデジタル基本権の概念とそれを
めぐる学説を分析することにより、その基礎にある基本権理論を、私見を交え
つつ提示することする。

II　ドイツ連邦憲法裁判所における「デジタル基本権」の意義

(1)　ドイツ連邦憲法裁判所 2008 年 2 月 27 日判決

　ドイツ連邦憲法裁判所は、2008 年 2 月 27 日の判決のなかで、過激派および
テロリスト集団によるインターネット上でのコミュニケーションの内容を突き
止め、犯罪の計画・実行を発見・阻止する目的で、「オンライン捜索」（情報技術
システムの安全性の間隙を利用した、または偵察プログラムのインストールにより行
う技術的侵入で、情報技術システムの利用の監視、記憶メディアの捜索、さらにはタ
ーゲットであるシステムの遠隔操作を可能とする措置）などを州憲法保護庁に授権
していたノルトライン・ヴェストファーレン州憲法保護法の規定を、基本法 1
条 1 項と関係する同 2 条 1 項の一般的人格権を毀損し、無効であるとの判断を
下した。裁判所はこの一般的人格権を「情報技術システムの機密性および完結
性の保障に対する権利」という「新しい基本権」として論じた点で、注目を集
めた。

　裁判所によると、情報技術システムの利用は、多くの市民の人格の発展にと
り中心的な意味を獲得している。しかし、いったん「トロイの木馬」のような
スパイプログラムが情報技術システム上記憶されている多数のデータに侵入す
ると、市民の完全な行為・コミュニケーションの輪郭が浮き彫りにされてしま
う危険性をも情報技術システムははらんでいる。こうした危険性に対処するう
えで、電信電話等の遠隔コミュニケーションの秘密を保障する基本法 10 条 1
項、住居の不可侵を定める同 13 条 1 項は十分ではない。なぜなら、10 条 1 項
の保護領域はテレコミュニケーションの内容・経過の記憶にまで及ばないし、
13 条 1 項は住居内または事業所内に設置されていない情報技術システムを保

◈ 第9章 ◈ デジタル基本権の位相 [西土彰一郎]

護しないからである。さらに、個人に対して個人データの処理を決定する権能
を与えている情報自己決定権（基本法1条1項と関係する同2条1項）も、個別の
データ収集から当事者を保護するにとどまり、国家による情報技術システム全
体への侵入からの保護を与えるものではない。オンライン捜索は個別のデータ
収集を超えている。それは、システムの利用を監視し、記憶メディアを捜索し、
またはターゲットとなるシステムを遠隔操作することを可能にするからであ
る[3]。

　以上のような保護の欠缺を埋める目的で、裁判所は「情報技術システムの機
密性および完結性の保障に対する権利」を打ち出した。このデジタル基本権は、
「情報技術システムの機密性に対する権利」と「情報技術システムの完結性の保
障に対する権利」の二分肢へと解析できるので、これに即して順に検討してみ
たい。

　前者を保護する必要性について、裁判所は次のように指摘する。複雑な情報
技術システムは、個人関連データの創出、処理および蓄積と深く関係している
多様な利用可能性を提供する。この個人関連データは膨大な量であり、しかも
センシティブな性質を有するものを含んでいる。このような広範囲にわたるデー
タ蓄積への国家によるアクセスは、収集データを鳥瞰することにより、行為
およびコミュニケーションの特徴にまでいたる関係者の人格を帰納的に推論す
ることを可能にしてしまう。関係者の人格を嗅ぎつけることから保護するため
に、情報技術システムへの国家の不当なアクセスからの保護が図られなければ
ならず、この点に「情報技術システムの機密性に対する権利」の意味がある[4]。

　電算機上の損害からの保護、およびデータ蓄積の操作からの保護を意図する
後者は、本判決において「インターネットに固有の性格、およびオンライン捜
索の技術的条件ならびに作用が取り上げられ、反省された」ため、導出された
といえよう[5]。裁判所によれば、第一に、情報技術システムは利用者により蓄
積された情報を有しているのみならず、データ処理との関連で自らデータを創
り出す。このデータは、利用者の利用行為についての情報を提供し、この情報
の存在について利用者は認識できない。それゆえに利用者は、不正な侵入から
情報技術システムを譲ることができない[6]。第二に、情報技術システムの高い

---

(3)　BVerfGE 120, 274, 307 ff.

(4)　BVerfGE 120, 274, 322 ff.

(5)　*Martin Eifert*, Informationelle Selbstbestimmung im Internet, NVwZ 2008, 522.

◇第3部◇　メディア法・情報法

複雑性の程度により、少なくとも平均的な利用者は自己のデータへの不正侵入を確認または阻止することができない。データの暗号化にしても、第三者が情報技術システム全体への侵入に成功したら、それは無力化する[7]。「情報技術システムの完結性の保障に対する権利」とは、情報技術システムそれ自体の保護というより、「情報技術システムの機密性に対する権利」で問題になった個人関連データの保護を実効化するための道具的な権利といえよう[8]。

　結局のところ、きわめて多様な個人データを含んでいる、そしてこのデータへの侵入により捜査人が当事者の人格および生活形態の像を完全に描くことができる、このようなシステムへの侵害が意図されている場合に、「情報技術システムの機密性および完結性の保障に対する権利」が用いられる[9]。このデジタル基本権の保護領域は、私的に利用される情報技術システムおよび営利上利用されるそれを含む。この情報技術システムという概念は広く理解され、携帯電話や電子カレンダーもその一例である。機器が多数の個人関連データを記憶しうるかどうかのみが、重要である。しかし、機密性・完結性に対する当事者の期待が基本権上保護に値するのは、彼／彼女が情報技術システムを自己の利用に供し、場合によっては彼／彼女自身や他の利用資格者のみが情報技術システムを処理していると前提にできるときのみである[10]。

　裁判所は、以上のようにして「デジタル基本権」の内容を示した後、「オンライン捜索」等を州憲法保護庁に授権していたノルトライン・ヴェストファーレン州憲法保護法の規定は、比例原則（狭義の比例原則）に照らして、デジタル基本権を不当に侵害するものと判断した[11]。

(2) 学説の批判

① 情報自己決定権との関係について

　以上で見てきたように、連邦憲法裁判所は、基本法 10 条 1 項、13 条 1 項、および情報自己決定権では、オンライン捜索などインターネットに固有の危険に

---

　(6)　BVerfGE 120, 274, 305.

　(7)　BVerfGE 120, 274, 306.

　(8)　Vgl. *M. Eifert*（FN 5），522.

　(9)　BVerfGE 120, 274, 314.; *Laura Köpp/Seraphine Kowalzik/Britta Recktenwald*, BVerfG v. 27.2.2008, http://www.rubrr.de・Ausgabe 2/2009, S. 39.

　(10)　BVerfGE 120, 274, 315.; *L. Köpp/S. Kowalzik/B. Recktenwald*（FN 9），S.39.

　(11)　BVerfGE 120, 274, 321 ff.以上につき，参照，石村修「ドイツ——オンライン判決」大沢秀介＝小山剛編『自由と安全——各国の理論と実務』（尚学社，2009 年）261 頁以下。

十分に対処できないことを根拠に、基本法1条1項と関係する同2条1項の一般的人格権からデジタル基本権を導き出すとの理路を採用している。確かに、基本法10条1項と13条1項についてはそのように言えるかもしれない[12]。しかし、果たして情報自己決定権を用いて本件を処理できなかったのか疑念を挟む余地があり、この観点からの学説上の批判が存在する。

　たとえば、現在では連邦憲法裁判所の判事を務めているブリッツは、次のように批判している。それによると、連邦憲法裁判所は、詳細な根拠づけを経ずに、情報自己決定権は個別のデータ収集からのみ保護するものと想定する一方、デジタル基本権は、さらに、基本権享有主体の情報技術システムに対する国家の侵入からも保護するという。しかし、情報自己決定権を個別のデータ収集に限定する理由は存在しない。情報自己決定権は比較的「無害な」基本権侵害にのみ対抗できて、重大な基本権侵害からの保護を与えないという構造は、不可解だからである。確かに、情報自己決定権の保護領域を「下限」に即して確定することには、困難が伴う。しかし、オンライン捜索のように、大量のセンシティブな個人データが収集される場合には、情報自己決定権の侵害として容易に評価されうる。自由の強い侵害に対しては、それに即応して強い正当化要求により対処すればよいのであり、ドグマーティク上、このことは情報自己決定権の枠組みで比例原則により実現されうる。裁判所は、情報自己決定権の保護領域を軽率に切り詰めて、あえて保護の隙間をつくったにすぎない[13][14]。

---

[12]　*Gabriele Britz*, Vertraulichkeit und Integrität informationstechnischer Systeme, DÖV 2008, 413. 他方で、*Oliver Lepsius*, Das Computer-Grundrecht: Herleitung-Funktion-Überzeugungskraft, in: *F. Roggan* (Hrsg.), Online-Durchsuchungen, 2008, S.23 ff.は、本判決における基本法10条1項および同13条の保護領域の画定に対しても批判的な分析を試みている。

[13]　*G. Britz* (FN 12), 413. Vgl. *M. Eifert* (FN 5), 521f.; *O.Lepsius* (FN 12),S.28 ff.; レプシウスによれば、本判決により示唆された情報自己決定権の保護の欠缺は、情報技術システムにより自ら生み出されるデータ群という脱個人化の論拠がなければ、理解されえないという。そのうえで、レプシウス自身は、ブリッツと同様、情報自己決定権は個別のデータ収集からのみ保護するとの想定には理論的根拠がないこと、現に「現代のデータ処理の条件下」での個人の保護が意図されているという国勢調査判決の基本定式と結び付くことにより、連邦憲法裁判所第一法廷は本判決の1年前に情報自己決定権の広い解釈を前提にして、情報自己決定権は個別のデータ収集のみならず、大量のデータにより脅かされる個人像の把握からも保護するものと示唆していること（Vgl. BVerfGE 118, 168, 183f.）、そして、第二法廷の判決のなかにも、送信プロセスの終了後にコミュニケーション当事者の支配領域に記憶された接続データは情報自己決定権の保護領域に含まれると

◇ 第3部 ◇　メディア法・情報法

　アイフェルトも以上のブリッツと同様の指摘をしつつ、さらに「情報技術シ
ステムの完結性の保障に対する権利」について以下のように批判する。「機密
性保護についての基本権は、裁判所の説示に即応すれば、既に導出された、こ
の場面でまさに十分に保護を及ぼす情報自己決定権と同様に、説得的に、一般
的人格権から導出されうる一方、このことは、完結性の保護については困難で
ある。後者では、人格との関連性は、間接的で道具的であるのにすぎない。裁
判所は、それゆえに説得的にも、個人関連データへのアクセスを高度に可能に
するようなシステムに、保護を限定している。しかし、まさにこの背景に立て
ば、固有の保護の必要性は疑問となる。システムの完結性が危険にさらされる
のは、システムの毀損により、その中で蓄積されている最終的に目的とされて
いるデータへのアクセスが可能となるからに他ならない。すなわち、独立して
対処される必要はない。むしろ、データ保護にあたり、常に同時に十分に対処
されるような付随的危険である」[15]。

② 客観法としてのデジタル基本権について

　以上のアイフェルトの指摘は、「情報技術システムの完結性の保障」は、技術
に向けられた非人格的基本権として展開する恐れがあるとの批判につなが

　　　判断した判例もあること（Vgl. BVerGE 115, 166, 181 ff.）などを指摘している。

[14]　さらに、近年、情報自己決定権を主題とした教授資格論文をものにしたアルバースは、
　　　情報自己決定権の保護内容は、個人の自己決定権のみならず、個人関連情報・データが
　　　当事者の周知することなく、非拘束的、無限界および不可視的に処理されないようにす
　　　る点にもあるという。後者の側面は、そのための構造化を整備するよう立法者に要請す
　　　る客観法的自由保障として構想されている。その立法委託の内容は、①個人関連情報・
　　　データ処理に関する、所与の関連法体系をも含む実態に適った限界づけと形成、および
　　　個人関連情報・データ処理過程の「透明性」の確保、②当事者に対する個人関連情報・
　　　データ処理についての「認識可能性」の保障、③当事者による「影響力行使の機会の保
　　　障」、ならびに④個人関連情報・データ処理一般についての「統制メカニズム」の制度化、
　　　からなる。このうち、①は、実態に関連した所与の規律構造と、問題となっている情報・
　　　データの性格の観点から具体化されなければならず、さらには、処理プロセスを構成す
　　　る要素とその前提たるシステム・技術的機能性の保障をも視野に入れなければならない
　　　という。したがって、客観法という文脈ではあるものの、情報自己決定権は情報技術シ
　　　ステムの機能性をも保障の対象とすることになり、デジタル基本権を独自に構想する必
　　　要性はないといえよう。Vgl. *Marion Albers*, Informationelle Selbstbestimmung, 2005, S.
　　　459 ff. 情報自己決定権を分析する最近の邦語文献として、参照、小山剛「単純個人情報
　　　の憲法上の保護」論究ジュリスト1号（2012年）118頁以下。

[15]　*M. Eifert*（FN 5), 522.

る[16]。この点を深く分析しつつ批判しているのが、レプシウスである。

　彼によれば、連邦憲法裁判所は、デジタル基本権導出の根拠の力点を個人化可能な行為または個人に帰属されうるデータにではなく、むしろ技術的システムの用意それ自体に置いている。つまり、「保護に値するのは、個々人のデータの流れを事実上作り出すことではなく、ネット化したコミュニケーションの機会であり、客観的なシステム保護が意図されている。かくして基本権により保護されている領域は、個人の行為ではなく、一定の発展可能性の技術的利用可能性と結び付いている」。「情報技術システムの完結性の保障に対する権利」は行為ではなくシステムを、作為ではなく期待を保護している[17]。

　もっともレプシウスは、本判決のいうデジタル基本権は主観的側面を有していることを看過していない。連邦憲法裁判所は、デジタル基本権の保護領域を人格の発展に対する適合性へと立ち返って関連づけているからである。しかしこの関連性は、レプシウスによれば、主観的権利としての地位の確立のために機能しているのではなく、客観的なシステム保護を主観的メルクマールにより画定するものにすぎない。主観的利益と期待（権利ではない！）は、客観的に要請される保護を輪郭づけるにすぎないのである[18]。

　行為関連的な自由保護を強調するレプシウスの立場からすれば、期待を根拠として利用可能性という客観的な所与の事実状態を保護する「デジタル基本権」は否定されるべきものである。しかし、レプシウスは、脱個人化傾向を有する反テロリズム法に対して、裁判所が客観法としてのデジタル基本権を対峙させたことを相応に評価しているのは興味深い。住民のなかに潜在的な監視という感情を作り出し、不信という空気の種をまくことにより、社会全体の萎縮効果が生ずる。信頼の崩壊というこのような社会的プロセスに、本判決は「完結性

---

[16]　*M. Eifert* (FN 5), 522.

[17]　*O. Lepsius* (FN 12), S. 33.

[18]　*O. Lepsius* (FN 12), S. 35. さらにレプシウスは、裁判所がデジタル基本権を基本法1条1項と関係する同2条1項により根拠づけて、一般的人格権として論証していることに関しても、本来主観的防御権である一般的人格権を客観法的類型にまで拡大していると批判する。*O. Lepsius*, ebd., S. 36.　なお、いわゆる住基ネット事件最高裁判決でなされた技術的・法制度的アーキテクチャの審査を「構造的アプローチ」として把握する日本での見解も、客観的なシステム保護を主観的メルクマールにより画定する発想と親和性があるように思われる。参照、山本龍彦「プライバシーの権利」ジュリスト1412号（2011年）80頁以下。

◇第3部◇　メディア法・情報法

に対する信頼」の保護により対処しているのである[19]。

③ 反　論

本判決への以上のような批判に対して、デジタル基本権を支持する立場からの応答も存在している。

連邦憲法裁判所判事として本判決の主導的な役割を果たしたとされるホフマン＝リームは、デジタル基本権と情報自己決定権との関係について、デジタル基本権の保護領域を厳密に画定する思考の背後には、基本権ドグマーティクの明晰化という問題意識があることを強調している[20]。そうであるならば、「情報技術システムの機密性および完結性の保障に対する権利」は情報自己決定権に収斂しうるし、そうさせても何ら差し支えはないと指摘するブリッツとアイフェルトとは、情報自己決定権の実効化の必要性をめぐり、評価を異にしているにすぎないともいえよう[21]。

他方で、連邦憲法裁判所はデジタル基本権を客観法として把握しているとの批判に対して、ホフマン＝リームを次のように反論する。情報技術システムは即自的にではなく、むしろその完結性が個人との関連性を有している限りにおいてのみ、基本権により保護される。したがって、デジタル基本権は技術に向けられた非人格的基本権として構成されていない。この点を、アイフェルトとレプシウスは看過しているという[22]。

---

[19]　*O.Lepsius* (FN 12), S.50.

[20]　*Wolfgang Hoffmann-Riem*, Der grundrechtliche Schutz der Vertraulichkeit und Integrität eigengenutzter Informationstechnischer Systeme, JZ 2008, 1019. ホフマン＝リームは、情報自己決定権とデジタル基本権の各保護領域を次のように線引きしている。情報技術システムの侵入を伴わないデータ収集（とさらなるデータ処理）、それに対応する権限創出に対しては、引き続き情報自己決定権が問題となる一方、データ収集の実施のために、複雑な情報技術システムが侵入、覗き見、場合によっては操作される場合には、デジタル基本権の保護次元が妥当する。情報技術システムの機密性と完結性の基本権保護は、侵入（場合によっては操作）それ自体に関係するのみならず、侵入の結果（によってのみ）到達されるデータおよび情報の収集・利用にまで拡大される。それに対応して高められた人格保護のハードルは、侵入によりアクセス可能となった人格に関連するデータ処理にまで拡大する。

[21]　ただし、情報自己決定権の実効的保障のために「保障領域」(Gewährleistungsbereich) 思考を採用するホフマン＝リームの見解は、彼自身が承認するように、客観法的思考一般へと展開する潜在力を有している。

[22]　*W. Hoffmann-Riem* (FN 20), 1012.

④ 小　括

　このように、ホフマン＝リームは、連邦憲法裁判所のいうデジタル基本権を
あくまで主観的権利として主張している。確かに、前述の通り、デジタル基本
権の規範目的は情報自己決定権と同じであると想定されているため、このよう
な見解も説得力があるといえよう。しかし、本判決のデジタル基本権は情報自
己決定権の行使の条件である情報技術システムの機能性に対する「信頼」を取
り出して、それ自体を保護の対象としている。ここでいう「信頼」は、「社会的
期待」を意味しており[23]、それを保護するということは、「個人の自由の展開に
影響を及ぼす主観的に望ましい状態の保障」である[24]。デジタル基本権は、「個
人」の「行為」ではなく、社会的期待を根拠にして情報技術システムの利用可
能性という「客観的」な所与の「事実状態」を保障する[25]。この点で、デジタル
基本権においては、レプシウスの指摘するように主観的側面を有してはいるも
のの、やはり基本権の客観法的次元が自立化していると判断するべきであろう。
そして、脱個人化傾向という現状認識を共有するならば、こうしたデジタル基
本権の捉え方が正当化される余地は、十分にある。

　もちろん、こうした自立化それ自体の是非は、まず、行為と社会的期待とい
う認知的要素の関係、すなわち基本権における主観的権利の側面と客観法的側
面の関連性を基本権理論一般に立ち返って慎重に考察されなければならな
い[26]。それを基礎にして、次に、人間とコンピュータ（機械）の間の新たなコミ

---

[23]　Vgl. *Vagias Karavas*, Grundrechtsschutz im Web 2.0: Ein Beitrag zur Verankerung des
　　　Grundrechtsschutzes in einer Epistemologie hybrider Assoziationes zwischen Mensch
　　　und Computer, in: C. Bieber/M. Eifert/T. Groß/J. Lamla (Hg.), Soziale Netze in der
　　　digitalen Welt, 2009, S. 317.

[24]　Vgl. *O.Lepsius* (FN 12), S. 34 f. なお、日本において、「情報の適切な管理についての
　　　合理的期待」の保護として、プライバシー権の一側面を期待権論的に再構成し、その観
　　　点から、脚注 18）で触れた技術的・法制度的アーキテクチャの審査を位置付け直す見解
　　　が唱えられているが、これも基本権の客観法的次元の自立化として把握できるかもしれな
　　　い。参照、駒村圭吾「情報をめぐる権利と制度」法学セミナー 608 号（2012 年）46 頁以下。

[25]　*O.Lepsius* (FN 12), S. 34.

[26]　*O.Lepsius* (FN 12), S. 34. は、基本権の客観法的内容一般がそうであるように、デジタ
　　　ル基本権においても主観権的関連性の形成は難しいと指摘して、次のように問う。「た
　　　とえば手続・参加権または組織原則が導かれることにより、客観法的次元は主観的権利
　　　に対する補助的作用を有するのか（連邦憲法裁判所の判例の流れ）。それとも、個人の自
　　　由の展開に影響を及ぼす主観的に望ましい状態の保障へと客観法的次元は自立化してい
　　　るのか（学説上，強い見解）。」

◇第3部◇　メディア法・情報法

ュニケーション形式に伴う不確実性に対処する[27]、「社会的期待」を基礎にした技術的基本権としてのデジタル基本権を主題化する可能性を探求しなければならない[28]。この主題化が成功して初めて、一方で本判決のいう「情報技術システムの完結性の保障」を、以上の不確実性の一つである第三者による秘密裏の侵害に特化して対処しようとしたデジタル基本権の下位類型として位置づける、他方で基本権ドグマーティクの明晰化という問題意識から、情報自己決定権の規範目的を共有しつつ、「情報技術システムの機密性の保障に対する権利」として保護領域を別個に打ち立てることも可能となろう。

　次章では、こうしたデジタル基本権理論を構築しようと試みているカラバスの所説を分析することにする。

Ⅲ　人間とコンピュータの間の新たなコミュニケーション形式

（1）機能的基本権理論

　カラバスは、2008年の連邦憲法裁判所判決がオンライン捜索により新たに生じたインターネットに固有のリスクに対処すべく、デジタル基本権という新しい基本権を創出したことに注目する[29]。この背景には、社会に対する基本権の機能を問う機能的基本権理論が控えている。そこでカラバスは、より一般的にこの機能的基本権理論の可能性を探るなかで、デジタル基本権の位相を把握しようと試みる。その素材としてカラバスが選択したのが、周知のように、機能

---

[27]　*V. Karavas* (FN 23), S. 315 f. ホフマン＝リームの見解の背後にも、以下のような認識がある。インターネットの機能性は、技術的側面のみならず、社会的側面をも有している。後者は、たとえばアクセスの自由、操作からの自由の保護、一般的には一方的な権力行使と濫用からの保護と関係している。機能性の様々な次元は、多様な潜在的危険性と、機能性を確保するとともに危険にもする多様なアクターを示す。それゆえに、自由保護の多極的、多次元的構想が問われる。*W. Hoffmann-Riem* (FN 20), 1011.

[28]　ヴェスティングも、次のように指摘する。「インターネットにおいて、有意味なコミュニケーションのレベルと、サーバー、情報網、フラットスクリーン、累算機、電力供給などのきわめて複雑なテクノロジーインフラストラクチャとを不明瞭化する、新種の人間・機械カップリングは、以下のことを必要にさせる。すなわち、情報自己決定に対する一見したところの主観的な権利をより強く制度的文脈に置き、『インターネットというネットワークの技術的機能条件の安全性保障』へと転換することである」。*Thomas Vesting*, Die innere Seite des Gesetzes, in: *I. Augsberg* (Hg.), Ungewissenheit als Chance, 2009, S. 55 f.

[29]　*Vagias Karavas*, Das Computer-Grundrecht, in: WestEnd 2010, 95.Vgl. *ders.* (FN 23), S.302.

◆ 第9章 ◆ デジタル基本権の位相 ［西土彰一郎］

的に分出した社会の創発性の結果として基本権を見なすルーマンの「制度としての基本権」論である。カラバスは、この議論を次のようにまとめる。

　機能的に分出した社会への移行において初めて、個人の行為の自由の実効的保護に対する欲求が展開する。個人の自由は、しかし、機能的に分出した社会から生ずる自律領域の一つにすぎない。それと並んで栄えているのが、芸術、宗教、学問、法、経済、またはマスメディアのような多数のさらなる社会的自律領域である。これらの自律領域は、今や——政治のような——他のサブシステムの凌駕傾向に対抗するその完結性の保護を求めている。社会的、そして法以前の制度としての基本権は、社会が分出に対して開かれたままにしておくことをもたらす。基本権は、それに対応して、その制度的次元において、社会プロセスの自律領域を、その人格的次元において、諸人格に帰責されるコミュニケーション空間を保護する[30]。

　以上のようにルーマン説を咀嚼したうえで、カラバスは、ルーマンならば情報技術の条件下での基本権の機能をどのように構想するか、推察する。カラバスの結論では、それは、「インターネット利用者かディスクルス全体（たとえば、インターネットにおける経済ディスクルスまたは藝術ディスクルス）に還元されうる、コミュニケーション的自律領域の保護」[31]という機能を担う。ルーマン理論の関心は、コミュニケーションプロセスの社会的次元の分析、またはコミュニケーション内容の意味論的次元に向けられているからである[32]。

　しかし、このことはコミュニケーションの物質性（技術的側面）を看過していることを意味している。メディアの機能を伝達として記述するルーマン理論では、伝達メディアは受け手への回路上にある障害を取り除くことにより、コミュニケーションを蓋然的なものにさせるにすぎない。けれども、コンピュータを非蓋然性の縮減のための単なる補助手段へと縮減するのは、情報技術の条件下でのコミュニケーションプロセスの特性に適していないのではないか[33]。むしろ、インターネット上のコミュニケーションの技術的条件という次元が、こ

---

(30)　*V. Karavas* (FN 29), 96. Vgl. *ders.* (FN 23), S. 307f .; *ders.*, Digitale Grundrechte, 2007,
　　S. 139 ff. さらに参照、N.ルーマン（今井弘道＝大野達司訳）『制度としての基本権』（木鐸社、1989 年）。

(31)　*V. Karavas* (FN 29), 96.

(32)　*V. Karavas* (FN 29), 97.

(33)　*V. Karavas* (FN 29), 97 f.

◇第3部◇　メディア法・情報法

のようなコミュニケーションの意味論的次元に影響を及ぼすほどに重要な役割を果たしているのではないか[34]。

　そもそも、機能的基本権理論の眼目は、各社会領域の自律にとり、いかなる特殊な危険が各社会領域に固有の動態性から生ずるのか観察したうえで、こうした動態性に反作用を及ぼすべく、各社会領域における基本権をどのように再構成しなければならないか考察することを促す点にある[35]。国家からの防御権として把握する伝統的な基本権理解は、その一断面であるにすぎない[36]。そうであるならば、システム理論の構想をデジタルネットワークの世界へとそのまま翻案せずに、第一にデジタルコミュニケーションの特性を正確に捉えることが重要となる。以上のような問題意識のもと、カラバスは、インターネットコミュニケーションの特性の分析へと進む。

(2) 「技術的メディア」としてのインターネット

① ヴェスティング説

　こうした分析を行う際にカラバスは、メディア理論を基礎にしたヴェスティングの所説を参照する[37]。

　ヴェスティングによると、コンピュータというコミュニケーションメディアは、コミュニケーションの可能性を拡大するのみならず、他のメディアを統合するセカンド・オーダーのメディアである。「コンピュータは、他のすべてのメディア——発話、音声文字、像、音楽、視聴覚——を、包摂、再生産、相互の結合を可能にする新種の普遍的メディア、つまりデジタルコード文字に基づいて操作する」。このコード文字は、コミュニケーション内容に対して無関心に振る舞わず、むしろ「技術的に物象化された文字として、コミュニケーションメディアの核心に入り込む」。すなわち、コミュニケーション行為の物質性と、コミュニケーションの内容という今まで互いに分離されて存在してきた二つの次元が、1/0 という二元的コードにおいて融合する[38]。

　以上により、コンピュータは、有意のコミュニケーションとコミュニケーシ

---

(34)　*V. Karavas* (FN 30), S. 144.

(35)　*V. Karavas* (FN 30), S. 79.

(36)　*V. Karavas* (FN 23), S. 302.

(37)　*V. Karavas* (FN 29), 96 f.; *V. Karavas* (FN 30), S. 144 ff.

(38)　*Thomas Vesting*, Das Internet und die Notwendigkeit der Transformation des Datenschutzes, in: *K.-H. Ladeur* (Hrsg.), Innovationsoffene Regulierung des Internet, 2003, S. 179.

ョン行為の技術的環境の関係、さらにメディアないし社会的なコミュニケーションネットワークと技術的現象としてのインターネットの間の区別可能性を不安定にする。そして、文字コードは、コンピュータにより、社会的コミュニケーションネットワークの一部となるため、ヴェスティングは、インターネットの特性を「技術的メディア」という概念で把握することを提案する。というのも、このハイブリッドな概念は、メディア概念はもはや最も根本的なコミュニケーションメディアとしての自然言語の観点から展開されえないことを示唆しているからである[39]。

こうしたヴェスティングの洞察を踏まえて、カラバスは、機械による記号の処理が有する意義の増大を背景にすれば、ルーマンのように、コンピュータを伝達の非蓋然性の縮減のための単なる補助手段へと縮減することは不適切であると指摘する。カラバスに従えば、情報技術の条件下でのコミュニケーションプロセスの特性を適切に把握するために必要であるのは、専ら社会的次元か技術的次元かを念頭に置く通常のオルタナティブの彼方で、コンピュータのような物（＝コミュニケーション行為の物質性の次元）がコミュニケーションにおいて果たす積極的な役割（＝コミュニケーションの内容の次元）を主題化できるような、新しい社会学のプログラムである[40]。

② ラトゥール説

カラバスによれば、この点で注目に値するのが、技術的人為物と社会的世界との関係についてのブルーノ・ラトゥールの分析である。かかる関係を四類型に整理しているラトゥールの議論[41]を、カラバスはコンピュータとその利用者の関係をも念頭に置きつつ、以下のように敷衍している。

第一の類型では、「人間たるアクターと技術たる客体の間の不均質な結合化の創出による、技術と社会の共同構築が問題になっている。相互結合化という以上のプロセスにおいて、人間たるアクターと技術たる客体は、代理としても名宛人としても機能する。コンピュータは、たとえば、その形態を人間の構築機能により得る。コンピュータは、しかし逆に、利用者に対して特定の形式の利用を強要することにより、利用者をも形成する」。

---

[39]　*T. Vesting* (FN 38), S. 179.

[40]　*V. Karavas* (FN 29), 97 f.

[41]　See *Bruno Latour*, On technical Mediation, in: Common Knowledge Vol. 3, n.2 1994, p. 29-64.

◇第3部◇ メディア法・情報法

　第二の類型では、ハイブリッドなアクターとしての不均質な結合の創出が問題となる。第一の類型では「結合化した各代理の諸行為プログラムが相互に影響を及ぼし合うだけであり、それにより役割規定の関連性が生ずる一方」、ここでは「異なるプログラムが、一つの新しい、包括的な行為プログラムへと組み立てられ、それは必然的にこのプログラムの行為主体に対する問いを投げかける。インターネットコミュニケーションの場合、ここでは個人関連データの創出の例を挙げることができよう。人がインターネット上で残す個人関連データは、通常、利用者の行為の結果として考察される。これに対してラトゥールによれば、個人関連データは、利用者と情報技術システムの間の結合連関の結果である。というのも、特定の行為プログラムは、一人の『純粋な』主体にだけ帰責されがたく、むしろ、『結合化した実在の所有物』、つまり二つの異なる行為プログラムの組み立てから生ずるハイブリッドなアクターの結果である」。

　第三の類型は、「社会的なるものの硬化に目を向けることである。それによりラトゥールが念頭に置いているのは、技術的客体から出てくる規定であり、それは『他のアクターを無比の強さと冷厳さでもって特定の行為プログラムへと差し向ける』。このような場合、技術的人為物は規範的作用を代替するか補完し、それにより社会的なるものの硬化へと至る」。

　最後の第四の類型は、「技術的人為物に規範的プログラムを確定する特性だけを与えるのみならず、技術的人為物を人間の社会性を可能にする枠付けとして」説明される。「物の枠付け機能がなければ、人間の社会性は存在しえない。ここでは、インターネットにおいて観察できる、公共性のハイブリッドな自己組織化プロセスすべてを指摘すべきである。その成立は、具体的なハードウェア・ソフトウェアによる処理の枠付け機能がなければ不可能であろう」[42]。

　このように整理したうえで、カラバスはラトゥールの洞察の意義を以下のように指摘する。「以上四つの実態位置関係すべてにおいて我々は、ラトゥールにより『共演成文』、『ネットワーク』、『ハイブリッド』、『公共』などの名称が付され、既に集結の途上にあるような、人間の存在と非人間の存在の間の経験的に把握されうる数多くの多様な結合の創発性を経験している。ラトゥールは、この文脈で、現代社会に対する新たな憲法を求める政治的要求を立てている。この憲法の助けを借りて、コミュニケーションから外されてきた物が再び

---

[42]　以上につき、*V. Karavas* (FN 23), S. 312 ff.; *V. Karavas* (FN 29), 98 ff.

◈ 第9章 ◈ デジタル基本権の位相［西土彰一郎］

社会的世界へと包摂されうる。以上により彼は、社会的なるものの概念を決定的なやり方で拡大している」[43]。

（3）ハイブリッドな結合の保障としての基本権

ラトゥールの社会学のプログラムによれば、我々の社会は、古典的な社会理論が主張するように人間のみからなるものではなく、また、システム理論におけるようにコミュニケーションのみから構成されるものでもない。むしろ、以上のような「ハイブリッドなるもの」という新たな存在も視野に入れなければならない[44]。この文脈で、情報技術の条件下での基本権の機能を再構想するための手がかりが得られうる。それは、すなわち、新たなコミュニケーションプロセス・形式の豊かさに責任を負うような、人間とコンピュータの間のハイブリッドな結合連関の安定化ないしは保護に見て取れる。換言すれば、基本権はハイブリッドな結合連関の透明性を確保することにより、コンピュータの利用がもたらす不確実性の問題を処理するのに寄与するのである[45]。この透明性を確保する規律の例として、カラバスは、ソフトウェアの商品化にあたり、プログラムのコントロール構造の審査可能性のためにソースコードの公開を要求するオープンソース運動の公的支援などを挙げている[46]。

Ⅳ 基本権理論における社会的認知とデジタル認知

さて、ハイブリッドな結合の保障としてデジタル基本権を捉えるカラバス説を評価するためには、基本権の客観法化一般に対する前述のレプシウスの批判に応答する意味でも、基本権理論自体の反省を行う必要があろう。ここでは、カラバスも参照している「社会的認知論」と「デジタル認知論」を基礎にした基本権理論を、私見を交えつつ提示したうえで、カラバス説を検討することにしたい。

（1）社会的認知論

一般に、個別具体的な規範目的を含まない「消極的」自由権の意義は、社会の共有信念の形成を可能にする点にあるように思われる。

個人がそれぞれ自由を行使することにより、外的利害状況を共鳴板としなが

---

[43] *V. Karavas* (FN 23), S. 314.; *V. Karavas* (FN 29), 99 f.

[44] *V. Karavas* (FN 23), S. 314.

[45] *V. Karavas* (FN 23), S. 315.; *V. Karavas* (FN 29), 100.

[46] *V. Karavas* (FN 23), S. 315ff.; *V. Karavas* (FN 29), 100 ff.

◇第3部◇　メディア法・情報法

ら[47]、彼らなりの「自由の構想」の擦り合わせが行われる。それを通して自由の
あり方についての社会の共有信念（コンベンション）が形成、集約される。個人
はその実現に向けて行動するよう仕向けられ、その結果として自生的な社会秩
序（ルール）が顕在化する。このルールをふまえて各人がさらに具体的な行為
を実践し、社会の消極的、積極的外部効果が顕れる一方、各人はそれを反省、
学習することにより社会秩序に対し再帰的に影響を及ぼすことができる。

　消極的自由権は、以上のように、状態の保障と行為の自由の二局面から順次
構成されるメカニズムを介することにより、社会の自己組織化、秩序形成に奉
仕するといえよう。しかし、共有信念ひいては社会秩序の質を保証するのは、
あくまで個人の自由（＝行為）の実践である。

　自由の構想は、その共有信念の枠組みに対応して、生活・社会関係ごとに信
教の自由、学問の自由、芸術の自由、経済的自由などの保障として具体化する。
そこでは、当該生活・社会関係の自己規律のルールそれ自体の保障（秩序構造規
範としての人権規範）とこのルールの枠組みを提供する行為の自由の保障（構造
規範としての人権規範）が問題となる。それらの実現のため、一方で生活・社会
関係相互の自律の確保が要請される。そこから防御権的作用を導き出すことが
できる。他方で、生活・社会関係内部での各人の自由の機会にかかわる歪みの
是正も求められる。この観点に立って、防御権的作用を超えた給付請求権、組
織・手続的要請といったいわゆる客観法的作用を根拠づけることができる。こ
れら二つの基本権作用の射程は、生活・社会関係ごとの所与の共有信念を析出
したうえで、それと問題の国家措置との距離をはかることにより見極めること
ができよう[48]。

(2)「ハイブリッドなもの」と基本権

①「ハイブリッドなもの」と「技術的メディア」

　以上の洞察は、「社会的世界において行動する個人こそが常に、脱中心的な決
定権の帰属に対する準拠点として機能してきた」[49]ことに注目する自由主義的
基本権理論を、共有信念の形成・反省プロセスの保障という社会的認知論の観
点から再構成するものである[50]。しかし、今日の社会は、このような社会的認

---

(47)　大塚久雄『社会科学における人間』（岩波新書、1977 年）150 頁。

(48)　以上につき、西土彰一郎『放送の自由の基層』（信山社、2011 年）284 頁以下を参照。

(49)　*V. Karavas* (FN 23), S. 315.

(50)　*V. Karavas* (FN 23), S. 315. ; *V. Karavas* (FN 29), 100.

第 9 章 ◆ デジタル基本権の位相［西土彰一郎］

知に基づく社会的関係のみならず、人間とコンピュータの間のハイブリッドな結合連関からも構成されている[51]。この点を、ラトゥールの 4 類型を整理し直して考察すると以下のようになろう。

まず、利用者は、主観的意図としては、行為の自由の実践としてコンピュータ（情報技術システム）を「道具」として扱うであろう。しかし、連邦憲法裁判所が指摘していたように、この利用行為とともに、情報技術システムは「自己の活動により数多くのさらなるデータ」を創出する。利用者と情報技術システムの間の動態的で交互の運動、それによる二つの行為プログラムから一つの包括的な行為プログラムへの構築により「ハイブリッドなもの」が生ずる（第一、第二類型）。

次に、このような「ハイブリッドなもの」が相互に接続することにより、メディア性を帯びることになる。たとえば、「技術的メディア」としてのインターネットは、この文脈で把握されよう。インターネットは、コードによる制御を通して、さらに利用者の意識作用の発現する方法を共同主観化する[52]（＝デジタル認知：第三類型）。そして、この「デジタル認知」が「社会的認知」に多様な作用を及ぼすことになる（第四類型）。

② **デジタル基本権**

このように、デジタル認知は、個人利用者と情報技術システムの間の動態的で交互の運動、それによる二つの行為プログラムから一つの包括的な行為プログラムへの構築、「ハイブリッドなもの」の相互接続という順に生ずる。基本権を認知理論により再構成する以上、こうしたデジタル認知の形成・反省プロセスの保障としても基本権を考察する必要がでてくる。この点に、デジタル基本権の意義があるといえよう。

以上の構造を踏まえるならば、デジタル基本権の機能は、「ハイブリッドなもの」に即した側面と「メディア性」に沿った側面に分けることができる。前者に関しては、オンライン捜索のように第三者による情報技術システムへの秘密裏の介入からの防御という防御権的作用を考えることができる。もっともこの作用は、情報自己決定権に収斂しうるかもしれない。後者は、デジタル認知が社会的認知を枠づける可能性に着目する。この枠づけ作用（または物象化）は、デジタルデータの伝送プロセスの機能性から出てくる。したがって、ここでの

---

(51) *V. Karavas* (FN 29), 100.
(52) 参照、廣松渉『世界の共同主観的存在構造』（勁草書房、1972 年）32 頁。

241

◇第3部◇　メディア法・情報法

デジタル基本権の意義は、（ⅰ）前述した社会的認知の適正な自己組織化プロセスの保障のため（＝技術的メディアに対する「社会的期待」：規範的意義）、（ⅱ）「ネットワークの技術的機能条件の安全性保障」（ヴェスティング）という公共的機能へと指向する、（ⅲ）インターネット（における「行為プログラム」「デジタル認知」の形成）の反省プロセスを保障するという客観法的作用に認められる。

　このデジタル基本権の意義は、社会的認知を基礎とする基本権と比較することにより、明確なものとなる。前述の通り、社会的認知は、各個人の行為による共有信念の形成・修正プロセスの展開を前提にしている。基本権は、共有信念の形成・修正プロセスに伴う副作用をその都度取り除くことにより、このプロセスの保障を規範目的とする。これに対して、たとえばコードの形成・修正は、それを担う企業文化、それらのビジネス・ネットワーク、およびネット・コミュニティ等により規定されている[53]。インターネット上の情報の獲得を目的とする個々の利用者は、彼らの利用活動を通してコードの修正プロセスに直接参加することは、ほとんど不可能である。なぜなら、コードは厳格な条件プログラムであり、コード自体の学習の余地をなくしているからである[54]。この意味で、インターネット利用者は、コード作成・修正に際して疎外されているといえる。確かに、情報社会のインフラを担う企業が利用者に対して過剰な規制を行ったとしても、市場によりこのような企業は淘汰される可能性はある[55]。しかし、この可能性は限定的な範囲にとどまるであろう。その理由として、以下の二点が挙げられる。第一に、情報財の利用者はネットワーク技術の「消費者」ではない[56]。第二に、収穫逓増の法則が支配する知識主導型の経済において、情報処理・交換という中枢的な機能を担うネットワーク規格のようなものは、技術的・制度的な経路依存性を生み出し、それは、多くの市場参加者によって変更されがたい[57]。

---

[53]　*Thomas Vesting*, The Autonomy of Law and the Formation of Network Standards, German Law Journal Vol.5 No.6, 2004, pp. 655.

[54]　*Gunther Teubner*, Globale Zivilverfassungen: Alternativen zur staatszentrierten Verfassungstheorie, Zeitschrift für ausländisches öffentliches Recht und Völkerrecht 63, 2003, 16.

[55]　曽我部真裕「自由権──情報社会におけるその変容」法学セミナー 688 号（2012 年 5 月）14 頁。

[56]　*Julie. E. Cohen*, Configuring the Networked Self, 2012, p. 179.

[57]　*Cohen*, p.181.; *T. Vesting*, *supra* note 52, pp. 660.

◆ 第9章 ◆ デジタル基本権の位相［西土彰一郎］

以上のように考えると、デジタル基本権の機能は、個々のインターネット利用者がコードの形成・修正に直接参加できない状況を踏まえた以下の点にあることになろう。すなわち、経済的、教育（政治）的環境の諸要求にさらされているコードの作者に対して、デジタルデータの伝送プロセスの機能性に向けて反省を促す規律（＝「自省法」）を要請することにより、コード形成・修正の学習能力を高めるという機能である[58]。

③ 自省法構想

さて、ここで「コード」を分節化すると、情報の流れを形作るアルゴリズムや、ネットワークアクセスを認証または拒否するネットワーク規格に整理することができる[59]。かかる整理に即して「自省法」構想を把握するならば、それは次のように具体化できよう。

第一に、伝送プロセスの機能性の阻害の禁止（＝(ⅱ)）という「公序」から[60]、アルゴリズムの文脈では「ブロッキングの禁止」という命題が導出される[61]。また、ネットワーク規格の文脈では「相互運用性（Interoperability）の阻害の禁止」という命題が根拠づけられうる。

以上のような条件プログラムとともに、第二に、カラバスが指摘していたように、アルゴリズムの文脈では、フィルタリングのリスト作成にあたっての透明性確保のための措置（リストの公開など）、オープンソース運動の公的支援の要請などが出てくる[62]。ネットワーク規格の文脈では、プロトコルの公開など

---

[58] *V. Karavas* (FN 30), S. 191.

[59] *Cohen*, p.235.

[60] カラバスは、このことを「ネットワークの自由」というメタイデオロギーと呼んでいる。*V. Karavas* (FN 30), S. 179.

[61] 日本における議論の分析として、参照、森亮二「ブロッキングに関する法律問題」ジュリスト1411号（2010年）7頁以下。

[62] *V. Karavas* (FN 30), S. 110 ff., 167, 176, 191. さらに、インターネットの構造上、伝送プロセスを媒介するにあたり重要な機能を果たしているサービスプロバイダに対する諸規律もデジタル基本権により要請されうる。私経済に依拠するプロバイダは、多様な文脈に跨る組織体としての性格とも相俟って、まさに経済システムとインターネットに横断して機能している。したがって、ここでのデジタル基本権の客観法的作用は、プロバイダが経済システムの論理に従いつつも、デジタルデータの伝送プロセスの機能性に向けて反省を促すような規律を要請するからである。

なお、社会領域の自己規律（＝反省）によりその拡張傾向を抑えるよう刺戟を与える点に基本権の機能を認める以下の文献も参照。*Ralph Christensen/Andreas Fischer-Lescano*, Das Ganze des Rechts, 2006, S. 248, 273, 300, 305, 315.

◇第3部◇　メディア法・情報法

が要請されよう[63]。こうした透明性の確保は、コードが単に論理的、技術的性格を超えた政治的、経済的利害を反映したものであることをネットワーク利用者に意識させることにより（「物象化」の反省）[64]、彼らの注視のもと、コードの作者に対して、デジタルデータの伝送プロセスの機能性に向けて反省を促すことに奉仕する。加えて、透明性の確保は、公的規制機関が第一の命題等を評価、判断および決定するに際して、規制の対象であるネットワーク文化の知へと継続的、再帰的に結合されうることを保障する。

　もっとも、透明性の確保は、デジタル基本権の必要条件であっても十分条件ではない[65]。コード形成・修正の学習能力を高めるためには、ネットワーク文化の知の多様性とそれらの相互接続を保障すべく[66]、公的規制機関は積極的にコード形成・修正プロセスに刺戟を与える必要がある。ネットワーク知の多様性と相互接続の保障というこの第三の「自省法」構想は、特に相互運用性という機能を担うネットワーク規格の文脈で問題となる。すなわち、まずコードの形成の前提として、たとえば、多様なオプションを開かせる「最善の技術」の探求に向けて、このような技術の展開プロセスそれ自体が、公的規制機関の監視・規律の対象となる[67]。そのうえで、多様なネットワーク技術の結合の多様性と柔軟性を確保、維持し、高めるためのネットワーク規格の規律が求められることになる。仮に、サービスプロダイダがフィルタリングによりコンテンツを選別、事前構造化しているため、コミュニケーションの多様性が縮減されている場合でも、デジタルテレビや新しい移動体インターネットサービスのような多くの技術がネットへの等価的なアクセス機能を果たすことを可能にするネットワーク規格を規律すれば、以上の多様性の縮減は補完されうるのである[68]。

(3) 表現の自由/マスメディアの自由とデジタル基本権

　なお、以上のようなデジタル認知の保障により初めて、インターネット上での経済ディスクルスまたは藝術ディスクルスといったコミュニケーションプロセスの社会的次元、またはコミュニケーション内容の意味論的次元の分析が可

---

[63]　*Cohen*, pp. 236.

[64]　*Cohen*, p. 177, pp. 240.

[65]　See *Cohen*, p. 239.

[66]　*T. Vesting, supra* note 53, pp. 662.

[67]　*T. Vesting, supra* note 53, pp. 667.

[68]　*T. Vesting, supra* note 53, pp. 667.

◆ 第9章 ◆ デジタル基本権の位相［西土彰一郎］

能となろう。ただ、これらのディスクルスは、社会的認知に依拠するそれぞれ
の生活・社会関係に収斂されうるものであるから、それに即応した各基本権の
保護の対象として考察することになる。もとより、これらディスクルスの相互
接続、ひいては統合も問題となりうる。それは、表現の自由理論とそれに依拠
するマスメディアの自由論の課題であろう。いずれにせよ、こうしたインター
ネットの社会的次元の保護は、デジタル認知の保障と両立できるものである。
インターネットにおける基本権理論については、複眼的考察が求められている
ように思われる。

Ⅴ　おわりに

　歴史における自由の実現プロセスを、個人の行為に際して無意識の状態から
意識化の状態への発展として把握するのであれば[69]、メディアによる意識の発
現方法の枠付けは、「再封建化」とも言うべき危険をはらんでいる。この危険は、
「行為の自由」のみでは対処できず、むしろ客観法としてのメディアの自由によ
り、中性化されるべきであろう。

　検閲の禁止はもちろん、多様な情報の自由な流れに対する社会的期待として
の「国民の知る権利」論、それを基礎とするマスメディアの自由論も、以上の
危険性に対処するために理論化されてきた。人間とコンピュータの間のハイブ
リッドな結合連関の機能に対する社会的期待の保護としてデジタル基本権を把
握する本稿の主張も、以上と同じ脈絡のなかにある。

　フルデジタル化時代を迎えつつある現在、メディアの自由論の課題は、本稿
で詳しく論ずることのできなかったマスメディアの自由とデジタル基本権の関
係を整理し、モデル化を図ることであろう。また、本稿では「国家による自由」
としてのデジタル基本権の意義を強調してきたが、トランスナショナル化・グ
ローバル化時代においてそれがどこまで妥当しうるのか、見極める必要がある。
これらの検討は、他日に期したい。

---

[69]　参照、M. ウェーバー『法社会学』〔世良晃志郎訳〕（創文社、1974 年）29 頁以下、39 頁。

━━━━ 第 10 章 ━━━━

行政・警察機関が情報を収集する場合の法律的根拠

實 原 隆 志

I　はじめに　　　　　　　　　　　　　Ⅳ　検　討
Ⅱ　刑事捜査に関する日本の議論の特徴　Ⅴ　おわりに
Ⅲ　刑事捜査に関するドイツの議論の特徴

I　はじめに

　情報技術の発展は様々な効果をもたらしたが、警察もその恩恵を受けている。技術的な手段を活用することで、様々な捜査が可能になった。カメラによる撮影は、そのひとつの例である。しかし、捜査技術の進展は、個人に不利な形でも作用しうる。たとえば、隠しカメラを利用して個人の私生活を明るみにすることが、技術的には可能になった。

　このような状況において、ドイツ連邦憲法裁判所は、警察や公安による活動の根拠となっていた法律を、たびたび違憲と判断してきた。その一方で、日本においてそのような判断がなされたことは、ほとんどない。両国において正反対の判断がなされた事例として、「Nシステム」をめぐる裁判がある。「Nシステム」については後述するが、2008年にドイツ連邦憲法裁判所は、このシステムを違憲と判断した。しかし、日本においては合憲とする判例が確立している。このNシステムに関する両国の判決、そして、Nシステムに限らず、国家による情報収集に関する日本とドイツの判例実務において、大きく異なっている点がひとつある。それは、個別具体的な法律による授権の必要性に関してである。

　そこで本稿では、技術的手段など、物理的ではない手段が用いられる行為に、具体的な法律的根拠が必要かどうかについて、両国の学説と判例を参照しながら検討する。以下では、「強制処分法定主義」をめぐる日本の学説の状況を参照

『〈講座 憲法の規範力〉第 4 巻 憲法の規範力とメディア法』ドイツ憲法判例研究会編　　*247*

◇ 第3部 ◇　メディア法・情報法

した上で、基本権の「侵害」概念に関わるドイツの議論を紹介し、両国の議論を比較しながら検討を行う。

II　刑事捜査に関する日本の議論の特徴

　現行刑事訴訟法は197条1項但書で、強制処分については法律の定めが必要であると規定している。そのため、警察などが行おうとしている措置に法律上の根拠が必要かどうかは、それが「強制処分」に該当するかによって変わってくる。そこで、刑事訴訟法学説においては、これまで長い間、「強制処分」をどのように定義すべきかが争われてきた。「強制処分」の定義をめぐる議論について簡潔にまとめている先行業績が数多くあるため、以下では本稿で必要な範囲に限定した上で、その議論状況を概観する。

1. 刑事訴訟法197条1項但書をめぐる学説の状況

(1)「強制処分」とは何か

① 議論の状況

　かつて「強制処分」は、実力による自由の制限を伴う処分であるとされ、このような立場は「有形力説」と呼ばれてきた。しかし、物理的な強制力を用いなくとも、盗聴器などの技術的な手段を使用することで、捜査対象者の重要な利益が侵害されるおそれがある。そのような事情から、被処分者の同意を得ずに行われ、なおかつ、重要な権利・利益を制約する処分を強制処分と理解する「権利・利益侵害説」が登場した。ところが、この説に従えば、「強制処分」に分類される行為が増える。そこで、比較的新しい処分を、刑事訴訟法立法当時では予定されていなかった強制処分と捉えた上で、それらの処分には令状主義のみを妥当させる立場も登場した[1]。この立場はしばしば、「新しい強制処分説」と呼ばれる。

　これらの立場が「強制処分」の定義に関して紹介されることが多いが、現在では「権利・利益侵害説」が有力になっている[2]。

---

(1)　田宮裕『刑事訴訟法（新版）』（有斐閣、1996年）72頁以下。

(2)　田口守一『刑事訴訟法（第3版）』（弘文堂、2001年）36頁、名取俊也「写真・ビデオ撮影——検察の立場から」三井誠ほか編『新 刑事手続I』（悠々社、2002年）350頁、若原正樹「写真・ビデオ撮影——裁判の立場から」同書362頁、酒巻匡「捜査に対する法的規律の構造（2）」法学教室284号（2004年）69頁、上口裕ほか『刑事訴訟法（第4版）』（有斐閣、2006年）47頁以下（渡辺修執筆）など。

248

◈ 第 10 章 ◈ 行政・警察機関が情報を収集する場合の法律的根拠［實原隆志］

② 重要な権利とは何か

このように、強制処分を定義するにあたっては、当該処分によって制約される権利の重要性を検討するのが一般的であるが、どのような権利・利益が重要なのかについては争いがある。

a）通説的な立場　「重要な権利・利益」としては、プライバシー権や私的空間が挙げられることが多く[3]、重要ではないとされることが多いのが、公道での容貌・肖像である[4]。重要とまでは言えない権利を制約する行為は、任意処分として扱われる。しかし、強制処分ではなく任意処分とされた行為についても、一定の統制が試みられている。

このような通説的な立場を代表するのが、井上正仁教授である。井上教授は、「強制処分かどうかは、結局、用いられる物理力の性質や程度を考慮した実質的な判断に俟たざるを得」ず、「およそ何からの権利や利益の制約があれば強制処分だというわけではなく、やはり、そのような法定の厳格な要件・手続によって保護する必要のあるほど重要な権利・利益に対する実質的な侵害ないし制約を伴う場合にはじめて、強制処分ということになるのではないか」とする。その場合には「任意処分であるとされるものの中にも、少なからず強制的要素を伴ったものが存在する」が、「完全な意味での強制処分ではないというだけで放置するのは適切ではなく、任意処分の範疇に属するものについても、その実質に応じた合理的な規制を講じていくことが必要」と述べる[5]。

このように、通説的な立場は、「重要な権利・利益」の範囲を限定的に捉え、多くの処分を「任意処分」と理解しながらも、「任意処分」についてもその限定を試みることによって、国家による行為の行きすぎを防ごうとしている。

b）通説への批判　強制処分の範囲を限定的に捉えつつ、任意処分についてもある程度の統制を試みる、通説的な立場に対して、強制処分法定主義のより厳格な適用を求める立場もある[6]。そこでは、同意に基づかない処分は広く強制処分とすべきとされたり[7]、技術的な手段を用いた情報収集の危険性が指

---

(3)　渡辺・前掲 47 頁以下など。

(4)　名取・前掲注(2)350 頁、若原・前掲注(2)362 頁。

(5)　井上正仁『強制捜査と任意捜査』（有斐閣、2006 年）4 頁以下。

(6)　たとえば、光藤景皎『口述 刑事訴訟法上（第 2 版）』（成文堂、2000 年）29 頁。

(7)　緑大輔「強制と任意——強制処分法定主義をめぐって」法学セミナー 666 号（2010 年）115 頁以下。

◇第3部◇　メディア法・情報法

摘されたりしている[8]。

　そしてこのような、制約される権利の重要性に関する理解の違いは、警察によるデータ収集の法的性質をめぐる議論で現れる。

(2) 写真撮影やビデオによる監視の法的性格

① 議論の状況

　警察による情報収集のうち、これまで活発に議論されてきたのは、警察による写真撮影の法的な位置づけである。前述した、通説的な立場に立つ論者の多くは、写真撮影を任意処分と理解する[9]。それに対して、写真撮影を強制処分と理解する立場もある。また、「新しい強制処分説」においては、写真撮影には刑事訴訟法197条1項但書は妥当せず、厳格な法律規定は要求されない一方で、令状主義の精神が妥当するとされている[10]。

② 通説的な立場

　先に、通説的な見解の代表的論者として挙げた井上教授は、街頭にいる人は「自ら自分の行動を他人の目に曝しているのであり、住居の中にいる場合などと同様にプライヴァシーを正当に期待ないし主張できる立場にいるとは言え」ず、「住居の内にいる人をひそかに撮影する場合に侵害が問題となるようなプライヴァシー権と比べると、やはり、一段劣位に立つものといわざるを得ない。その意味で、街頭行動をしている人の写真撮影は、強制処分とまではいえない」とする。しかし、強制処分ではないとはいえ、写真撮影は「その利益の重大性と写真撮影の必要性・緊急性とを較量し、相当と認められる限度でのみ許容される」と述べる[11]。ここでは街頭にいる人を撮影する場合には重要な権利が制約されているわけではないために「強制処分」とは言えず、「任意処分」であるとしても、そこには一定の制約・統制がありうるとしており、通説的な理解が写真撮影の場面で応用されていることがわかる。

③ 通説への批判

　これに対して、写真撮影を強制処分であると理解する立場が対立している。その立場においては、写真という、技術的な手段を用いた情報収集がもつ特徴が指摘され、それが個人の私生活にとって大きな影響を与えるとされる。また、

---

(8)　福井厚『刑事訴訟法講義（第4版）』（法律文化社、2009年）97頁。

(9)　たとえば、田口・前掲注(2)86頁以下。

(10)　田宮・前掲注(1)121頁。

(11)　井上・前掲注(5)12頁以下。

人が肉眼で物事を認識することと、機械を使って認識することとの違いを指摘し、個人の権利に対する重大性が高まるとされることが多い[12]。

(3) 小　括

ここまで、強制処分の定義と写真撮影の法的性格について、日本の刑事訴訟法学説の議論を概観してきた。そこからわかるのは、「権利・利益侵害説」が現在は有力になっており、「強制処分」の定義自体は大方一致していることである。立場を分けているのは、何を「重要な」権利・利益と考えるべきかという点である。警察による写真撮影等を強制処分と捉える立場においては重要だと考えられている権利・利益が、通説的な立場においては必ずしも重要とは考えられていないという違いがある。

それでは、判例はどのように強制処分を理解してきたのだろうか。

2. 判　例

警察による情報収集が問題となった最初の事例とされるのが、京都府学連事件である。京都府学連事件は、デモが行われている時に、その参加者を撮影した事件であった。このように、撮影の時間と対象が限定された措置をめぐる事件であったが、近年においては、警察による情報収集は、時間と対象が拡大する傾向にある。そこで、京都府学連事件に加えて、2008年の最高裁判決と、Nシステムに関する判決も参照したいと思う。

(1) 京都府学連事件

この判決において最高裁判所は、デモ隊の様子を警察官が撮影したことは、「肖像権と言えるかどうかは別にしても」、撮影の対象となっている者の何らかの利益を害することを認めた。憲法学においては、プライバシー権に関する初めての判決として知られているが、刑事訴訟法学説においては、警察が行った活動の法的性質と違法性の判断に注目が集まった[13]。この事件で最高裁判所は、写真撮影の根拠法として警察法2条1項を挙げた。次に、写真撮影の許容性は、犯行との時間的近接性、証拠保全の必要性・緊急性、撮影の方法の相当性、の3点から判断されると述べ、その結果、写真撮影は適法であると判断した。

---

[12]　松代剛枝「捜査における人の写真撮影——アメリカ法を中心として」『光藤景皎先生古稀祝賀論文集（上巻）』（2001年）133頁、福井・前掲注(8)96頁以下など。

[13]　この判決の解説として、三浦守「写真撮影——京都府学連デモ事件」井上正仁編『刑事訴訟法判例百選（第8版）』（有斐閣、2005年）20頁以下。

◇第3部◇　メディア法・情報法

この判決のひとつの特徴は、写真撮影が強制処分なのかどうか、それに関連して、刑事訴訟法197条1項但書によって求められている法律上の根拠として、警察法2条1項で十分なのか、明確な判断をしていないことである。そして、審査は処分の許容性に集中している。そのため、写真撮影の法的性質を判例がどのように理解しているのかを知るためには、他の判例も参照する必要がある。

(2) 2008年最高裁判決

2008年に最高裁は、ビデオ撮影の合法性について判断した。この事件ではまず、ATMから現金を引き出した人物が、公道上を歩いている姿を撮影されたことが問題となった。警察は、この人物が、ある強盗殺人事件の捜査線上に上がった、後の被告人と同一人物であるかを確認するために、被告人をビデオカメラで撮影したのであった。また、本件においては、パチンコ店内にいる被告人の姿もビデオで撮影された。それは、現金を引き出した者が身に着けていた腕時計が、被告人がはめていたものと同一であるかを確認するためであった[14]。

これらのビデオ撮影を、最高裁は適法であるとした。しかし、ここでも具体的な根拠法律・規定が参照されることはなく、撮影の適法性が検討されたのみであった。この点について学説では、その判断の前提として、本件のような行為を最高裁は任意処分と理解していると考える説が有力とのことである[15]。

(3) Nシステムに関する判例

また、東京高裁は2009年に、公道上を走行する車両のナンバーを読み取り、警察が保有するデータと照合するシステム、いわゆる「Nシステム」の合憲性について判断した[16]。この事件で東京高裁は、警察法2条1項によって、強制力を伴わない捜査が認められていることを指摘した。その上で、正当な目的のために、相当な範囲・方法で個人の私生活情報の情報を収集しても、憲法に違反しないと述べた。また、2001年に東京地裁は、Nシステムによって取得される情報は、「特定のナンバーの車両がNシステム端末の設置された公道上の特定の地点を一定方向に向けて通過したとの情報にとどまる」としていた[17]。

---

[14]　宇藤崇「被疑者の容ぼう等のビデオ撮影が適法とされた事例」『平成20年度重要判例解説』（有斐閣、2009年）208頁以下、松代剛枝「捜査としての公道上の人のビデオ撮影・ゴミの領置」関法59巻6号（2010年）1413頁以下。

[15]　宇藤・前掲209頁以下。

[16]　解説として、判例タイムズ1295号（2009年）193頁以下、小泉良幸「車両ナンバー読取システムと憲法13条」『平成21年度重要判例解説』（有斐閣、2010年）10頁以下。

[17]　判時1748号（2002年）144頁以下。また、小林直樹「Nシステムと自己情報コントロ

◈ 第10章 ◈ 行政・警察機関が情報を収集する場合の法律的根拠［實原隆志］

本件において東京高裁は、取得された情報がそれほど重要ではないために、本件の情報収集は強制処分ではなく、警察法2条1項に基づいてこのシステムを利用できるとした。そして、任意処分の範囲・方法の相当性にも言及することで、情報収集の違憲性・違法性を審査する姿勢を示した。

(4) 日本の判例の傾向

京都府学連事件は、時間も対象も特定された形で情報が収集されたが、2008年の事件は、対象は限定されていたとはいえ、撮影されたのは、具体的に事件が起きている場所・時間ではなかった。この点が、京都府学連事件と異なっていた点である。さらに、Nシステムは、機械を使って公道上の特定の地点を常時監視し、機械の下を通過した車両、すべてのナンバーデータを記録するシステムである。事件現場で、対象者を特定して撮影された京都府学連事件よりも、時間も対象もかなりの程度拡張された監視であり、2008年の事件と比べても、対象範囲が広い行為をめぐるものであった。

以上のことから、日本の判例においては、行為の時間・対象の広さを問わず、いずれの場合においても強制処分と明言しないことが多く、行為の適法性に重点を置いて審査している、とまとめることができるだろう。

3. 小 括

日本の学説と判例が「強制処分」に関わる論点をどのように見ているのか、簡単にまとめたい。日本の通説と判例は、「強制処分」の概念を定義する上で、制約される権利・制約に高度な重要性を求めている。それに伴って増える「任意処分」についても、その相当性を審査しようとしている。この点で、判例・学説の傾向は共通している。このような判例・学説についてどのように考えるべきかは、以下でドイツの議論を参照した後に、両国の議論や判例を比較しながら検討したい。

Ⅲ 刑事捜査に関するドイツの議論の特徴

すでに見たように、日本の判例は、多くの非権力的な行為について、具体的な法律上の根拠を要しない任意処分に分類し、その適法性を審査しようとする。しかし、ドイツの判例と学説は、それとは異なる状況にある。

ドイツにおける違憲審査は、基本権の保護領域該当性、保護領域に対する侵

───ール権」法律時報78巻8号（2006年）80頁以下。

◇第3部◇　メディア法・情報法

害の有無、侵害の正当化の可否の、主に三段階で行われる。そして、三段階目の正当化審査においては、そのような侵害に法律上の根拠があるかが検討される。このような審査はしばしば、「正当性審査の形式的側面」と呼ばれる。また、そのような授権法律は、内容的にも特定性・明確性を備えている必要があり、侵害的手段の比例性も審査される。このような授権法律の内容に関する審査は、「正当性審査の実体的側面」と呼ばれることもある。

　以上のことから、公権力による情報収集に具体的な法律上の根拠が必要かどうかは、そのような情報収集が「侵害」に当たるかどうかで変わってくる。そこで以下では、この点について学説においてどのような議論があるかを概観し、また、いくつかの判例を手掛かりにして、ドイツの議論状況を見ることにしたい。

1. 法律上の根拠の要否をめぐる学説の状況

(1)「侵害」とは何か

　基本権に対する「侵害」概念は、かつては国家による措置の終局性、直接性、単に事実的ではない法的作用、命令や強制によって行われる、という四つの要件で構成されているとされていた。このような「古典的侵害概念」に対して、社会国家化などによって国家と個人が関わる場面が増えたことにより、侵害概念の拡張が求められた。それを受けて、侵害概念は、上述の四つの条件、それぞれについて緩和されてきた。たとえば、個人に対してある行為を全く、もしくは一部不可能にしてしまう行為が侵害とされ、国家による行為の作用が終局的かどうか、直接的かどうかも問われなくなった。また、間接的な作用や事実的な作用も侵害とされるようになり、その形式も命令や強制によるとは限らないとされるようになった[18]。

(2) 情報自己決定権に対する「侵害」の有無

　侵害概念の拡張は、情報自己決定権に対する「侵害」概念にも現れている。近年、ドイツの学説の多くが、本人の合意に基づかない情報収集を、広く「侵

---

[18]　Bodo Pieroth/ Bernhard Schlink, Grundrechte Staatsrecht Ⅱ, 26. Aufl., 2010, S.61f.による。また、ドイツにおける侵害概念を参照しながら、日本の違憲審査の枠組みについて検討を試みる最近の邦語文献として、神橋一彦「行政訴訟の現在と憲法の視点――『基本権訴訟』としての行政訴訟との関連で」ジュリスト1400号（2010年）46頁、小山剛『「憲法上の権利」の作法（新版）』（尚学社、2011年）34頁以下、宍戸常寿『憲法解釈論の応用と展開』（日本評論社、2011年）37頁以下。

◆ 第 10 章 ◆　行政・警察機関が情報を収集する場合の法律的根拠［實原隆志］

害」としている[19]。また、情報の収集だけでなく、その転送や結合等も独自の侵
害とされることが多い。いずれの場合においても、情報がもたらす内容が豊富
になる危険性が指摘されている[20]。ドイツにおいて情報自己決定権の侵害かど
うか争われる際には、個人を特定できる情報であるかどうかが検討されること
が多い。

2. 判　例

(1) 国勢調査判決

　技術の発展と国家による情報の扱いが問題となったドイツの事例として、よ
く知られているのは「国勢調査判決」である[21]。国勢調査判決は、一般的人格権
から新たに「情報自己決定権」を導き出したことで知られる。この権利を保護
するにあたって連邦憲法裁判所は、コンピュータ技術の発展によって発生しう
る問題を指摘した。たとえば、データが無限に保存され、引き出せるようにな
ったこと、他のデータと結びつけることで個人の人格像を明らかにできること
がそれである。さらに、このような危険性を有する行為を国家が行うことで、
個人には精神的な圧力が加わり、個人の人格の発展を害する危険性もあるとし
た[22]。そして、情報自己決定権を制約する際には法律による授権が必要である
とし[23]、そのような法律の合憲性を検討する際には、自動的なデータ処理とい
う条件の下では「重要でない」データなどもはやない、ということをふまえる
べきであるとした[24]

　国勢調査判決のひとつの特徴は、情報技術の発展が個人に対してもたらしう

---

(19)　Dietrich Murswiek, Art. 2 , in: Sachs (Hrsg.), Grundgesetz Kommantar 4. Aufl., 2007,
　　S.130, Thomas Petri, Informationsverarbeitung im Polizei und Strafverfahrensrecht,
　　in: Lisken/ Denninger, Handbuch des Polizeirechts 4. Aufl., 2007, S. 837, Christoph Gusy,
　　Polizei- und Ordnungsrecht 7. Aufl., 2009, S. 99, Pieroth/ Schlink, a. a. O., S. 94,
　　Hans-Detlef Horn, Allgemeines Freiheitsrecht, Recht auf Leben, körperliche Unversehr-
　　theit, Freiheit der Person, in: Klaus Stern/ Florian Becker (Hrsg.), Grundrechtekommen-
　　tar, 2010, S. 224.

(20)　Murswiek, a. a. O., S. 130 f., Petri, a. a. O., S. 837 f.

(21)　BVerfGE 65,1. また、平松毅「自己情報決定権と国勢調査──国勢調査法一部違憲判決」
　　ドイツ憲法判例研究会編『ドイツの憲法判例（第 2 版）』（信山社、2003 年）60 頁以下参
　　照。

(22)　BVerfGE 65, 1〈41ff.〉.

(23)　BVerfGE 65, 1〈44〉.

(24)　BVerfGE 65, 1〈45〉.

◇第3部◇ メディア法・情報法

る作用が、情報自己決定権の意義のところで述べられていることである。現在の三段階審査に従えば、その次に基本権に対する侵害の有無、侵害の形式的・実体的正当性の審査が続くことになる。しかし、国勢調査判決は、情報自己決定権の制約には法律の根拠が必要としているが、「制約」とは国家による、いかなる行為を指すのか、どのような場合に法律上の根拠が必要になるのかについては説明していない。そして、「重要ではないデータなどない」という、データの重要性にかかわる指摘は、侵害の実体的正当化、つまり比例性を審査する段階で持ち出された。

それゆえ、連邦憲法裁判所が情報自己決定権の「侵害」をどのように定義しているのかを知るためには、他の判例を参照する必要がある。

(2) レーゲンスブルク決定

この決定では、展示作品を保護する目的でのビデオによる監視が問題となった。期限つきでデータが保存されることになっていたが、ビデオでの監視に十分な法律上の授権がなかった。連邦憲法裁判所は、それが一般的人格権を侵害しており、憲法に違反すると判断した[25]。

この決定において連邦憲法裁判所は、ビデオによる監視がもたらす、様々な問題を挙げた。たとえば、その後の不利益な措置につながりうること、当事者の行動を制約するおそれがあること、他のデータと結びつき、当該人物のプロフィールが作成されるおそれ、などを指摘した。監視されている場所が行為が公の場所であったとしても侵害に該当し、録画されていることを知っているだけでは撮影への同意とは言えず、侵害であることに変わりないとした[26]。

(3) Nシステム判決

2008年の事件では、公道上に機械を設置し、そこを通過した車両のナンバーを認識するシステムが問題となった。それらのナンバー・データは、警察等が所有するデータと照合されることになっていた。連邦憲法裁判所は、このようなシステムを稼働させる根拠となっていた二つの州の法律を、違憲と判断した[27]。この判決においても、このシステムがもたらしうる、様々な不利益が指

---

[25] BVerfGE 23. 02. 2007 (BVerfGK 10. 330ff), Rn. 37. また、小山剛「監視国家と法治国家」ジュリスト1356号（2008年）49頁以下参照。

[26] BVerfGE 23. 02. 2007, Rn. 38-40.

[27] BVerfGE 120, 378. また、この判決と学説について、拙稿「ドイツ——Nシステム判決」大沢秀介＝小山剛編『自由と安全——各国の理論と実務』（尚学社、2009年）274頁以下、

◆ 第 10 章 ◆ 行政・警察機関が情報を収集する場合の法律的根拠［實原隆志］

摘された。データは無制限に保存でき、それらのデータを使って様々な情報が
生み出されうること、このシステムが使用されていることを自動車の保有者が
知ることで「萎縮効果」が発生することがそれである[28]。また、ナンバー情報が
公的に登録されているというだけでは、基本権上の保護はなくならないとし
た[29]。その上で、このシステムの根拠となっていた法律は明確性・特定性に欠
けており、違憲であると結論づけた。

　この判決で問題となったシステムは、常時の監視を行うためのシステムであ
り、レーゲンスブルク決定の場合よりも射程の広い措置であった。また、デー
タの照合などが問題となった事例であり、まさにそれが目的のシステムであっ
たことも、レーゲンスブルク決定とは異なっていた。

(4) ドイツの判例の傾向

　以上述べたことから、情報自己決定権に関する連邦憲法裁判所の判例の傾向
について検討したい。国政調査判決は、コンピュータ技術の発展がもたらした
危険に着目していたが、それは「情報自己決定権」を導出したり、制約の根拠
となる法律の合憲性を判断するためであった。その一方で、「制約」の概念や、
法律上の根拠の要否の基準は説明されていなかった。本稿でレーゲンスブルク
決定や 2008 年の決定を取り上げたのは、それらが「制約」の概念について述べ
た判例の一部であったためである。

　これらの判例を参照することで、ドイツの判例の傾向が読み取れる。ドイツ
においては、「侵害」概念を定義する際に、国民に対する様々な作用が指摘され
ている。情報が他のデータと結合する危険性や、監視されているとの意識がも
たらす「萎縮効果」が、情報自己決定権に対する侵害の有無を考える際に考慮
されている。そして、情報が収集されているのが公の場所であることも、情報

　　また、過去の判例との比較・分析について、拙稿「ドイツ版『N システム』の合憲性」
　　自治研究 86 巻 12 号（2010 年）149 頁以下。

[28]　「萎縮効果」は国家の行為がもたらす間接的な作用である。この点について Johannes
　　Rux, Wie viel muss der Rechtsstaat wissen？, in: Stefan Huster/ Karsten Rudolph
　　(Hrsg.), Vom Rechtsstaat zum Präventionsstaat, 2008, S.212 は、横断歩道の「向こう側
　　に警察官が制服を着ている場合に、道路に何も走っていないからといって赤信号で渡る
　　ことをためらわない人などいない」ことを例に挙げる。「萎縮」する個人は違法行為を行
　　っているわけではなく、「赤信号で渡る」場合とは異なる状況にあるが、「萎縮効果」の
　　説明として参考になると思われる。また、違法行為をしているわけでもない者に「萎縮
　　効果」が発生することは、より深刻であるとも言える。

[29]　BVerfGE 120, 378,〈397ff.〉.

◇ 第3部 ◇　メディア法・情報法

自己決定権に対する「侵害」かどうかを検討する上では重視されていない。

その結果、ドイツにおいては、国家による行為の多くが基本権の「侵害」とされ、これが憲法違反との判断が少なくない要因のひとつとなっている。

3. 小　括

ここで、ドイツの判例・学説の傾向についてまとめておきたい。判例も学説も共通して、情報が結合されることの危険性を指摘し、本人の同意に基づかない情報収集を、広く基本権の「侵害」と捉え、法律の根拠を要求している。同様に、公の場所にいるのか、私的な空間にいるのかということも、ドイツの判例・学説ともに、「侵害」かどうかを検討していく上では重要視していない。

Ⅳ　検　討

ここまで、日本の判例・学説の特徴とドイツの判例・学説の特徴について述べてきた。次に、日独両国の状況を比較した上で、若干の考察を行いたい。

1. 日本とドイツの比較

（1）共　通　点

日本とドイツにおいては、最終的な結論が異なっていることが少なくない一方で、議論の枠組みには共通点もある。以下では、法律上の根拠の必要性の有無が検討されていることと、「強制処分」・「侵害」の定義が共通していることに触れたいと思う。

① 法律上の根拠の必要性に関する検討

刑事訴訟法197条1項但書が、強制処分については法律上の根拠が必要であると規定していることから、「強制処分」とは何を指しているのかが、日本において活発に論じられてきた。

他方、ドイツ連邦憲法裁判所による違憲審査は、基本権の保護領域該当性、基本権に対する「侵害」の有無、侵害の正当化という三段階で行われる。基本権の「侵害」でなければ、それを正当化する必要はなく、法律上の根拠（＝形式的な正当化）も必要ないということになる。それゆえ、「侵害」とは何かが、ドイツでも検討されてきた。

このように、日独両国において、「強制処分」該当性、もしくは「侵害」該当性という形で、法律上の根拠の要否が検討されてきた。

② 「強制処分」・「侵害」となる要件としての、重要な権利・利益の制約

日本においては、以前は有形力を物理的に行使するものだけを強制処分としてきたが、近年においては、そのような強制力が用いられていない場合でも「強制処分」に該当すると理解する立場が有力になっている。その際には、制約されている権利・利益が重要でなければならないとされている。

他方、ドイツにおいても、情報自己決定権に対する「侵害」が認められる場合には、情報技術が発展したことによってもたらされる、個人に対する不利益の重要性が指摘されている。

このように、ここでも両国の議論は、法律上の根拠が必要であるかを検討する際に、制約される権利・利益の重要性が検討されているという点で、共通している。

(2) 違う点

このように、日独両国の議論には共通する部分も見出せる一方で、重要な点で異なっている。以下ではそのような違いとして、制約される権利の重要性に関する理解と、「強制処分」・「侵害」ではない措置に対する審査について比較する。

① 制約される権利の重要性に関する理解

法律上の根拠が必要かどうかを検討する際に、問題となっている処分によって重要な権利・利益が制約されているかが考慮されており、それが日独両国の議論の共通点であることはすでに述べた通りである。しかし、両国の議論の違いは、どのような権利・利益を重要と見るかにある。

日本においては、多くの処分が「任意処分」と理解されており、その要因のひとつは、制約される権利・利益が重要ではないとされることが少なくないことである。情報が収集されるのが公道上である場合や、記録されるのが自動車のナンバーだけである場合には、制約される利益は重要ではないと理解するのが、判例・通説となっている。また、機械を使っての情報収集と警察官による肉眼での情報収集とに、侵害の重大性という点で質的な差異を見出さないのも、有力な見解となっている。

他方、ドイツの議論では、公道上においては個人の権利の重要性が低下するとは考えられていない。また、自動車のナンバーだけが記録される場合であっても、それが他のデータと結合したり、記録されていると意識することから生じうる「萎縮効果」が指摘されている。このような観点に基づいて、処分にお

◇第3部◇　メディア法・情報法

いて制約される権利は重要であると判断される傾向にある。

②「強制処分」、もしくは「侵害」ではない措置に対する審査

さらに、日独両国において大きく異なっているのが、「強制処分」、もしくは「侵害」ではない措置の扱いである。日本においては、「強制処分」ではなく、法律上の根拠が必要とされない「任意処分」についても、その許容性が検討されている。

これに対して、ドイツにおいては、国家の措置が「侵害」でないのであれば、直ちに合憲という結論に至るはずである。日本の判例・通説が、法律による授権がない処分についても、その適法性を審査すべきとしているのと比較すると、ドイツの判例・通説は、法律上の根拠の有無を重要な問題と考えているとも言える。

また、ドイツにおいては、「情報自己決定権に対する『侵害』ではない」との結論は、制約されている権利・利益が、手段の比例性（許容性）を審査すべきほどには重要ではないことを意味する。侵害に該当するかを検討する際に、ドイツの判例・通説が重要と考える権利・利益が、日本においては「重要でない」と理解されることもありうる。このことは上で挙げた、制約される権利の重要性に関する日独の議論の違いとも関連する点である[30]。

2. 日本の議論をどう見るか

ドイツと異なり、日本においては当該処分の許容性に重点が置かれているとして、次に問題となるのは、このような議論の妥当性である。以下では、制約される権利の重大性と「任意処分」に対する審査に関する日本の判例・通説が適切であるかを検討する。

(1) 制約される権利の重要性

①「取得時中心主義」

ここまで、日本とドイツの議論を比較してきたが、このような作業は決して目新しいものではない。両国の議論の違いはすでに指摘されている。その一例

---

[30]　この点に関連して、日独両国の議論の違いを、「萎縮効果論」がドイツにおいては「当該警察措置の『侵害』的性格を明確にするためである」一方で、日本の判例で採用されている萎縮効果論は、「立法的根拠を提示するためのものではなく、警察措置の違法性の判断基準としての役割を担うことが期待されている」ことに見る分析がある（島田茂「カメラの使用による予防警察的監視活動法の法的統制」甲南法学52巻1・2号（2011年）46頁）。

◈ 第 10 章 ◈ 行政・警察機関が情報を収集する場合の法律的根拠［實原隆志］

は、「ドイツではアクセルとブレーキの関係が非常に良好である」一方で、「日
本の場合には、アクセルもブレーキもないのかもしれない」との見解である[31]。
それによれば、日本の警察実務は「取得時中心主義」という色が強く、それは
「情報の取得、それに引き続く保存、あるいは利用・分析といった情報処理の一
連の過程の中で、情報取得時のインパクトを重視し、もっぱら情報取得の正当
化に神経を集中させるというアプローチ」を指す。たとえば、監視カメラの設
置・撮影・録画についても「『撮影』という局面に集中しており、『録画・保存』
という問題領域が審査の土俵からほぼ完全に除外され」、「公道」論も、「さらさ
れない・見られない自由」を基軸とする伝統的なプライバシー権を前提にして
いるという。そして、この議論では、侵害の有無や侵害度を考える上で、撮影・
取得された情報がその後どのように保存・利用されるかという視点が抜け落ち
ると指摘される[32]。

②「Nシステム」に対する批判

国家による情報収集行為の問題は、Nシステムについてもしばしば指摘され
る。日本の判例は、Nシステムを任意処分と理解した上で、具体的な根拠条文
を求めないことが多いが、学説から強い批判がある。判例に対しては、警察官
の肉眼による監視と機械を使った監視の違いが指摘されたり、大量の情報が収
集されることで、運転者の移動経路が判明し、他のデータと結合することで個
人の生活が丸裸になってしまうことなどが指摘されている[33]。また、移動情報
を「固有情報」に近いと理解する者もある[34]。

③ 日本の判例・通説の問題点

ここで挙げた議論を前提にすれば、日本の判例・通説的な立場は批判的に理
解されることになるだろう。Nシステムは、単に通過した車両ナンバーを認識
するだけではなく、それを他のデータと照合したり、他の措置のきっかけとす
るためのシステムである。そして、情報を収集した後に様々な行為が続くとい
う点では、その他の情報収集行為でも同様である。以上のことからすれば、公

---

(31)　山本龍彦「警察による情報の収集・保存と憲法」警察学論集 63 巻 8 号〔2010 年〕122
　　頁。

(32)　同 112-119 頁。

(33)　福島至「刑事立法と刑事訴訟改革　組織犯罪対策とその周辺」法律時報 71 巻 3 号〔1999
　　年〕25 頁以下、小林・前掲注(17)81 頁、小泉・前掲注(16)11 頁。

(34)　小林・前掲 81 頁。

261

◇第3部◇　メディア法・情報法

権力による情報収集行為について検討する際には、情報の収集だけに焦点を当てるのではなく、情報の結合や処分といった、利用行為にまで視点を広げる必要がある。

しかし、個人に対するそのような不利益は、必ずしも「強制処分」を定義する際に考慮すべきとまでは言えないとの反論もあるだろう。すでに見たように、通説的な立場は強制処分ではない処分についても、その相当性を検討しようとしている。さらに「新しい強制処分説」も、「任意処分自体にも適法性の要件が求められる結果、任意処分と強制処分の概念は近接し相対化する現象をきたす」ことになり、「両者の区別自体の重要性は減弱化し、むしろ、いずれに分類されるにせよ、個々の処分の当否こそが重要となるであろう」と指摘している[35]。

以上の指摘をふまえれば、問題は、具体的な不利益は任意処分、もしくは「新しい強制処分」の相当性・当否を検討することで十分に考慮できるのか、ということになる。以下では、上で挙げたような権利・利益の重要性を、なぜ強制処分を定義する際に考慮しなければならないのかを検討する。

(2)「強制処分」ではない、もしくは「侵害」ではない措置に対する審査

ドイツとは異なり、日本においては、「強制処分」ではなく、法律上の根拠が必要ないとされた処分についても、さらなる統制が試みられている。その意味で、ある措置が「強制処分」であるかどうかは、処分の適法性・合憲性を、ドイツほどには大きく左右するわけではない。ただ、情報自己決定権の侵害に関する議論は、ドイツのいわゆる「三段階審査」が前提であり、両国における違いは論理構造の違いに尽きるのかもしれない。そこで以下では、権利を制限する国家による行為に、法律上の根拠が求められることの意義について検討し、それを通じて「強制処分」や「侵害」概念の違いが、両国の審査手法の違いの表れにすぎないのか考えたい。

①　強制処分法定主義の意義

まず初めに、そもそも、なぜ強制処分には法律上の根拠が必要なのかが問題となる。強制処分法定主義の意義としては、民主主義と「市民の自律」が挙げられることがある[36]。民主主義的な意義とは、「国会を通じて強制処分に対して民主的なコントロールを及ぼし、法律によって捜査機関等による人々の自由へ

---

(35)　田宮・前掲注(1)72頁。
(36)　緑・前掲注(7)113頁。

262

◆ 第 10 章 ◆ 行政・警察機関が情報を収集する場合の法律的根拠〔實原隆志〕

の制約を限界づける」ことであり、「市民の自律」という意義は、「人々がどのような処分まで捜査機関に授権してよいかを自ら考える」ことの重要性に関わる。「市民の自律」が持ち出されるのは、有権者自身が捜査機関等への授権の可否について検討する必要性を指摘するためであり、結局のところ、強制処分法定主義には、有権者による正当化、つまりは民主主義的な意義があるということになるだろう。このように考えると、強制処分の定義に関する日独両国の違いは、処分を授権する法律が有する民主主義的な意義を、どの程度重視しているかにあるといえる。

　日本の判例・通説は、法律上の根拠を必要としない処分についても、その適法性を検討することで妥当な結論を探ろうとするが、そこでは強制処分法定主義が有している、民主主義的機能が軽視されていると言わざるを得ない。強制処分として具体的な法律上の根拠を求めることと、処分の実体的な許容性を検討することとでは、たしかに同じ結論が導けるかもしれないが、その根底には大きな違いがあるように思われる。

　② 　強制処分の憲法上の位置づけ

　ドイツと日本の違いとしては、日本では強制処分の法定が刑事訴訟法 197 条 1 項但書という、一般法の解釈の問題とされているのに対して、ドイツでは憲法上の権利の制約の問題として、憲法問題として議論されていることも挙げるべきなのかもしれない。日本において法律の留保原則は、行政と国会の権力分立の問題として触れられることが多く、人権保障の観点で語られることは必ずしも多くはなかった。その意味で、基本権の制限に法律の根拠が必要であるという憲法原則は、ドイツほどには自明でなかったと言える。そこで以下では、人権保障の観点で、法律の留保原則についてこれまで指摘されてきたことを概観し、強制処分法定主義との関連性について検討したい。

　a）**法律による行政と憲法上の権利**　　刑事訴訟法以外の公法分野で、具体的な法律上の根拠を求める議論として、行政法分野での「法律による行政」の原理がある。法律上の根拠が必要な行政の行為については争いがあるが、「侵害行政つまり行政権が一方的に国民の自由ないし財産を制限したり奪ったりする場合には、その旨を授権する法律の規定が必要」としている点では共通しているようである[37]。侵害行政以外の場面でも法律の規定が必要かという点で意

---

[37]　原田尚彦『行政法要論（全訂第 6 版）』（学陽書房、2005 年）86 頁。

◇第3部◇　メディア法・情報法

見が分かれるようであるが、少なくとも侵害行政については必要であるとされている。そこで奪われる「国民の自由」には憲法上の権利・自由も含まれるはずであり、「法律による行政」の原則は、憲法上の権利が制限される場合にも妥当するはずである。そして憲法学においても、人権の制限に具体的な法律があることを、最低限の要請としてはっきりと指摘する論者が登場し始めている[38]。

b）憲法上の原理を確認した規定としての、刑事訴訟法197条1項但書　その議論をふまえると、刑事訴訟法197条1項但書の規定は、一般法上の原則を規定しているだけでなく、憲法上の原則を確認する規定であると考える余地も生じる。権利の制限に法律上の根拠を求める一般法の規定を、憲法原理の確認規定とする議論は、内閣法11条について行われることがある。内閣法11条は、「政令には、法律の委任がなければ、義務を課し、又は権利を制限する規定を設けることができない」と規定しており、この規定が憲法上の原理を確認する規定とされることがある[39]。そして、強制処分法定主義を「あえて」法律の留保の問題として理解する可能性を指摘する議論や[40]、国民の自由を制限する行政活動に警察活動を含めて検討する者が登場してきている[41]。

これらのことからすれば、強制処分法定主義を規定する刑事訴訟法197条1項但書は、憲法上の原理を確認した規定であり、強制処分法定主義は憲法上の原則と理解する余地がある。

③　日独の議論の違いは論理構造の違いにすぎないのか

このように考えると、法律上の根拠が必要とされなかった処分の扱いをめぐる、日独両国における違いは、国家の行為を国会を通じて民主的に統制するという意義をめぐる認識の違いといえる。また、強制処分法定主義と憲法との関係について十分な検討がないことの表れでもある。その意味で、両国の議論の違いは、単なる形式的な論理構成の違いとは言い切れないように思われる。

3. 小括と結論

法律の根拠が必要となる国家の行為によって制約される権利の重要性につい

---

(38)　小山・前掲注(18)45頁以下、宍戸・前掲注(18)22頁。正当化段階で法律の留保に着目するのが「三段階審査」の意義のひとつとする見解として、市川正人「最近の『三段階審査』論をめぐって」法律時報83巻5号（2011年）9頁。

(39)　小山・前掲46頁。

(40)　宍戸・前掲注(18)21頁。

(41)　三宅雄彦「法律の留保」大石眞＝石川健治編『憲法の争点』（有斐閣、2008年）216頁。

て、日独両国の議論は一致していない。収集された情報の利用などの問題を考えれば、日本の議論には問題がある。しかし、情報の利用などについては、任意処分の許容性の問題として検討することも可能であり、この点に関する日独両国の違いは、議論の枠組みの違いにすぎないのかもしれない。結局、問題は、制約される権利の重要性を、任意処分の許容性の問題として検討すれば十分なのかということになる。

そこで、「強制処分法定主義」に、どのような意義があるかが重要になる。先に述べたことからすれば、強制処分法定主義は民主主義的意義を有しており、また、憲法上の原理でもあると考える余地があり、軽視されるべきものではない。強制処分と任意処分の区別は「減弱化」されてよいものではなく、任意処分を統制すれば法律上の根拠の要否を厳格に考えなくてよいわけでもない。そのような意味で、技術的手段を用いた国家の行為に対する法律上の根拠の要否に関する日独両国の違いは、単なる論理構造の違いではない。日本の判例・通説と「新しい強制処分説」は、いずれも「強制処分法定主義」がもつ上述の意義を十分に考慮しておらず、妥当ではない。法律上の根拠を厳格に求める、ドイツの判例・通説の方が適切と思われる。

V　おわりに

本稿では、国家によって物理的な実力を行使せずに行われる行為について検討する際に、日本の議論においては、権利の制約に具体的な法律が必要であることが、十分に考慮されていないことを指摘した。その背景として、日本の場合には、国家による情報収集に具体的な法律の授権がない場合も多いということがあるのかもしれない。しかし、いかに重要な情報収集手段であろうと、法律に基づかない行為は端的に違法、もしくは憲法違反と理解すべきというのが、本稿の結論である。

警察をはじめとする機関の行為には法律の根拠が必要であるという考え方は、決して突飛なものではない。このような思考の必要性を、刑事訴訟学説・判例は改めて考慮すべきなのではないか。他方で、強制処分法定主義や法律の留保原則の憲法上の位置づけという問題は、本稿では扱えなかった。これらの原則を基本権自身から導く立場が憲法学では主張されることがあるが[42]、刑事

⑷　松本和彦「基本権の制約と法律の留保」樋口陽一ほか編『栗城壽夫先生古稀記念──日独憲法学の想像力（上巻）』（信山社、2003年）376頁。

◇第3部◇　メディア法・情報法

訴訟法学においては、犯罪捜査について法定する必要性について、憲法31条が参照されることが多い[43]。強制処分法定主義と法律の留保原則の関係、両者の憲法上の位置づけは、憲法学の今後の課題ということになるだろう。さらに、基本権の「侵害」・「制約」の定義など、他にも検討されるべき事項が残されている。憲法学と刑事訴訟法学がこれまで十分に検討できなかった課題に取り組み、それを通じて国家の行為の統制を図るのが、今後の課題であろう[44]。

〔2012年3月5日脱稿〕[45]

---

[43]　渡辺・前掲注(2)2頁、福井・前掲注(8)5頁など。

[44]　本稿は平成25年度科学研究費若手研究B「高度情報社会において国民の個人情報を国家が扱う場合の憲法上の問題」（課題番号：23730030）による研究成果の一部である。

[45]　脱稿後、山本龍彦「京都府学連事件判決というパラダイム——警察による情報収集活動と法律の根拠」法学セミナー689号（2012年）46頁以下、に接した。

―――― 第11章 ――――

放送法における表現の自由と知る権利

鈴木　秀美

I　はじめに　　　　Ⅲ　日本――規律された自主
Ⅱ　ドイツ――法律による　　　規制
　　内容形成　　　　Ⅳ　おわりに

I　はじめに

　放送はさまざまな法的規制を受けており、その中には新聞には許されない表現内容規制も含まれている。放送法4条1項の番組編集準則は、「公安及び善良な風俗を害しないこと」、「政治的に公平であること」、「報道は事実をまげないですること」、「意見が対立している問題については、できるだけ多くの角度から論点を明らかにすること」を規定している。このうち憲法上とくに議論されてきたのが、放送事業者に対し番組における「政治的公平」を求める規定である。従来、このような内容規制を正当化する根拠とされてきたのは、周波数の希少性と放送の特殊な社会的影響力である。ラジオもテレビも、放送のために使用できる周波数には限りがあり、おのずと放送事業者の数は限定される。それゆえ、周波数の使用を認められた放送事業者は、公衆に対して偏らず、多様な情報（意見や事実）を提供しなければならないと考えられてきた。また、ラジオやテレビによる情報の伝達は、印刷メディアによる情報の伝達にはない特殊な社会的影響力がある。放送を利用すれば、同時に、多くの公衆に、文字を読めない人にさえ、音声や動画を通じて扇情的に自分の意見を伝えることができる。だからこそ、放送を世論操作の道具にしないためには、番組における政治的公平の維持を放送事業者に義務づけるべきだとされてきた。

　ただし、こうした周波数の稀少性と放送の特殊な社会的影響力という正当化

◇第3部◇　メディア法・情報法

根拠の背後には、印刷メディアとは異なり、法的規制を課さなければ、放送に
よって伝達される情報が多様になるとは限らないという想定があることに注意
する必要がある。表現の自由論は、自由な情報伝達を確保しておけば、おのず
と多様な情報が公衆に提供され、国民の知る権利が実現されるという前提に立
っている。だからこそ、国家が表現行為に対して過剰な法的規制を課すことは
許されない。もちろん、自由を保障することでおのずと情報の多様性が確保さ
れるという考え方に対しては、市場原理による競争の結果、中小の新聞や雑誌
が淘汰されて情報の多様性が損なわれているという事実を指摘して、印刷メデ
ィアについてさえ情報の多様性を確保するための規律の必要性が説かれること
もある。ただし、その場合でさえ、欧米では、政治的公平というような表現内
容そのものの規制ではなく、メディア企業の合併規制や、国家助成のように表
現内容中立的な政策が採用されている。

　ところが、放送の場合には、法的規制を課さないと番組を通じて提供される
情報の多様性は確保されず、国民の知る権利は充足されないということが前提
とされて、マスメディア集中排除原則のように表現内容中立的な規制だけでな
く、番組における政治的公平という内容規制が必要だと考えられてきた。芦部
信喜は、「多元的な情報源（報道機関）の間に自由競争の原則を支配させるだけ
で、国民の知る権利に応える情報多様性が確保される保障は必ずしもない。メ
ディアの性質が、たとえば新聞と放送とは大きく異なるからである。新聞に許
されない公的規制が放送には許される理由は、ここに存する」と説いている[1]。
芦部は、番組編集準則の制定を、「知る権利の社会権的性格を充足するための国
の責務」に属するとしている[2]。言い換えれば、国民の知る権利こそが、番組編
集準則という法的規制を正当化する実質的根拠ということになる[3]。視聴者た
る国民の知る権利を充足するため、放送事業者の表現の自由に対して番組編集
準則という法的規制が課されているという構造である。周波数の稀少性と放送
の特殊な社会的影響力という正当化根拠は、このような説明を簡略化して示す
ためのキーワードであったと考えるべきであろう[4]。なお、ここで芦部は「国
の責務」に言及しているが、日本の場合、この責務をいかに実現するかは立法

----

(1)　芦部信喜『憲法学Ⅲ（増補版）』（有斐閣、2000年）303頁。
(2)　芦部信喜『人権と議会政』（有斐閣、1996年）65頁以下。
(3)　西土彰一郎『放送の自由の基層』（信山社、2011年）37頁以下も同旨。
(4)　鈴木秀美ほか編『放送法を読みとく』（商事法務、2009年）98頁〔鈴木秀美〕。

者の判断に委ねられていると考えられる。放送の自由が、立法者に対し、視聴者の知る権利のために法的規制を課すことを義務づけているとまで考えることは難しいであろう。

そのような考え方を背景として、日本の放送法は、放送の健全な発達を図るという目的を果たすために従うべき三つの原則のうちのひとつとして、「放送の不偏不党、真実及び自律を保障することによって、放送による表現の自由を確保すること」という原則を掲げている。そして、放送事業者の自律を保障するため、放送法は、番組に対する規律の実効性確保を、例外的な場合を除いて放送事業者の自主規制に委ねている。これは、比較法的にみて独特の手法であり、放送番組規制の「日本モデル」と呼ばれている[5]。ただし、自主規制といっても、放送事業者は、放送番組審議機関の設置を義務づけられており、放送事業者による自主規制は、放送番組審議機関を媒介として、公衆（視聴者）との相互関係の中で行われることが期待されている。放送法がその目的を達成するために、自主規制の手法を採用し、それを促すための規律を設けていることから、日本の放送法は、いわゆる「規律された自主規制」の手法を採用してきたとみることができる[6]。

これに対し、ドイツの場合は事情が大きく異なる。連邦憲法裁判所は、放送の自由を意見形成に「奉仕する自由」（dienende Freiheit）と解することで、放送の自由の内容として、放送事業者の表現の自由だけでなく、（視聴者の知る権利を充足させるための）放送における意見多様性の確保という憲法上の要請を導き出している[7]。このため、立法者は、放送法によって放送事業者の表現の自由

---

(5) 曽我部真裕「放送番組規律の『日本モデル』の形成と展開」曽我部真裕ほか編『憲法改革の理念と展開（下巻）』（信山社、2012年）373頁以下。

(6) 放送法が「規律された自主規制」（同じような意味で、「規制された自主規制」「規律された自己規律」「法定された自主規制」という表現が用いられることもある）を採用しているとの指摘として、鈴木秀美「通信放送法制と表現の自由」ジュリスト1373号（2009年）89頁、西土彰一郎「表現の自由と秩序」法律時報82巻3号（2010年）11頁、同・前掲注(3)7頁、曽我部・前掲注(5)374頁。筆者は、*Hidemi Suzuki*, Die Beziehung zwischen Selbstkontrolle und staatlicher Kontrolle in der japanischen Rundfunkordnung, in: Sachs/Siekmann (Hrsg.), Der grundrechtsgeprägte Verfassungsstaat, Festschrift. f. Klaus Stern zum 80. Geburtstag, 2012, S. 1173 ff.において日本の放送法による規律と自主規制の関係について論じたことがある。

(7) 鈴木秀美『放送の自由』（信山社、2000年）63頁以下参照。なお、ドイツの放送の自由論では、日本で用いる「知る権利」という概念は用いられていないが、視聴者が個人

◇ 第3部 ◇　メディア法・情報法

を過剰に制限できないだけでなく、放送における意見多様性も確保しなければ
ならない。連邦憲法裁判所は、放送法による規律の合憲性を繰り返し審査し、
意見多様性を確保するためにいかなる規律がなされるべきか、立法のための要
請や基準を繰り返し明らかにしてきた。これまでに、放送の自由を内容形成す
るために採用した放送法の規律が、放送の国家からの自由への配慮不足という
理由だけでなく、放送における意見多様性を十分に確保できないという理由に
よって違憲と判断されたこともある。

　本稿では、放送事業者の表現の自由と視聴者の知る権利がどのように理解さ
れ、その理解が放送法にどのように反映されているかという観点から、ドイツ
と日本を比較することで、ドイツと日本の放送の自由論および放送法の特徴を
明らかにしてみることにしたい。

Ⅱ　ドイツ──法律による内容形成

1.「奉仕する自由」としての放送の自由

（1）議論の背景

　放送の自由についてのドイツの解釈を理解するためには、日本と異なり、ド
イツでは1980年代半ばまで、公共放送しかなかったことを確認しておく必要
がある。「放送の自由の基本権解釈を、ゼロから始めることはできない。…基
本法の放送の自由をめぐる議論はいずれも、常に公共放送の役割をめぐる議論
でもあった」と指摘されているほどである[8]。

　第二次世界大戦の敗戦国であるドイツは、テレビ放送に使用できる地上波の
周波数の割り当てが少なかったこともあり、1980年代半ばに衛星放送とケーブ
ルテレビの技術を用いて民間放送が導入されるまで、公共放送の独占体制が続
いており、原則として州ごとに設立された放送協会の連合体であるＡＲＤ（ド
イツ公共放送連盟）[9]がテレビの第1チャンネルを、すべての州の合意に基づき
設立されたＺＤＦ（第2ドイツ・テレビ）[10]がテレビの第2チャンネルを放送し

　　の意見を形成したり、公的意見（世論）を形成するためには、放送における意見多様性
　　が確保されるべきだと解釈されている。

[8]　*Christoph Degenhart*, Rundfunkfreiheit, in: HGR Ⅳ, 2011, § 105, Rn. 15.

[9]　ＡＲＤを構成する放送協会は、地域によってはひとつの州ではなく、隣接する複数の
　　州によって設立されていることもある。ドイツには16の州があるが、現在、ＡＲＤは、
　　9つの地域の放送協会と外国向け放送を行う Deutsche Welle によって構成されている。

◆ 第 11 章 ◆ 放送法における表現の自由と知る権利 [鈴木秀美]

ていた。ＡＲＤを構成する放送協会(Rundfunkanstalt)は、第二次世界大戦後、旧西ドイツ地域がまだイギリス、アメリカ、フランスに占領されていた時期に、イギリスの BBC を手本として地域ごとに設立された。ARD を形成する公共放送協会と ZDF は、国家からの自由を確保するとともに、特定の社会的勢力の影響力を受けないため、外部からの監督に服しておらず、公共放送協会の内部に合議制の監督機関が設置されている。各放送協会には、内部監督機関として、会長を任命し、番組について監督する放送委員会（ZDF ではテレビ委員会）と、会長による経営を監督する経営委員会が設置されている。

　なお、ZDF の成立は、1961 年の連邦憲法裁判所の第 1 次放送判決[11]を端緒としている。戦後、ドイツの復興の基礎を築いたアデナウアー首相は、SPD（ドイツ社会民主党）に近く、アデナウアー政権に批判的だった ARD の放送に対抗するため、敗戦国ドイツに割り当てられることになった二つめのテレビ用周波数のために、連邦が主導して新たに放送局「ドイツテレビ」を設立した。しかし、連邦による新放送局設立の合憲性が連邦と州の権限配分と放送の自由の観点から問題視され、連邦憲法裁判所において争われた結果、第 1 次放送判決によって、放送についての立法権限は、連邦ではなく州にあることが確認された。この判決を受けて、当時、ドイツ連邦共和国（旧西ドイツ）を構成していたすべての州の間で、州際協定が締結され、これに基づいて ZDF が設立された。また、この判決に従って、ドイツの放送法は、国際放送を規律する法律を除いて、州法または州の間で締結される州際協定として制定され、ドイツの統一的な放送政策はすべての州首相が参加する州首相会議の全会一致の決議によって決定されている。

　この判決から 20 年以上を経て、ドイツの放送制度は、公共放送の独占体制からいわゆる二元的放送制度（公共放送と民間放送の併存体制）に移行した[12]。1984年 1 月 1 日、ルードヴィフィスハーフェン市（ラインラント・プファルツ州）に設立された民間放送局がケーブル技術を使用してラジオ放送を始めた。これが戦

---

(10)　ZDF は、現在、全国向け総合編成 ZDF の他、地上波デジタル化後は ZDFinfo、ZDFneo、ZDFkultur というテレビ番組も放送している。さらに、ARD とともにドイチュラントラジオを組織しており、さらに 3 Sat、Phoenix、ARTE 等のテレビ番組の編成に参加している。

(11)　BVerfGE 12, 205.

(12)　この時期の放送制度改革について、鈴木・前掲注(7)155 頁以下参照。

271

◇第3部◇　メディア法・情報法

後のドイツで民間放送が始まった日とされている。1980年代、州ごとに民間放送を導入するための法律が制定され、すべての州に共通する項目について規律する「放送州際協定」が締結された。民間放送の監督のために、原則として各州に州政府から独立した民間放送監督機関として州メディア委員会が設立された。現在、ドイツには14の州メディア委員会がある[13]。その組織は、公共放送の組織を参考にして、事務執行機関のトップであるディレクターが業務を執行する責任を負うが、重要事項の決定は合議制の委員会において下される。なお、2008年には、州メディア委員会が共同して全国向け放送の免許と監督を統一的に行うための委員会（ZAK）がベルリンに設置された。メディア集中排除や青少年保護についても州メディア委員会が共同して監督機関を設置している。

　民間放送の導入については、二大政党のうちCDU/CSU（キリスト教民主／社会同盟）が積極的だったのに対し、SPDは消極的だった。このため、1980年代後半から数年間、二元的放送制度における公共放送の存在意義や公共放送と民間放送の相互関係をめぐる二大政党の政策上の対立が連邦憲法裁判所に持ち込まれ、いくつかの州の放送法について判決が下された。ドイツの二元的放送制度は、憲法判例を手がかりに確立されたといっても過言ではない。1990年の東西ドイツ統一にともない、旧東ドイツ地域に誕生し、ドイツ連邦共和国に加入した五つの州にも二元的放送制度が整備された。

　現在、代表的な民間テレビ局として、ＲＴＬとＳＡＴ．１があるが、ＲＴＬ本社はケルン市（ノルトライン・ヴェストファーレン州）に、ＳＡＴ．１本社はミュンヘン市近郊（バイエルン州）にある。州メディア委員会が刊行している最新の年鑑[14]によれば、2014年1月1日の時点で、テレビショッピング専門番組や有料番組などを含めた民間テレビ番組の総数は394であった（前年は421）。ドイツの視聴者は、民間テレビ放送を、主として衛星放送かケーブルテレビによって受信している。地上波のみでテレビを視聴している世帯は数パーセントにすぎない。視聴者が実際に視聴可能な番組数は、衛星、ケーブル、地上波のどの伝送路を利用しているかによって異なっている。

⒀　16州のうち、ベルリンとブランデンブルク、ハンブルクとシュレスヴィヒ・ホルシュタインは、それぞれ二つの州でひとつの州メディア委員会を設立しているため、その数は全部で14となっている。

⒁　*ALM*, Jahrbuch 2013/2014, Landesmedienanstalten und privater Rundfunk in Deutschland, 2014, S. 45 に掲載の表を参照。

◆ 第 11 章 ◆ 放送法における表現の自由と知る権利［鈴木秀美］

　1990 年代半ば、インターネットが登場し急速に普及すると、いわゆるメディアの融合という現象が出現し、「放送」と非放送の区別が不明確になった[15]。また、公共放送がインターネットを利用してサービスを提供できるのか、できるとしたらそれはどの程度かも問題になった。ただし、インターネットの登場にともなって生じた放送法上の問題は、憲法問題としてよりも、欧州連合（以下では、「EU」）の条約や指令の問題として議論され、裁判によってではなく、政治的に一応の決着をみている[16]。

　なお、基本法 5 条 1 項は、意見表明の自由、情報の自由（知る権利）、プレスの自由、放送の自由、映画の自由を保障しており、それぞれ異なる基本権として解釈されてきた。このため、インターネットによる表現行為について、放送の自由の問題と捉えるべきか、あるいは、基本法を改正して他のメディアとともにメディアの自由として包括的に保障すべきかについても議論になっている[17]。

(2) 放送判決の展開

　放送の自由の解釈は、1961 年 2 月 28 日の第 1 次放送判決[18]から、ZDF の内部監督機関の委員構成について下された 2014 年 3 月 25 日の第 14 次放送判決[19]に至るまで、連邦憲法裁判所によってリードされてきた[20]。基本法 5 条 1

---

[15]　EU指令にあわせて放送州際協定の放送概念も改正された。放送概念についての近年の興味深い研究として、*Andreas Hamacher*, Der Rundfunkbegriff im Wandel des deutschen und europäischen Rechts, 2015 がある。EU指令について、西土彰一郎「EUの『レイヤー型』通信・放送法体系」新聞研究 682 号（2008 年）43 頁以下、同・前掲注(3)179 頁以下、市川芳治「欧州における通信・放送融合時代への取り組み」慶應法学 10 号（2008 年）273 頁以下参照。

[16]　公共放送の活動範囲については、ドイツ放送制度がEU競争法違反だとして欧州司法裁判所で争われる可能性もあったが、欧州委員会とドイツ政府の交渉を通じて政治的に解決された。西土・前掲注(3)175 頁以下、杉内有介「問われる公共放送の任務範囲とガバナンス」放送研究と調査 2007 年 10 月号 36 頁以下、鈴木秀美「ドイツ受信料制度とEC条約」阪大法学 56 巻 2 号（2006 年）1 頁以下参照。

[17]　Vgl. *Stefan Krote*, Die dienende Funktion der Rundfunkfreiheit in Zeiten medialer Konvergenz, AöR 139. Band（2014）, 384 ff.

[18]　BVerfGE 12, 205.

[19]　BVerfGE, Urteil v. 25. 3. 2014 – 1 BvF 1/11 u. 1 BvF 4/11, JZ 2014, 560-572.この判決について、鈴木秀美「公共放送の内部監督機関の委員構成と放送の自由」メディア・コミュニケーション研究所紀要 65 号（2015 年）107 頁以下参照。評釈として、*Christoph Degenhart*, Ein（zu kleiner?）Schritt in die richtige Richtung, K&R 2014, 340 f.; *Matthias*

273

◇第3部◇　メディア法・情報法

項2文は、「プレスの自由、放送および映画による報道の自由は保障される」と規定しているにすぎない。ところが、連邦憲法裁判所は、この条文に基づいて放送の自由の解釈を発展させ、そこから立法者による放送立法のための憲法上の要請や基準を積極的に導き出してきた。このため、ドイツにおける放送の自由の解釈について検討するためには、連邦憲法裁判所の一連の放送判決を避けて通ることはできない。

　そこで、放送の自由についてみる前に、ここで一連の放送判決の流れを確認しておくことにしたい。連邦憲法裁判所の第1次放送判決（1961年）[21]は、ドイツテレビ事件と呼ばれ、前述の通り、放送の立法権限の所在および放送の自由が争点だった。連邦主導のテレビ局設立に対して権限違反であるとして違憲判決が下された。第2次放送判決（1971年）[22]では、放送事業に付加価値税を課すことができるか否かが争われた。第3次放送判決（1981年）[23]では、1964年、ドイツで始めて民間放送の設立を認める規定を導入していたザールラント州において、州政府が民間ラジオ局の開設を拒んだことがきっかけとなり、民間放送を導入するための立法者に対する憲法上の要請が明らかにされた。第4次放送判決（1986年）[24]、第5次放送判決（1987年）[25]、第6次放送判決（1991年）[26]では、州の立法者が採用した二元的放送制度について、そのあり方が争われ、これに対して公共放送の存在意義についての連邦憲法裁判所の考え方が示された。第7次放送判決（1992年）[27]では、ARDを構成している放送協会のうちヘッセン放送協会の地域番組（第3チャンネル）における広告禁止の合憲性が争わ

Cornils, Revitalisierung des Binnenpluralismus, K&R 2014, 386 ff.; *Dieter Grimm*, Anm., epd medien Nr. 33 v. 15. 8. 2014, 3 ff.; *Hesse/Schneider*, Anm., NVwZ 2014, 881 f.

(20)　放送判決をどのように数えるかという問題があるものの、キューリング（Gersdorf/Paal, Informations- und Medienrecht, 2014, *Kühling*, Art. 5 GG, Rn. 58 ff.）によれば、連邦憲法裁判所は、2008年までに13の放送判決を下してきた。これに加えて、2014年3月25日にZDFの監督機関の委員構成についての判決が下された。この判決に付されたパウルス裁判官の反対意見の中で、この判決が第14次放送判決だとされている。

(21)　BVerfGE 12, 205.

(22)　BVerfGE 31, 314.

(23)　BVerfGE 57, 295.

(24)　BVerfGE 73, 118.

(25)　BVerfGE 74, 297.

(26)　BVerfGE 83, 238.

(27)　BVerfGE 87, 181.

れた。第 8 次放送判決（1994 年）[28]では、受信料額決定の手続のあり方が問題と
なり、州議会の政治的影響力行使を制限するため、専門家を委員とする第三者
機関を設置すべきとの判断が示された。第 9 次放送判決（1995 年）[29]では、統合
が進むヨーロッパにおいて、欧州共同体のテレビ指令に連邦政府が同意を与え
たことが、州の権限侵害（違憲）であることが確認された。第 10 次放送判決
（1998 年）[30]では、スポーツの独占中継を制限する短時間ニュース報道権の合憲
性が争われた。第 11 次放送判決（1998 年）[31]では、バイエルン州の独特な放送
制度の下で、放送免許を申請した民間放送事業者に放送の自由の享有主体性が
認められた。第 12 次放送判決（2007 年）[32]では、第 8 次放送判決を受けて設立
された受信料額についての委員会（KEF）の決定に対し、州議会が修正を加え
減額したことが違憲とされた。第 13 次放送判決（2008 年）[33]は、民間放送事業
への政党の参加を禁止するヘッセン州放送法に対して違憲判断を下した。第
14 次放送判決（2014 年）[34]では、ZDF の経営委員会とテレビ委員会の多くの委
員が、州政府または連邦政府から派遣される国家の代表であったり、政党の代
表のように国家に近いことが問題視された。連邦憲法裁判所は、公共放送の内
部監督機関における国家との関連性をもつ委員の人数について、委員構成の 3
分の 1 を超えてはならないという基準を示し、それを満たしていない ZDF の
2 つの監督機関の委員構成に対して違憲判決を下した。

(3) 放送の自由の法律による内容形成

　連邦憲法裁判所が上記のような一連の放送判決において判断の根拠としてき
たのが、放送の自由である。連邦憲法裁判所は、1981 年の第 3 次放送判決[35]に
おいて、放送の自由を「奉仕する自由」であるとした。その後の放送判決は、
この解釈を踏襲している。憲法が保障する自由権は、本来は国家からの自由で
ある。しかし、放送の自由の場合、その担い手の国家からの自由というよりも、
放送が社会において果たすべき、自由な意見形成への奉仕という機能が重視さ

---

(28)　BVerfGE 90, 60.

(29)　BVerfGE 92, 203.

(30)　BVerfGE 97, 228.

(31)　BVerfGE 97, 298.

(32)　BVerfGE 119, 181.

(33)　BVerfGE 121, 30.

(34)　BVerfGE, Urteil v. 25. 3. 2014.

(35)　BVerfGE 57, 295.

◇ 第3部 ◇ メディア法・情報法

れてきた。自由な意見形成は、個人の意見であれ、公的意見であれ、放送が自由であること、すなわち、国家からだけでなく、特定の社会的勢力からも自由であることによって達成される。それゆえ、放送の自由は、放送が、国家だけでなく、特定の社会的勢力にも利用されることなく、自由にその機能を果たせるように放送制度を形成することを立法者に求める。

第3次放送判決[36]によれば、「放送は、憲法によって保護された、自由な意見形成の過程の『メディウム』と『ファクター』である。それゆえ、放送の自由は、意見形成の自由に、その主観的権利としての要素と客観法的要素において奉仕する自由である。すなわち、放送の自由は、現代マス・コミュニケーションの諸条件の下で、意見形成の自由にとって不可欠の補充と強化を行う。放送の自由は、放送による自由で包括的な意見形成を保障するという役割に奉仕する」（強調は原文による）。そして、「単なる国家からの自由は、放送による自由で包括的な意見形成を可能にすることをまだ意味していない。…既存の意見の多様性が放送において可能な限り広くかつ完全に反映されること、そして、それによって包括的な情報が提供されることを確保する積極的規律が必要である」とされ、放送の自由が法律による内容形成（Ausgestaltung）を必要としていることが明らかにされた[37]。放送の自由のこうした理解の背景には、「もし放送が自由な市場に委ねられたら、憲法上の要請はおそらく満たされないという経験的な基本想定」があると指摘されている[38]。連邦憲法裁判所は、この基本想定を前提として、放送の自由を、個人に保障された表現の自由とは異なり、法律によって内容形成されなければならない自由と解釈してきた。

2014年の第14次放送判決も、放送判決によって確立された放送の自由についての解釈に従った。なお、この判決は、以下のように判示することで[39]、放送判決を引き継いだだけでなく、安定させたという評価を受けている[40]。

---

(36)　BVerfGE 57, 295 (320).

(37)　基本権の内容形成という考え方については、小山剛『基本権の内容形成——立法による憲法価値の実現』（尚学社、2004年）112頁以下参照。

(38)　*Grimm*, a.a.O. (Fn. 19), 3.

(39)　BVerfGE, Urteil v. 25. 3. 2014, Rn. 34.この判決はまだ公式判例集に登載されていないため、本稿で引用する際にはこの判決に付された欄外番号を「Rn.」の略号によって示すことにする。

(40)　*Hesse/Schneider*, a.a.O. (Fn. 19), 881.

◆ 第 11 章 ◆ 放送法における表現の自由と知る権利［鈴木秀美］

「放送の自由は、個人の意見と公的意見の自由な形成に奉仕する。基本法 5 条 1 項 2 文に含まれた放送の自由を保障するための委託は、既存の意見の多様性が放送において可能な限り広くかつ十分に表現されることを確保する秩序を目標としている。この秩序の内容形成は、立法者の役割である。その際、立法者には広範な形成の余地がある。この分野において多様性を確保するための特別な国家の責任は、放送－とりわけテレビ－には、その普及効果、同時性、誘導性のため、そして、とりわけその内容が急速に、それどころか同時に中継され、その際に音、文字、動画を組み合わせることができるということからも、顕著な意義があるという点にその根拠がある。このように影響を与える可能性は、新技術が、番組と提供のかたちと手段の増加と細分化をもたらし、新しい番組に関連するサービスを可能にしたことによって、さらに重みを増している。そのため、放送の自由の確保のために放送秩序を法律によって内容形成することについての要求は、コミュニケーション技術とメディア市場の発展によっても消滅していない」。

連邦憲法裁判所は、放送の自由の内容形成を、放送の自由の制限とは異なるものと位置づけている。このため、連邦憲法裁判所は、比例原則に服する放送の自由の制限と比べて、具体的な内容形成については立法者に広範な形成の余地を認めている。ただし、放送判決は、放送の自由から①放送における意見多様性の確保と②放送の国家からの自由という二つの要請を導き出し、放送の自由を内容形成するための放送法の規律は、この二つの要請を満たさなければならないとしている。

2. 立法者に対する要請

(1) 意見多様性の確保

1980 年代半ば、民間放送が導入されるための立法の要請を示したのが、1981 年の第 3 次放送判決[41]である。この判決は、民間放送局免許をめぐる裁判を契機とする具体的規範統制事件において、当時、ドイツの州で唯一、ドイツ語による民間放送（ラジオ）を認めていたザールラント州放送法の規定を違憲とした。第 2 次世界大戦後、フランスに占領されていたザールラントは 1957 年に住民投票の結果、ドイツ連邦共和国に加入することになった。このような背景

---

[41]　BVerfGE 57, 295.

◇第3部◇　メディア法・情報法

のため、同州の放送法もフランスの影響を受けて、他の州とは異なる内容だった。連邦憲法裁判所は、民間放送局の開設を認めるとしても、民間放送の番組に多様な意見が反映されるための法的規律が必要であるという憲法上の要請を示し、ザールラント州放送法はこの要請が求める意見多様性の確保のための規律が十分ではないとして違憲判決を下した。この判決は、州議会に対し、民間放送を導入するにあたって、二元的放送制度における放送秩序の基本方針、組織を通じた意見多様性の確保、番組における意見多様性の確保、放送の監督機関、免許のための基準と手続を法律によって規律することを要請した。

　1984年以降、第3次放送判決を手がかりに各州で民間放送制度が整備された。前述の通り、民間放送の監督機関として、州メディア委員会が設立された。また、すべての州に共通する項目について規律する「放送州際協定」も締結された。連邦憲法裁判所は、1986年の第4次放送判決[42]、1987年の第5次放送判決[43]、1991年の第6次放送判決[44]を通じて、放送の自由に基づき、民間放送と公共放送の相互関係についての考え方を示した。第6次放送判決は、公共放送は放送の「基本的供給」の担い手であるとして、二元的放送制度において公共放送に中心的役割を与え、これに対し、民間放送の活動範囲を限定する放送法であっても、民間放送の活動が困難になるような厳しい限定でない限り、放送の自由に照らして合憲であるとした[45]。放送の自由からは、放送の基本的供給のために、公共放送の存続と発展の保障も導き出された。第14次放送判決[46]でも二元的放送制度における公共放送の存在意義が次のように強調されている。「二元的放送秩序の枠組みにおいて、公共放送とそれによって確保される、放送による報道の古典的な機能委託（Funktionsauftrag）の達成に特別な意義が認められる。公共放送は、民間放送事業者に対するカウンターバランスとして、市場経済の刺激とは異なる決定の合理性に従い、それによって番組編成において独自のサービスを提供するという役割がある。公共放送は、自由な市場のみによっては保障されえない内容上の多様性に貢献しなければならない」。

---

(42)　BVerfGE 73, 118.

(43)　BVerfGE 74, 297.

(44)　BVerfGE 83, 238.

(45)　BVerfGE 83, 238. 鈴木・前掲注(7)222頁以下参照。

(46)　BVerfGE, Urteil v. 25. 3. 2014, Rn. 36.

◆ 第11章 ◆ 放送法における表現の自由と知る権利［鈴木秀美］

(2) 放送の国家からの自由

意見多様性の確保と並んで放送の自由から導き出される憲法上の要請が、放送の国家からの自由である。連邦憲法裁判所は、第1次放送判決において、国家機関によって運営され、支配され、または監督される放送が違憲であること、さらに、公共放送であれ民間放送であれ、国家が直接または間接に放送事業者を支配することは許されないと述べた[47]。第3次放送判決と第4次放送判決でも、立法者が、国家に放送事業者の番組の選択、内容、編成に対する特定の影響力行使の余地を与えてはらないということが繰り返し確認されており、このことは、民間放送の監督機関を設置する際にも考慮されなければならない[48]。第6次放送判決では、放送事業者への伝送容量の割り当てを州政府が行うとしていた規定が、番組への国家の影響力行使を有効に排除していないという理由から違憲と判断された[49]。また、放送受信料の額の決定についても、州議会の影響力行使を可能な限り排除するため、公共放送が必要とする経費を専門的な観点から審査する第三者機関を設けなければならないとして、そのための立法についても具体的な基準が示された[50]。

ただし、連邦憲法裁判所は、公共放送協会の内部監督機関については、その委員に国家や政党の代表が参加することを認めてきた[51]。問題は、合議制の内部監督機関にどの程度まで国家や政党の代表が参加できるかである。第14次放送判決[52]はこの問題について次のように判示した。「公共放送の監督機関における国家の委員と国家に近い委員の影響を徹底的に制限しなければならない。その割合は、それぞれの機関の法律上の委員の3分の1を超えてはならない」。そして、どの委員が、この3分の1に制限される国家の代表と国家に近い代表にあたるかは、彼らがいかなる機能を果たしているかによって判断される。それ以外の、社会的勢力の代表の委員構成は、多様性確保の観点も視野に入れつつ、徹底的に国家を遠ざけるように内容形成されなければならない。政府や行政の代表は、社会的勢力の代表の選考および任命に特定の影響力を持っては

---

(47)　BVerfGE 12, 205 (263).

(48)　BVerfGE 59, 231 (260); 73, 118 (182 f.).

(49)　BVerfGE 83, 238 (322 ff.).

(50)　BVerfGE 90, 60. 鈴木・前掲注(7)253頁以下参照。

(51)　BverfGE 12, 205 (263); 73, 118 (165); 83, 238 (330).

(52)　BVerfGE, Urteil v. 25. 3. 2014, Rn. 51. 鈴木・前掲注(19)9頁以下参照。

279

◇第3部◇　メディア法・情報法

ならない。また、社会的勢力の代表を、個人的に国家から遠ざけることを保障するために、立法者は、兼業禁止のための規律を設けなければならない。さらに、監督機関のすべての委員に選出母体の指図から自由な活動を可能にする地位を確保しなければならない。さらに、立法者は、公共放送の監督機関の活動について最低限度の透明性を保障するための規律を設けなければならない。ZDF の委員構成は、これらの基準を満たしていないという理由で放送の自由に違反することが確認された。

3. 小　括

　一連の放送判決を分析することにより、放送の自由の法律による内容形成の限界が明らかとなる[53]。それによると、放送法による規律は、①基本法 5 条 1 項 2 文から導き出された立法者に対するさまざまな要請をみたしていない場合、あるいは、②それが放送の意見形成への奉仕的機能の有効な保護に適していない場合、内容形成に認められた形成の余地の限界を超えて違憲となる。とくに②の観点からは、二元的放送制度において、公共放送については基本的供給の達成を妨げてはならないという限界が示されており、民間放送については民間放送を排除しないまでも、放送事業者の活動がはなはだしく困難になるような条件を課してはならないという限界が示されている。なお、連邦憲法裁判所が放送の自由の内容形成という観点から違憲とした規律は、無効とされることもあるが、違憲確認にとどめたうえで立法者に改正のための指針と期限が示されることも多い。

　公共放送の独占体制が 1980 年代半ばまで続いていたことを背景として、連邦憲法裁判所は、民間放送が導入された二元的放送制度においても、公共放送に放送の基本的供給という役割を与え、その存続と発展が憲法によって保障されることを認めてきた。民間放送事業は、公共放送により基本的供給がなされていることを前提としている。民間放送事業者は、公共放送がサッカーの高額な放送権を購入したり、インターネットの利用を拡大していることなどを批判してきた。しかし、もし放送が自由な市場に委ねられたら、憲法上の要請は満たされないという基本想定が変更されない限り、連邦憲法裁判所は、従来の放送の自由の解釈を維持し、放送事業者の表現の自由よりも、放送が自由な意見形成に奉仕するための放送法による意見多様性の確保を重視していくことだろ

---

[53]　詳細については、鈴木・前掲注(7)136 頁以下参照。

◆ 第11章 ◆ 放送法における表現の自由と知る権利［鈴木秀美］

う。その場合、公共放送を中心とする二元的放送制度のあり方に大きな変化が生じることはない。なお、民間放送を監督している州メディア委員会は、民間放送の番組について青少年保護と広告規制の観点からの監督を中心に行っている。放送法において意見多様性の確保が重視されているといっても、民間放送における意見多様性の確保については、政治的公平というような表現内容規制の役割はわずかであり[54]、表現内容中立的な集中排除規制が中心的な役割を果たしている[55]。

連邦憲法裁判所による奉仕する自由としての放送の自由の解釈については、一方では、学説において多くの賛同を得てきたが、他方で、批判的な見解も示されてきた[56]。具体的には、本来は法律の基準となるべき放送の自由の意味内容が逆に法律によって規定されることになる、との厳しい指摘がなされてきた。また、放送法による規律を、放送の自由の制限と内容形成に区別することについても区別が明確でないという批判もある。連邦憲法裁判所は、放送の自由の内容形成について広範な形成の自由を立法者に認めてきたが、一連の放送判決における放送法の合憲性審査を通じて、結果的に「立法者の代役」を果たしているだけでなく、「憲法制定者の代役」を果たしていると批判され[57]、放送判決を典型として、基本法が採用した憲法裁判制度のあり方に対する疑問も提起されてきた[58]。また、近年では、インターネットの普及にみられるような技術革新を背景として、放送の自由も、プレスの自由と同様に個人の権利としてとらえ、放送法による規律のあり方を改革すべきだという見解も唱えられている[59]。ただし、連邦憲法裁判所は、前述の通り、第14次放送判決においても奉仕する

[54] デーゲンハルト (*Degenhart*, a.a.O. (Fn. 8), in: HGR Ⅳ, 2011, § 105, Rn. 59) によれば、番組内容を規制する規定は放送の自由の法律による内容形成ではなく、放送の自由の制限であり、番組編集の自由を侵害しないためには、放送事業者の義務を憲法適合的に限定しなければならない。

[55] 鈴木・前掲注(7)275 頁以下参照。

[56] 鈴木・前掲注(7)75 頁以下参照。

[57] *E.-W. Böckenförde*, Zur Lage der Grundrechtsdogmatik nach 40 Jahre Grundgesetz, 1990, S. 57, 63 ff. 同書の翻訳として、ベッケンフェルデ（鈴木秀美訳）「基本法制定 40 周年を経た基本権解釈の現在」初宿正典編訳『現代国家と憲法・自由・民主制』（風行社、1999 年）345 頁以下。

[58] この問題について、栗城壽夫「『憲法システム的アプローチ』という考え方について」上智法学論集 38 巻 3 号（1995 年）25 頁以下参照。

[59] *Kühling*, a.a.O. (Fn. 20), Rn. 94 ff.

◇ 第 3 部 ◇　メディア法・情報法

自由としての放送の自由の解釈を踏襲した。

Ⅲ　日本 —— 規律された自主規制

1. 番組編集準則の法的性格

　ドイツ基本法 5 条 1 項 2 文が、「放送による報道の自由」を明文で保障しているのに対し、日本国憲法 21 条 1 項は、「言論、出版、その他一切の表現の自由」を包括的に保障しており、そこから解釈を通じて取材・報道の自由、知る権利などと並んで、放送の自由は表現の自由に含まれると考えられている。このうち、放送の自由が報道の自由とは別に論じられてきたのは、放送が新聞に代表される印刷メディアと異なり、放送法と電波法によって様々な法的規制を課されているためである[60]。

　はじめに述べたように、放送に課されている様々な法的規制のうち、その合憲性について議論されてきたのが放送法による番組内容に対する規制である。放送法 4 条 1 項は、放送事業者に放送番組の編集にあたって、「政治的に公平である」こと（2 号）、「意見が対立している問題については、できるだけ多くの角度から論点を明らかにする」こと（4 号）を求めている。同項には、「公安及び善良な風俗を害しない」（1 号）、「報道は事実をまげない」（3 号）という規定もある。放送法は、番組編集準則違反に対する直接の制裁を設けてはいないが、総務大臣には、放送法違反を理由に、電波法 76 条に基づき放送事業者に対して無線局の運用を停止したり、無線局の免許を取り消す権限があるほか、放送法174 条により放送の業務を停止したり、104 条により認定を取り消す権限も与えられている。ドイツとは異なり、第二次世界大戦後すぐに二元的放送制度を導入した日本では、公共放送と民間放送に対する法的規制の仕組みや規制の程度に、ドイツほど明確な差異はない。現行放送法の番組編集準則は、日本放送協会（ＮＨＫ）にも民間放送事業者にも同じように妥当している[61]。また、放送には、地上波による放送だけでなく、衛星放送やケーブルテレビもあるが、番

---

[60]　例えば、芦部信喜（高橋和之補訂）『憲法（第 5 版）』（岩波書店、2011 年）180 頁以下。

[61]　ただし、ＮＨＫは、放送法 81 条 1 項によって、①豊かで、かつ、良い放送番組の放送を行うことによって公衆の要望を満たすとともに文化水準の向上に寄与するように、最大の努力を払うこと、②全国向けの放送番組のほか、地方向けの放送番組を有するようにすること、③わが国の過去の優れた文化の保存並びに新たな文化の育成及び普及に役立つようにすることも求められている。

◆ 第11章 ◆ 放送法における表現の自由と知る権利［鈴木秀美］

組編集準則はすべての放送事業者に妥当している。

　番組編集準則の意味については、次のような解説が参考になる[62]。まず、1号は、「放送番組が一定の限界以下に落ち込んではならないという消極的制限」であり、「下限の支え」である。これに対して、2号と4号は、1号が求める「下限」よりも上にある、番組が目指すべき目的を示すものである。政治的公平の要求は、不公平を避けるだけでなく、4号とも関連して、消極的制限としてだけでなく、「政治的に意見の対立している問題については、積極的にこれを採り上げ、しかも公平を期するように各種の政治上の見解を十分に番組に充実して表現して行かねばならないとしているもの」である。放送法は、2号と4号によって、「わが国の放送が対立している政治的見解について、不偏不党の立場からあらゆる意見を国民に提供し、その判断に資することを目的とすべきものとしている」。3号も、2号と4号と関連して読み取る必要があり、「放送が国民に、政治的な事がらであれその他の事がらであっても、報道において事物の実相をあるがままの姿で伝える」ことを放送の目的として指示している。「このような報道における真実の確保が、民主主義の維持発展に必要なばかりでなく、国民の日常の行動を決する上にも絶対に必要なことである、と法律が考えていることによる」と理解されている。

　ただし、放送の自由の内容形成と制限を区別し、放送の自由から国家からの自由とともに、放送における意見多様性の確保という憲法上の要請を導き出しているドイツの憲法判例とは異なり、日本では、放送の自由は第一義的には国家からの自由であり、放送される情報の多様性の確保は、政策上の目的であって、憲法の観点から望ましいとしても、憲法上の要請であるとまでは認められていない[63]。はじめに述べた通り、番組編集準則の制定が「知る権利の社会権的性格を充足するための国の責務」に属し[64]、国民の知る権利こそが、番組編集

---

[62]　荘宏『放送制度論のために』（日本放送出版協会、1963年）136頁以下。

[63]　ただし、学説には、西土・前掲注(3)49頁以下のように、「マスメディアの自由の理念を実現する立法者の義務」を認め、その義務の履行が公共放送の設置へと結実すると説く見解もある。なお、長谷部恭男は、「公共財としての自由な表現空間の確保にあたる国家の義務」に言及しているものの（同「国家による自由」ジュリスト1244号（2003年）36頁）、マスメディアの自由を実現するために規制枠組みを創設する立法者の憲法上の義務については留保している（同＝井上典之「表現手段の多様化とプライバシー」井上典之ほか編『憲法学説に聞く』（日本評論社、2004年）86頁以下）。

[64]　芦部・前掲注(2)65頁以下。

283

◇ 第3部 ◇　メディア法・情報法

準則という法的規制を正当化する実質的根拠であると考えるとしても、日本の場合、この責務をいかに実現するかは立法者の判断に委ねられているし、放送の自由が、立法者に対し、視聴者の知る権利に応える情報多様性の確保のため法的規制を課すことを義務づけているとまで考えることは難しいであろう。

このため、番組編集準則による内容規制は放送の自由に対する制限としてとらえられ、その正当化が求められる。地上波によるラジオ放送に加えて、テレビ放送が登場した頃であればともかく、ケーブルテレビ、衛星放送だけでなく、インターネットによってテレビ放送と同じような情報伝達が可能になっている現状で、番組における政治的公平を求める法的規制を維持する必要はあるのか、もし必要がないとしたら、過剰な表現規制として憲法違反だと考えるべきではないかが厳しく問われることになる。番組における政治的公平と多角的な論点の解明を求める放送法4条1項2号と4号について、学説では合憲説と違憲説が対立している[65]。

違憲説は、番組編集準則の法的性格を法的規定であると理解したうえで、多チャンネル化により周波数の稀少性は解消されつつあること、放送の社会的影響力の証明がなされていないこと、いかなる基準により番組の内容が画一的と判断するのか不明であること、これらの根拠が薄弱であれば、それらを総合しても意味がないことなどを理由に、放送を表現の自由論において例外扱いすべきではないと主張している[66]。違憲説によれば、放送事業者・視聴者の双方にとって、サービスの質を向上させる契機は、多数の多様な番組の自由な市場における自由な競争にある。それゆえ、国家に許されるのは電波の混信防止であり、番組の質の維持・向上を目的とする政策的な規制は許されないとされる[67]。「多チャンネル化の時代に入った今、電波メディアも印刷メディアと同様、その内容による淘汰は視聴者の手に委ね、立法目的があいまいで、かつ時代遅れとなった内容規制は違憲として、もはや撤廃すべき段階に入ったのではないか」という指摘もある[68]。また、2010年改正で、放送法の番組編集準則は、無線電波を使用するかどうかを問わず、公衆が直接受信することを目的とする電気通

---

[65]　詳細について、鈴木秀美「融合法制における番組編集準則と表現の自由」阪大法学60巻2号（2010年）270頁以下参照。

[66]　違憲説の概観として、鈴木ほか・前掲注(4)112頁〔西土彰一郎〕参照。

[67]　阪本昌成『憲法理論Ⅲ』（成文堂、1995年）114頁。

[68]　渋谷秀樹『憲法(第2版)』（有斐閣、2103年）395頁。

◈ 第 11 章 ◈ 放送法における表現の自由と知る権利［鈴木秀美］

信の送信としての「放送」に適用されることになったが、「このような放送概念
の妥当性、とりわけ放送番組規制については、なぜそのような規制が許される
のか憲法的にきわめて強い疑問がある」という指摘もある[69]。

これに対して、番組編集準則の合憲性を認める学説は、前述した周波数の稀
少性と放送の社会的影響力などを主たる理由として、放送法によって番組に政
治的公平や論点の多角的解明を求めることも許されるとしてきた。ただし、合
憲説の多くは、番組編集準則の法的性格について、厳密な意味の法的規定では
なく、倫理的・精神的な性格の規定と理解する（以下では、「倫理的規定説」）。倫
理的規定説によれば、放送事業者が番組編集準則に違反した場合も、総務大臣
は無線局の運用停止や免許取消などの行政処分を行うことはできないし、番組
内容を理由とする行政指導を行うことも憲法上許されない[70]。なぜなら、総務
大臣が政治的公平や多角的な論点の解明という観点から番組を監督することに
なれば、放送事業者に萎縮効果を及ぼし、情報多様性の確保を著しく損なうと
考えられるためである。実際、アメリカ合衆国では、1987 年、上記の理由によ
りフェアネス・ドクトリン（公正原則）が廃止されている[71]。

倫理的規定説は、結論としては、番組における政治的公平と多角的な論点の
解明を求める放送法 4 条 1 項 2 号と 4 号を合憲としてきたが、前述したように、
合憲だという結論を導くために、問題の規定を倫理的な性格のものと理解する
という条件をつけている。これは一種の合憲限定解釈である[72]。倫理的規定説
は、裏を返せば、番組編集準則が倫理的規定ではなく、厳密な意味の法的規定
であるとすれば、違憲だということを含意している。このため、倫理的規定説
に対しては、「法の規範性を弱めるばかりか、巧妙な行政指導の温床を生む可能
性があり、むしろ逆効果」だという批判も加えられている[73]。番組編集準則に
ついて、倫理的性格の規定であるから合憲と説明するよりも、はっきりと違憲
といえばよいではないかというのである。

このような、番組編集準則の合憲性をめぐる議論の中から、近年では、放送

[69] 松井茂記『マス・メディア法入門［第 5 版］』（日本評論社、2013 年）293 頁以下。現行
　　放送法の放送概念の問題点について、鈴木秀美「通信・放送の融合で揺らぐ放送概念と
　　今後の方向性」放送メディア研究 10 号（2013 年）131 頁以下参照。
[70] 鈴木・前掲注(65)270 頁以下参照。
[71] 市川正人『ケースメソッド憲法（第 2 版）』（日本評論社、2009 年）160 頁脚注(3)参照。
[72] 立山紘毅『現代メディア法研究』（日本評論社、1996 年）185 頁。
[73] 駒村圭吾『ジャーナリズムの法理』（嵯峨野書院、2001 年）162 頁。

◇ 第3部 ◇　メディア法・情報法

法を改正し、放送法4条1項、とりわけ不明確な「政治的公平」の規定を民間放送との関係では削除すべきだという考え方も登場している[74]。番組編集準則が法的規定であることを前提とする運用が続くなら、筆者も同じ意見である[75]。また、それ以前から、「公安及び善良な風俗を害しない」（1号）については、知る権利を充足するという積極的な根拠が乏しく、漠然かつ広汎な規制であるという理由で、違反に対して法的制裁をともなう規範と解するなら、憲法上の重大な疑義が生じると指摘されてきた。1984年、放送通信制度研究会は、公安・善良な風俗の維持と「報道は事実をまげない」という番組編集準則は、放送事業者の自律に委ね、放送法から削除されてもよいという見解を表明していた[76]。

　そもそも放送法の制定に際して、1949年に閣議決定された放送法案では、政治的公平の規定は、ＮＨＫだけに適用されることになっていた。ところが、国会審議のなかで、ＮＨＫのために規定された番組編集準則が、民間放送にも「準用」されることになったという経緯がある。そして、番組編集準則は1988年の放送法改正で「通則」に移され、民間放送にも「適用」されることになった。

　旧郵政省は、1990年代初めまで、放送事業者の自律の尊重という放送法の立法趣旨をふまえ、政治的公平の規定に違反した場合に行政処分を行うことにつき慎重な姿勢をとっていた。ところが、1993年のいわゆる椿発言事件の際、旧郵政省から、放送事業者が政治的公平の規定に違反した場合、大臣は無線局の運用を停止することができるという見解が示された。その後、旧郵政省、2001年からは総務省が、番組編集準則の観点から番組内容を問題視してこれまでに30回ほど行政指導を行った。なかでも、2004年から2009年の5年間、自民党政権の下で行政指導が頻繁に繰り返された。ただし、それを問題視する論考が増えるなか、2009年、民主党が政権を握ってからは番組内容を理由とする行政指導が行われなくなり、2012年末に民主党を破って成立した第2次安倍政権においても2014年末の時点で番組内容を理由とする行政指導は一度も行われていない。

　番組編集準則には、もし違反に対して法的制裁をともなう規範であると解す

---

(74)　宍戸常寿「憲法学から見た、地上民放テレビの可能性と将来像」日本民間放送連盟『放送の将来像と法制度研究会報告書』（日本民間放送連盟研究所、2010年）44頁。

(75)　鈴木秀美「番組編集準則の現代的意味を問う」民放2014年11月号16頁。

(76)　放送通信制度研究会「放送制度に関する法政策研究報告書」芦部信喜編『共同討議ニューメディア時代の放送制度像』（日本放送出版協会、1986年）24頁以下。

◈ 第11章 ◈ 放送法における表現の自由と知る権利［鈴木秀美］

るなら、表現の自由に対する萎縮効果のゆえに憲法上の重大な疑義が生じるという問題がある。この問題を解決するためには、次のような二つの方法が考えられる。ひとつは、前述したように、番組編集準則を放送法から削除することである。そうすれば、放送された番組が政治的に公平ではないという批判が出ても、それは放送倫理の問題であって、総務省が当該番組の番組編集準則適合性を問題視することはできなくなる。次に、別の解決策として考えられるのは、番組編集準則を放送事業者の自律のための倫理的規定と位置づけ、電波法76条等、総務大臣が放送事業者に対して行政処分を行う根拠となる規定に含まれる「放送法違反」から、番組編集準則違反を除外するという限定解釈を行うことである。

このように、番組編集準則による内容規制を違憲とせず、倫理的規定であるから合憲とする考え方の背景には、番組編集準則をむしろ積極的に、「放送事業者の自律のための倫理的規定」であるとする考え方がある[77]。なお、2009年からこれまで、番組準則との関係で問題視された番組があったにもかかわらず[78]、番組内容についての行政指導が行われなかったことは、倫理的規定説からみて番組編集準則の憲法適合的な運用だったということができる。

2. 放送法と自主規制

(1) 日本モデルの特徴

番組編集準則を放送事業者による自律ための規定と解することとの関係で興味深いのは、日本の放送法における番組規律の仕組みには、他国と比べて、①例外的な場合を除いて自主規制に委ねられており、②法目的の達成手段として自主規制が採用されており（いわゆる「規律された自主規制」）、③自主規制といっても、放送事業者だけでなく、放送番組審議機関に媒介された公衆との相互関係において行われるものとされているところに特徴があるとの指摘であ

---

[77] 鈴木ほか・前掲注(4)190頁〔西土彰一郎〕。

[78] 例えば、フジテレビのバラエティー番組『ほこ×たて 2時間スペシャル』（2013年10月20日放送）で、出演者のラジコンカー操縦者が放送後、「対決内容が編集で偽造された」と指摘し、社内調査の結果、視聴者の期待と信頼を裏切ったとして、番組が打ち切られた事案について、放送倫理・番組向上機構（ＢＰＯ）の放送倫理検証委員会は、「ない対決を、ある」としたことや制作体制の組織的な問題などを指摘して、「番組の制作過程が適正であったとは言い難く、重大な放送倫理違反があった」とする意見を2014年4月1日に公表した。

◇第3部◇　メディア法・情報法

る[79]。放送法が採用した手法は、「規律された自主規制」の一類型ともいえるが、「その中でも国家の介入の程度がかなり低い点で、比較法的にみると独特なものであり、放送番組規制の『日本モデル』と呼ぶことができ」るというのである[80]。

　これに加えて、日本の番組規律の特徴として指摘しておく必要があるのは、1950年に放送法と電波法が制定された際、アメリカの連邦通信委員会を参考にして、電波監理委員会が設置されたのに、1952年に廃止され、その後、放送行政は大臣（旧郵政大臣、現在は総務大臣）の権限とされていることである。電波監理委員会の廃止にともない、電波監理審議会が設立され、電波監理委員会には総務大臣に対して一定の拘束力を与えられたが、かねてより、放送行政の公正さを確保するためには、独立行政委員会を新設すべきだと説かれてきた[81]。多くの国では放送規制は独立行政機関の権限とされており、今日では、独立行政機関は放送規制の「国際標準」といわれるようになっている[82]。ドイツでも、民間放送の番組問題を国家が直接に監督することは憲法上禁止されている、と考えられている[83]。このような観点からみると、大臣が、放送法と電波法の遵守について、言論機関である放送事業者を監督するという日本の仕組みには、放送の国家からの自由という観点からみて重大な憲法上の問題がある。この問題を解消するためにも、番組編集準則を、放送事業者の自律のための倫理的規定と位置づける必要性が出てくる。

---

(79)　曽我部・前掲注(5)396頁。

(80)　曽我部・前掲注(5)374頁。

(81)　例えば、塩野宏『放送法制の課題』（有斐閣、1989年）373頁、メディア総合研究所編『放送を市民の手に』（花伝社、1998年）47頁。筆者も、制度としては総務大臣による監督よりも、独立行政委員会のほうがよいと考えている（鈴木・前掲注(7)313頁）。ただし、それが期待された機能を果たすための諸条件が日本では整っていないという認識から、総務大臣による監督を前提として、放送に対する政治的影響力の行使を抑制する工夫をするほうが現実的な選択ではないかと述べたことがある（鈴木・前掲注(6)87頁、同・前掲注(65)285頁も参照）。なお、筆者は、独立行政委員会が番組内容の監督を行う場合には、内容規制はより明確な法文に改められなければならないと考えている（鈴木・前掲注(6)88頁）。

(82)　山田健太「放送の自由と自律」自由人権協会編『市民的自由の広がり』（新評論、2007年）186頁。鈴木ほか・前掲注(4)123頁以下〔稲葉一将〕、153頁以下〔曽我部真裕〕も参照。

(83)　*Degenhart*, a. a. O. (Fn. 8), Rn. 61.

◈ 第11章 ◈ 放送法における表現の自由と知る権利［鈴木秀美］

　なお、2009年の政権交代後、民主党政権は総務省に「今後のＩＣＴ分野における国民の権利保障等の在り方を考えるフォーラム」を設置し、政治介入から言論の自由を守る「砦」はいかにあるべきかを検討した。放送を含むＩＣＴ（情報技術とコミュニケーション技術）の分野において、当初、独立行政委員会が新設されるとの見方もあったが、最終的には現行の仕組みが維持されることになった。

(2)　番組審議機関の役割

　繰り返しになるが、放送法は、放送事業者に放送番組の編集にあたって、「公安及び善良な風俗を害しないこと」（1号）、「政治的に公平であること」（2号）、「報道は事実をまげないですること」（3号）、「意見が対立している問題については、できるだけ多くの角度から論点を明らかにすること」（4号）を求めている。ただし、番組編集準則が用いている概念はいずれも漠然かつ広汎であるだけに、放送事業者が番組を制作するためにはより詳細な基準が必要となる。

　そこで、放送法は、放送事業者に対し番組編集準則の具体化を求めており、「番組基準」の策定を義務づけている。どのような番組基準を策定するかの判断は放送事業者に委ねられているが、放送事業者は、自らが策定した番組基準に従って番組の編集を行わなければならない（5条1項）。そうすることで、番組編集準則に適った番組が放送されることが期待されている[84]。放送事業者は、自らの番組基準として他の放送事業者よりも厳格なルールを採用することもできるが、もしそのようにした場合には、他の放送事業者には可能な表現でも、自らの番組基準には違反する可能性も出てくる。

　なお、視聴者の説明責任を果たすため、放送事業者によって策定された番組基準は、総務省令によって定められた方法により公表されなければならない（5条2項）。1990年代には、放送法の義務づけにもかかわらず、番組基準を公表していない放送事業者もみられたが、現在では、ホームページによる公表が一般化している。なお、キー局や准キー局では、放送基準とは別に番組制作のための行動基準として「ガイドライン」や「ハンドブック」を作成している。その多くは非公開であるが、関西テレビは、2007年の番組捏造事件の後、「番組制作ガイドライン」を作成し公表している（現在公表されているのは2012年改訂版）。番組基準やガイドラインは放送事業者の努力義務としての意味しか持たないと

---

(84)　金澤薫『放送法逐条解説(改訂版)』（情報通信振興会、2012年）63頁。

◇第 3 部◇　メディア法・情報法

解されてきたが、放送事業者の不法行為責任の根拠とされたり、行政指導の根拠とされた例もあり、放送局の自助努力を足踏みさせることになる可能性がある」として問題視されている[85]。

　放送事業者は、放送番組の適正を図るため、学識経験者からなる放送番組審議機関（通常、「番組審議会」とか「番審」と呼ばれている）の設置を放送法によって義務づけられている（6 条、民間放送 7 条、ＮＨＫ 82 条）。それぞれの放送事業者が番組審議機関の委員を任命する。番組審議機関は、放送事業者の諮問に応じ、放送番組の適正を図るため必要な事項を審議するほか、これについて、放送事業者に意見を述べることができる。放送事業者は、番組基準、放送番組の編集に関する基本計画および放送番組の種別[86]の基準を定めるとき、番組審議機関に諮問しなければならない。放送事業者は、番組審議機関が諮問に応じて答申し、または意見を述べた事項があるときは、これを尊重して必要な措置をしなければならない。放送事業者は、総務省令の定めに従い、①番組審議機関の答申または意見に基づき講じた措置の内容、②訂正または取消しの放送の実施状況、③放送番組について申し立てられた苦情や意見の概要を、番組審議機関に報告しなければならない。放送法は、ここでも、視聴者に対する説明責任として、放送事業者に番組審議機関の機能の活用に努めること、さらに、総務省令に従って、番組審議機関の答申または意見の内容、議事の概要、番組審議機関の答申または意見に基づき講じた措置の内容の公表を義務づけている。

　学識経験者によって構成される番組審議機関は、視聴者に代わって、放送事業者に対する批判機関となることを期待されており、その活動が公表されることにより、放送事業者による番組基準の遵守を公衆の批判に委ねるという仕組みとなっている。番組審議機関は、放送事業者と公衆の媒介者と位置づけられている[87]。なお、番組審議機関の委員については、当初、3 分の 1 以内は当該放送事業者の役職員も委員になることが許されていたが、1988 年改正によって、すべての委員が外部の学識経験者でなければならないことになった。「自律性よりも放送番組の批判機関としての性格を強化しようとしたもの」と指摘され

---

[85]　鈴木秀美ほか編『よくわかるメディア法』（ミネルヴァ書房、2011 年）168 頁以下〔山田健太〕、鈴木ほか・前掲注(4)148 頁以下〔山田健太〕の指摘。

[86]　番組種別の公表義務については、鈴木秀美「新放送法における放送の自由——通販番組問題を中心として」企業と法創造 8 巻 3 号（2012 年）3 頁以下参照。

[87]　曽我部・前掲注(5)396 頁。

◆ 第 11 章 ◆ 放送法における表現の自由と知る権利［鈴木秀美］

ている[88]。ただし、その後も、番組審議機関の会合には、当該放送事業者の会長や社長などの幹部も出席している。

番組審議機関の設置義務は、1959 年の放送法改正によって導入されたものである。日本では、1953 年にテレビ放送が始まり、その後、急速にテレビ受像機が普及した。その際、重要な役割を果たしたのがプロレスの中継である。ただし、テレビの普及が進むにともない、低俗番組への批判の声も高まった。活字離れ、暴力礼賛、ＣＭによる過度な消費の助長などが問題視される中、1959 年、放送番組の適正化を図るために放送法が改正された。番組基準の策定と番組審議会の設置が放送事業者に義務づけられた他、1950 年に制定された放送法の番組編集準則では、「公安を害しないこと」（1 号）だった規定が、「公安及び善良な風俗を害しないこと」という規定になった。また、「教養番組又は教育番組並びに報道番組及び娯楽番組を設け、放送番組の相互の調和を保つこと」という番組調和原則が追加された。訂正・取消し放送の関係者が番組を事後的に確認できるようにするために、放送後 3 週間の番組の保存が義務づけられた。大臣は、必要に応じて放送事業者に資料の提出を求めることができるという規定も新設された。

なお、放送法が番組審議機関の設置を放送事業者に義務づけることについて、放送事業者は、「局の自主性に任せるべきだ」と抵抗したが、奏功しなかった[89]。このため、放送法のこの義務づけについては、「自主規制の仕組みが公的規制に取り込まれた事例として、批判的検討が必要」だとする指摘もある[90]。ＮＨＫと民間放送は、1959 年の放送法改正の前から自主的にそれぞれに番組審議会を設置していた。ＮＨＫは、1950 年、定款に基づいて会長の諮問機関として 15 人以内の委員からなる「放送番組審議会」を設置した[91]。これに対し、民間放送では、1957 年に民間放送連盟の理事会で番組審議会を設置するという基本方針を決定し、1958 年 1 月に「民間放送番組審議会」を設置した[92]。その背景には、

[88] 鈴木ほか・前掲注(4)282 頁〔本橋春紀〕。

[89] 丹羽俊夫「放送倫理基本綱領と効果」渡辺武達ほか責任編集『メディアの法理と社会的責任』（ミネルヴァ書房、2004 年）278 頁。

[90] 鈴木ほか・前掲注(4)208 頁〔本橋春紀〕。

[91] 日本放送協会放送史編集室編『日本放送史（下）』（日本放送出版協会、1965 年）40 頁。初期の委員には、当時の電波監理委員会委員長の富安謙次も含まれていた点が、ドイツの内部監督機関の委員構成との比較の意味で興味深い。

[92] 日本民間放送連盟『民間放送 10 年史』（日本民間放送連盟、1961 年）284 頁。

◇ 第 3 部 ◇　メディア法・情報法

1957 年 8 月 12 日、当時の郵政大臣（田中角栄）が、衆議院逓信委員会で「局外有識者による番組審議会を設ける構想のあることを明らかにした」ため、民間放送連盟が、「政府統制に先手を打って」自主的に設置を進めたという事情もあった。

　放送法が番組審議機関の設置を放送事業者に義務づけたため、ＮＨＫは、中央放送番組審議会と、八つの地方放送番組審議会と国際放送番組審議会を設置した。民間放送事業者もそれぞれ番組審議会を設置した。ＮＨＫは、独自に「日本放送協会番組基準」を定めている。民間放送では、民間放送連盟が「放送基準」を定めており、個々の放送事業者が策定した番組基準は、ほとんどの場合、民間放送連盟放送基準と同じ内容になっている。番組審議機関の設置義務の導入にともない、放送事業者は、番組編集準則を具体化するため自ら策定し、番組審議機関に諮問した番組基準に従って、放送番組の適性を図ることになった。このような仕組みの中で、番組編集準則は、番組基準を策定するための指針にすぎない。番組規律の実効性確保にとって、番組編集準則を指針として策定された番組基準が大きな意味をもっている。

　放送法によって放送事業者に番組基準策定と番組審議会設置が義務づけられたことにより、「番組審議会への諮問を通じた放送事業者による番組基準の策定」という自主規制は、本来の意味の自主規制から、国家による放送規制の手段としての自主規制となった。1950 年に制定された放送法の番組内容規制は「純粋な自主規制に近いものであったと言いうる。これに対して、1959 年改正は、自主規制規範の制定・公表と、内部の監督機関の設置を義務づけるという点で、自主規制の義務付けを行い、自主規制の実効性を挙げようというものであって、放送法の原則を『規律された自主規制』へと転換させるもの」であり、その後の番組規律の分野における法改正は、その手法を強化する方向で行われてきたと指摘されている[93]。

　なお、放送法は、番組審議機関の活動の仕方について詳しい規律をしていない。これは、放送法が自主規制の作用を尊重しようとしているからだと解される。ただし、番組審議機関が、放送事業者と視聴者の媒介者として番組の適正を図るため、立法者によって期待された役割を実際に果たしてきたかについては、ごく一部の放送事業者を除いて、形骸化していると批判されてきた[94]。テ

---

[93]　曽我部・前掲注(5)380 頁以下。

[94]　丹羽・前掲注(89)278 頁以下参照。

292

◆ 第 11 章 ◆ 放送法における表現の自由と知る権利［鈴木秀美］

レビ放送の場合、番組審議機関は、通常、1カ月に1度の会合で、放送事業者が選んだ番組を視聴し、意見を交換するが、厳しい批判が出ることはあまりないといわれている。放送事業者が番組審議機関の機能の活用に消極的な背景には、放送法と放送法施行令に基づき、総務大臣に番組審議機関の議事概要等について放送事業者に資料の提出を求める権限が与えられており、この権限を通じて放送事業者の内部事情が総務省に筒抜けになってしまうため、放送事業者が番組審議機関の活用に消極的になっているという事情もあるという。自主規制といっても、この仕組みが番組規律のための手段として放送法に取り込まれていることから生じる問題だといえよう。とはいえ、「制度として視聴者との双方向性を実現し、経営・制作幹部に直接、外部の意見を伝える場としての意義は大きい」[95]という指摘もある。放送事業者は、放送の公共性に配慮して、この制度をより積極的に活用していくべきである。

3. 小　括

　公共放送の独占体制が 1980 年代半ばまで続いていたドイツと異なり、戦後すぐに二元的放送制度が確立された日本では、放送の自由は何よりも放送事業者の表現の自由としてとらえられてきた。国民の知る権利に応えるため、放送における情報多様性や真実性を維持することは、「不偏不党」および「真実」という概念によって放送法の目的規定に定められており、それが番組編集準則において、番組における「政治的公平」や「報道は事実を曲げないですること」として具体化されている。ただし、日本の場合、放送の自由が、放送における情報多様性の確保を立法者に義務づけているとの解釈は取られておらず、放送法の合憲性が情報多様性の確保の観点から検討されることはない。

　放送法は、番組編集準則適合性の確保を放送事業者の自律によることを基本とし、放送事業者が放送番組を編集する自由を尊重している。番組編集準則は、公共の福祉のための放送事業者の表現の自由に対する規制だととらえられている[96]。1950 年に制定された放送法は、1959 年の改正によって、放送事業者に番組基準の策定と番組審議機関の設置という自主規制の仕組みを義務づけ、「規律された自主規制」の手法を採用した。放送法の目的規定が番組編集準則によって具体化され、番組編集準則が放送事業者によって策定される番組基準によ

---

[95]　鈴木ほか・前掲注(85)169 頁〔山田健太〕の指摘。

[96]　金澤・前掲注(84)58 頁。

◇ 第 3 部 ◇　メディア法・情報法

ってさらに具体化されるという仕組みである。そして、この番組基準を有識者からなる番組審議機関に諮問させることで、その客観性や適性さの確保が期待されており[97]、番組審議機関の議事概要等の公表を義務づけ、番組審議機関と視聴者との結びつきを深めることで、番組の適正化が図られている[98]。

　このような仕組みの中では、番組編集準則に違反した番組が放送されたと問題になったとき、総務大臣として電波法 76 条または放送法 174 条に基づく権限を行使することや、それを背景とする行政指導を行うことには慎重でなければならないはずである。番組編集準則は倫理的規定にすぎず、放送事業者が策定した番組基準によって具体化されており、放送法が番組の適正化を放送事業者の自律によって果たそうとしていることを前提に放送行政は行われるべきである。もしこれと異なる放送法の運用が続くなら、番組編集準則の削除も必要になるだろう。学説では、違憲説だけでなく、合憲説のうち倫理的規定説も、総務省が番組編集準則を法的規定として運用することは憲法上許されないと考えていることをここで強調しておきたい。

　2010 年、通信放送法制の分野では大きな法改正がなされたが、放送番組規制の日本モデルは維持された。放送業界は、2003 年、放送事業者による自律を強化するために放送倫理・番組向上機構（ＢＰＯ）を設立した。同機構の下に設置された放送倫理検証委員会、放送人権委員会、青少年委員会は、放送における言論・表現の自由を確保しつつ、視聴者の基本的人権を擁護するため、放送への苦情や放送倫理の問題に対応する第三者機関として大きな役割を果たしてきた。ＢＰＯについては、番組審議機関のように放送法でその存在を位置づけるという提案もなされている[99]。しかし、番組審議機関の形骸化の背景には、前述したとおり、自主規制といっても、この仕組みが番組規律のための手段として放送法に取り込まれたという事情がある。放送事業者の表現の自由や自律を真の意味で尊重するためには、ＢＰＯはこれからも放送法による規律から自由な存在としておくべきであろう。

---

[97]　金澤・前掲注(84)65 頁以下。
[98]　金澤・前掲注(84)69 頁。
[99]　曽我部・前掲注(5)398 頁以下。

Ⅳ　おわりに

　コンラート・ヘッセは、1959 年、「国家生活の進行を規定する力として、事実上の関係や所与の政治的・社会的諸力の規定する力のほかに、憲法の規定する力が存在しているか？」、「この力は何に基づくか？」、「この力はどこまで及ぶか？」、「むしろ、実際には、まったく異なった諸力が国家生活の進行を規定しているのに、とりわけ憲法が国家生活の進行を規定している、と考えるのはフィクションではないか？」という問題を提起した[100]。これが、「憲法の規範力」の問題である。

　その後、1975 年にドイツ連邦憲法裁判所の裁判官となったヘッセは、1981 年の第 3 次放送判決、1986 年の第 4 次放送判決、1987 年の第 5 次放送判決という三つの憲法判例を通じて、奉仕する自由としての放送の自由の解釈を確立するとともに、二元的放送制度のグランドデザインを描きその確立に大きな影響を与えた[101]。公共放送の独占体制から二元的放送制度へ移行するまさにその時期に、現実を秩序づける憲法の規範力[102]がどこまで放送法の分野に及ぶべきかが、上記の三つの憲法判例によって示されたことになる。連邦憲法裁判所は、2014 年 3 月 25 日の第 14 次放送判決に至るまで、第 3 次放送判決によって示された放送の自由の解釈を維持しており、放送の自由から放送の国家からの自由と放送における意見多様性の維持という放送立法に対する憲法上の要請を導き出している。放送判決は、この憲法上の要請を放送制度としてどのように内容形成するか、それについての判断を立法者の裁量に委ねているものの、内容形成のあり方の合憲性が連邦憲法裁判所によって審査されることを通じて、憲法の規範力が放送法とそれを支える現実に深く浸透しているということができる。

　日本においても、放送の自由は放送の国家からの自由であるが、同時に、放送が国民の知る権利を充足するためには、放送によって提供される情報の多様性が確保されるべきだと考えられている。ただし、放送法は、番組編集準則を

---

[100]　*Konrad Hesse*, Die normative Kraft der Verfassug, 1959, S. 6. 邦訳として、コンラート・ヘッセ（古野豊秋訳）「憲法の規範力」ドイツ憲法判例研究会編『規範力の観念と条件』（信山社、2013 年）15 頁以下がある。本稿の引用部分の訳文は、栗城壽夫「ヘッセの『憲法の規範力』論とイェリネックの『事実的なものの規範力』論」同書 36 頁による。

[101]　詳しくは、鈴木・前掲注（7）63 頁以下、同「放送の自由――その理念と制度」憲法理論研究会編『憲法基礎理論の再検討』（敬文堂、2000 年）115 頁以下参照。

[102]　ドイツ憲法判例研究会編『規範力の観念と条件』（信山社、2013 年）3 頁〔三宅雄彦〕。

◇ 第3部 ◇　メディア法・情報法

はじめ、放送法による法的規制の履行確保を原則として放送事業者の自主規制に委ねており、違反に対する行政指導が行われることはあっても、総務大臣による行政処分が行われた前例はない。日本の放送法制においては、法律による規律が緩やかで、法的規律においては法律よりも省令が重要な役割を果たしている。行政に大きな裁量の余地が与えられており、放送行政のあり方が法的に争われることはほとんどない。また、ドイツのような抽象的規範統制の手続も存在しないため、放送法やその運用の合憲性がたとえ議論になっても、それは立法や行政の段階であり、司法の場で決着をつける機会はほとんどないといってよい[103]。放送法は、放送による表現の自由を確保するため放送の自律を重視しており、とくに、視聴者の知る権利を充足するための放送における情報多様性の確保の実現は、放送事業者の自主規制の力に委ねられている。日本の場合、放送の国家からの自由という観点から放送法のあり方が論じられることはあるが、放送における情報多様性が十分に実現されなくても、だからといって放送法の規律が放送の自由に違反するといわれることはない。放送における情報多様性の確保は政策上の課題であって、憲法上の要請とまでは考えられていないからである。この点が、放送の自由から、放送における意見多様性の確保という立法者の義務が導き出されているドイツとの大きな違いである[104]。

〔付記〕本稿は、日本学術振興会科学研究費助成金基盤研究（C）「フルデジタル時代の通信放送法制の憲法学的考察」（2012年度～2014年度）の研究成果の一部である。

---

[103]　ただし、NHKの受信料制度をめぐる問題として放送法の合憲性が裁判所で争われることがある。

[104]　鈴木・前掲注(7)144頁以下参照。

第12章

表現の自由の意味をめぐる省察

棟 居 快 行

I 問題の所在
II 制度の変化と表現の自由の機能
III 表現の自由の制約法理
IV ネット社会におけるパブリック
　　フォーラム
V 政　府　言　論
VI 表現の自由と立憲主義の将来

I　問題の所在

1. 表現の自由の力

　自由な思想はいつの時代にあっても、人々の無知という堅牢な基礎の上に建てられた制度[1]を揺るがし、人々に余計な不安を抱かせるとともに、制度運用の知識だけで優位に立つ者の地位を脅かす。制度が特定の思想の産物である、という因果関係自体は——たとえ思想の中身は難解であっても——、無知な人々にも容易に把握しうることから、思想はいかなる内容のものであっても、制度の伝統的墨守という観点からは危険性を孕んでいる。現に通用している制度を特定の思想により正当化し、説明しようとする試みであれ、それはとりもなおさず当該制度を一定の思想という前提条件の下に置き、相対化することに他ならないのであるから、この命題の例外ではない。制度の側に立つ者らにとっては、およそあらゆる思想が、その相対化の力ゆえに、危険であり迷惑な存在な

---

[1] 「制度」という概念はさまざまの負荷をかけられた不幸な概念であるが、本稿では、「法制度」という特に断りなく使用することの許された用語と同義に用いている。本文でも後述するが、あえて筆者なりにその属性を挙げれば、法で記述された目的と効果の複合体であり、その根拠や正当性を自ら論証する必要なく妥当する（その目的や効果の正当性を問う側がその不当性を論証しなければならない）もの、とでも言いうるであろう。

『〈講座 憲法の規範力〉第4巻 憲法の規範力とメディア法』ドイツ憲法判例研究会編　　*297*

◇ 第3部 ◇　メディア法・情報法

のである。

　この微かな指摘だけでも、思想を他人に伝えようとする営み——表現の自由の行使——が、国家権力は言うに及ばず、社会におけるすべての確立された制度の側からは警戒され、制約しようとされるものであることが説明される。表現の自由は、それが生まれつき備えている、制度を相対化するという特異な性質のゆえに、迫害を受ける運命にある。もちろん、この特性に着目して、既存の制度を別の制度に取って代えようとする勢力もまた、思想の力を伝達する表現の自由を武器の一つとするのであるが、彼らにとって表現は過渡的にのみ有益であるにすぎない。自由な思想と表現が保障された社会の樹立をスローガンとして、無辜の民の血で贖われた革命も、ことごとくその標榜した自由はいとも簡単に制約に服し、新しい制度の門の彫刻に、シンボルとして刻まれて終わる運命にある[2]。

2.「制度の相対化」と表現の自由

　以上にやや大げさに、表現の自由の意味を、われわれがそこで生き生かされているところの制度を相対化する、さらには揺さぶる、という点に見出した。徹底した制度批判の表現行為は、制度そのものをいわば「初期化」し、その都度新たに正当化理由を携えて再起動されるべき存在にまで落とし込む。このような制度の相対化ないし初期化の最たるものとして、制度を根源的にリプレースするところの革命が表現の自由の解放された形態であるが、しかし溶岩のようにそれは瞬時に固まり、次の制度の下での沈黙と黙従の優位に取って代わられる。

　それでは、例外的な大変革期を除いては、そもそも真正の意味での表現の自由には出番がないのか。憲法すらも定まらない変革の時代においてしか、次の体制＝根本的な制度を論じる表現行為が意味をなさないのであるとすると、そのような例外状況での表現行為を本質とする表現の自由を、特定の体制の選択

---

[2]　奥平康弘『憲法Ⅲ　憲法が保障する権利』（有斐閣、1993 年）は「憲法制度」や「憲法が保障する権利」を強調する（8 頁以下）。制度として確立された憲法典と、そこで具体的に保障された「権利」へのこだわりを示すものであろう。「制度」は、近時の憲法学で流行の用語といってもよい。本稿の筆者もこのような地に足をつけようとする憲法学への敬意はさりながら（ただし、守備範囲を狭くすれば「防御」の強度が増すというものではなく、人権論の質はあげて法ドグマーティクの緻密さにかかっている）、「守り」に入ると守るべきものも守れないのではないか、という思いから出発している。

◈ 第 12 章 ◈ 表現の自由の意味をめぐる省察［棟居快行］

を意味する憲法がわざわざ保障する必要はないことになってしまう。憲法は、自分を否定する次の体制を用意するために表現の自由の規定を置いているとでもいうのだろうか。「開かれた憲法」という言い方は勝手にすることができるが、制度を相対化する表現行為を恐れるのは、小心な官僚だけではなく、憲法を含む法秩序もその一人であろう（近代立憲主義憲法が、その点で独自の構造を持つことは後述する）。

　にもかかわらず憲法は、表現の自由を保障する。それは自分を乗り越えろ、などというお人好しのメッセージなどではもちろんない。むしろ、現行の制度を相対化するという破壊的な表現の自由の潜在力を、上手に飼いならし、制度の連続的進化に利用しようとする「理性の狡智」こそが、憲法上の表現の自由の保障の規定の背後にある[3]。

---

(3)　駒村圭吾「多様性の再生産と準拠枠構築」駒村圭吾＝鈴木秀美編著『表現の自由Ⅰ 状況へ』（尚学社、2011 年）7 頁は、「表現の自由が『統治』あるいは『権力』の発想あるいはその技術と結びつく可能性を……含意している」とする。本稿も同様の問題意識に立つが、同論文が続けて、「表現の自由の価値ないし根拠に『自己統治』が据えられるのも、また、表現の自由の社会的文脈をいかにデザインするかというからみで『制度的理解』がたびたび論じられてきたのも、このような『統治の論理』を表現の自由が胚胎していることに由来する。」（同頁）とするのは、率直に違和感を禁じ得ない。誰か統治者が表現の自由の外側に存在し、統治者が表現の自由の「社会的文脈をいかにデザインするか」と頭をひねるという図は、表現の自由の側からは出てきにくいはずであろう。なお、近代立憲主義という統治のメカニズムは、国民の表現の自由を動力とすることでその持続性を獲得し得ている、その意味では表現の自由は統治の構成要素ですらあるというのが、後述するように本稿の主張である。その時代や社会ごとに技術的に普及した表現方法というものがあるが、それに適した統治機構が適者生存してゆくだけのことである。もちろんこのような見解を採れば当然に、またそうでなくてもおそらくは、統治者が超然として表現の自由のあり方をあれこれするという啓蒙専制的な立ち位置は、近代立憲主義の下ではおよそどこにも存在しない。

　なお、同書には、金井光生「表現空間の設計思想（アメリカ）」（71 頁以下）、宍戸常寿「表現空間の設計思想（ドイツ）」（101 頁）、曽我部真裕「表現空間の設計思想（フランス）」（134 頁）という国別の論稿も収められているが、おそらく編者の「制度設計」にかかるものであろう。表現の自由はしかしながら、その回路を表現の自由の行使主体以外の第三者が、どこかの高みから自覚的に設計したり変更したりすることの可能なものなのであろうか、という疑問はぬぐいがたい。「表現空間」を表現行為そのものと区別し、表現行為がその上で行われる競技場のような理解があるとすれば、そもそもそうした器と中身という対比が表現の自由で当てはまるのか、が問題である。中身に先行して器があるのであれば、確かにその「設計者」は誰かが気になる。憲法制定者はもちろん、憲法解釈者を自任する憲法学者も「設計者」でありうるのではないかとか、せめてリフォ

◇ 第3部 ◇　メディア法・情報法

しかし、そんなにうまく行くのか。つまり、原子力爆弾の破壊力をもたらす核分裂反応を小出しにするようにコントロールして、原子力発電として「平和利用」することなど可能なのか、に似た問題が、ここにも存在している。そこでまず、節を改めて、制度の通常の進化と別の制度への変異について拙論を述べておきたい。

Ⅱ　制度の変化と表現の自由の機能

1.「制度」の意味

すべての制度には、目的と手段がある。制度とは、目的と手段との複合体なのである（あるいは、本稿はそのような理解の下に「制度」という多義的な概念を用いている）。すべての制度は、運用を想定している。それも制度創設に関わった人間以外の広い範囲の人々、あるいは後の時代の人々（つまり制度の目的が何であり、そのための手段が目的とどう結びついているのかという「制度設計」に精通していない人々）による運用を、である。

そこで、制度は当然に「マニュアル」を必要とする。目的と手段の複合体としての制度であれば、目的実現のために当該手段がどのように機能するのか、あるいはその目的自体が何のために設定されているのか、といった〈リバース・エンジニアリング〉をすれば、制度創設にタッチしていない人であってもその運用の仕方を理解することは出来るはずであるが、そのような時間や労力、専門知識を持つ人は限られている。制度であるからには、誰でも（開発者ほどに専門的知識を有していない人でも一定の修練を積めば）使えないと困る。そこで、マ

ームの図面くらいは引いてもかまわないだろう、と思いがちである。

しかし、仮に「表現空間」を表現行為と区別することが可能であるとしても、表現の自由は特定の場所と方法（「表現空間」）で行使しなければならないものではなく、その時代や社会ごとの人々の可能なコミュニケーション方法のうち、いろいろな意味で最適な「表現空間」だけが生き残り、他の「表現空間」は廃棄されるだけのことである。また、そもそも表現行為を「表現空間」と区別しうるという前提そのものが、表現の自由の破壊力を見くびっている。表現の自由は、個々の既成の表現（その結果生まれた制度）だけでなく、その容赦のない破壊と書き換えを通じて「表現空間」さえも変えうる可能性を持っている。新しい表現が古い制度の壁を破砕し、流れ出たマグマが固化するように新しい制度が出来上がる。その繰り返しの無定形な場が「表現空間」であり、進化論に神の「知的計画」が関わっていないように、表現の自由も特定の誰かが予め用意する「表現空間」に閉じ込められているわけではない。

◆ 第12章 ◆ 表現の自由の意味をめぐる省察［棟居快行］

ニュアルないし取扱い説明書が必ず制度創設者らによって作られ、さらにそれ
をヨリ平易にした第三者による解説本の類いまで往々にして登場する。

2.「制度」の進化と突然変異

　制度のユーザーは、大した知識や頭脳を要求されない（されてはならない）の
が、制度が制度であるための約束事である。ある制度の取扱い説明書を見れば、
「○○をしたければ△△のスイッチを押しなさい。」という記述が並んでおり、
要するにその制度の枠の中で、したい事と出来る事がマッチすれば、あとはそ
の制度を上手に使いこなしていればよいのである。

　たとえば電話をするのに、ダイヤルよりもボタンのほうが楽だ、ということ
でボタン式になり、家のなかで持ち歩ければ便利だ、ということでコードレス
になり、それなら外でも使いたい、ということで携帯電話が登場した。

　そこまでは、電話という「制度」（今そう呼んでおく）の手段の洗練化という
べき正常進化である。ところが、それとほぼ時を同じくして、電話機能とイン
ターネット機能を融合させる、という飛躍の発想が加わり、もはや電話機能はそ
のごく一部でしかない（LINE や Skype のような無料電話はインターネットを介し
た音声通話であり、実は旧来の電話とはカテゴリーを異にする）スマートフォンの
全盛期を迎えている。電話を便利にする、というのが当初の目的であり、コー
ドレス電話や更には携帯電話さえも、そのための改良された手段にすぎなかっ
た。ところが、携帯電話が i-mode などの形で自分自身をインターネット端末
とし再定義し、目的そのものをリプレースした。すると、その新しい目的に見
合う手段として、電話としてはボタンを持たないという「欠陥商品」にも見え
るスマートフォンが、さらなる進化を遂げてゆくことになる。

　このように、制度は目的─手段の組み合わせとして、目的合理性を追求する
制度の自己改良を繰り返す。しかし、この進化はあくまで既存の目的を実現す
るための手段の合理化であるに止まる。ところが、ある時点で、既存の目的を
実現するべく洗練化された手段が、もはや当該目的にとっては過剰ともなり、
他の目的に転用しうるということを、誰かが発見する。すると、同じ手段が別
の目的を実現するための手段として再定義され、新たな目的にとっての手段と
しての自己改良を再び開始する。

　この、目的→手段→別の目的→別の手段……というジグザグ状の連鎖は、一
見すると連続的に生起する。それゆえ、われわれは固定電話がスマートフォン

◇第3部◇　メディア法・情報法

に変化したことを、単なる長足の進化としてあっさりと受け入れてしまう。しかし、制度としては、固定電話が超小型のインターネット端末に置き換えられたのであり、そこには連続ではなく切断面の生々しい断絶が存在する。電話という目的——手段の組み合わせからなる制度（あくまで相対のコミュニケーションツール）の進化の枠を飛び出して、インターネットという情報の海へのアクセスを目的とし超小型の端末を手段とするスマートフォンが登場し、電話機能を副次的な機能として保持しつつ（そのことで固定電話という別の制度にトドメを刺しながら）、しかし多くのユーザーにそうと気づかせもせずに本体の目的を入れ替えてしまう。

　電話という有線の古典的双方向メディアは、手紙の便利な代替物としてスタートしたが、すぐに電話としてのリアルタイムの双方向のコミュニケーションという技術的特徴が電話の本質となり、相対の会話の直系の発展系として、むしろ手紙以前の会話の段階にコミュニケーションを先祖帰りさせた。ところが、ネット機能に電話が取り込まれた今日の状況に至ると、電話はチャットというテキストメッセージに肉声による感情表現が加わったリアルタイム表現という、ネット上の一つの特殊な表現形態となる。親密さを演出する付加的機能がウリのこの表現形態（電話）が、不特定第三者による個人の内面へのアクセスを容易にし、出会い系による児童買春や振り込め詐欺のような犯罪の温床となるという逆説が、電話の行き着いた果てである。電話番号という有限の数字の向こうに、懐かしい人からの電話を待っている善良な情報弱者が居るという、ネット時代においてはあまりにも無防備なその特徴が、やがては電話にトドメを刺し、セキュリティの強化されたボイスメッセージがテキストメッセージと等価的なコミュニケーションツールとして、電話に代置されてゆくように推測する。

　ともあれ、連続的なように見えながら、過剰な手段は制度を別の目的に奉仕する別の制度に作り替えてしまい、制度が別物に取って代わられている。別物なのだから、同時に退場する必然性はないのであるが（電話機能を極限化した「ガラパゴス携帯」がしぶとく生き残るのもそのためである）、新しい制度が従来の制度の目的を包含する上位の目的を実現するためのものであるか、あるいは新しい制度の手段が従来の制度の目的を副次的に実現するので、——つまり新しい制度が従来の制度を包摂するので——従来の制度は不要となるのである（電話機能がネット端末の一付随機能の位置に貶められた結果、いずれは「ガラパゴス携帯」

◈ 第12章 ◈ 表現の自由の意味をめぐる省察［棟居快行］

は消滅する）。かくして、新しい制度は従来の制度とは異質の存在であるにもかかわらず、手段が共通しており、また従来の制度を包摂しているため、外観上は制度自体も連続的に進化しているように見えるのである。

要するに、制度の変化には、同じ制度目的のままで手段が進化＝洗練化するという連続的な変化と、制度目的自体が入れ替わり別の制度に変異するという不連続の変化との二種類がある。また、この区別されるべき二つの変化が、見かけの上では連続的に生起する。パラダイムの転換は、当事者に気づかれずに静かに行われる。

3. 制度内の表現の自由／制度外の表現の自由

制度を相対化する力をもともと有している思想や表現の自由は、制度の目的を維持しながらの手段の洗練化のプロセスにおいては、「改善提案」を制度運営の直接の担当者以外からも広く集めるために有用に機能する。しかしながら、制度の連続的な進化については必ずしも利害と関心を担当者と共有しない部外者からの提案は、制度目的にとり過剰な手段に辿り着く時間を大幅に短縮し、手段が従来の目的を凌駕して新しい目的を自ら設定する。つまり、革命的変化への途を、正常進化だけのための表現の自由も結局は、拓いてしまうのである。アンシャン・レジームにおいて古い体制を持続させるために考案されたさまざまの制度改革提案が、当初の目的とは相対立する革命的な新体制にそのまま採用され、出来立ての政府に実務的な政策を可能とするのも、この制度の進化と突然変異の皮肉なジグザグの故である。

このような制度の進化、あるいは飛躍的な突然変異と表現の自由との正の相関関係に着目すると、以下のように言えるだろう。憲法が思想や表現の自由を保障しているのは、憲法自身が用意しているさまざまの制度の手段の進化を、行政官僚や議会、司法という制度の当事者たちによる緩慢な改善だけに委ねるのではなく、「制度外」の一般市民による自由な情報伝達や言論、相互批判によってそのスピードを加速することを目指してのものなのである。つまり、本稿の以上のような進化論的、功利主義的な観点からすれば、表現の自由が一般市民に保障されているのは、憲法が創設した制度がその所期の目的を実効的に実現するためのよりよい手段を素早く、かつ低コストで獲得するためである[4]。

---

[4] 毛利透『表現の自由』（岩波書店、2008年）13頁は、カント『啓蒙とは何か』を引用しつつ、以下のように述べる。「『理性の公的な使用』とは、個人が役職者ではなく『全

◇ 第3部 ◇ メディア法・情報法

しかし、このような虫のよい話には裏がある。つまり、上にも述べたように、手段の素早い進化は、やがて目的自体を別のものに置き換える誘因となる。それでは、憲法上の表現の自由の保障は、手段の改良に結びつく制度内的・漸進的な表現は歓迎するが、目的の入れ替えにつながる根底的な批判や新規の提案は警戒する（そのような表現の自由の保障まではカバーしない）という使い分けを前提としているのか。そんなに都合よく行くものではない。表現の自由が政府の側にとって「有益」か「有害」か、によって保障の有無や程度を分けるなどというご都合主義は想定することさえ困難である。

ところがこの点は、実は近代立憲主義憲法の構造そのものによって、問題が生じないように巧妙な解決策が講じられている。近代立憲主義憲法は、思想・表現の自由を保障するのと同時に、これら人権を駆使してなされる政府批判を、その根源的なものも含めて、むしろ国家権力の動力とする仕掛けを発明した。封建制ではないところの近代立憲主義の下では、法は可変的であり、憲法が生み出した立法権は、その権限を駆使してさまざまの法律を制定する。法律は目的と手段の組み合わせからなる、典型的な「制度」である。つまり、近代立憲主義という——個人の尊重を目的とし議会制民主主義と権力分立を手段とする——ひとつの大きな制度の下では、目的自体を自由に設定し入れ替えうるところの「立法」というツールによって、手段の進化が目的を別のものに置き換える動因となるという革命的進化（これは本来は制度を揺るがす不都合な傾向である）も、いわば織り込み済みなのである[5]。

公共体の一員として』『自らの人格において』……公衆一般に対して自分の意見を述べることである。これに対し『理性の私的な使用』は国家や教会の役職者が自分の権限の及ぶ範囲の人々に対しておこなう発言であり、これは秩序だった統治をおこなうためには当然制約されてもかまわない。ここでのカントの『公私』の用語使用法が通常のそれとは逆転していることは従来より指摘されてきた。それ自身何の権力ももたない一個人として無限定の人々に訴えることこそが、『理性の公的な使用』であり、その自由は個人と政治体双方の啓蒙、自律にとって不可欠だとカントは述べる。注意すべきことに、この自由を理由づける際、彼はそれが無害だということを強調している。しかし、この概念のポイントは、それが無害だから自由に委ねられるにもかかわらず、本当に無力なのではないという点にある。理性の公的な使用は、徐々に国民の意識を変革し、社会変革を実現するポテンシャルを有する。理性の公的な使用は、それにより公共的意義を獲得するのである。」

(5) 本稿の主張とは異なる文脈であるが、毛利・前掲注(4)32頁は、次のように述べている。「市民的自由の行使が『権力』を志向するというとき、そこで狙われているのは国家

304

◆ 第12章 ◆ 表現の自由の意味をめぐる省察［棟居快行］

4. 表現の自由／近代立憲主義／国家の三位一体

　以上に述べたことからすれば、目的を書き換えてしまうような過剰な改善提案がなされても、近代立憲主義という制度そのものは揺るがず、新法によって古い法律を廃棄ないし上書きすることで目的も手段も総入れ替えになったとしても、立法機関による実定法の改廃そのものであり何の問題もない。つまり、近代立憲主義自体が「永久革命」でもあり、また「永久に革命の起きない体制」でもあり、つまるところ「永久機関」なのである。体制破壊的なはずの変革のエネルギーを、新法の制定や法令の改廃という体制内の憲法機関（議会）の日常業務の動力に用いるのが、近代立憲主義の「理性の狡智」である。新しい課題が立法によって対処可能である間は（つまりこれまでの国家機関や国家そのものの有り様のままで持続可能な間は）、次の体制変革はおよそ生じない。もちろん、グローバル化の急速かつ全面的な展開は、これまでの立法機関による法律という手法で問題に対処しうるのが、いつまで可能であるのかは予断を許さないが。

　それなら、近代立憲主義憲法がその人権保障の章に表現の自由の条文を掲げているのは、手段のみならず目的自体の入れ替えも含めてオープンな議論による加速が望ましい、いわば制度破壊的な議論によっても近代立憲主義という根幹的な制度自体が揺らぐことはなく、むしろ強化される、ということなのか。

　つまり、上記のような、憲法は自分を否定する途を拓く思想・表現の自由を保障するのはなぜか、という問いは杞憂にすぎないのか。近代憲法は、一見自己破壊的に作用するように見える思想・表現の自由を掲げても、市民がその行使をめいめい勝手に行うことがもたらす進化の果実を取り込むばかりでなく、制度を根底から揺るがす「破壊的イノベーション」すらも我が物としうるほどの柔構造を備えているのか。

　もしこの問いを肯定することができるのであれば、近代憲法は国家の基本法としての完成形態であり、その下での国家自体も、思想・表現の自由という歴史的な「天敵」を自らの構成原理に組み込んだということになる。表現の自由

　権力の直接の奪取ではない。……一部の人間が国家権力を欲しいままに動かすことが許されないのは、当然である。自由がなしえ、またなすべきであるのは、他者に働きかけ、他者と結びつくこと、それによって大きな政治的影響力を得ることである。……自由な民主政は、自由が持つ権力性をむしろ積極的に評価することに基礎づけられなければならない。……自由な議論の中から他者を受容する民意が形成され、国家権力をこの民意に従わせることができる。」

305

◇ 第3部 ◇　メディア法・情報法

は良き立法を促進し、まったく新しい立法をも可能とする推進力であって、それは議会や行政の外側で市民によって提起される表現であっても、何ら事情は異ならない。むしろ制度外の自由な表現が、近代立憲主義という制度の推力であり、国家の意思形成のプロセスもその結果の正当性も、あげて表現の自由が現に保障され行使されていることにかかっている。表現の自由と、近代立憲主義憲法と、さらには国家それ自体とが三位一体の存在であり、相互に準拠し合っている、ということになるのである[6]。

　表現の自由を、民主主義にとって不可欠の存在であることから手厚く保障すべきであるという通説的見解と、ここで述べている一見新奇な私見は、実はそう異なるものではない。ただ通説的見解には、民主主義にとって少数意見が取り上げられないのはマイナスだから、といった功利主義的な説明の響きがあるが、私見はそうではなく、表現の自由が立法過程にその一部として取り込まれているという構造的な理解に立つものである[7]。

[6]　毛利・前掲注(4)15頁は、「権力をもたない人々の自由な討議の中からこそ、理性的な意思が生まれてきうる。そして、公共的な意思を生み出す理性が相互主観的なコミュニケーション過程の内部で働くと考えるとき、その働く領域を『公共圏』として把握することが有用かつ必要となるのである。市民の投票による決定は、公共圏で公論が形成されていることを前提にして、法的に承認されたその反映装置として民主的に正当な意味を有しうる。投票自体に民主的意思を形成する意味があるのではない。」と述べている。市民が投票で意思形成に参加する議会制の下での、立法の議会による独占という制度の壁の外側に成立する、それ自体は非権力的・非制度的な存在である公共圏は、その存在なくしては議会制という制度の側の安定的な正当化は不可能なのであるから、正当性の観点からは公共圏と議会制は一体であり、すなわち表現の自由と立憲主義体制そのものも一体である、というのが本稿の見方である。先の毛利説の引用部分は、このような私見の立場からは違和感なく受け入れ可能である。オーリウ研究を軸として、わが国における憲法学上の「制度」概念に今後重大な影響を与えるであろう小島慎司『制度と自由』（2013年、岩波書店）は、例えば273頁で次のように述べている。「政治的自由は、統治機構と私人が運動〔原文ママ〕すること、共時的にも異なる意思・利益を有することを前提としつつ、それにもかかわらず究極的には定まっている国家の向かうべき目的を代表＝表象する自由であり、そして究極的には定まっているあるべき国家の規約の生成にかかわる自由である」。政治的自由の一つとしての表現の自由も、このような国家論への組み入れが本来の定位置である、という主張がそこに含まれているとすれば、本稿の立場からも共感しうる。いろいろな前提条件がどこまで必要であるのか、という問題はもちろん残るが。なお、表現の自由と国家の一体性につき、参照、拙稿「憲法と経済秩序──解釈理論上の問題の所在」季刊　企業と法創造（早稲田大学グローバルCOE《企業法制と法創造》総合研究所）21号（2010年）104頁以下。

◈ 第 12 章 ◈ 表現の自由の意味をめぐる省察 ［棟居快行］

　また、表現の自由を民主主義の不可欠の構成要素であるとして両者の一体性
を強調するタイプの所説もあるが、私見はこのように定義上トートロジカルに
表現の自由と民主主義とを結び付けているわけではない。そうではなく、提案
や批判に開かれた立法過程・行政過程でないと近代立憲主義憲法が民間からの
新しいアイデアを政策に取り込むことができず、その結果として近代立憲主義
の体制そのものが──本来は最終的な完成形であるはずであるにもかかわらず
──パラダイムとして廃棄されかねないことを指摘しているのである。そうな
らずに近代立憲主義憲法が持続的に生き残るためには、表現の自由の成果を取
り込む構造、すなわち提案や批判に開かれた構造を維持し続けるほかはないの
である。

　私見は要するに、制度内の先例の繰り返しの官僚制を外側からの新しい批判
とアイデアで更新しつづけることによる、近代立憲主義体制の持続可能性こそ

---

(7)　山口いつ子『情報法の構造』（東京大学出版会、2010 年）23 頁注 (1) の整理によれば（な
　　お以下引用部分は、同書全体で詳細に検討されているアメリカの表現の自由の原理論の
　　ごく一部を著者自身が取り上げたものである）、以下のような諸理論がアメリカではひ
　　しめいている。「まず、一つの大きなカテゴリーとして、表現の自由にかかわる実体的な
　　価値を説いて、この自由を保障することの積極的な意義を提示するものがある。ここに
　　は、(1) 真理の発見ないし真理への到達が『思想の自由市場』によって可能になる、(2)
　　民主主義的な『自己統治』にとって不可欠である、とする議論がある。また、これらの
　　議論が、……表現の自由の『手段的』あるいは『道具的』な価値を重視するのに比べて、
　　表現の自由『それ自体が目的』であることを強調するものとして、(3) 個人や集団の『オ
　　ートノミー』つまり自律ないし自己決定の本質的要素である、とする議論がある。次に、
　　別のカテゴリーを形成しているものとして、(4)『消極的 (negative) 理論』と称される議
　　論があり、これは、表現活動の『道具的あるいは本質的』な価値を『積極的 (affirmative)』
　　に説くというよりも、むしろ、言論規制の領域における政府の能力に対する不信といっ
　　た、消極的理由を指摘するものである。最後に、もう一つのカテゴリーとして、これら
　　の多彩な理論を組み合わせて考えようというのが、(5)『折衷的 (eclectic) 理論』であり、
　　連邦最高裁自身が、これらの理論の『混合物 (amalgam)』に依拠しているとされる。」な
　　お、本稿が主張する表現の自由の根拠論は、表現の自由が持つ制度改革的な効用に着目
　　したものであるから、その限りではおなじみの (1)(2) に近い。しかし、近代立憲主義そ
　　のものの構成要素として表現の自由を位置付ける点では、(3) に近いとも言いうる。ま
　　た、制度を墨守しようとする政府への不信を重視するという点では、(4) にも近い。結局
　　のところ、判例とならんで、「折衷的」ということになるのかもしれないが、いろいろに
　　説明しうる表現の自由の根拠のあれこれに節操なく掛け金をばらまけば実を取ること
　　が出来る実務とは異なり、理論は一つでなければならない。本稿の主張は、その意味で
　　理論のリストへの新たな一つの付け加えである。

307

◇ 第 3 部 ◇　メディア法・情報法

が、表現の自由の保障根拠であると主張するものである。表現の自由は、民主主義の不可欠の構成要素であるという自明の位置付けを超えて、民主主義＝国民主権の下での立憲主義的憲法体制を、外的な環境の変化やそれに反応した一般市民からの批判や提案を取り込む柔構造のものたらしめる。表現の自由は、立憲主義体制の推進力であり浮力なのである。

　表現の自由の司法審査における、いわゆる「二重の基準」や「表現の自由の優越的地位論」は、このような表現の自由と立憲主義体制ののっぴきならない関係に由来すると説明することが出来よう。なお、制度破壊的な潜在力を持つところの表現の自由は、常に制度の側すなわち官僚等（を初めとするが実はほとんどの人々）にとっては、歓迎されざる存在であることから、表現規制はつねに違憲性が推定されるという前提は、内容規制のみならず内容中立的規制においても採用すべきものである。また、かくも制度側にとり表現行為が「不都合な真実」に近い存在であるからには、内容中立的規制も真の立法目的は内容規制である疑いを一般的には否定できず、内容中立的規制にも内容規制と同様の厳格な審査基準を適用すべきものであろう。

Ⅲ　表現の自由の制約法理

1. 表現規制立法の根拠

　以上のように、表現の自由を近代立憲主義憲法という大きな制度枠組にとり親和的なものと捉えると、それでは実際に行われている表現規制立法は何のためなされ、どのように正当化されうるのかが問題となる。表現の自由が立法過程・行政過程やさらには国家そのものと不可分一体のものと捉える上記の観点からすれば、表現規制立法はそれ自体近代立憲主義はもとより、国家（意思）そのものの簒奪になりうる。

　表現の自由が立法過程・行政過程に貢献し国家自身の不可欠の機能（これを「表現の自由の公共的機能」と呼ぶこととしよう）となっていることからすれば、逆にそもそも許された表現規制立法は、どのようなものなのか。それは、表現の自由のこのような公共的機能を維持するための規制に限定されることになるはずである。

◆ 第12章 ◆ 表現の自由の意味をめぐる省察［棟居快行］

2. 私的表現の規制可能性とその根拠

　上のように言うからといって、公共的機能を一切有さない表現なら大幅な制約を加えることが許されるなどと主張しているわけではない。むしろ、公共的機能を有さない芸術表現などは、そもそも規制対象に本来ならない。ただ、公共的機能を本来持たないはずの表現（これを「私的表現」と呼ぶことにする）であっても、他人の個人の尊厳を損ない、結果として相手が公共的な発言を行うことを阻害してしまうことになる場合、すなわち公共空間から特定人を排除するような私的表現の場合には、表現の自由の公共的機能を保持するために、規制が許されることになる。

　他人のプライバシーを侵害し、公共的発言の中身の説得力以前に、発言主体の私的利害関係や嗜好、交友関係などの暴露によって当人の発言内容の評価まで定まってしまうと、せっかくの表現の公共的機能が損なわれる。そこで、当該表現が有用か無用かでなく、表現対象とされた個人が表現の場から放逐されることを問題視し、そのような他の表現者を排除する表現行為を「反則行為」として規制することは許される。プライバシーや名誉毀損表現、さらにはいわゆる差別的表現の深刻なものがこれに該当しうる。

　いわゆるヘイトスピーチ・デモは、公道という公共空間を占有してなされる公共空間の分断行為であるから、内容規制になじむのである。民族や人種という個人の思想には無関係な属性で集団的排除を行うことにより、表現者の側はその思想の中身で他人を説得するという負担を自分で免除し、反射的に労せずして自己正当化にその瞬間成功する（かに見える）。他人を反論不能の属性についてのレッテル貼りで貶めることで、「自分が誰で、何を言わんとしているのか」、という最もハードルの高い公共空間へのアクセスポイントを、ヘイトスピーチの表現者はやすやすと回避し得ている。こういう「裏口入学」による公共空間への闖入が、公共空間の質を劇的に低下させることから、差別的表現規制がなされる必要がある。これは、もちろん政治的、社会的な要請であるばかりではない。法的にも、表現の自由が、公共空間において立法や政策への自由な批判や提案がなされる（ことにつながる言論がなされる）ために保障される、という目的依存的な自由である以上、当該目的を阻害する利用形態は、表現の自由の名によって保護されない（保護範囲外である）ということになるわけである。

　児童ポルノもモデルが実在する場合、本人が主権者ないし批判的表現者とし

309

◇ 第3部 ◇　メディア法・情報法

て将来発言する機会を封じかねないスティグマとなりうることから、規制が許されるのは当然である。児童は成人と異なり、自らの意思でスティグマを引き受ける自己決定能力を有さない。児童の将来の発言の機会を危険にさらすことを承知で、児童ポルノの作成や流布に関与している成人の行為は、憲法が保障する表現の自由へのあからさまな逆行であろう。

　すなわち、表現の自由を、内容を理由として制約する場合には、当該内容が公共の言論空間に登場することを阻害する内容規制は、一切許されない。そして、逆に内容を理由として制約しうる場合はと言えば、それは当該表現が他人の個人の尊厳を損ない、他人が公共空間で表現者として発言する機会を事実上阻害する結果になるような場合に限定されるはずである。

3. 表現内容中立規制

　その他に、表現の内容でなく内容中立的な、時・場所・方法がもたらす弊害を理由とする表現の自由の規制立法（内容中立的規制）もありうる。しかしこの種の規制は、表現方法も表現内容の一部をなすこともありうるうえ、真の目的は内容規制であるのにそれを隠して内容中立的規制を装うこともあるので、当然ながら規制は例外的にのみ許される。すなわち、公共空間における他者の自由な表現を現実具体的に阻害する場合にのみ、交通整理的な規制として手段方法に向けられた内容中立的規制が許される。

　デモや集会は、公道の一般通行人や公園利用者の便宜、あるいは地域住民の生活の平穏を理由として（どこまで）規制しうるか、という問いも、同じ基準で考えることが出来る。一般通行人や公園利用者は、職場に急ぎながら、あるいは公園で昼寝をしながら、デモや集会が可能なパブリックフォーラムを、自分たちはそうした目的以外の別の目的で用いるという、いわばそのかぎりでの非政治的態度決定を表明しているのであるが、これはこれで一つの意見表明の面を持つ。デモ参加者らの意見との対等の調整が計られるべき法益ではあるのだが、それ以上に神聖視される利益ではない。

　デモの規制理由として挙げられる「地域の平穏」というとき、周りがうるさくてテレビが聞こえない、といった不満は、テレビという公共空間からの意見表明は受け入れるが道路上のそれは拒否する、という住民の意見表明であり、これもまたデモ参加者の意見表明の法益と対等の調整に服する。しかし、その調整は住民に一方的に有利なものとはなりえない。もちろん、病人や赤ん坊の

◈ 第12章 ◈ 表現の自由の意味をめぐる省察［棟居快行］

ように 24 時間の休息と平穏を必要とする人々との関係では、この対等の調整の針が相当に表現制約の側に振れるのは言うまでもない。

　なお、このようにデモなどを、上記の表現の自由の根拠論、すなわち法制度を前提としつつその手段の改良、さらには法の目的自体の変革を促進するという進化論的な立場から位置付ける場合にも、デモや集会の行われるいわゆるパブリックフォーラムという公共空間の希少性を、これまでのパブリックフォーラム論と同じく前提としてきた。そのかぎりで、以上に述べたデモ行進の内容中立的規制のあり方は、ごく普通の整理に過ぎない。

Ⅳ　ネット社会におけるパブリックフォーラム

1. パブリックフォーラム論の前提の喪失？

　ネット社会である今日では、人々が一定の事柄を取り上げて、これは公益性の高い目的であり、立法を通じて実現すべきである、などと提案する場はいくらでもある。ということは、道路や公園といった物理的なパブリックフォーラムが持つところの、公共的表現にとっての希少性という価値は、そもそも低減してきているのではないか。要するに、駅前のデモなどしか実効的に少数意見を伝える手段がなかった時代とは異なり、ネット社会の今日では、パブリックフォーラム論[8]の前提が崩れ、同論が成立しにくくなっているのではないかが検討されるべきであろう。

　なお、同様に希少性を一つの根拠としながら、放送法では多角的な番組内容が放送法上要請され、他方でパブリックフォーラム論では、道路通行を阻害してもむしろデモ行進を認めよ、という立論がなされる。仮に、希少性ゆえに限られた表現機会が多角的になされるべきである、という統一的な命題が一般的に妥当するとすれば、放送と同様に駅前や公道、公園においても表現内容の多様性・多角性という、内容を基準とした規制（あるいは許可）がデモや集会の事前許可申請に対してなされるべきことになる。公民館などの準パブリックフォーラムについても同様に言いうる。このような内容志向的なパブリックフォーラム論の是非については、問題の指摘だけに留めておきたい。

　ともあれ、とりわけネット上の巨大掲示板のようなサイトでは、とりあえず

---

(8)　同論につき、参照、中林暁生「パブリック・フォーラム」駒村＝鈴木編著・前掲注(3)　197 頁以下。

311

◇第3部◇　メディア法・情報法

匿名で誰彼かまわず意見表明をし、また批判を加えたり受けたりするといった
アクセス可能性と相互性は一応成立しているわけであり、少数意見に本来関心
のない他人にも物理的に少数意見が届けられるというパブリックフォーラムの
場所的特性は、ネット社会では比較的容易に実現されているとも言いうる。

　もちろん、ブログなどでの独り言は注目されなければ表現として存在しない
のと同じに無意味である。これは、人通りの少ない裏道でのデモ行進に似てい
る。このような裏道は、しかしながらパブリックフォーラムとは厳密には言い
難いであろう。

2. ネット上の仮想パブリックフォーラム

　それでは逆に、駅前広場や人通りの多い公道、公園などをパブリックフォー
ラム、さらに公民館などを準パブリックフォーラムと呼んでそこでの表現行為
に特別の保護を与えるべし、とする通説的見解をネット世界に投影すれば、ど
のように言うことができるか。

　必ず多くの人が通過し、いやでもそこでの意見表明が耳目に飛び込む、とい
う意味では、現実世界の駅前広場などのパブリックフォーラムに相当するのは
ネット世界ではヤフーニュースなど検索エンジンが設けているポータルサイト
であろう。そこに政治的表現をしようとする者が誰でも書き込める掲示板を容
易し、簡単にそちらに移行できるように目立つところにリンクを貼るべし、と
いう義務付けを民間ポータルサイト会社に課すことが、鉄道会社の所有地であ
る場合の駅前広場のパブリックフォーラム論と同様に期待され、そのようなネ
ット規制は合憲というべきであろう。

　ただし、注意すべき点として、現実世界のパブリックフォーラム論でも私見
からはそう言いうるのであるが、ネット上の仮想パブリックフォーラムをポー
タルサイトなどに見出し、プロバイダーなどに政治的な「しゃべり場」の提供
義務を課すとしても、そこでの言論が単なる批判や中傷であれば、当該義務は
正当化されない。なぜなら、そのような言論は立法や政策の進化にとり無益で
あるから、そのような不毛なサイトは提供義務の対象とならず、プロバイダー
側は書き込みを規制してもよく、管理コストが無視しえないほどかかるのであ
ればサイトを閉鎖してもよい。

　あくまで、現状の法律や政策に対する具体的な批判、改善提案、新しい立法
目的の提示が、このようなサイト開設義務をポータルサイトを寡占的に営む一

◆ 第12章 ◆ 表現の自由の意味をめぐる省察［棟居快行］

部民間事業者に課す正当化事由なのであるから、そうでない——残念ながら現状のネット社会にありがちな——不毛な罵詈雑言は、そもそも本稿が論じている「なぜ表現の自由か」の「表現」に含まれないのである。

3. 準パブリックフォーラムとしてのパブコメのあり方

こうしてみると、政府や地方自治体が行うパブリックコメントのサイトに、結果が取りまとめて掲載されることがあるが、むしろそうしたサイトを「政治的な建議の場」として、すなわち（公民館類似という意味では）準パブリックフォーラムとして活用することも考えられよう。

この場合も、ある提案に別の民間人が「それはうまくいかない。何故なら・・・」といった反論を横から行えるようにサイトが設計されるべきである。官の現状の制度に縛られた先入観を民の第三の眼で突破することに、このような仕掛けの意味があるのであるから、官は民と民との論争の行方を見守っていればよいのである。「説明責任」という不確定の概念の下に、役所の原案を官が何が何でもディフェンドしようと頑張るようなパブコメは言うまでもなく不要である。

V 政府言論

1. 政府による意見表明の自由？

近時、政府言論についての議論がさかんになされる。政府言論が許される根拠としては、「民主主義のもとでの政府は、自らの掲げる政策理念を説明し、政策の是非を国民に問い、国民から同意を徴達することによってのみ、統治の正統性を獲得することができる存在であるから、自らの言論内容を自ら決する権能が保障されないとしたら、自己の存在根拠そのものを否定されることになるといいうるからである。」[9]、などと言われる。政府言論の法理の効果として、政府言論の場合には、政府自身が表現内容を決定する（表現内容に介入する）にもかかわらず、表現内容に中立であるべきという厳格な要請から政府は解放される、ということが指摘される[10]。

福祉国家の給付が先細るのに反比例するように、政府が国民に主体的に意見や特定の価値観を語るようになってきたという事情が、このような動向の背後

---

[9] 蟻川恒正「政府の言論の法理——教科書検定を素材として」駒村＝鈴木編著・前掲注(3) 437頁。

[10] 同438頁。

◇ 第3部 ◇　メディア法・情報法

にあるのであろう。政府が明示的に主体となるだけでなく、公共施設や公有スペースを用いた特定私人の表現行為への便宜供与であっても、表現内容に着目し私人を政府言論の代弁者として選別しているのであれば、間接的には政府による言論に等しい。

　もちろん、政府が国民の知る権利に応えて情報提供ないし情報公開をしてゆく場合、政府言論が行われているようにも見える。このような政府言論は、もとより情報公開上の制約を除けば、無制約に行われるべきものである。

　のみならず、民主的政治過程自体が、特定の価値観に基づく諸々の政治的言明（マニフェスト）の間の絶えざる競争と妥協であり、その途中経過と当面の結果とは、当然に有権者国民に知らされなければならない。議会の会議公開原則は、そのような大きな要請を局所的に表現したものにすぎない。政府言論とされるものが、時の政権の施策の国民向けの宣伝や正当化であっても、それが民主的政治過程を単に透明化するだけのものであれば、このような政府言論は民主主義の一部である。

　また、国民の教育を受ける権利を実現するための、知識の提供および多角的な評価方法自体の伝達もまた、憲法上の国の責務の実現であるから、そこに制約はない[11]。ただし、国民とりわけ未成年者が（将来）自由に自己決定しうるための能力と知識を身につけるための政府言論であるから、政府はこう考える、というプロパガンダとは正反対の、さまざまの視点や価値判断がありうることを代表的なものの紹介を通じて国民に知らしめるものでなくてはならない。

2. 積極的な「政府言論」は許されない

　こうした政府言論は、本稿の独特の主張である表現の自由と国家それ自体の一体視からすれば、政府としては内容の中立性を気にせず自由に特定の意見表明をなしうるように見えるかもしれない。しかし、筆者はその逆の結論を主張したいと思う。

　すなわち、先に挙げた、情報公開、民主的政治過程の透明化、国民の教育を受ける権利といった憲法上の諸要請に対応した、政府の側の責務の実行として

---

[11]　蟻川・前掲注(9)は、教科書検定制度を教科書執筆者である私人の表現行為に対する規制と捉える通常の見方をあえて採らず、教科書検定制度を政府言論として再構成しようとする。「今日の言論市場における政府の存在形態は複雑かつ多様であって、『検閲者としての政府…〔引用者略〕』と『言論者としての政府…〔引用者略〕』の差違を簡単には識別できない」（同452頁）というのがその理由である。

314

◆ 第12章 ◆ 表現の自由の意味をめぐる省察［棟居快行］

の政府言論であれば、何の問題もない。

さらに本稿の立場からすれば、国民による立法・行政の目的・手段についての批判や提案に対して、政府が誠実に答えるというQ&Aのような、いわば受動的な政府言論であれば、立法や政策の進化をいたずらに妨げるものでないかぎり、許されることになる。

しかし、逆に、本稿が考える表現の自由にとり最大の敵は、制度の進化を拒否しその惰性的な慣行にしがみつく、制度内の官僚制的な固定観念であるから、このような側からの現状維持のための「政府言論」は、否定されなければならない。政府には、自分の現状を積極的に肯定する意見表明の「自由」はない。政府による一方的な意見表明は、物量や権威と相まって、国民からの少数だが重要な批判や提案を他の国民の耳目に届きにくくする。

その結果、国民の公共空間に対する限られた関心（これが本来の「パブリックフォーラム」の意味するところであろう）の少なからぬ部分が、政府言論によって占められてしまい、立法や政策の進化が停滞する。現行の立法や政策が成立したコンテクストも、価値判断の意味も忘れ去られたまま、ただ先例だからというだけで制度が自己複製・自己増殖を繰り返す。

福島原発後の原発再稼働に向けた政府の言論も、政策提案としては自由になしうるが、従来の「安全神話」「手続神話」の繰り返しでは、政府言論を行うための正当性において圧倒的に不足している。しかしながら、それがあたかも原発事故を知らない時代にいま生きているかのように繰り返されることで、原発事故の原因が「不幸な偶然」として国民の思考の外に置かれ、原発の安全設計やエネルギー政策そのものについての批判や提案が封じられる結果をもたらす危険性もあるのである。

Ⅵ 表現の自由と立憲主義の将来

1. ネット社会における新しい公共空間の登場

近代立憲主義は、表現の自由さえ保障しておけば、立法や政策に国民からの変革のエネルギーをただで取り込み、空中浮遊を続けることが出来る。本稿は、そうした図を描いてきた。しかし、この立論の前提として、政治的公共空間はその国の民主的政治過程の内外（うちそと）にまたがって存在する、唯一の政治的言論のアリーナだ、という想定がある。

◇ 第3部 ◇　メディア法・情報法

しかし、ある社会的制度を素材に、その目的や手段の是非を論じ合い、進化を促してゆくという場を「公共空間」と呼ぶとすれば、そのような場は既存の議会制民主主義とその周辺にまとわりついた政治的公共空間ばかりでは、もちろんない。

地域の PTA が小学校の社会科教育のあり方について議論を重ね、全国規模で討論大会が行われるまでになれば、これは新しく創設された特定の目的の政治的公共空間というべきであろう。全国大会で特定の提言が支持されたとしても、それを国の立法や政策に反映させることができるか否かは、その後の本来の政治的公共空間の（あらゆる批判と提案が飛び交う）アリーナに委ねられ、最終的には政治過程で決せられることになる。しかしながらこのような、本来の政治的公共空間にいずれは吸収されるような擬似的な公共空間の話を、今しているのではない。

インターネットの匿名性、言語の壁はあるが世界が同時につながるという即時性、双方向性は、非政治的な題材をめぐるものであっても、公共空間としての資質をもとより十分に備えている。人間社会の進化は、異なる意見や価値観ないし文化との遭遇、相互の影響、表面的な模倣で加速されるから、インターネットはそれこそ少子化による社会の停滞を容易に埋め合わせて、何世代もかかるはずの制度の進化と革新を、目の前の出来事として我々に見せることが出来るはずである。

そのような想定が現実とほど遠いとすれば、それはインターネット上の議論が仮想現実の世界での議論のままで、生身の現実に反映されない（と人々が思い込んでいる）から、というのが一因であろう。また、匿名の巨大な掲示板は、一見すると公共空間としての匿名性、双方向性、批判可能性を備えているが、匿名であるがゆえに罵詈雑言や反射的・定型的な書き込みが跋扈し、まさに悪貨が良貨を駆逐してしまう[12]。この点、表現者の ID を固定し、あるいは実名で書き込まれる SNS は、双方向での議論が進みやすいはずであるが、かえって人間関係に気を使い、「空気を読む」ところの私的空間にまで矮小化されやすい。不特定多数に見られていることを意識した一部有名人のツイートなどは、議論の中身だけで（その意味では名前によるバイアスがかからない匿名が好ましい）建設

---

[12]　ローレンス・レッシグ（山形浩生訳）『CODE VERSION 2.0』（翔泳社、2007 年）397頁は、「民主主義はサイバー空間中に根づいたりしていないし、インターネットも同様だ。」と述べている。

◆ 第12章 ◆ 表現の自由の意味をめぐる省察［棟居快行］

的に貢献することを一切意図しておらず、自分の演出としての私的会話ないし独白を大勢の聴衆に向けて発信しているのだから、何万人も収容して行われるコンサートと構造上の差異はない。

SNSは、私的会話を私的親密圏の外側（友達の友達の・・・）にまで、飛躍的に広げたが、その結果として、親しい者同士でなら当然の前提として共有されている会話のコンテクストやジョークのセンスなど、会話の意味に直結する付帯条件が途中で捨象され、「伝聞された事実」と「無責任な論評」だけが果てしなく拡散する[13]。SNSはなまじある程度表現者が同定されており、無責任な発信がされにくい仕組みであるかのように見えるだけに、公共空間の形成に有益であるように信じられやすい。しかし、究極的には単一の公共空間で議論による熟慮と淘汰がなされるべきところを、無数の拡大された私的親密圏がそれに取って代わろうとする陥穽には注意を要するところである。

2. ネットを立憲主義の破壊的イノベーションにどう取り込むか───

近代立憲主義は、くたびれた議会制の現実の政治過程に、ここに来てネット民主主義などと囃し立てられる新たな浮力を得て、ますます破壊的イノベーションの活力を自らに取り込みつつ、永久機関化を果たしうるのか。グローバル経済による政治空間の浸食（国民が決めるが、決めるべき事柄はもう存在しないという事態）に対抗して、いわばパルチザン的にクラウド化した個人や親密圏的小集団による発信が立憲主義を補強しうるのか。

あるいは、以上の楽天的な予想とは正反対に、陳腐な決め付けや皮肉まじり

---

(13) 本文と直接には関係しないが、代表的なSNSであるフェイスブックの創業者ザッカーバーク氏は、「アイデンティティはひとつだけ」、「現代社会の透明性は、ひとりがふたつのアイデンティティを持つことを許さない」という信念を持ってフェイスブックを設計していたが、その結果、「フェイスブックでプライバシー問題が起きるのは、生活におけるさまざまな側面によって隔離されていた、居心地の良い小部屋同士が交わり始めた時」であったという指摘がある。デビット・カークパトリック（滑川海彦・高橋信夫訳）『フェイスブック 若き天才の野望』（日経BP社、2011年）289頁以下。なお、フェイスブックのプライバシーに対する対応は、この間かなりの変化を見せているが、基本的には友達の友達は自分と似たような人たちだろう、というユーザーの勝手な思い込みの上に成り立つ、ユーザー自体を商品化する仕掛けであろうことは想像にかたくない。その反面として、親密圏での会話のつもりの不用意な書き込みが、文脈とは無関係に一人歩きし、しかも書き込んだ本人の名前が常にそこに冠され続け、過度に一般化して受け取られる内容の信憑性を、不特定多数に近い人々に対して裏書きし続けることになる。

317

◇ 第3部 ◇　メディア法・情報法

の諦めが無限に複製（リツイート）されるネット社会の有り様は、制度の革新で
なくその惰性と停滞の味方であるのか。

　無数のありふれたつぶやきの中から、制度を改善しさらにはパラダイムを動
かしうるダイヤの原石を探すという作業は、ネットそのものの仕掛けからは得
られない。なぜなら、ネットは良貨と悪貨とを平等に伝達し増殖させる、その
意味で価値中立的な装置だからである。

　提案はないが、ネットそのものから新しい政治システムが立ち上がることは、
当面は想像できない。統治とは、政治システムや政治指導者への信頼、裏を返
せばそれらに従うという被治者の側の（暗黙の）合意を本質とする稀少財であ
る。統治のメカニズムは、それが具体的にはどのようなものであれ、有限の人々
の間で有限の資源をどう分配するか、という配分の仕方を決定する。このよう
な有限性を伴わない世界（ネットがその代表である）では、統治自体が成立しな
い。

　このことだけからも、現状の代表民主制の仕組みをネット民主主義なるもの
に早急に代置するのは不可能であることが知れる。そこで、代表民主制にネッ
トからイノベーション向きの活力を注入する回路を構築するのが現実的である
ことになる。

　そうであれば、議会とネットという民意の古い回路と新しい回路とを媒介す
る、中間項としての既存のメディアの再定位が望まれる。具体的には、議会制
やそれを取り巻く既存の政治システムから国民代表の議員らがいったん飛び出
し、いわば議事堂とネットの中間的な立ち位置にいるテレビやラジオの公共放
送において、議員相互に、あるいは視聴者と、論争と対話を繰り返すことが処
方箋として考えられよう[14]。

─────────────

[14]　鈴木秀美『放送の自由』（信山社、2000 年）309 頁が放送メディアにつき強調する、「国
民の知る権利の保障、具体的にはマス・メディアによって提供される意見・情報の多様
性の確保という観点から、個人の人権としての一般的な表現の自由とは異なる性格」を
認め、「国家からの自由に加えて、国家による自由を構想すべき必要がある」という視点
は、このような放送メディアの政治（制度化された公共空間であり官僚機構からの現状
維持のモメントに絶えずさらされている）とネット（アナーキーで極大化された私的空
間であるが、仮想的に公共空間になる瞬間を持つ）との媒介という、特殊な役割を強調
するものと理解しうるようにも思われる。しかしながら、文字通りの「国家による自由」
は、国家自身による政府言論を含め、自由の領域には居場所がない、というのが本稿の
立場である。国家の側の制度と個人の側の表現の自由の対立を先鋭化させることで、逆
に表現の自由に対して開かれた構造を持つ近代立憲主義が表現の自由を自らの一部に取

◆ 第12章 ◆ 表現の自由の意味をめぐる省察［棟居快行］

さらには、放送法上（4条1項）、公平性、多角性が担保されている放送において、番組制作側がSNSなどから寄せられる意見を選別して、いわば議員とネット市民の対話を演出するという媒介機能を果たすことが出来れば、それがまさに現代の放送メディアの生き残りの途をも示しているのではないだろうか。

なお付言すれば、新聞は元来、放送よりはネットに近い側に位置している。その役割は、ネットでの雑多な情報や意見を独自のノウハウでふるいにかけてゆく点にも見い出しうるであろう。もちろん、伝統的な新聞報道の役割は、公共空間における「真理への接近」や様々の論評の周知を効率化することにあるが、自前の取材に基づく事実報道や、自前の論説にこだわりすぎると、かえって非効率な言説空間と化してしまう。その結果、ネット社会における情報の圧倒的な流量の中で取り残された、中洲のような存在に近未来の新聞が成り果てる危険性もないわけではない。事実と論評をつなぐ思考過程や世界観を読者にさらしつつ、読者からのネット上のリアクションを紙面に生かしてゆく（もちろん是々非々のスタンスで）柔構造を組み込んでゆくこと——具体的には有償のオンライン記事についての読者の意見や感想のうち質のよいものに新聞論説がまともに回答してみせること——が、新聞の「生き残り」に必要となるのではないか。

り込んでいるという結論に、繰り返し述べたように本稿は至った。現代において現実に物量として見た場合の表現行為の大半はネット上でなされているであろうから、これを国家がどう取り込むかが課題になるが、そのままでは討論集会やパブコメのように国家志向的な表現の体をなしているわけではないネット表現は、国家と表裏一体というには粗野にすぎる。そこで、すでに洗練されたスタイルを持つ放送メディアに、この両極の媒介機能を持たせることが考えられよう。

Projekt: Die normative Kraft der Verfassung
Herausgegeben von der Forschungsgesellschaft für deutsches Verfassungsrecht
Band 4: Die normative Kraft der Verfassung und Medienrecht
Herausgegeben von Hidemi Suzuki

Inhaltsübersicht

1. *Prof. Dr. Go Koyama* (Keio University)
   The Broadcast and Human Rights/Other Related Rights Committee of the BPO
   (Broadcasting Ethics & Program Improvement Organization)

2. *Prof. Atsuhiro Maruyama* (Konan Universität)
   Der japanische Auslandsrundfunk NHK — Übersicht und Problematik

3. *Project Assistant Prof. Dr. Naoto Ikegai* (The University of Tokyo)
   Internet and Co-regulation: Online Privacy Protection in EU and U. S.

4. *Prof. Masahiro Sogabe* (Kyoto University)
   Co-regulation of Mobile Internet for the Protection of Minors

5. *Prof. Dr. Karl-Friedrich Lenz* (Aoyama Gakuin Universität)
   Zeugnisverweigerungsrecht in Bezug auf Quellen

6. *Prof. Kimihiro Ikeda* (Universität Kobe)
   Der Schutz der Informationsquelle im Strafverfahren

7. *Prof. Kenta Yamada* (Senshu Universität)
   Zur heutigen Bedeutung der Pressefreiheit für die journalistische Recherche

8. *Assosiate Prof. Dr. Shuji Sugihara* (Präfekturuniversität Aichi)
   Product Placement im Kinospielfilm

9. *Prof. Dr. Shoichiro Nishido* (Seijo Universität)
   Zu den digitalen Grundrechten

10. *Assosiate Prof. Takashi Jitsuhara* (Präfekturuniversität Nagasaki)
    Gesetzliche Grundlagen bei Datensammlungen der Verwaltungs- und
    Polizeibehörden

11. *Prof. Dr. Hidemi Suzuki* (Universität Osaka)
    Veranstalterfreiheit und Meinungsvielfalt im Rundfunkrecht

12. *Prof. em. Dr. Toshiyuki Munesue* (Universität Osaka)
    Über die Meinungsfreiheit

〈編　者〉

ドイツ憲法判例研究会

（代表 鈴木秀美）

〈編集代表〉

鈴 木 秀 美（すずき・ひでみ）

大阪大学大学院高等司法研究科教授

講座 憲法の規範力
〈第 4 巻〉

憲法の規範力とメディア法

2015（平成27）年 3 月30日　第 1 版第 1 刷発行

編　集　ドイツ憲法判例研究会
編集代表　鈴 木 秀 美
発行者　今 井　　貴
発行所　株式会社 信山社
〒113-0033 東京都文京区本郷6-2-9-102
Tel 03-3818-1019 Fax 03-3818-0344
info@shinzansha.co.jp

笠間才木支店 〒309-1611 茨城県笠間市笠間515-3
Tel0296-71-9081　Fax0296-71-9082
出版契約№ 1234-1-01011　Printed in Japan

©編著者,2015　印刷・製本／亜細亜印刷・牧製本
ISBN978-4-7972-1234-1 C3332　¥6800E 分類 323.340-b065
1234-01011：p344 012-040-005〈禁無断複写〉

JCOPY《（社）出版者著作権管理機構　委託出版見物》
本書の無断複写は著作権法上での例外を除き禁じられています。複写される場合は，
そのつど事前に，（社）出版者著作権管理機構（電話 03-3513-6969, FAX03-3513-6979,
e-mail:info@jcopy.or.jp）の許諾を得てください。

講座 国際人権法 1 国際人権法学会15周年記念
◆国際人権法と憲法
　　編集代表　芹田健太郎・棟居快行・薬師寺公夫・坂元茂樹

講座 国際人権法 2 国際人権法学会15周年記念
◆国際人権規範の形成と展開
　　編集代表　芹田健太郎・棟居快行・薬師寺公夫・坂元茂樹

講座 国際人権法 3 国際人権法学会20周年記念
◆国際人権法の国内的実施
　　編集代表　芹田健太郎・戸波江二・棟居快行・薬師寺公夫・坂元茂樹

講座 国際人権法 4 国際人権法学会20周年記念
◆国際人権法の国際的実施
　　編集代表　芹田健太郎・戸波江二・棟居快行・薬師寺公夫・坂元茂樹

◆ブリッジブック憲法
　　横田耕一・高見勝利 編

◆ブリッジブック法学入門〔第2版〕
　　南野 森 編

◆ブリッジブック国際人権法
　　芹田健太郎・薬師寺公夫・坂元茂樹 著

信山社

◆ヨーロッパ人権裁判所の判例
戸波江二・北村泰三・建石真公子・小畑郁・江島晶子 編集代表
・ボーダーレスな人権保障の理論と実際。解説判例80件に加え、概説・資料も充実。来たるべき国際人権法学の最先端。

◆ヨーロッパ人権裁判所の判例Ⅱ 〔近刊〕
戸波江二・北村泰三・建石真公子・小畑郁・江島晶子 編集代表

◆フランスの憲法判例
フランス憲法判例研究会 編　辻村みよ子編集代表
・フランス憲法院(1958〜2001年)の重要判例67件を、体系的に整理・配列して理論的に解説。フランス憲法研究の基本文献として最適な一冊。

◆フランスの憲法判例Ⅱ
フランス憲法判例研究会 編　辻村みよ子編集代表
・政治的機関から裁判的機関へと揺れ動くフランス憲法院の代表的な判例を体系的に分類して収録。『フランスの憲法判例』刊行以降に出されたDC判決のみならず、2008年憲法改正により導入されたQPC（合憲性優先問題）判決をもあわせて掲載。

中村民雄・山元 一 編

ヨーロッパ「憲法」の形成と各国憲法の変化
中村民雄・小畑郁・菅原真・江原勝行・齋藤正彰・小森田秋夫・林知更・山元一

現代フランス憲法理論　　　山元 一 著

ヨーロッパ地域人権法の憲法秩序化　小畑 郁 著

ＥＵ権限の法構造　　　中西優美子 著

ＥＵ権限の判例研究　　　中西優美子 著

ＥＵとは何か — 国家ではない未来の形　中村民雄 著

◆ ドイツ憲法集【第6版】
髙田 敏・初宿正典 編訳

信山社

クラウス・シュテルン 著

ドイツ憲法Ⅰ

総論・統治編

赤坂正浩・片山智彦・川又伸彦・小山剛・高田篤 編訳
鵜澤剛・大石和彦・神橋一彦・駒林良則・須賀博志・
玉蟲由樹・丸山敦裕・亘理興 訳

ドイツ憲法Ⅱ

基本権編

井上典之・鈴木秀美・宮地基・棟居快行 編訳
伊藤嘉規・浮田徹・岡田俊幸・小山剛・杉原周治・
西土彰一郎・春名麻季・門田孝・山崎栄一・渡邉みのぶ 訳

信山社

◆ **保護義務としての基本権**
ヨーゼフ・イーゼンゼー 著／ドイツ憲法判例研究会 編訳
編集代表　栗城壽夫・戸波江二・嶋崎健太郎

◆ **19世紀ドイツ憲法理論の研究**　栗城壽夫 著

◆ **日独憲法学の創造力**　上・下　栗城壽夫先生古稀記念
編集代表　樋口陽一・上村貞美・戸波江二

放送の自由　　　　鈴木秀美 著
立憲国家と憲法変遷　赤坂正浩 著
行政訴訟と権利論　　神橋一彦 著
憲法学の倫理的転回　三宅雄彦 著
放送の自由の基層　　西土彰一郎 著

◆ **憲法**(第5版)　工藤達朗・畑尻剛・橋本基弘 著

◆ **プロセス演習 憲法**(第4版)
LS憲法研究会 編／編集代表 棟居快行・工藤達朗・小山 剛

◆ **憲法講義**(人権)　赤坂正浩 著

◆ **行政救済法**　神橋一彦 著

信山社

◆ドイツ憲法判例研究会 編◆

先端科学技術と人権
編集代表 栗城壽夫・戸波江二・青柳幸一

人間・科学技術・環境
編集代表 栗城壽夫・戸波江二・青柳幸一

憲法裁判の国際的発展
編集代表 栗城壽夫・戸波江二・畑尻剛

未来志向の憲法論
編集代表 栗城壽夫・戸波江二・青柳幸一

◆ **人権論の新構成**
棟居快行 著

◆ **憲法学再論**
棟居快行 著

◆ **憲法学の可能性**
棟居快行 著

◆ **司法的人権救済論**
井上典之 著

◆ **基本権論**
ペーター・ヘーベルレ 著 ／井上典之 編訳

信山社

❖ ドイツの憲法判例 ❖

◆ドイツの憲法判例〔第2版〕

ドイツ憲法判例研究会 編　栗城壽夫・戸波江二・根森健 編集代表

・ドイツ憲法判例研究会による、1990年頃までのドイツ憲法判例の研究成果94件を収録。ドイツの主要憲法判例の分析・解説、現代ドイツ公法学者系譜図などの参考資料を付し、ドイツ憲法を概観する。

◆ドイツの憲法判例Ⅱ〔第2版〕

ドイツ憲法判例研究会 編　栗城壽夫・戸波江二・石村修 編集代表

・1985～1995年の75にのぼるドイツ憲法重要判決の解説。好評を博した『ドイツの最新憲法判例』を加筆補正し、新規判例も多数追加。

◆ドイツの憲法判例Ⅲ

ドイツ憲法判例研究会 編　栗城壽夫・戸波江二・嶋崎健太郎 編集代表

・1996～2005年の重要判例86判例を取り上げ、ドイツ憲法解釈と憲法実務を学ぶ。新たに、基本用語集、連邦憲法裁判所関係文献、1～3通巻目次を掲載。

◆ドイツの憲法判例Ⅳ　〔近刊〕

ドイツ憲法判例研究会 編　鈴木秀美・畑尻剛・宮地基 編集代表

信山社

◆ 講座 憲法の規範力 ◆
〔全 5 巻〕

ドイツ憲法判例研究会 編

第 1 巻 **規範力の観念と条件**
編集代表 古野豊秋・三宅雄彦

第 2 巻 **憲法の規範力と憲法裁判**
編集代表 戸波江二・畑尻 剛

第 3 巻 **憲法の規範力と市民法**〔続刊〕
編集代表 小山 剛

第 4 巻 **憲法の規範力とメディア法**
編集代表 鈴木秀美

第 5 巻 **憲法の規範力と行政**〔続刊〕
編集代表 嶋崎健太郎

信山社